Kami Yama KiKin

本书由北京大学上山出版基金资助出版

宪政论丛

『参与式行政』的政府与公众关系

The Government and Public Relations in "Participatory Administration"

方世荣　邓佑文　谭冰霖　著

教育部人文社会科学重点研究基地重大项目
《『参与式行政』和中国行政法治模式的变革》
（项目批准号：08JJD820163）

北京大学出版社

图书在版编目(CIP)数据

"参与式行政"的政府与公众关系/方世荣等著. —北京:北京大学出版社,2013.10

(宪政论丛)

ISBN 978-7-301-23323-8

Ⅰ. ①参… Ⅱ. ①方… Ⅲ. ①行政法-研究-中国 Ⅳ. ①D922.104

中国版本图书馆CIP数据核字(2013)第243043号

书　　　名:"参与式行政"的政府与公众关系

著作责任者:方世荣　邓佑文　谭冰霖　著

策 划 编 辑:白丽丽

责 任 编 辑:王琳琳

标 准 书 号:ISBN 978-7-301-23323-8/D·3432

出 版 发 行:北京大学出版社

地　　　址:北京市海淀区成府路205号　100871

网　　　址:http://www.pup.cn

新 浪 微 博:@北京大学出版社

电 子 信 箱:law@pup.pku.edu.cn

电　　　话:邮购部62752015　发行部62750672　编辑部62752027

出版部62754962

印　刷　者:三河市北燕印装有限公司

经　销　者:新华书店

965毫米×1300毫米　16开本　20.75印张　319千字

2013年10月第1版　2013年10月第1次印刷

定　　　价:45.00元

方世荣，男，法学博士，中南财经政法大学教授，博士生导师、法学院院长、现代行政法研究中心主任。主要社会兼职有中国行政法学研究会副会长，湖北省社会科学联合界副主席，湖北省法学会副会长，湖北省行政法学研究会会长，北京大学公法研究中心客座研究员，国家行政学院、华中科技大学、广东外语外贸大学兼职教授等。曾分别在美国乔治城大学、加州大学洛杉矶分校、德国哥德大学、台湾政治大学等做高级访问学者。主持承担有国家社科基金重点项目和一般项目、教育部哲学社会科学重大课题攻关项目、教育部人文社会科学重点基地重大项目、湖北省社科基金重点项目、中国法学会重点项目、国际合作科研项目等20多项。著有《论具体行政行为》《论行政相对人》《权力制约机制及其法制化研究》《行政法与行政诉讼法学》等学术专著和国家级规划教材40余部，在《法学研究》《中国法学》等学术刊物发表《论行政时效制度》等学术论文160余篇，科研成果获国家级、省部级奖励20余项。

邓佑文，男，法学博士，九江学院教授，北京大学访问学者，江西省高校中青年骨干教师。主要社会兼职有江西省宪法学会常务理事，江西省行政法学会常务理事。研究领域主要为行政法学、宪法学。共主持研究中国高等教育学会教育科学规划项目、江西省教育科学规划项目等省部级课题5项，参与研究国家社科基金重点项目、国家社科基金一般项目、教育部人文社科重点研究基地重大项目、教育部人文社科一般项目等国家级、省部级课题多项。在《中国行政管理》等核心期刊上发表学术论文30余篇，论文被中国人民大学复印报刊资料《宪法学、行政法学》等转载，获得多项校级科研奖励。

谭冰霖，男，中南财经政法大学宪法与行政法学专业博士研究生，现代行政法研究中心助理研究员。参与国家社科基金重点项目、教育部人文社科重点研究基地重大项目等课题多项，在《东岳论丛》《湖北社会科学》等学术刊物上发表学术论文数篇。

目

录

导言 “参与式行政”的兴起和政府与公众关系重构

一、问题的生成

“科学研究的区分，就是根据科学对象所具有的特殊的矛盾性。因此，对于某一现象的领域所特有的某一种矛盾的研究，就构成某一门科学的现象。”[①]当代中国蓬勃兴起的“参与式行政”[②]，正在催生一种新型的政府与公众关系[③]，这必然形成对传统政府与公众关系构造的冲击。面对这样的时代变化，行政法学不可固守传统的行政法律关系理论，必须研究参与式行政下政府与公众关系的变化，探讨参与式行政法律关系的构建，否则，将难以进行正确的行政法调整和指导参与式行政法律实践。为此，在新的背景下，传统的行政法律关系理论需要反思和发展，新型的参与式行政法律关系理论需要探索和建立，进而促使我国行政法律制度模式的改革完善。

---

① 《毛泽东选集》(第1卷)，人民出版社1991年版，第309页。

② 参与式行政是当代公共行政新兴起的一种行政模式，指社会公众以各种形式平等地参与国家行政管理，表达利益诉求，提出意见和建议，行政机关在考量公众的诉求和建议的基础上作出行政决定的行政模式。有关参与式行政的具体内涵将在本书第一章详述。

③ 这种新型的政府与公众关系是指参与式行政中政府与公众之间权利义务的结构、内容与运行关系。这里的政府是指与行政相对人相对应的、履行行政管理与服务职能的各级行政机关，是行政主体；公众是指除行政主体之外的参与公共行政的公民、法人或其他组织，一般是行政相对人。下文的行政主体与行政相对人如果没有特别说明，分别对应政府与公众。

这就是本书力图研究和解决的问题。具体而言,本书理论命题的生成有其实践动因和制度改革的需求。

民主无疑是现代政治文明的标志,而“公民的参与是民主的希望”。[①]二十世纪七十年代以来,一场以公众参与为核心的行政民主化浪潮就已席卷了全球,“公民参与作为核心论题已经成为国际发展话语的主流”。[②] 公众参与已经成为当代公共行政发展的世界性趋势。[③]

我国近年来在公共行政领域,公众参与的行政实践已是一道亮丽的风景线,行政活动中的公告评论、意见征求、座谈会、论证会以及听证会等公众参与形式,此起彼伏,方兴未艾。公众参与贯穿于行政立法、行政决策以及行政执法等各个领域,公众参与行政活动的事例不胜枚举。这正如我国致力于公众参与研究的行政法学者王锡锌教授所言:“公众参与的兴起已经成为中国公共生活领域越来越重要的社会事实,成为公共生活‘民主化’的一个符号。”[④]“参与的理念与参与行动相结合,展开一幅中国民主制度从宏观层面到微观领域里公众参与的丰富画卷。”[⑤]这幅“画卷”可以通过我国公共行政中的若干片断得到展示:

首先,我国行政立法领域中的公众参与已经蔚然成风。政府在行政立法过程中,通过网络征求意见,召集有关公民和专家举行座谈会、论证会,依法公开举行听证会等形式和途径广泛听取意见,吸纳民意。尤其是行政立法听证这种充分体现民主精神的立法程序被《中华人民共和国立法法》(以下简称《立法法》)、《行政法规制定程序条例》和《规章制定程序条例》确立后,我国各级政府行政立法领域里的听证会此起彼伏。如被誉为“拆迁变法”的《城市房屋拆迁管理条例》修改中的“学者上书”和两次面向全国公众

---

① 〔美〕马克·彼特拉克:《当代西方对民主的探索:希望、危险与前景》,载《国外政治学》1989 年第 1 期。

② 李图强:《现代公共行政中的公民参与》,经济管理出版社 2004 年版,第 7 页。

③ 江必新、李春燕:《公众参与趋势对行政法和行政法学的挑战》,载《中国法学》2005 年第 6 期。

④ 王锡锌:《公众参与和中国新公共运动的兴起》,中国法制出版社 2008 年版,作者序言。

⑤ 王锡锌:《公众参与:参与式民主的理论想象与制度实践》,载《政治与法律》2008 年第 6 期。

征求意见[①],《四川省城市行政执法相对集中处罚权条例(草案)》的立法听证会,《广州市商品交易市场管理规定》制定过程中公众多种形式的参与等等,都是行政立法领域公众参与的典型事例。

其次,行政决策领域也是公众参与行政实践中十分广泛的领域。在政府重大决策过程中,公众参与的意义和作用被越来越多的行政主体所意识,并在决策过程中积极引入,以期提高决策的科学化和民主化水平。公众参与渗透于环保、城市规划、政府财政预算、公共产品和公共服务定价等决策过程。如环保领域中的“圆明园湖底防渗工程公众听证会”,城市规划领域里公众参与的“厦门‘PX’模式”[②],财政预算领域内的“温岭民主恳谈”,在公共产品供给中涉及与国民生活密切相关的水、电、气、交通运输、景点门票及教育、医疗收费等定价决策中举行的各种听证会,等等。这些行政决策中公众参与的丰富图景,昭示着我国行政决策领域里公众参与已普及化。

再次,行政执法则是较早开展公众参与实践的行政领域。在行政处罚领域,1996 年开始实施的《中华人民共和国行政处罚法》(以下简称《行政处罚法》)首次将听证制度引入中国,1998 年 9 月 29 日引起社会广泛关注的“毛阿敏偷税案”听证会,颠覆了人们对于行政处罚只是由行政机关单方实施的传统思维。在行政许可领域,《中华人民共和国行政许可法》(以下简称《行政许可法》)明确规定了听证制度,其比《行政处罚法》有更加具体的规定,并在行政执法实践中得以充分开展。“大连西部通道建设项目的环境影响评价行政许可听证案”就是一个典型代表。在行政强制、行政征收等领域,都举行过各种个案听证会。

参与式行政在当代中国的兴起,是中国社会结构变迁、政府转型以及行政民主化的历史潮流等共同催化下的产物,也是中国政府自上而下的政策

① 2009 年 12 月 7 日,北京大学五名法学教授(姜明安、王锡锌、沈岿、陈端洪、钱明星)向全国人大常委会提出对《城市房屋拆迁管理条例》进行合法性审查的建议,随后全国人大常委会和国务院法制办对此作出了积极回应,而且国务院法制办于 2010 年 1 月 29 日公布了《国有土地上房屋征收与补偿条例(意见征求稿)》。2010 年 12 月 15 日,又公布《国有土地上房屋征收与补偿条例(第二次公开征求意见稿)》。2011 年 1 月 19 日国务院常务会议审议并原则通过《国有土地上房屋征收与补偿条例》。2011 年 1 月 21 日国务院正式颁布《国有土地上房屋征收与补偿条例》。

② 厦门“PX”事件,因为其特殊的制度和实践意义被学者总结为我国公众参与的时代标本——“PX 模式”,参见王锡锌:《公众参与和中国新公共运动的兴起》,中国法制出版社 2008 年版,第 156—170 页。

推动与社会公众自下而上的参与欲求的合力所致。参与式行政是以行政活动主体之间的平等互动为基本特征的一种行政活动模式,在行政过程中,行政主体吸纳行政相对人参与行政活动过程,使之了解政务信息,表达利益诉求,发表决策建议,提出优化方案,参与决定形成。参与式行政通过政府与公众这种沟通、交流、博弈、协商与合作的互动行政方式,实现行政信息的汇集、民意的汇聚和利益的均衡分配等,从而达到民主行政、科学行政、正当行政和效率行政的行政结果。

从总体上来说,我国参与式行政的实践已有较大的发展和不少成功的范例,在构建参与式行政下的新型政府与公众关系上积累了较丰富的经验①,有些已形成了正式制度。对此都需要从理论上加以提炼总结,并用以指导形成更为稳定、完善的行政法律关系制度。

同时,我国公众参与行政的广泛实践还正处于“摸着石头过河”的探索阶段,仍有许多不尽人意的地方,存在着这样或那样的问题。例如,有些行政活动贴了公众参与的标签,但公众意见的输入有了,而政府对意见反馈的及时输出以及对意见的汲取却明显不足;行政执法中公众诉求得以表达了,却很难保证得到满意的答复与落实;对政府绩效的公众评价有了,却较少有政府的实质性回应与改进;各种价格听证会确实是“此起彼伏”,但大多数结果是“逢听必涨”;等等。以至有学者认为这存在公众参与的虚置与形式化现象,它是中国式公众参与的软肋与深层次的硬伤。②

从行政法学法律关系的视角来观察,这些现象表明政府在与社会公众的关系上,很大程度上仍然是行政活动的绝对主角,公众在一些时候扮演的只是旁观者的角色。在双方权利与义务的配置上,面对公众参与的社会变革,政府还承袭了传统行政法律关系中的许多强大行政权力,如在行政立法和决策等领域,政府几乎垄断着公众参与的启动权、参与形式和方式的决定

---

① 如上文提到的“厦门 PX 事件”中,在民意的推动下,厦门市政府启动了公众参与程序,并如约组织规划环评和公众参与座谈,如实公布了参与市民的意见构成,最终实现了 PX 项目的迁址。另外,在北大学者上书变法的推动下,《城市房屋拆迁管理条例》被废止,并且,国务院在采纳专家建议的基础上,经过两次面向全国网络的公开征集意见,颁布了新的《国有土地上房屋征收与补偿条例》。而“圆明园湖底防渗工程公众听证会”、“温岭民主恳谈”、“大连西部通道建设项目的环境影响评价行政许可听证案”等也都取得了一定的实效。

② 参见林华:《因参与、透明而进步:互联网时代下的公众参与和政府信息公开》,载《行政法学研究》2009 年第 2 期。

权、参与人选的确定权、公众参与意见是否回复和采纳的自由裁量权、最终行政结果的单方决定权等,且缺乏系统严格的法律责任制约。而社会公众行政参与权的内容则还不够清晰,配置也不够充分和全面,即使已经具有的行政参与权内容,也缺乏刚性的法律约束力,权利的实效性较弱。

这种权利义务关系配置,反映着现行行政法制度还存在诸多缺陷,没有切实建立保障参与式行政所要求的政府与公众权利义务关系。围绕行政权力运行所建构的传统行政法律制度,尚缺乏适应时代要求的深刻改进。在公众参与行政立法的制度上,《立法法》、《行政法规制定程序条例》和《规章制定程序条例》以及地方有关行政立法的制度虽然增加了大量公众参与的程序性规定,但本质上还是行政权绝对主导的制度模式,公众参与对立法结果的影响力在广度、深度、强度和效度等方面明显不足。在公众参与行政决策的制度上,目前还没有统一的立法来全面规定社会公众的参与权及其行使,使之缺乏基本的法律保障。在公众参与行政执法制度上,主要还只是规定了个案中当事人消极的防卫性参与①,缺乏社会公众积极参与执法的制度。这些都难免会使公众参与行政活动形式化,甚至在某些领域连形式都不具备。

制度构建是受理论指导的,上述制度之不足从一个侧面说明了我国行政法律关系理论在许多方面还滞后于参与式行政的时代需求。首先,经典的行政法教科书以及有关研究文献对参与式行政的法律关系在理论上一直缺乏讨论与发展,没有充分回应参与式行政实践所应当具有的政府与公众关系形态。行政法律关系理论是行政法学科的基础理论,它决定着行政法制度的基本走向。我国行政法律关系的理论曾有过由行政管理关系②向控

---

① 行政执法中的防卫性参与是指公众参与行政执法过程,目的是保护自己的合法权益不受侵害。例如行政处罚中的陈述、申辩、听证等等都是典型的防卫性参与,其正当性已被行政法学界认可,而且也已有相关制度,实践中也已常见。当然,制度上还需进一步完善,实践中还要增强参与的效力。

② 我国早期一些行政法学者把行政法律关系仅视为行政活动中的管理与被管理关系,早期行政法教科书有关行政法律关系理论的阐述基本上是沿袭这一理论。参见侯洵直主编:《中国行政法》,河南人民出版社 1987 年版,第 5 页以下;方昕、董安生等:《行政法总论》,人民出版社 1990 年版,第 19 页以下;张尚鷟编:《行政法教程》,中国广播电视大学出版社 1990 年版,第 3—5 页;等等。

权关系、服务关系和平衡关系的发展推进[①]，但对当代参与式行政实践所引起的行政权和相对人权利的性质、内容、结构、运行方式的新变化都缺乏研究，一些学者虽然阐述了行政相对人的行政参与权[②]，但对其权利结构没有系统、深入地加以展开说明。至于参与式行政中的行政法律关系构造问题，则几乎还没有见到实质性的探讨。这种行政法律关系理论的现状既与目前丰富的参与式行政实践不相适应，也不能为参与式行政下相关行政法制度的建立、改进提供有益的理论指导和支持。

参与式行政实践正在催生一种不同于传统行政模式的新型政府与公众关系，这种新型政府与公众关系要求改革、完善相关的行政法制度加以适应，正是这种参与式行政的实践动因以及行政法制度改革完善的需求，使“参与式行政中的政府与公众关系”研究成为一个重要的理论命题。在这一研究中，我们需要认真探讨参与式行政中政府与公众关系发生的新变化，正确分析认识参与式行政中政府与公众应有的权利义务关系内容、结构与运行模式，并以此理论指导，对参与式行政法律制度的设计和为参与式行政的实践提供法制保障提出思路，以适应公共行政民主化改革的历史潮流。这是时代赋予的使命，是我国行政法律关系理论创新的需要，也是我国行政法制度发展的需要。

---

① 从管理论到控权论、服务论、平衡论的理论变迁虽然直接反映的是我国行政法理论基础的发展问题，但从不同角度反映了行政法律关系的发展状况。控权论强调监督主体对行政主体的监督法律关系（相关论述参见王连昌主编：《行政法学》，中国政法大学出版社 1997 年版，第 2—3、28—29 页），服务论则注重行政主体对行政相对人的服务法律关系（相关论述参见应松年、方彦、朱维究：《行政法理论基础问题初探》，载《中国政法大学学报》1983 年第 2 期；陈泉生：《论现代行政法学的理论基础》，载《法制与社会发展》1995 年第 5 期等），平衡论则强调行政关系与监督行政关系的平衡状态（相关论述参见罗豪才主编：《行政法学》，北京大学出版社 1996 年版，第 16—18 页；罗豪才主编：《现代行政法的平衡理论》，北京大学出版社 1997 年版，第 38 页等）。有关我国行政法律关系的发展变化的论述还可参阅：罗豪才、方世荣：《论发展变化中的中国行政法律关系》，载《法学评论》1998 年第 4 期；袁曙宏、方世荣、黎军：《行政法律关系研究》，中国法制出版社 1999 年版，第 13 页以下。

② 我国一些行政法学者也已开始关注行政法律关系中的相对人行政参与权，或在行政法律关系的内容中有所论及，或在行政相对人的法律地位的认识中有所介绍，但并没有系统地展开阐述。参见应松年主编：《行政法与行政诉讼法》，中国政法大学出版社 2011 年版，第 24 页；周佑勇：《行政法原论》，中国方正出版社 2005 年版，第 38 页；胡建淼：《行政法学》，法律出版社 2003 年版，第 135 页；等等。

二、文献综述

参与式行政实践的兴起，带来了对传统行政法理论与制度的挑战，受到国内外学者的广泛关注。政治学、行政学、行政法学等领域的学者都纷纷开始了对参与式行政以及参与式行政中政府与公众关系问题的研究，并取得了一定成果。以下主要对行政法学界的现有研究成果进行简要梳理与分析。

（一）域外行政法学的主要研究

在域外，行政法学对参与式行政的理论与制度的研究起步较早也有比较成熟的成果。在英美法系，如美国行政法学者理查德·B.斯图尔特早在二十世纪七十年代就在其专著《美国行政法的重构》（1975）中提出“利益代表模式”（Representative of Interest），其核心主张是法院通过各种技术手段扩展各种利益代表参与行政活动的权利，保障各种利益都能得到政府机关的考虑，以获得行政的正当性。利益代表模式中已经蕴含“公众参与”的理念与要求，给了我们一种求证行政正当性的逻辑思路。这可以说是行政法学研究参与式行政理论的发端。新近出版的《合作治理与新行政法》[1]则应当是美国行政法学研究参与式行政的最新发展。它由朱迪·弗里曼教授近年发表的六篇论文结集而成，其内在的逻辑线索是公私合作与行政法的发展，将公众参与行政从最初的“利益代表与诉求考虑”推进到“公私合作”乃至“民营化”的阶段。在大陆法系，德国从二十世纪末就开始提出并在行政活动过程中引入“公私伙伴关系”（Public Private Partnership，简称 PPP）理论[2]，特别强调在行政立法和决策等行政过程中的公众参与和对话，并深刻认识到这种“伙伴关系”所具有的合作、效率、公平、理性等价值。以上无论是“利益代表”、“合作治理”还是“公私伙伴关系”理论，都反映了国外行政法学界对参与式行政中政府与公众关系的最新认识，超越了过去控权行政下公众对政府监督制约关系和高权行政下公众对政府服从关系的局限。域

① 〔美〕朱迪·弗里曼：《合作治理与新行政法》，毕洪海、陈标冲译，商务印书馆 2010 年版。

② 关于“PPP”理论有多种解释，欧盟委员会给出的定义是，“PPP 是指公共部门和私人部门之间的一种合作关系，其目的是为了提供传统上由公共部门提供的公共项目或服务”（参见 The European Commission. Guidance For Successful PPP. 2003）。这个解释比较契合参与式行政的要求。

外的这些理论研究成果，许多已进入了参与式行政的法律制度设计中，如许多国家都在行政程序法中规定了较完善的公众参与制度。但是，分析国外行政法学的相关理论，可以发现这些政府与公众关系的揭示都是宏观层面的阐述，更接近于政治学、宪法学和公共治理的研究视角，均未深入到行政法学中行政法律关系的具体构造上，也没有从规范分析的角度研究同参与式行政相适应的政府与公众权利义务关系新型模式。

当然，域外的相关理论成果和制度设计是值得我们借鉴的。但不同于国外的政治、经济、法律、文化的社会背景和条件决定了我们不能照搬照套。因此，以下我们主要就国内行政法学对参与式行政的研究现状进行分析，以总结成绩和发现需要进一步探求的问题。

（二）国内行政法学的主要研究

目前国内鲜有对参与式行政中的政府与公众关系，特别是行政法律关系问题进行的专门研究。[①] 但对与此命题相关的“参与式行政”和“政府与公众关系”的研究两个主题则有较为丰富的成果，以下分这两个层面进行梳理与分析。

1. 有关参与式行政的研究

先考察国内行政法学界对参与式行政（也有学者称之为参与行政、行政参与、参与型行政等）的研究现状。

通过在 CNKI 数据库上以“参与行政”为题名进行 1979 年—2012 年时段国内公开发表论文的模糊检索，检索结果共有 580 篇相关论文，涵盖了政治学、行政学、行政法学等学科范围。分析发现，真正意义上的最早研究参与式行政的论文始于 1996 年[②]，兴起于 2000 年[③]，繁荣于二十一世纪初以后，亦即最近几年。[④] 其中从行政法学角度研究的论文有 246 篇，这说明行政法学者对参与式行政已有较多的研究。但是从内容上看，这些论文大多是较粗浅地对“参与行政”的涵义、特点、形式等基础性理论进行介绍、描述，

---

① 笔者在 CNKI 数据库上以“参与式行政（参与行政、行政参与、参与型行政）中的政府与公众（或公民）关系”为篇名进行模糊检索，没有发现以此为题名的论文，同样在超星数字图书以及百度上搜索，也没发现此论题的专著。

② 该篇论文是温晋峰：《论公民参与国家行政管理的方式》，载《江海学刊》1996 年第 1 期。

③ 2000 年以前的论文只有 17 篇，而 2000 年以后的论文迅速增多。

④ 以“参与行政”为题名在 CNKI 进行论文模糊检索，从 2004 年开始大增，共有论文 492 篇。

有研究深度的很少，还有一些论文内容重复。而对参与行政中的政府与公众关系的问题则极少涉及。在专著方面，国内行政法学者中较早专门致力于公众参与研究且较有代表性的是王锡锌教授，共出版了三本对公众参与基本理论和制度实践进行系统研究的专著：《公众参与和行政过程——一个理念和制度分析的框架》(2007)、《行政过程中公众参与的制度实践》(2008)、《公众参与和中国新公共运动的兴起》(2008)。其他一些行政法学者也有对某一领域公众参与的专门著述，如：吴浩主编的《国外行政立法的公众参与制度》(2008)，陈振宇著的《城市规划中的公众参与程序研究》(2009)，陈里程主编的《广州公众参与行政立法实践探索》(2006)和专门研究参与式行政的两篇博士学位论文[①]等。总的来说，我国行政法学界已公开出版的有关公众参与的专著还不多。以上这些著述集中研究了以下问题。

(1) 参与式行政的基本理论。这主要包括：① 对参与式行政的认识。有学者从社会公众行为的角度，认为是公民或组织在行政过程中实施的影响行政决定的活动或行为的总称。[②] 也有学者从权利的角度将其理解为是行政相对人在行政程序中的权利。[③] 还有学者将其作为一种制度模式来认识，如杨建顺教授谓之“参与型行政”[④]，莫于川教授谓之“参与式行政”[⑤]。② 公众参与行政的意义。一般认为有两个方面的意义：一是对行政相对人的意义，参与式行政有利于保护相对人的合法权益，有利于提高相对人的主体地位，推动行政权力向社会回归[⑥]；二是对行政主体而言，参与式行政有利

---

① 一篇为李卫华博士的《行政参与主体研究》，山东大学 2008 年博士学位论文；一篇为蒋润婷博士的《行政法视阈下的行政参与权研究》，南开大学 2010 年博士学位论文，作者为行政管理专业博士。

② 参见江必新、李春燕：《公众参与趋势对行政法和行政法学的挑战》，载《中国法学》2005 年第 6 期；方洁：《参与行政的意义：对行政程序内核的法理解析》，载《行政法学研究》2001 年第 1 期；等等。

③ 参见张晓光：《行政相对人在行政程序中的参与权》，载《行政法学研究》2000 年第 3 期；章剑生：《论相对人在行政程序中的参与权》，载《公法研究》2004 年专辑；程琥：《关于服务相对人公共服务程序参与权研究》，载《行政法学研究》2011 年第 1 期；等等。

④ 参见杨建顺：《政务公开和参与型行政》，载杨解君主编：《2001 年海峡两岸行政法学学术研讨会实录》，东南大学出版社 2002 年版，第 221 页。

⑤ 参见莫于川：《公众参与潮流和参与式行政法制模式》，载《国家检察官学院学报》2011 年第 4 期。

⑥ 参见姜明安：《公众参与与行政法治》，载《中国法学》2004 年第 2 期；江必新、李春燕：《公众参与趋势对行政法和行政法学的挑战》，载《中国法学》2005 年第 6 期；等等。

于监督行政主体和行政权力[1],有利于提高行政活动的合法性、效率性、正当性和可行性。[2] ③ 参与式行政的内涵。对参与式行政的内涵,学者大致有两种理解,一是行政现象层面的理解,认为参与式行政是公众参与行政过程,影响行政主体形成行政决定的行政活动方式[3];一是制度层面的理解,认为参与式行政是行政机关在行政活动中吸纳私人参与行政活动过程,明确私人参与权利与行政机关的责任与义务,共同创造互动行政的程序与制度。[4] 不管将参与式行政理解为一种行政现象还是行政制度,学界基本上认同其构成要素包含参与主体、参与对象、参与目的和参与方式等。④ 参与式行政的理论源流与发展。参与式行政的实质乃行政民主,因此,学者们一般认为参与式行政源于“参与式民主”。有学者较为全面地按照“民主理论”的发展轨迹探讨了“参与式行政的理论源流与发展”,认为其经历了从古希腊的“城邦民主”到卢梭的“古典民主”,再到考夫曼的“参与式民主”,又推进到巴伯的“强民主”,最后发展到以哈贝马斯为代表的“协商民主”的演变过程。[5] 也有学者从“人的主体性思想、自然正义原则、人民主权观”等方面探析行政参与的理论渊源。[6] ⑤ 参与式行政的制度建构。现有研究一般都从参与主体、参与范围、参与程序、方式和途径等方面提出了建构思

---

① 参见叶平:《论行政参与》,载《河北法学》2003 年第 4 期;姜明安:《公众参与与行政法治》,载《中国法学》2004 年第 2 期;江必新、李春燕:《公众参与趋势对行政法和行政法学的挑战》,载《中国法学》2005 年第 6 期;等等。

② 参见姜明安:《公众参与与行政法治》,载《中国法学》2004 年第 2 期;江必新、李春燕:《公众参与趋势对行政法和行政法学的挑战》,载《中国法学》2005 年第 6 期;孙兵:《公众参与:服务行政的合法性证成与动力供给》,载《河北法学》2010 年第 7 期;王锡锌:《公众参与和行政过程——一个理念和制度分析的框架》,中国民主法制出版社 2007 年版;王锡锌:《行政过程中公众参与的制度实践》,中国法制出版社 2008 年版。尤其是王锡锌教授在其专著中从传统行政法模式面临合法性困境和危机入手,详细地论证了公众参与行政使行政活动获得了合法性与正当性。

③ 参见方洁:《参与行政的意义:对行政程序内核的法理解析》,载《行政法学研究》2001 年第 1 期。大部分学者尤其是行政学学者基本上是把行政参与作为一种行政活动方式理解。

④ 参见杨建顺:《政务公开和参与型行政》,载杨解君主编:《2001 年海峡两岸行政法学学术研讨会实录》,东南大学出版社 2002 年版,第 221 页。莫于川教授、王锡锌教授等也把行政参与作为行政法制度理解。

⑤ 相关论述可参见王锡锌:《公众参与与行政过程——一个理念和制度分析的框架》,中国民主法制出版社 2007 年版,前言第 3 页以下。

⑥ 参见李卫华:《行政参与主体研究》,山东大学 2008 年博士学位论文。

考。[①] 还有研究者对公众参与行政实现的制度完善与保障提出了思路，内容包括建立健全信息公开制度，保障公民结社权利，推进公民社会的发展，促进利益组织化，规定行政主体违反程序义务的法律责任，加强侵犯行政参与权的法律救济，等等。[②]

（2）行政参与权问题。社会公众参与行政的核心问题是行政参与权，对此学者们已有较多的研究。[③] 研究内容主要涉及行政参与权的涵义，功能（价值、作用、意义），内容及保障等。学者们对行政参与权的涵义、功能与保障在认识上基本一致：认为行政参与权是相对人参与行政活动的程序性权利；行政参与权具有维护相对人合法权益、彰显和确立相对人主体地位、对行政权力的制约、促进依法行政和行政公正、增强对行政行为的认同和可接受性等功能；行政参与权的保障需要提高政府公众参与意识和观念，加强程序立法确认和细化行政参与权，具体包括完善信息公开制度、听证制度、说明理由制度、行政责任制度等。有学者论及了行政参与权的权利地位问题，认为“行政相对人的参与权奠定了他拥有的‘权利链条’的基石”，“参与权具有反冲力”等。[④] 但是，现有研究对行政参与权具体内容的认识分歧很大，各作了一些不同权利内容的列举，但论证并不系统和深入，这是研究中的一个薄弱环节。

（3）公众参与行政立法、行政决策、行政执法的具体制度。除了理论研究之外，许多学者对行政立法、行政决策和行政执法等具体制度中的公众参与进行了研究。① 公众参与行政立法。公众参与行政立法是较多学者关

---

① 参见叶平：《论行政参与》，载《河北法学》2003 年第 4 期；黄凤兰：《公众行政参与的法律应对及完善》，载《行政法学研究》2009 年第 2 期；方洁：《参与行政的意义：对行政程序内核的法理解析》，载《行政法学研究》2001 年第 1 期；等等。

② 参见姜明安：《公众参与与行政法治》，载《中国法学》2004 年第 2 期；王锡锌：《行政过程中公众参与的制度实践》，中国法制出版社 2008 年版；叶平：《论行政参与》，载《河北法学》2003 年第 4 期；黄凤兰：《公众行政参与的法律应对及完善》，载《行政法学研究》2009 年第 2 期；等等。

③ 前后共有 14 篇论文专门研究行政参与权，较有代表性的有：石佑启：《论平等参与权及其行政法制保障》，载《湖北社会科学》2008 年第 8 期，章剑生：《论行政相对人在行政程序中的参与权》，载《公法研究》2004 年专辑，张晓光：《行政相对人在行政程序中的参与权》，载《行政法学研究》2000 年第 3 期，程琥：《关于服务相对人公共服务程序参与权研究》，载《行政法学研究》2011 年第 1 期，以及蒋润婷的南开大学 2010 年博士学位论文《行政法视阈下的行政参与权研究》等。

④ 参见张晓光：《行政相对人在行政程序中的参与权》，载《行政法学研究》2000 年第 3 期。

注的研究领域[①],主要内容包括公众参与行政立法的意义、价值、功能,如能使行政立法获得合法性、有效性与正当性[②],促进立法民主,提高立法质量[③],有利于保护公民权益,防止行政权的滥用[④],等等;行政立法的参与理念、参与机制与利益表达等问题的理论阐释[⑤];域外行政立法中的公众参与制度的介绍[⑥];对我国现行公众参与行政立法制度存在的问题分析及改进思路。如提出以首长负责制为核心的行政运作机制排除外界参与,行政立法公开的透明度不高,参与程序具有任意性、模糊性、缺乏可操作性等。[⑦] 在完善和保障公众参与行政立法的对策和措施方面,提出应将参与权作为公民的基本权利加以保护,赋予公众行政立法动议权,明确公众参与行政立法的范围,完善行政立法公告程序和听证程序以及各阶段的参与程序,强化公众参与的效果,建立责任追究制度等等。[⑧]② 公众参与行政决策。学者们对公众参与行政决策给予了充分关注,有大量论文。其中王锡锌教授等的论文《我国行政决策模式之转型——从管理主义模式到参与式治理模式》(2010)属于代表作。该文阐明了行政决策由管理主义模式向参与式治理模式转化的必然性,尤其对中国而言更具工具性、教育、心理和文化等多方面的意义,指出行政决策的参与式治理模式在理念上强调公共利益和行政机关的转型,主张一种协商与合作的公众参与,其制度要素由基础性制度、支

① 在 CNKI 数据库上以“参与行政立法”为篇名进行模糊检索,共有 80 篇论文;也有学者已出版了专著,如吴浩主编的《国外行政立法的公众参与制度》(中国法制出版社 2008 年版),陈里程主编的《广州公众参与行政立法实践探索》(中国法制出版社 2006 年版)等。

② 参见刘小妹:《公众参与行政立法的理论思考》,载《行政法学研究》2007 年第 2 期。

③ 参见邵东华:《行政立法程序中公众参与的问题和对策》,载《河南师范大学学报(社会科学版)》2007 年第 5 期。

④ 参见董兴佩:《论行政立法的公众参与机制》,载《学术论坛》2004 年第 2 期;曾祥华:《公众参与及其行政立法的正当性》,载《中国行政管理》2004 年第 12 期,等等。

⑤ 参见杨建顺:《行政立法过程的民主参与和利益表达》,载《法商研究》2004 年第 3 期。

⑥ 参见吴浩主编:《国外行政立法的公众参与制度》,中国法制出版社 2008 年版;刘墨:《美国行政立法公众参与制度的启示》,载《新东方》2010 年第 2 期。

⑦ 参见刘小妹:《公众参与行政立法的理论思考》,载《行政法学研究》2007 年第 2 期;邵东华:《行政立法程序中公众参与的问题和对策》,载《河南师范大学学报(社会科学版)》2007 年第 5 期;董兴佩:《论行政立法的公众参与机制》,载《学术论坛》2004 年第 2 期;曾祥华:《公众参与及其行政立法的正当性》,载《中国行政管理》2004 年第 12 期; 等等。

⑧ 相关观点参见刘小妹:《公众参与行政立法的理论思考》,载《行政法学研究》2007 年第 2 期;邵东华:《行政立法程序中公众参与的问题和对策》,载《河南师范大学学报(社会科学版)》2007 年第 5 期;董兴佩:《论行政立法的公众参与机制》,载《学术论坛》2004 年第 2 期;曾祥华:《公众参与及其行政立法的正当性》,载《中国行政管理》2004 年第 12 期;等等。

持性制度和六大核心程序技术性制度构成。也有学者对公众参与行政决策的必要性、我国现行行政决策制度公众参与存在的问题、以及行政决策公众参与机制的完善等问题进行了研究，认为公众参与是行政决策合法、正当、科学与可行之必需，我国现行行政决策基本上还是行政主体内部主控的模式，公众参与程序不完善，参与效力缺乏保障，应该通过增加决策的透明度，加强政府与公众的沟通与互动，完善公开、告知、听证、回应等程序制度，保障公众参与的实效等措施完善公众参与行政决策制度。[①] 此外，还有对特定领域中公众参与行政决策的专门研究。如陈振宇博士出版的专著《城市规划中的公众参与程序研究》(2009)较系统地研究了城市规划中的公众参与程序的制度现状、发展历程、价值追求、运行机制以及司法保障等问题，提出公众参与可以成为城市规划合法性的基础，构建了“基于法规要求”和“基于现实考虑”的两种参与机制，并对公众参与规划的权利的司法保障提出了有价值的思考和建议。[②] 王锡锌教授在《行政过程中公众参与的制度实践》(2008)一书中对城市规划中的公众参与也有了专章分析，阐述了公众参与在城市规划决策中的制度实践与运作机理。[③]③ 公众参与行政执法。相对而言，有关公众参与行政执法的研究较为欠缺。[④] 主要涉及的是公众参与行政执法的价值、现实基础、参与现状、实现路径与制度完善等问题。

(4) 参与式行政的实践问题。有部分学者对我国公众参与行政活动的实践进行了充分地关注。他们通过对公众参与行政实践进行观察与分析，发现其得与失，并由此落实到理论与制度的建构与完善。其中，对整个行政领域的参与式行政实践进行研究并取得较突出研究成果的是王锡锌教授，其代表作有《行政过程中公众参与的制度实践》(2008)。该论著首先对我

---

① 这些论文包括：李志强：《试论我国行政决策公众参与制度的具体建构》，载《福建法学》2009 年第 4 期；邓佑文：《公众参与行政决策：必然、实然与应然》，载《理论探讨》2011 年第 2 期。

② 参见陈振宇：《城市规划中的公众参与程序研究》，法律出版社 2009 年版，第 113—114 页。

③ 参见王锡锌：《行政过程中公众参与的制度实践》，中国法制出版社 2008 年版，第 213—214 页。

④ 目前暂只发现曾鹏博士对行政执法参与有一些探索。参见氏著：《公民参与行政执法是构筑和谐社会的重要保障》，载《贵州民族学院学报(哲学社会科学版)》2006 年第 5 期；《我国行政执法中公民参与的现状及其完善》，载《三峡大学学报(人文社会科学版)》2005 年第 5 期；《和谐社会背景下行政执法理念革新——从公民参与行政执法的视角》，载《特区经济》2007 年第 12 期；《行政执法中公民参与的现实基础及实现路径》，载《公民与法(法学版)》2009 年第 9 期。

国公众参与的制度实践进行了概览与评估,然后撷取我国参与式行政实践中的大量案例,具体分析了我国行政立法、行政决策、政府绩效评价等行政活动中诸如听证会、公告—评论、协商咨询、评估等多种公众参与形式,总结了一些成功经验和已初步创立的制度,反思了存在的问题与不足,如利益组织化的缺失、信息不对称与不公开、公众参与的随意性与运动化、参与保障机制和责任机制的残缺等,并提出了改进与完善的建议,如保障信息的对称与公开、提高利益相关者的组织化程度、引入公众参与激励机制、增强政府对公众意见的回应性、明确政府责任等。而陈里程主编的《广州公众参与行政立法实践探索》(2006)则是对我国某一具体行政领域的参与式行政实践进行研究的代表作。该书主要是对广州市近年来在公众参与行政立法方面的实践探索和已建立的制度进行的专门阐述与总结。其中非常具体地介绍了《广州市商品交易市场管理规定》制定过程公众参与的各个环节和《广州市规章制定公众参与办法》的内容,并在此基础上总结了实践与制度建设的经验及意义,认为贯彻公开原则、授民以权、让公众成为立法的主体、开放式听取意见、建立意见反馈制度等都是公众参与行政立法的必然选择,指出公众参与对提高地方行政立法质量,保障政令畅通等都具有重要作用,并分析了需要改进和完善的问题,如在实践中最佳参与方式的选择,科学的公众意见评价机制的建立,以及公众意见未被采纳的救济途径等,这些都需要进一步完善,而制度上则存在效力层级低、没有规定罚则、部分条款有待细化等问题。

2. 有关“政府与公众关系”的研究

政府与公众(包括公民,下同)关系是政治学、行政学、宪法学、行政法学都要研究的重要主题。在这里,我们虽然主要是分析行政法学领域对政府与公众关系的研究现状,但是由于政治学、行政学、宪法学等领域对此问题的研究成果能为从行政法学视角研究政府与公众关系提供重要启发,因而,在此也进行一定的分析,当然我们主要考察的是这些领域对参与式行政中的政府与公众关系的研究。

(1) 政治学、行政学和宪法学的研究。公众参与对政治学和行政学来讲是一种社会转型,对社会转型背景下的政府与公众关系重塑是政治学者和行政学学者较多关注的问题,他们分别著文从治理理论、新公共服务理论、行政民主、公民社会、透明政府等视角提出观点。[1] 有学者认为，从治理角度看政府与公众关系应当是良性互动关系，具体包括平等契约关系、相互合作关系、相互监督关系、相互推动关系等四种具体形态[2]；有的学者提出，政府与公民关系的新公共服务理论，要在服务理念下培育政府与公民的良好合作关系[3]；有的学者认为新的制度环境下政府与公众的理想模式是平衡模式[4]；有的学者则认为深化政府公开，需要积极推进公众参与，重构政府与公众的信任关系，以及互动与合作关系等等。[5] 还有些学者运用历史分析、行政文化分析或逻辑分析等新方法，分别从历史演变过程角度分析了政府与公民在三种不同历史时期的不同关系模式，即农业社会的“主客体的单向统御关系”，工业社会的“效率至上的管理主义关系”，后工业社会的“体现主体间性的双向互动关系”[6]；从不同价值取向的行政文化形成不同的政府与公众关系上，提出传统文化下的政府与公众关系是扭曲的，计划经济时代是错位的，新型行政文化背景下，政府与公众关系要重新定位，应当是平等契约关系、服务与被服务关系、相互监督关系、良性互动关系、参与和协作关系[7]；从政府与公民在公共事务治理中的地位和作用的强弱组合角度，认为政府与公民关系主要体现为“强政府”—“弱公民”的精英治理、“弱政府”—“强公民”的公民自治和“强政府”—“强公民”的平等合作三种演进模式，且

---

① 参见孔祥利：《从治理角度看我国政府与公民关系的重塑》，载《前沿》2004 年第 10 期；周晓丽、马晓东：《政府与公民良好合作关系的重塑——新公共服务理论的视角》，载《重庆社会科学》2005 年第 5 期；何艳玲：《从管制到平衡——政府与公众理想关系模式的构建及其制度化》，载《学海》2003 年第 5 期；吴雪莲：《构建我国公民社会历史进程中的政府与公民关系》，苏州大学 2005 年硕士学位论文；朱德米：《政府公开与公众参与：转型期中政府与公民关系的重构》，载《上海行政学院学报》2007 年第 6 期；等等。

② 参见孔祥利：《从治理角度看我国政府与公民关系的重塑》，载《前沿》2004 年第 10 期。

③ 周晓丽、马晓东：《政府与公民良好合作关系的重塑——新公共服务理论的视角》，载《重庆社会科学》2005 年第 5 期。

④ 参见何艳玲：《从管制到平衡——政府与公众理想关系模式的构建及其制度化》，载《学海》2003 年第 5 期。

⑤ 参见朱德米：《政府公开与公众参与：转型期中政府与公民关系的重构》，载《上海行政学院学报》2007 年第 6 期。

⑥ 参见高振杨：《政府与公民关系的历史逻辑》，载《南京工业大学学报（社会科学版）》2008 年第 1 期。

⑦ 参见阮零：《行政文化变革与政府和政府关系的定位》，载《中共杭州市委党校学报》2002 年第 4 期。

后者是对前二者的超越。[①] 在重构政府与公众关系的路径上，现有的研究基本上都认为需倡导政府服务意识、依法行政、建设法理型政府、发展公民社会，扶植和发展社会中介组织和强调公众参与。[②] 在专著方面，迄今为止尚无以政府与公众关系为主题的专门论著，但一些政治学和行政学著作中已涉及这一关系。如乔耀章教授在《政府理论》(2000)第三章中对政府与公民关系进行了较详细的论述，认为政府与公民关系的实质主要和基本上是公共权力和公民权利的关系，在二者的相互关系中，处于主体地位的是公民，而处于主导地位的则是政府，要建立政府与公民的良性运作关系，还政于民是历史演进的必然趋势。[③] 俞可平教授在其《治理与善治》(2000)、《增量民主与善治》(2003)、《全球化与政治发展》(2005)等著作中，阐述了其治理与善治理论，其中的核心观点包括“善治的本质特质就是政府与公民对公共生活的合作管理，是政治国家与公民社会的一种新颖关系，是二者的最佳状态，政府善治，需要还政于民，重视公民自治，积极参与合作”，等等。

宪法是调整国家(国家权力)与公民(公民基本权利)关系的根本法，因而政府与公民关系也是宪法学研究的重要对象。宪法学者的著述中一般也会涉及政府与公民关系的阐述，如周叶中教授等在论证宪法关系时指出，公民与国家是宪法关系的基本主体，公民权利与国家权力是宪法关系的实质内容，权利—权力关系是宪法关系的基本内核，公民权利制约国家权力是宪法的基本精神，等等。[④] 这些论述其实包含了政府与公众关系，因为国家行政机关是国家在宪法关系的主要存在形式之一，政府权力也是主要的国家权力之一。再如，刘茂林教授等在对行政法基础理论进行宪法学的解读中

---

① 参见林莉、刘祖云：《政府与公民关系的组合模式——一种逻辑分析的进路》，载《理论探讨》2010 年第 3 期。

② 参见周晓丽、马晓东：《政府与公民良好合作关系的重塑——新公共服务理论的视角》，载《重庆社会科学》2005 年第 5 期；孔祥利：《从治理角度看我国政府与公民关系的重塑》，载《前沿》2004 年第 10 期；朱德米：《政府公开与公众参与：转型期中政府与公民关系的重构》，载《上海行政学院学报》2007 年第 6 期；米俊绒：《论现代政府与公民关系的嬗变及其匡正》，载《中国行政管理》2008 年第 5 期；黄小勇：《中国政府与公民关系：现状与思考》，载《国家行政学院学报》2001 年第 5 期；等等。在政府与公众(公民)关系为题名的检索的论文结果中，再次以“参与”为主体进行检索，共有九篇论文论及“公民参与”或“政治参与”，其他论文在此不再一一列举。

③ 参见乔耀章：《政府理论》，苏州大学出版社 2000 年版，第 227—234 页。

④ 参见周叶中主编：《宪法》，高等教育出版社、北京大学出版社 2005 年版，第 144—149 页。

也论及了政府与公民的有效合作关系。[①] 但检索发现,直接以政府与公众关系为专门论题的论文只有两篇[②],著作尚缺。可见宪法学者专门研究政府与公众关系的著述还不多。在两篇论文中,一篇以“宪法是权力与权利由对抗到妥协的产物”为逻辑起点,提出“宪政的核心理念是政府权力与公民权利的平衡”,要通过限制政府权力,保护公民权利,扶持民间组织,促进社会自治等来实现政府与公民关系的平衡。[③] 另一篇认为政府与公民关系问题是现代宪政的核心问题,宪政体制下的公民与政府关系是权力之本末关系,政府与公民关系是执法与守法、服务与监督的关系等。[④]

(2) 行政法学的研究。行政法直接调整行政机关即行政主体与行政相对人之间的关系,因此,政府与公众的关系是主要研究对象。在行政法学上,这一问题的核心是如何规定行政主体与行政相对人的权利义务关系。行政法学过去曾引起广泛讨论的管理论、控权论、平衡论等,都充分研究了不同理念、不同模式的政府与公众权利义务关系构造,有十分丰富的研究成果。其中专门以政府与公众关系为题的行政法学论文有崔卓兰教授的《论确立行政法中公民与政府的平等关系》[⑤],她提出行政法应以设立并保障实现两者之间平等的法律关系为宗旨,亦即行政法意义上的政府与公众是平等的关系,与之背反的行政法观念和原则应予抛弃。直接以政府与公众关系为主题的专著目前则只有袁曙宏教授等撰写的《行政法律关系研究》[⑥]等极少量著作。总的来讲,目前行政法学界对参与式行政中政府与公众关系虽有所涉及,但尚无专门、系统的研究成果。当然,在研究行政参与时,学者们亦涉及到“政府与公众关系”和“政府与公民关系”内容,但大多倾向于宏

---

① 参见刘茂林、伏创宇:《中国行政法发展的宪法学解读》,载《江汉大学学报(社会科学版)》2009 年第 1 期。

② 参见姜裕富:《宪政视野下的政府与公民关系》,载《齐齐哈尔大学学报(哲学社会科学版)》2005 年第 1 期;陆多祥、白琼英:《试析我国宪政体制下政府与公民的关系》,载《重庆教育学院学报》2004 年第 2 期。类似主题的宪法学研究还有一篇刘诚的博士论文:《现代社会中的国家与公民——共和主义为研究范式》,武汉大学 2005 年博士学位论文。

③ 参见姜裕富:《宪政视野下的政府与公民关系》,载《齐齐哈尔大学学报(哲学社会科学版)》2005 年第 1 期。

④ 参见陆多祥、白琼英:《试析我国宪政体制下政府与公民的关系》,载《重庆教育学院学报》2004 年第 2 期。

⑤ 崔卓兰:《论确立行政法中公民与政府的平等关系》,载《中国法学》1995 年第 4 期。

⑥ 见袁曙宏、方世荣、黎军:《行政法律关系研究》,中国法制出版社 1999 年版。

观层面的阐述,缺乏对法律关系结构的进一步分析。

（三）小结

1. 现有研究成果的借鉴和启示价值

首先,综观我国行政法学者对参与式行政的研究,学者们对行政参与的内涵与价值,政府与公众的角色与地位,行政参与权的内涵、构成和作用,行政法基本制度中的公参与机制,现行行政法制度中的公众参与因素,我国公众参与行政实践的状况等问题都作了有益的探索,已有的研究成果无疑为我们的研究提供了重要的基础。具体而言,已有研究对行政参与的内涵与价值的揭示,有助于我们更加全面科学地界定参与式行政;已有对政府与公众角色与地位的整体和宏观把握,为我们具体深入地探索政府与公众关系提供了大致的原则和方向;已有对行政参与权的内涵、构成和作用的阐述,为我们建构系统的行政参与权理论作了重要的理论铺垫;而对行政法基本制度中的公参与机制以及现行行政法制度中的公众参与因素的初步分析,为我们对现行行政法制度进行适应参与式行政新型政府与公众关系要求的改革提供一定的思路与路径;已有对我国公众参与行政实践的状况等问题所作的有益探索,为我们观察目前各个行政领域中公众参与的成果和经验提供了帮助。

其次,现有的政府与公众关系研究成果所提出和阐述的公共服务理论、善治理论、行政民主理论、平衡理论、博弈理论以及政府与公众之间平等、互动、合作关系等观点,为本研究提供了理论依据与分析方法,对我们具有指导或参考作用。

2. 现有研究成果存在的不足

总体上讲,现有研究成果的主要不足是对参与式行政中的政府与公众关系研究较为缺乏。

(1) 政治学等领域在当代虽有一定参与式行政中政府与公众关系的研究,但过于宏观、抽象,不是行政法学中行政法律关系的具体构造。由于学科视野的不同,政治学、行政学、宪法学等学者只是运用相关原理从宏观、整体上说明参与式行政中的政府与公众关系,没有对二者之间权利义务的配置、变化与运行进行具体深入的探讨。

(2) 行政法学过去虽有大量政府与公众关系的研究,但缺陷在于没有紧密结合参与式行政的具体内容进行阐述。有的内容虽然涉及了政府与公众关系，但过于粗略，较为零散而缺乏系统性。如有些行政法学者在参与式行政的研究中虽然论及“政府与公众关系”，但大多只是提到了这样一个概念或分析框架，并没有具体论述其内容；有些学者使用政治学、行政学的分析方法来进行研究，侧重“宏大叙事”式的抽象理论分析，如认为二者是“平衡与互动”关系、“合作治理”关系等，疏于对政府与公众间权利义务关系进行具体构造。

（3）在研究方法上，现有研究或局限于对公众参与行政的经验总结和案例分析，而未从规范法学的角度对参与式行政实践进行系统的理论提炼；或仅从政治学、行政学意义上进行观察，未从严格的法学角度对参与式行政兴起这种现象进行具体深入的规范分析，对行政参与法律关系的研究还没有上升到一般理论和制度的高度。

三、研究意义

研究参与式行政中政府与公众的关系具有重要的理论和实践意义。

（一）理论意义

（1）研究参与式行政中政府与公众关系，建立新的行政法律关系理论——参与式行政法律关系理论，将丰富和发展行政法律关系理论。参与式行政的兴起必然会带来政府与公众关系的新变化，其实质就是行政法律关系的变化，是政府与公众、权力与权利结构、内容及运行方式的变化。本书将全面分析参与式行政模式中政府与公众应当具有的法律关系，即参与式行政法律关系，系统分析这种新的行政法律关系中政府与公众的权利义务关系。其中，重点要研究参与式行政法律关系的核心要素——行政参与权的性质、权能、地位以及作用等，并进一步研究由此产生的新的行政法律关系的主体、内容、客体等构成要素的新变化与新特征，以及由这种新变化而形成的参与式行政法律关系的基本模式和各种行政活动中的具体模式，从而建立系统的参与式行政法律关系理论，并重新正确认识并定位政府与公众的行政法律关系，为建构参与式行政制度模式解决一个基础性理论问题，填补参与式行政研究中的空缺，丰富和发展行政法律关系理论。

（2）研究参与式行政中的政府与公众的关系将丰富和发展行政相对人

权利理论。传统行政法以行政权力为研究和建构的核心,而对行政相对人的权利缺乏足够的关怀,尤其是对行政参与权的系统研究甚少。本研究的核心问题是新的政府与公众权利义务关系,而这种新型权利义务关系的关键要素就是社会公众即行政相对人的行政参与权。这是行政相对人的一种新型权利,我们需要探究这种权利的性质、权能与作用等,并形成较系统的行政参与权理论。而相对人参与权的享有,则将带来行政相对人权利体系、结构及其相互关系的变化,进而需要加以正确认识,并总结提炼形成新的行政相对人权利理论,这无疑将发展和丰富行政相对人权利理论。

(3) 研究参与式行政中的政府与公众的关系还将丰富和发展行政权理论。参与式行政中相对人行政参与权的享有,会引起行政权力的结构、性质和效力的变化。如行政参与权会融入行政权之中,成为行政权力的组成部分;行政权还会因公众参与权的融入而削减其刚性和强度,形成具有引导性、协商性和合作性的柔性权力;行政参与权是否得到满足,还会影响行政权力的效力,行政机关不履行满足行政参与权的义务,还会影响到行政行为的法律效力等。行政权的这些变化,是对传统行政权理论的变革,并形成参与式行政中新的行政权理论。

(4) 研究参与式行政中的政府与公众的关系还将发展行政主体责任理论。在参与式行政政府与公众关系中,行政参与权是公众的前提性权利,公众只有享有行政参与权,才有义务履行行政主体依法作出的行政决定,而满足公众行政参与权则是行政主体合法正当行使行政权的前提义务,否则,行政主体属于违法行使行政权,应承担相应的法律责任。这强化了行政主体的义务观念和责任意识。行政参与权每项权能的运用,都会要求行政主体相应义务的承担和保障。在这种交互的行政法律关系中,行政参与权的实现与保障,对于加强行政主体的义务观念和完善其义务体系十分重要。它有利于促进行政主体及其公务员在行政活动中准确地认识相对人的参政权利,牢固树立自己的特殊行政义务观念。行政参与权对行政主体的实质性约束,就是要求行政主体履行对应的义务以及未履行义务要承担法律责任。

这种行政主体特殊的行政义务观念和责任突破了传统的依法行政责任[①],是对行政主体责任理论的创新与发展。

总之,本书从行政主体与行政相对人的权利义务关系的视角来研究参与式行政中的政府与公众关系,突破了过去主要从行政主体、行政权力、行政行为的角度认识行政活动,忽视行政相对人权利与行为之作用与地位的单一研究进路,使学术视野更为开阔,同时也将促进传统行政法理论的创新与发展,如行政法律关系理论、相对人权利理论、行政权理论、行政主体责任理论等,这将有益于我国行政法学理论体系的完善,有益于中国行政法的学科发展。

（二）实践意义

(1) 研究参与式行政的政府与公众关系问题,有益于我国行政法制度的改革,能帮助建构完善的参与式行政法律制度。对参与式行政中的政府与公众关系有了正确的认识,有助于我们正确理解参与式行政立法、行政决策、行政执法等行政活动中行政主体与行政相对人之间应然的权利义务关系,发现我国行政立法、行政决策、行政执法等行政法制度的不足,并以此为指导,对现行行政立法、行政决策、行政执法制度等进行适应参与式行政要求的改革,建构完善的参与式的行政立法、行政决策、行政执法等制度体系,促进公共行政的合法性、正当性与效率。

(2) 研究参与式行政的政府与公众关系问题,对行政实践中如何保障和实现公众的行政参与权具有重要意义。对“参与式”行政中的政府与公众新的权利义务关系有正确的认识,使行政主体认识到行政参与权在促进行政活动的合法性、正当性与效率中的地位和作用,也使行政主体明确了满足行政参与权是其合法正当行使行政权的前提义务,从而有利于行政主体在行政实践中明确自己保障行政参与权的义务与责任,转变行政观念,增强行政服务意识,改进行政管理方式和手段,注重发挥行政相对人的参与作用,加强与行政相对人的合作,保障相对人的参与权。行政相对人也会意识到有效行使行政参与权既是对行政权的有效制约与促进,也是对自己其他权

---

① 行政主体的法律责任的传统概念是指行政主体违法行使行政权应当承担的否定性法律后果,主要以是否合法行使行政权为评价标准,是行使行政权以后的责任,因此具有后置性和补救性。而行政主体未履行满足行政参与权义务的法律责任主要是以行政相对人行政参与权是否得到行政主体事先保障为评价标准,是行使行政权之前的责任,因此具有前置性和预警性。

利的有力保障,从而在行政实践中积极主动地行使参与权。

四、研究方法

本课题研究的基本方法包括理论研究和实证研究,二者互相关联。

(一)理论研究方法

(1)文本分析方法。运用文本分析方法对现行立法中的相关规定进行分析,并将这些规范与实践操作相对照,以全面认识和把握我国目前行政参与中政府与公众关系的制度和实践,发现其中存在的问题和需要改进之处,并有针对性地提出完善相关理论和制度的见解。

(2)法律关系的分析方法。运用法律关系理论研究政府与公众之间的权利义务关系,系统形成参与式行政中政府与公众关系新的理论,即参与式行政法律关系理论,并对参与式行政法律关系进行构造。

(3)交叉学科研究的方法。以行政法学的方法为主轴,综合运用政治学、行政学、法哲学等方法,多角度全面分析参与式行政中的政府与公众关系,形成较为系统、科学的认识。

(二)实证研究方法

通过对具体个案的分析,从理论上归纳我国公众参与实践中政府与公众关系存在的主要问题,并提出解决思路。

五、研究思路和基本内容

(一)本书的研究思路

本书的逻辑进路是:通过观察与分析当代中国参与式行政丰富的实践,总结政府与公众关系的新变化,反思传统行政法律关系理论的滞后性,提出建构参与式行政法律关系的新命题,并探索和发展参与式行政法律关系的理论体系,在此基础上思考我国行政法律制度的改革。

本书的技术路线:

(1)由我国丰富的参与式行政实践正在催生新型政府与公众关系的现象,分析传统行政法律关系不适应参与式行政要求的缺陷,并提出传统行政法律关系需要转型的问题。

(2)以行政参与权这一核心要素为权利动因,分析行政法律关系的新变化，进而总结归纳参与式行政法律关系中权力/权利的结构与运行关系，并在此基础上思考设计参与式行政法律关系的理论模式。

(3) 将参与式行政法律关系的理论模式，具体适用于行政法律制度，对我国行政法律制度的一些改进提出相关建议。

(二) 本书的基本内容

第一章　参与式行政在中国的兴起。本章在界定参与式行政内涵的基础上，比较系统地梳理了中国社会近年来兴起的丰富的参与式行政实践，对我国参与式行政的特点进行了概括总结，分析说明了当代中国社会具有的形成参与式行政的经济、政治、法治以及技术条件。最后提出了本书的重要命题：参与式行政的实践产生了一种新型的政府与公众关系，但我国现行行政法的理论和制度对这种新型的政府与公众关系尚缺乏应有的回应，存在一些滞后性，亟待改进与发展。

第二章　参与式行政与传统行政法律关系。本章首先从行政法角度观察分析了政府与公众关系，明确其实质是作为行政主体的政府与作为行政相对人的社会公众之间的权利义务关系，亦即行政法律关系。其次，对照我国参与式行政的兴起与发展，反思了我国传统行政法律关系理论与构造，指出其设计、构成要素及实现方式等都有与之不相适应的缺陷，这主要包括：行政法律关系的理论缺乏充分的参与理念，各构成要素中未全面体现参与的内涵，法律关系的实现方式尚不具有参与式特点等等。为此，必须创新、变革行政法律关系以适应参与式行政的要求。最后，提出并论证了社会公众的行政参与权是变革传统行政法律关系并构建新型参与式行政法律关系的核心要素。

第三章　参与式行政的核心——行政参与权。本章首先梳理了现有研究对行政参与权的各种认识，对行政参与权作了新的界定，提出行政参与权是社会公众依法参加行政程序，以法律规定的方式，约束和帮助行政主体听取并吸收民意的一项综合性民主权利。进而，分析揭示了行政参与权所具有的以下各项主要权能：行政程序进入权、政务主张权、获合理回应权、合理意见获采纳权、协商决定权、协助执行权等，并阐述了明确行政参与权具体权能在理论和实践上的重要意义。最后，全面介绍了我国现行法律规范对行政参与权权能的规定及相关实践运用，并对其成就、不足及改进进行简要的述评。

第四章　行政参与权对行政法律关系的变革。本章首先分析论证了行政参与权变革行政法律关系的内在理论，提出行政参与权是行政法律关系一项新的构成内容，它改变了行政相对人的权利结构，促成了行政主体权力和义务新的配置，因而突破了传统行政法律关系的特点和格局。其次，分析论证了行政参与权对新型参与式行政法律关系的构造作用，指出行政参与权改变了行政法律关系主体双方的地位，重构了主体双方权利义务关系，转变了主体双方权利义务关系的目的，变革了主体双方权利义务的存在与实现方式，参与式行政法律关系由此得以形成。

第五章　参与式行政法律关系的模式分析。本章首先设计论证了新的参与式行政法律关系基本模式，即：

$$\text{政府（保障行政参与权的前提性义务）}\xrightarrow{\text{约束}}\text{（本体性权力与义务）}$$
$$=$$
$$\text{公众（享有行政参与权的前提性权利）}\xrightarrow{\text{保障}}\text{（本体性权利与义务）}$$

提出这是由前提性法律关系与本体性法律关系共同构成的复合性行政法律关系，双方的权利和义务都发生了重要变化。其次，分析前提性法律关系内含的种类，具体包括由行政程序进入权形成的法律关系、由政务主张权形成的法律关系、由获合理回应权形成的法律关系、由合理意见获采纳权形成的法律关系、由协商决定权形成的法律关系、由协助执行权形成的法律关系等。在这些法律关系中，公众享有不同层次的行政参与权，政府则需要履行满足公众不同层次行政参与权的义务。最后，分析论证了不同行政活动中的参与式行政法律关系模式，亦即参与式行政法律关系的基本模式在不同的行政活动中的具体表现，包括参与式行政立法中的法律关系、参与式行政决策中的法律关系、参与式行政执法中的法律关系等三种具体模式。

第六章　参与式行政法律关系与行政法若干理论的反思。本章基于参与式行政法律关系的形成，对现有行政法基本原则、行政法主体、行政行为、行政程序等理论的不足进行了反思。提出行政参与原则应当确立为行政法的基本原则，行政参与主体应增列为一种独立的新型行政法主体，行政行为的基本特征、合法要件、法律效力等都要体现公众参与的合意性因素，行政程序则应当发展完善为参与式的行政主体与行政相对人双方的活动程序。

第七章 参与式行政法律关系与行政法制度的发展。本章首先提出，参与式行政法律关系的实现，必然要求根据公众的行政参与权和政府的保障义务来改革完善相应的行政法制度，以使双方之间的新型权利义务得以落实。进而，就如何改革行政立法、行政决策、行政执法以及监督行政制度，全面、合理配置公众行政参与权与行政主体的相应义务，建构完善的参与式行政法律制度提出了思路。

余论 保障参与式行政法律关系与行政参与权的救济。余论部分提出，参与式行政法律关系需要得以保障，其核心问题是保障行政参与权。在我国，行政参与权尚属一项新型的权利，现行立法还未对其设置有效的法律救济途径，为此需要建立和完善相应的法律救济制度。这主要包括建立对行政参与权救济的行政调解制度，完善行政复议制度和行政诉讼制度。同时，对涉及行政参与权的争议案件类型、受案范围、相关程序、处理结果以及建立公益诉讼等提出了见解。

第一章　参与式行政在中国的兴起

第一节　参与式行政的内涵

参与式行政，也称“参与型行政”，从字面上简单讲就是指吸收社会公众广泛参与的国家行政活动。对参与式行政可以从政治学、行政学和行政法学等不同视角来理解。在政治学上，参与式行政是民主政治的一种重要形式，即不同于代议制民主的大众参与式民主。[①] 在行政学上，参与式行政是一种公共行政管理方式，特指由社会公众通过一定的渠道和方式来参与公共事务管理，并能对公共决策形成影响作用的民主化公共管理方式。[②]

从行政法学上认识参与式行政，可以有两种解读：一是指作为行政法规范、调整对象的行政活动方式，即创造、出现于生动社会实践的、吸收社会公众广泛参与的各种行政活动方式。二是指行政法对前述有社会公众广泛参与的行政活动方式加以规范、调整后，所形成的一种稳

---

① 相关论述可参见李图强：《现代公共行政中的公民参与》，经济管理出版社 2004 年版，第 24—25 页；陈剩勇、赵光勇：《参与式治理研究述评》，载《教学与研究》2009 年第 8 期；等等。

② 相关论述可参见〔美〕约翰·克莱顿·托马斯：《公共决策中的公民参与》，孙柏瑛等译，中国人民大学出版社 2010 年版，译者前言；李琪：《社会转型时期的公共行政：参与、整合与后置》，载《上海行政学院学报》2000 年第 1 期；等等。

定的法律制度模式。第一种理解上的参与式行政，与行政学意义上的参与式行政基本相同，而第二种理解则只能是行政法学意义上的，因为这里的参与式行政已经是指一种规范化了的行政法制度。为此，在当代中国，参与式行政既是对已蓬勃兴起的具有公众参与特点的行政活动的一种理论概括，也是一种正在形成过程中的新型行政法制度，它与“管理论”、“控权论”等理论指导下的行政法制度有较大区别。参与式行政作为行政法制度已体现在许多国家的立法中，如《美国联邦程序法》详细规定了公众参与行政立法等程序制度。[①]《葡萄牙行政程序法》明确规定了作出行政决定的公众参与：“公共行政当局的机关，在形成与私人有关的决定时，尤其应借本法典所规定的有关听证，确保私人以及以维护自身利益为宗旨的团体的参与。”[②]《韩国行政程序法》制定的目的之一就是谋求国民之行政参与，并以各种方式加以保障。[③] 我国《立法法》、《行政法规制定程序》、《行政处罚法》、《行政许可法》等对行政活动的公民参与都有相关规定。本书将在以上两种意义上使用“参与式行政”一词。

从行政法学上理解参与式行政，还必须对它与“行政参与”（或称“参与行政”）的表述加以区分。行政参与被有的学者认为是“指公民直接参与到公共行政中去，表达自己的利益愿望，并对行政权力的行使进行有效监督，具体包括公民参与行政立法、行政决策、具体的行政执法活动”[④]。或者界定为“是指社会公民通过各种合法途径，直接或间接地影响政府行政决策，监督其权力行使的行为”[⑤]。可见“行政参与”是在说明公民参与行政的行为，它虽从一个侧面反映和表达了参与式行政中具有的公众参与内涵，但却并不等同于参与式行政这样一种行政制度模式。

我国行政法学者杨建顺教授对参与式行政曾有过定义：“所谓参与型行政，亦称互动型行政，是指行政机关及其他组织在行使国家行政权，从事国

---

① 参见《美国行政程序法》（1946），第 552—554 条等，载应松年主编：《外国行政程序法汇编》，中国法制出版社 2004 年版，第 39—89 页。

② 参见《葡萄牙行政程序法》（1991）第 8 条，载同上书，第 331 页。

③ 参见《韩国行政程序法》（1996）第 1 条及其他有关公众参与行政程序的条款规定，载同上书，第 572 页。

④ 张春莉：《论公民行政参与》，载《学海》2003 年第 6 期。

⑤ 徐增辉：《民主行政浅析》，载《行政论坛》2002 年第 1 期。

家事务和社会公共事务管理的过程中,广泛吸收私人参与行政决策、行政计划、行政立法、行政决定、行政执行的过程,充分尊重私人的自主性、自立性和创造性,承认私人在行政管理中的一定程度的主体性,明确私人参与行政的权利和行政机关的责任和义务,共同创造互动、协调、协商和对话行政的程序和制度。”①莫于川教授也作了基本相同的定义,但称之为参与式行政。② 这些关于参与行政的界定比较准确地反映了参与式行政的特征。但是作为参与式行政的定义尚有一定欠缺:首先,没有揭示参与式行政的目的何在;其次,未对参与式行政作出行政活动方式与行政法上的制度模式这两种含义上的划分;再者,描述性、列举性内容较多,理论上的提炼概括尚显不够。

参与式行政作为一种新型的行政模式,需要从行政的主体及其相互关系、行政目的、行政方式、行政法制度等几个方面来认识。因此,参与式行政可以界定为:

在社会公众以平等主体身份的参加下,行政主体通过充分听取意见建议、进行协商合作等各种良性互动的方法开展行政立法、行政决策和行政执法活动,以实现行政为民的宗旨,保障行政具有正当性与合理性的一种民主行政模式。行政法对这一行政活动方式加以规范化和制度化则形成了参与式行政的法律制度模式。

这一界定涵盖了以下几层含义:第一,参与式行政是一种新兴的民主行政活动模式;第二,行政的主体既包括履行行政管理与服务职能的政府机关,又包括参与行政的社会公众;第三,行政方式是政府与公众的良性互动行为过程,是双方的协商与合作治理;第四,行政目的是保障行政活动的正当性与合理性,并实现行政为民的宗旨;第五,参与式行政的基本关系是政府与公众的合作治理关系,其核心是公众享有行政参与权与政府履行保障公众参与权的义务。对此经行政法的调整、规定,则形成了参与式行政的法制模式。

---

① 杨建顺:《政务公开和参与型行政》,载杨解君主编:《2001 年海峡两岸行政法学学术研讨会实录》,东南大学出版社 2002 年版,第 221 页。

② 莫于川:《公众参与潮流和参与式行政法制模式》,载《国家检察官学院学报》2011 年第 4 期。

参与式行政与传统的管制型行政或控权模式行政相比较，具有以下特征：

（1）主体的平等性。传统管制行政是政府独自管理与支配公共事务的行政模式，社会公众完全处于被管理的地位，二者是不平等的主客体关系，管制行政模式下的行政法明确宣示，是调整不平等主体之间的权利义务关系。控权行政下政府与公众虽然已不是主客体关系，公众是自由自主的主体，但只是市场经济的主体，并非行政管理的主体，政府只是管得少，但在管理事项范围内仍是主宰者，公众并不具有平等的参与行政资格，只是受行政保护的对象，并未注重发挥其参与行政的主人翁作用。参与式行政的实质是"民主行政"，是公民直接参与，并且影响行政活动的进程与结果，因此，公民应当是行政活动的主体。同时，"参与本身就是一种人民行使民主权利的表现"①，因而，行政参与使公民在一定意义上复归了主权者地位，还原了一定的主权，获得了参与政务的权利，亦即行政参与权，从而取得了与政府平等的参与行政的资格。具体而言，首先，在参与式行政中，公众的法律地位得到了提升，与政府一样都是行政活动的主体，具有参与行政的权利。其次，在行政过程中，公众与政府具有相同的行政话语权，公众也能自由地表达诉求，提出建议，可以与政府相互质疑、辩驳、协商，并达成妥协与共识，任何一方都不能强制对方服从。再次，行政决定不只是由行政主体单方作出，必须考量公众意见与诉求，在一定条件下，公众还具有对行政结果的决定权。最后，在参与式行政中，既要求公众依法行使行政参与权，也要求政府承担不履行满足行政参与权义务的责任。因此，在参与式行政中，政府与公众拥有平等的法律地位，相等的表达资格，是平等的行政活动主体。也只有主体地位平等，公众才能与政府进行平等的对话、博弈、协商与合作，才能做到民主行政和实现行政为民的宗旨。

（2）行政过程的开放性。行政过程开放，即行政信息公开透明，政府决策广开言路。参与式行政应当是公开透明的行政，而且要求政府勇于和善于纳谏。

首先，行政信息公开是参与式行政得以开展的基础。有学者认为，"信

① 俞可平：《增量民主与善治》，社会科学文献出版社2003年版，第157页。

息公开是公众参与的前提条件，离开了公开的信息，公众就无法获得参与听证会的知识，从而也就缺少了话语权”①。虽然这里的信息公开是直接针对听证会所言，但是，信息公开是所有参与形式的必要条件，没有信息公开，公众参与根本无法进行，因为公众参与行政首先要能进入行政之门，亦即能加入行政过程，这是公众参与行政的第一步，这就要求“政府的大门”不能紧闭，否则，公众便无法进入行政程序。申言之，行政活动一旦启动，就要通知社会公众，以便公众参与。当然，不同行政活动，具体的通知方式不同，通知对象也不同。同时，行政信息的获取也是公众参与得以进行的知识条件。公众只有知晓行政信息后，才能知道参与什么和怎样参与，才能确定参与目的和参与方案，否则，只能是无目的、非理性的参与。

其次，政府的开明与纳言是参与实效的保障。公众参与行政，表达利益诉求、发表行政意见、提出行政建议，目的是要求政府能够考虑、回应与接纳，这样参与的目的才能实现，政府与公众才能形成良性的互动。因此，要求政府能够大度、宽容、坦诚地对待公众话语，要善于识别、选择、吸纳合理的意见和诉求，而不是闭塞言路，或者只听不取，甚至打压提出“逆耳忠言”的公民。若没有政府负责任地积极回应与接纳，公众只是意见的单向输出，无法形成二者意志的交融和互动，公众意志无法影响行政决定，公众参与不可能取得效果。这种行政仍是单向度行政，只是公众对行政的参加，而不是参与式行政，因为传统行政也有公众的参加。

综上，参与式行政不能再是政府机关的内部流程和单方意志，而应当是对公众开放的行政过程，政府更应当是善于吸纳民意的开明政府。

（3）行政方式的双向互动性。双向互动性不只是双边性，双边性仅指行政活动有对应参加的双方。双向性是行政活动中主体双方的相互平等交流，相互配合，共同对行政活动的结果发挥作用与影响。在参与式行政中，行政方式是政府行为与公众参与行为相互作用与影响的互动治理。行政动议既可以由政府提出，也可以由公众发起；行政议程可由双方协商，公众可提出方案说服政府采纳，政府要倾听公众意见，采纳合理方案；行政措施一般采取合作的形式，倡导行政指导、行政合同、行政协作等行为形式，即使像

① 王锡锌：《行政过程中公众参与的制度实践》，中国法制出版社 2008 年版，第 118 页。

行政处罚等传统秩序行政，也充分吸收利益相关人的意见，尽量减少行政机关的单方强制性；行政决定的形成是在双方交流与沟通的基础上作出（下文将详述）。总之，在参与式行政中，政府与各参与主体通过交流、协商、协作与配合共同完成公共行政的任务，这种互动治理方式不再具有传统行政行为的单方性，也淡化甚至消解了强制性，而具有双向良性互动的特点。

（4）行政决定形成的合意性。传统管制行政模式的行政决定，几乎都是政府的单方意志；在传统控权行政模式中，则强调的是公民对政府权力的防卫。参与式行政有所不同，在于行政相对人参与行政是要通过表达诉求、提出意见和建议来影响行政决定，是双方配合实现行政目的。因此，参与式行政是一种合作行政，“相对人的合作不仅表现为对最终决定的接受与认可，而且还必须表现为对形成和作出决定的参与”①。在参与式行政中，虽然行政决定是由行政主体最终作出，公众并没有完全的决定权，也并不必然要求举行公众表决的方式，但是，在行政决定形成的过程中，行政主体有义务听取公众的意见，且公众正当合理的意见与诉求必须采纳，未采纳的意见和诉求则需说明理由，否则，行政决定违法，且不具有公定力和执行力。这样，行政决定的形成过程实际是行政主体将行政相对人意见吸收到行政决定中的过程，是在政府与社会公众沟通、博弈与协商的前提下考量公众意思表示的基础上作出的，是政府与公众双方意志交涉融合的结果，具有双方的合意性。

（5）行政目的多元性。参与式行政的行政目的具有多元性。首先，是利益目的的多元性。管制行政的目的片面强调保护公共利益，而忽视个体权利的实现和私人利益的保护；而传统控权行政则片面强调通过控制行政权以保护公民权益。因此，传统行政的利益目的表现为单一性和片面性。而参与式行政的行政目的则具有多元性。参与是利益的表达与实现。当代社会利益的多元化，决定公众参与是各方面利益代表的参与，在参与式行政中，各种个体利益都要得以表达与实现，同时公共利益的维护与实现也是公共行政的既有目的。因此，参与式行政的运行过程既有公共利益与个体利益的博弈，又有各种个体利益之间的博弈。要实现行政的正当性，首先应当

---

①　叶必丰：《行政法的人文精神》，北京大学出版社 2005 年版，第 159 页。

实现各利益的分配正义,在维护公共利益的基础上,达成各利益的妥协与认同,满足各种个体利益的正当需求,实现公益与私益的双赢,并最终统一于行政为民的宗旨。因此,参与式行政的利益目的具有多元性。其次,是价值目标的多元性,亦即参与式行政既要实现合法性,又要实现正当性,同时还要提高效率性。传统控权行政的价值目标是片面追求合法性而忽视效率性,而管制行政则片面追求效率性而忽视正当性,二者的价值目标无疑都失之偏颇。参与式行政在实现行政“合法律性”的基础上,通过公众参与,使行政活动既获得程序正义,又获得实质的正当性结果,从而实现合法性与正当性的统一,同时通过公众参与,促进行政民主,反映和吸纳民意,矫正了行政主体理性的不足,促进行政活动的科学性与民主性,有利于行政决定的实施,从而提高了行政效率。因此,参与式行政具有多元的价值目标。

第二节 当代中国社会参与式行政的丰富实践

近年来,公众参与已成为中国社会的流行话语,公众参与行政实践成为了我国公共行政领域里一道亮丽的风景线。这里既有党和政府自上而下的政策宣示与倡导,又有自下而上的来自社会层面各种公众参与行政的创造,二者的契合使参与式行政实践蓬勃发展。

一、公共政策的强力倡导

人民民主是社会主义的生命,发展社会主义民主政治是执政党矢志不渝的奋斗目标,扩大社会主义民主,更好保障人民权益和社会公平正义,也是我国实现全面建设小康社会奋斗目标的新要求,民主政治已成为以人为本、全面协调可持续发展的科学发展观的重要组成内容。

社会主义的本质是全体人民当家作主,社会主义各项事业都是亿万人民群众的自身事业,需要调动作为国家主人的广大人民群众的积极性和创造性才能建设好。同时中国共产党始终代表中国最广大人民的根本利益,政治决策必须广泛听取人民的意见。为保障人民当家作主,充分调动广大人民群众参与管理国家事务与社会事务的积极性,充分听取广大人民群众的意见，新形势下，党中央一方面继续发展和完善人民代表大会制度、共产党领导的多党合作和政治协商等基本政治制度，同时，特别强调扩展民主领域，丰富民主形式，拓宽民主渠道，扩大民主权利，大力发展基层民主，扩大公民有序政治参与，倡导公众参与。[①] 党的十八大中强调指出："更加注重健全民主制度、丰富民主形式，保证人民依法实行民主选举、民主决策、民主管理、民主监督"，"坚持国家一切权力属于人民，从各个层次、各个领域扩大公民有序政治参与，最广泛地动员和组织人民依法管理国家事务和社会事务、管理经济和文化事业"，"加快推进社会主义民主政治制度化、规范化、程序化，从各层次各领域扩大公民有序政治参与"，"保障人民知情权、参与权、表达权、监督权，是权力正确运行的重要保证。"

另一方面，在社会飞速发展的同时，社会主义现代化建设中政治、经济、文化和社会管理等领域中出现的新问题、新矛盾需要正确处理，如应对经济发展的难点，解决社会民生问题，化解社会风险和社会危机等，这些都需要政府更加积极主动地回应与处理，也需要政府提供更加优质、高效的调控和服务，切实保障民生和社会公正。这无疑增加了政府新的行政职能和职责，产生了新的公共行政问题，势必考验政府的行政能力和水平。新公共行政的复杂性、风险性和服务性，使行政的正当性和效率已难以通过传统的依法行政来保障，需要积极吸纳和调动相关专家和利益相关人参与行政，亦即通过公众参与的方式获得民意的集中、信息的汇聚、知识的荟萃、利益的公平博弈和决策的最优方案，从而实现行政的正当性与效率。因此，行政民主化成为公共行政发展的必然趋势。一直把进行行政管理体制改革，提高政府管理效率作为政治目标的我国政府在政策上作出了积极回应。2004 年国务院《全面推进依法行政实施纲要》中规定："社会涉及面广，与人民群众利益密切相关的决策事项，应当向社会公布，或者通过举行座谈会、听证会、论证会等形式广泛听取意见。"温家宝总理在 2006 年的《政府工作报告》中也指出："各级政府要坚持科学民主决策，完善重大问题集体决策制度、专家咨询制度、社会公示和听证制度、决策责任制度，依法保障公民的知情权、参与

---

① 有学者认为："正因为公众参与是人民民主的微观化和具体化，因此公众参与自然成为中国共产党实现政治体制改革软着陆的基本路径。"参见王锡锌：《公众参与和行政过程——一个理念和制度分析的框架》，中国民主法制出版社 2007 年版，第 2—3 页。

权、表达权、监督权。”2009年4月13日，国务院新闻办公室发布了《国家人权行动计划(2009—2010年)》，在导言部分提出坚持以保证人民当家作主为根本，从各个层次、各个领域扩大公民有序政治参与，健全民主制度，丰富民主形式，拓宽民主渠道，依法实行民主选举、民主决策、民主管理、民主监督，着力保障人民的知情权、参与权、表达权、监督权。计划的第二部分是“公民权利与政治权利保障”，该部分第六点详细制定了从各个层次、各个领域扩大公民有序政治参与，保障公民的参与权的计划。

党和政府对公众参与的社会需求在政策上的积极回应，表达了对公众参与的强烈认同和高度重视，是公众参与行政强有力的政策保障，对社会公众产生了强烈的激励和引导作用。而且，党和政府通过“动员和组织”，自上而下强力推进公众参与，产生了强大的号召力和推动力，促进了公众参与行政活动的实践。

二、全社会的参与活动

当代中国社会，随着市场经济的建立，政治文明的发展，以及法治政府建设的推进，公民的主体地位得到不断提升，民主与权利意识不断增加，公民参与国家管理的热情不断高涨，在党和政府政策的鼓励下，这种意识与热情转化为社会公众参与公共事务管理的行动，形成中国社会公众参与公共行政活动的生动实践和丰富创造。从公众参与行政立法、行政决策，到相对人参与具体的行政执法个案，公众参与几乎涉及公共行政的各个领域。参与途径和方法也是多种多样：既有公开征求意见、座谈会、论证会、听证会等正式参与途径，也有公民自发上书请愿、网上发表意见等非正式参与途径。有关公众参与行政的事例更是不胜枚举，以下从行政立法、行政决策和行政执法领域中撷取一些代表性范例进行概览，以管窥我国参与式行政的丰富实践。

(一) 行政立法领域中的公众参与实践

行政立法因适应现代社会发展之所需，由代议制机关授予行政机关的权力。而法的正当性在于民意的体现，行政立法又不可能完全复制代议制机关的立法程序，因此，公众参与行政立法成为证成行政立法正当性之吁求。近年来我国政府机关也高度重视行政立法中的公众参与，从国务院到地方政府广泛开展了行政立法领域中的民意调查、民意征集活动，其形式有公告评论、网络意见征求、论证会、座谈会等。而充分体现公众参与的听证会也得以在规范层面确立，在经过地方行政立法的实践验证后[①]，2000 年全国人大制定的《立法法》，以及 2001 年国务院制定的《行政法规制定程序条例》和《规章制定程序条例》都正式引入了听证会制度。俟后，在我国行政立法中，立法听证此起彼伏，异常活跃。[②] 可以说，行政立法领域中的公众参与在形式上已经比较普遍。下面我们以地方行政立法中较有代表性的《广州市商品交易市场管理规定》的制定和中央行政立法中较有典型意义的《城市房屋拆迁管理条例》的修改为例，具体观察行政立法中的公众参与的实践状况。

2005 年 10 月，广州市人民政府法制办公室、耶鲁大学法学院中国法律中心和北京大学法学院公众参与研究与支持中心决定就“规章制定过程中政务公开和公众参与机制的应用”进行合作，选定了《广州市商品交易市场管理规定》作为实践公众参与立法的规章项目，开展了公众参与地方政府规章制定的实践活动。该项目的公众参与始于草案的形成阶段，也即实践行政立法的“预公开”。起草部门形成草案基本框架和主要内容后即向社会发布了《关于公开征求立法建议的公告》，向公众征求立法建议，并及时对立法建议进行公布、评价和回应，初步拟定了规章草案。接着进入到草案征求意见阶段，政府通过网站公告、报纸刊载以及发放小册子等渠道公布了规章草案，并以信函问询、网络调查、召开座谈会、论证会等方式，分别听取了市场经营者、行业协会（广州专业市场联合会）和相关专家的意见。接着，政府对征集到的公众意见进行了处理和回应，形成了意见采纳的情况综述和理由说明，并根据吸纳的意见修改了规章草案，在此基础上形成了送审稿，提交

---

① 1997 年，深圳市政府法制局就《深圳市建筑材料使用管理规定（草案）》中有关审批制度的改革的相关内容召开的听证会，开创了立法听证制度的先河。有了这次经验的积累，1999 年 9 月，广东省人大常委会就《广东省建设工程招标投标管理条例（草案）》中的个别条款召开听证会，这是省一级国家权力机关首次举行立法听证会。

② 以江苏省为例，2003 年至 2009 年每年都举行了行政立法领域里的听证会。参见《积极探索，大胆创新，不断推进公众参与行政立法进程》，http://www.jsfzb.gov.cn/art/2009/9/29/art_60_7509.html，2011 年 3 月 6 日访问。

政府常务会议审议。[1]

综观这一规章制定过程，可以发现其信息公开较为全面、彻底，提供了多种公众参与的方式和途径，尤其值得赞许的是，此次行政立法过程对公众意见进行了认真处理与回应，并对其中的合理意见予以采纳，比较充分地尊重和体现了民意。

《城市房屋拆迁管理条例》的修改是中央层面较有影响力和代表性的公众参与行政立法事件。这一公众参与中央层面的行政立法事件始于北京大学五名法学学者的“上书变法”。2009 年 12 月 7 日，北大五名法学教授姜明安、沈岿、王锡锌、钱明星和陈端洪向全国人大常委会递交了《关于对〈城市房屋拆迁管理条例〉进行审查的建议》，提出《城市房屋拆迁管理条例》，与《宪法》《物权法》《房地产管理法》保护公民房屋及其他不动产的原则和具体规定存在抵触，要求对之进行修订或废止。五教授的上书得到了国务院法制办、全国人大的迅速反馈，2009 年 12 月 16 日，国务院法制办组织座谈会，邀请了包括北大的这五名学者在内的专家研讨《国有土地上房屋征收与补偿条例》草案。同年 12 月 30 日，全国人大法工委再次邀请这五名学者就修改拆迁条例进行座谈。2010 年 1 月 29 日，《国有土地上房屋征收与补偿条例（草案）》第一次向社会公开征求意见，国务院法制办在其网站上公布征求意见稿的全文，告知公众可以通过网络、信函和电子邮件等方式提出意见和建议，截至 3 月 3 日，草案共收到意见和建议 65601 条。此后修法过程一度受到挫折，草案公开征求意见后将近一年时间内国务院没有进一步的动作。及至 2010 年 10 月 26、27 日，北京大学宪法与行政法研究中心、中国政法大学宪政研究中心联合在京召开“促进《城市房屋拆迁管理条例》废旧立新学术研讨会”，希望推动新拆迁条例的出台进程。时隔近 11 个月后，国务院法制办公室于 2010 年 12 月 15 日发布通知，公布《国有土地上房屋征收与补偿条例（第二次公开征求意见稿）》全文，并从当日起至 12 月 30 日征求社会意见。虽然此次立法过程中的公众参与出现了短暂的中断，但同一个立法项目，两次公开征求意见在行政法规立法中是极为少见的，这彰显了政府高度重视民主立法的态度。2010 年 12 月 27 日，北京大学法学院的

---

① 材料来源于陈里程主编：《广州市公众参与行政立法实践探索》，中国法制出版社 2006 年版。

几位教授以“宪法与行政法研究中心”的名义向国务院法制办递交了一份建议书，从法学专业角度对《国有土地上房屋征收与补偿条例（第二次公开征求意见稿）》提出修改意见。同时，还有10426名社会公众通过草案意见征集系统提交了37898条立法意见。除了面向社会征求意见以外，起草单位还召开45次各类座谈会、论证会，广泛听取中央各部门、地方政府、被征收人以及相关专家的意见，并选取40多个有代表性的城市进行专项调查研究，对社会高度关注的重点难点问题逐一研究论证。经过一年多的努力，在充分吸取公众意见的基础上，国务院在2011年1月21日正式颁布了《国有土地上房屋征收与补偿条例》，《城市房屋拆迁管理条例》同时废止。

相比广州的规章制定案例，《国有土地上房屋征收与补偿条例》的立法过程较为持久和曲折。但殊途同归的是，在专家理性和民众诉求的积极推动下，国务院最终吸纳了社会公众的合法、合理意见主张，废止了饱受诟病的《城市房屋拆迁条例》，制定了新的《国有土地上房屋征收与补偿条例》，久负“恶名”的行政强制拆迁制度也就此寿终正寝。

（二）行政决策领域中的公众参与实践

在政府行政决策中，公众参与的意义也被越来越多政府机关意识到，并在决策过程中积极引入公众参与，以期提高决策的科学化和民主化程度。在那些与公民的人身权和财产权联系紧密的行政领域内体现的尤为明显，这些领域包括环保、城市规划、政府财政预算的制定、公共产品供给等等。

在环保领域，公众参与的实践主要在重大工程项目建设的环境影响评价阶段，其中影响力较大、较有代表性的有2005年4月13日举行的“圆明园湖底防渗工程公众听证会”，被舆论称为“我国第一次真正公开的听证会”。[①] 在社会公众和媒体的推动下，2005年4月5日原国家环保总局发出2005年第13号《国家环境保护总局公告》，将就“圆明园环境综合整治工程”的环境影响举行听证会。4月11日，原国家环保局发出《关于圆明园整治工程环境影响听证会的通告》，4月13日，在原国家环保总局办公楼二楼多功能厅举行圆明园整治工程听证会，听取各方面的意见和建议，并由人民网和新华网进行网上直播。听证会共有来自各个阶层和领域的73名代表

---

① 王锡锌：《行政过程中的公众参与的制度实践》，中国法制出版社2008年版，第267页。

组成,代表们主要围绕“圆明园防渗工程对圆明园生态环境是否造成影响,影响的程度和范围如何,有没有其他影响足够小的替代办法”等问题进行了陈述和辩论。之后,原国家环保总局作出的《关于圆明园东部湖底防渗工程项目环境影响报告书的批复》对听证会的意见和建议进行了一定的回应,要求圆明园管理处进行整改,圆明园管理处按要求进行了整改,并经验收合格。[①] 虽然此次听证会仍然存在听证主持人欠缺中立性、听证程序欠缺规范性、听证形式欠缺协商性和交涉性、决定机关对听证意见回应欠缺彻底性等问题,但是总体上是一个多元声音的开放的听证会,对政府行政决策产生了一定影响,对行政决策中的听证具一定的示范性意义。

在城市规划领域,早在二十世纪九十年代末就有地方性法规确立了公众参与城市规划的制度。2006 年 4 月 1 日起正式实施的新《城市规划编制办法》中,明确了公众参与城市规划编制的权利。而 2008 年 1 月 1 日起实施的《中华人民共和国城乡规划法》(以下简称《城乡规划法》)第 26 条明确了城市规划听证制度的“应当”模式。该领域较有代表性的公众参与案例有 2008 年的“厦门‘PX’事件”,因为其特殊的制度和实践意义被学者总结为我国公众参与的时代标本——“PX 模式”。厦门 PX 是个化工项目,投资逾百亿,但距离人口密集区过近,有环境污染之虞。从 2004 年 2 月国务院批准立项,到 2007 年 3 月 105 名政协委员建议项目迁址,厦门 PX 事件进入公众视野,2007 年 6 月 1 日市民集体“散步”, 表达反对在厦门建设 PX 化工项目的意愿,及至厦门市政府宣布暂停工程,PX 事件的进展始终牵动着公众注意力。从海沧 PX 化工项目对厦门市进行全区域总体规划环评,公众参与“环评报告”网络投票,举行两次市民座谈会,到最后迁址,地方政府与公民百姓,从博弈到妥协,再到充分合作,是公众参与政府决策的经典范例。[②]

相比较而言,政府财政预算领域内的公众参与实践开展较晚,多始于二十一世纪初。主要是一些地方政府结合当地实际情况,对参与式预算改革

① 材料来源于王锡锌主编:《行政过程中的公众参与的制度实践》,中国法制出版社 2008 年版。

② 材料来源于王锡锌主编:《公众参与和中国新公共运动的兴起》,中国法制出版社 2008 年版。

进行积极的探索。其中较有代表性的是浙江温岭的“民主恳谈”。从2005年开始,浙江省温岭市在新河、泽国两镇尝试公共预算改革,将民主恳谈引入基层人大会对基层政府公共预算的审查,形成对预算进行实质性审查与监督的“参与式预算”模式,2008年以来,温岭将这种模式从两个镇推广到五个镇,从镇一级推广到市一级,将参与式预算引向深入。① 温岭公共预算民主恳谈的模式对我国政府财政预算的公众参与产生了重要影响,从中央到地方的公共预算不断走向公开与民主。

在公共产品供给制度中,涉及公众参与的主要是公共产品的定价环节。1998年5月1日起实施的《价格法》第23条明确规定了价格听证制度。2001年10月,国家计委公布了《价格听证目录》,2002年1月12日,我国历史上第一个全国性的价格听证会——“国家发展计划委员会旅客列车票价政府指导价听证会”在北京举行。2002年12月1日,《政府价格决策听证办法》正式实施,随后,各地开展了大量的价格听证实践,涉及与国民生活密切相关的水、电、气、交通运输、景点门票及教育医疗收费等多个方面。

（三）行政执法领域中的公众参与实践

在行政执法中,1996年开始实施的《行政处罚法》首次将听证制度引入中国,1998年9月29日上午,在浙江嘉兴举行的毛阿敏偷税案听证会,引起了社会的广泛关注,颠覆了人们对于行政处罚的传统思维。2006年中国证监会对“科龙门”案举行了系列处罚听证,也引起了社会强烈反响。而2008年8月28日,长沙市工商行政处罚案件听证会更具有开创性。长沙市泉州商会会长李天赐和长沙市工商业联合会秘书长周承能以“人民听证员”的身份首次参加听证会。他们的出现,使得此次听证会拥有两层“全国首次”的意义:全国首批工商行政听证员正式行使听证权,全国首例有人民听证员参加的工商行政处罚案件听证会正式举行。2003年颁布实施的《行政许可法》明确规定了行政许可中的听证制度,而且比《行政处罚法》更加具体,也

---

① 慕毅飞:《温岭公共预算民主恳谈的实践与思考》,载刘平、〔德〕鲁道夫·特劳普·梅茨主编:《地方决策中的公众参与:中国与德国》,上海社会科学院出版社2009年版,第106页。

更具有刚性。随后，在行政许可领域中，从县级政府机关的行政许可听证会[①]到国务院工作部门的行政许可听证会[②]不断举行。另外，其他行政执法中，也开展了听证活动。例如，2010 年 1 月 7 日，江苏省泰州市征收集体所有土地房屋拆迁管理办公室在泰州市高港区口岸镇蔡滩社区居委会三楼会议室，就该社区城中村动迁（蔡滩）工程项目拆迁范围内的蔡滩村北西组 1 号被拆迁人丁某的房屋，依法举行行政强制拆迁前的公开听证会。2009 年 7 月 17 日，四川省万源市人民政府对太平镇状元社区二组居民张仕权位于国道 210 线万源城区段改道工程路段内的房屋等进行行政征收听证会。可见，行政执法领域的听证也已较广泛地开展。

三、我国参与式行政的特点

如上所述，公众参与已经在我国公共行政的许多领域展开，呈现出一幅丰富的参与式行政实践图景。综观我国公众参与行政的实践，既具有世界各国参与式行政中主体的多方性与平等性、行政过程的开放性与互动性、行政方式的双向性与协商性等共性，也可以发现中国所具有的特色。

（1）我国参与式行政虽然基础弱、起步晚，但发展快。在国外，参与式行政二十世纪下半叶已开始盛行。[③] 而在我国，由于新中国成立以前民主传统的长期缺失，公共生活领域里缺乏公众参与的意识，改革开放后，随着社会主义民主政治的发展，到二十世纪九十年代末，公众参与行政事务才初露端倪[④]，但在二十一世纪初就得到蓬勃发展。如前所述，近年来，我国行政立法、行政决策、行政执法等领域中的公众参与活动开展得如火如荼，形成了公共行政领域里的一道亮丽的风景，有学者甚至把 2007 年称为中国的“公

① 2005 年 8 月 10 日，湖北省五峰土家族自治县工商局就李士超在五峰镇沿河东路 20 号经营水产品的行政许可申请，举行了全县首起行政许可听证会。

② 2004 年 8 月，国家环保总局在江苏省南京市就《排污许可证条例（草案）》举行了行政许可立法听证会。

③ 参见李图强：《现代公共行政中的公民参与》，经济管理出版社 2004 年版，第 2 页。

④ 1996 年颁布的《行政处罚法》首次将听证制度引入中国。1998 年 9 月，在浙江嘉兴举行的毛阿敏偷税案听证会，颠覆了人们对于行政处罚的传统思维；1997 年，深圳市政府法制局就《深圳市建筑材料使用管理规定（草案）》中有关审批制度的改革的相关内容召开的听证会，开创了行政立法听证会的先河。

众参与年”。[①]

(2) 在参与主体上,“开放式”征求意见的参与主体具有广泛性,而公众与政府直面交涉与博弈的听证会、座谈会、论证会等的参与主体范围则较窄。在我国参与式行政实践中,政府立法与决策通过网络、电子邮件、信函等形式公开征集意见时,公民都可以提出意见和建议。但是,座谈会与论证会往往只是邀请少数专家和学者,“民主恳谈”只及于人大代表、村委干部和企业法人代表,听证会上甚至出现了“听证专业户”[②]。这说明行政参与中普通公民的参与率并不高。

(3) 在参与事项上,整体看来比较广泛,但具体事项则限制较多。我国的行政立法、行政决策、行政执法制度中都已经规定了公众参与,而且在行政实践中也已广泛开展。但是,在具体事项中公众参与的范围不够广泛。例如,在行政立法中,把公众参与限定于起草与审查阶段,而且一般限于涉及“重大问题”或“切身利益”,而立法规划与决定阶段公众参与被排除在外;在行政决策中,公众参与则局限于环保、价格、城市规划、财政预算等重要领域,而一般性行政决策少有公众参与。在行政执法中,行政处罚的听证限定在责令停产停业、吊销许可证、营业执照和较大数额罚款等三种处罚种类,其他处罚则不能要求举行听证;行政许可的听证范围也限定在“法律、法规、规章规定实施行政许可应当听证的事项,行政机关认为需要听证的实际公共利益的重大行政许可,以及直接涉及申请人与他人之间重大利益的行政许可”的范围。因此,在我国,很多公共行政领域里的公众参与实际都属于政府的一种“选择性吸纳”。

(4) 在参与形式上,制度化参与与运动式参与并存。社会公众既有通过法律规定的公开征集意见、听证会、座谈会、论证会等制度形式的参与,但同时又有通过“街头散步”、“上书高层”、“车站举牌”等非制度化方式的参与。

(5) 在参与方式上,个体参与多,组织性参与不够。在我国,由于利益

---

① 参见王锡锌:《公众参与和中国新公共运动的兴起》,中国法制出版社 2008 年版,作者前言。

② “听证专业户”,是指哪些屡次被行政机关选中参加行政听证会的公民,如成都老太胡天丽七年来 23 次被抽中为听证代表。这种现象一方面会令人质疑听证会的“可信度”,另一方面也说明听证会的普通公民参与率不高。

缺乏组织化,公众参与一般是分散的个人参与,亦即是“一个人的行动”,而很少有社会团体代表有组织性的参与。这主要因为我国公民公共意识还不够强,社团设立登记门槛高,从而导致公共组织发育不健全,有待发展与完善。

(6) 参与制度以自由裁量模式为主,羁束模式为辅,但呈现从裁量模式到羁束模式的发展趋势。在我国现行法律规定的行政活动中的公众参与大多是“可以”模式,是否吸纳公众参与主要取决于行政机关的自由裁量,但也开始向“应当”模式发展。例如,关于我国行政立法听证制度的规定,2000年颁布的《立法法》、2001年颁布的《行政法规制定程序条例》和《规章制定程序条例》等对行政立法听取意见采取听证会的规定都是使用“可以”模式,但之后关于行政决策的听证制度的规定一般使用的是“应当”模式,例如,2002年《政府价格决策听证办法》和2008年的《城乡规划法》都明确规定了行政规划听证的“应当”模式。[①] 而在行政执法中的听证制度的规定中,2003年颁布的《行政许可法》的羁束性也比1996年颁布的《行政处罚法》要强。如《行政许可法》明确规定了依法应举行听证会的情形,并要求行政机关“根据听证笔录,作出行政许可决定”[②]。而同样直接影响公民切身利益的《行政处罚法》却没有这样的规定。

(7) 在参与机制上,目前主要是政府主导和支配型,公民的主动性和能动性较弱。具体而言,公众参与是否发动一般是由政府决定的,而且行政参与的议程、形式、结果等也多由政府单方决定。公民除了少数情况可以依法要求参与外,一般无权主动申请参与行政活动,而且也不能选择参与的方式,更不能左右参与议程设置和结果形成。这种政府主导与支配的参与机制在我国行政法中表现得尤为明显。除了行政处罚和行政许可等少数领域中利益相关人可以依法主动申请听证外,其他大部分行政领域中几乎都是由政府决定是否启动听证程序,启动程序后,听证代表由政府选定,听证程序由政府控制,听证笔录的采纳与否也完全由政府来取舍,这无疑具有很大的随意性,政府可以根据单方意志主导和支配整个听证过程。

---

① 见《政府价格决策听证办法》第3条,《城乡规划法》第26条。

② 参见《行政许可法》第48条。

第三节　参与式行政在中国兴起的现实条件分析

近年来,参与式行政在中国广泛兴起,这与中国社会发展带来的社会结构变迁和政府转型所形成的行政民主化浪潮密不可分。

一、当代中国社会与参与式行政

改革开放以来,我国不断健全社会主义民主,发展社会主义市场经济,建设社会主义法治,这些都为参与式行政的兴起创造了所需的政治、经济和法治条件。

(一) 社会主义民主政治的发展为参与式行政的兴起创造了政治条件

1. 社会主义国家全体人民当家作主的本质决定了参与式行政兴起的必然性

民主的含义就是“统治归于人民”或“人民主权”,亦即由全体人民平等地,无差别地参与国家决策和进行国家管理,这是民主最原始,最简单的含义。[①] 参与式行政就是这种直接民主在公共行政中的运用,凡是与行政活动有利益关联的公众都平等地享有参与行政管理的权利。社会主义民主具有了这种民主的特征,因为社会主义民主的本质就是“人民当家作主”。在社会主义制度下,人民是国家的主人,国家的一切权利属于人民,人民有权管理一切国家事务,这种民主权利是宪法保障的[②],而且人人都平等地、无差别地享有管理国家事务的权利。同时社会主义民主具有天然的共和气质,人民能以多种形式和途径与政府一同管理国家事务。

综观人类民主的实践史,民主的实现形式无外两种,一是直接民主,二是间接民主,或称代议制民主。直接民主是指全体公民直接参与管理国家事务和政治决策;间接民主是人们通过选举代表的形式来进行政治决策和

---

① 参见王绍光:《民主四讲》,三联书店 2008 年版,第 2 页。

② 我国 1954 年宪法庄严宣告中华人民共和国的一切权力属于人民。1982 年宪法再次明确规定,中华人民共和国的一切权力属于人民,人民依照法律通过各种途径和形式,管理国家事务,管理经济和文化事务,管理社会事务。而且还规定了“法律面前人人平等”。这些规定为人民广泛、平等享有民主权利提供了宪法基础。

管理公共事务。人类历史早期的民主是古雅典的城邦直接民主,后来发展到资产阶级的代议制民主。代议制民主的产生,主要因为民族国家兴起后,由于时空限制,使直接民主很难实现,所以只能通过人们推选代表的形式,委托代表参加国家事务的管理。

社会主义国家人民当家作主的本质决定了每一个公民都是国家各项事业的主人,需要最广泛地动员人民群众参与国家事务与社会事务的管理。因此,社会主义民主建立伊始,就把直接民主与间接民主形式结合起来,在国家宏观政治层面实行代议制民主,在微观管理领域推行直接民主,从而真正实现人民当家作主,调动广大人民群众建设社会主义的积极性与创造性。我国 1982 年《宪法》第 2 条规定“人民行使国家权力的机关是全国人民代表大会和地方各级人民代表大会”的同时,接着规定“人民依照法律通过各种途径和形式,管理国家事务,管理经济和文化事务,管理社会事务”,这就从宪法层面确定了我国社会民主的实现方式包括代议制形式和人民直接参与的形式。而且第 41 条又进一步规定了公民对国家机关和国家工作人员的批评权、建议权、申诉权、控告权和检举权。同时,我国社会主义民主的实践表明,中国公民管理国家事务的权利从来没有在行使选举权之后就处于休眠状态,在选举之外,还有着诸多直接参与社会事务管理的机会和方式。如政治协商、农村村民与城市居民自治、企业职工代表大会等都是我国公民行使民主权利的方式。

新形势下,执政党和政府更加重视广大人民广泛地政治参与与社会参与,从政策和制度上鼓励和支持公众参与国家事务与社会事务。党的十七大报告和十八大报告都强调指出,要扩大公民有序政治参与,最广泛地动员和组织人民依法管理国家事务和社会事务。国务院各种政策和文件也都反复强调,坚持以保证人民当家作主为根本,扩大公民有序政治参与,坚持民主决策和民主管理,保障人民的参与权等。

从以上可以看出,社会主义国家人民当家作主的本质决定了我国无论是法律规定、政策宣示,还是民主实践,都充分显示社会主义民主必然要求组织、动员、发展和扩大公民直接参与国家事务和社会事务。这无疑给参与式行政的兴起创造了条件。

2. 中国现有民主制度与实践为参与式行政兴起提供了坚实的制度基础和丰富的民主经验

新中国成立后，特别是改革开放以来，执政党和政府非常重视和发展社会主义民主政治，经过多年的实践与探索，建立了一套适合中国国情的，由人民代表大会制度、共产党领导的多党合作与政治协商制度、民族区域自治制度、基层民主制度等构成的体现人民当家作主的政治制度体系，为参与式行政的兴起打下了坚实的民主制度基础，并积累了丰富的民主经验。

人民代表大会制度是我国人民当家作主，参与管理国家事务与社会事务的根本政治制度，人民通过选举代表或者被选为代表参政议政，人大及其常委会通过民主集中制，集体行使权力，集中民意，代表人民利益，决定和解决问题。因此，人民代表大会实质是宏观的公民政治参与，为行政参与奠定了民主的基本制度基础。首先，公民选举权和被选举权的平等赋予与普遍行使①，强化了公民的民主权利，增强了民主意识；其次，人民代表的参政议政培养了公民的民主素养和参政议政水平；再次，民主集中制度的运行，训练了党和政府分析民情，聚集民意，作出科学决策的能力。参与式行政是一种政治民主，只不过是微观公共生活领域的民主，也需要参与公众的民主素质和参政议政能力，也需要政府在公众参与的基础上"集中"民意，作出决策。因此，人民代表大会的制度与实践为参与式行政建立了宏观的民主运行机制。当然，更主要的是，多年来人民代表大会制度的运行在全国范围里培养了民主习惯，形成了民主氛围，增强了民主意识，奠定了民主基础。

---

① 在我国，除依照法律被剥夺政治权利的人外，凡年满18周岁的公民，不分民族、种族、性别、职业、家庭出身、宗教信仰、教育程度、财产状况、居住期限，都有选举权与被选举权。并且实行一人一票和一票一值。1953年《全国人民代表大会和地方各级人民代表大会选举法》颁布后，开始了新中国第一次大规模普选，在全国范围内的基层人大代表选举中，登记选民总数达3.2亿人，参加投票的近2.8亿人，超过登记选民总数的85%。其所展现出的普遍性、平等性，引起国际社会广泛关注。英国一家报纸当年这样评论：这是"中国有史以来最大一次普及民主……是真正的民主……它关系全人类的差不多四分之一"。参见田雨、季明：《从立法看中国社会主义民主政治发展伟大实践》，http://news.xinhuanet.com/newscenter/2008-02/27/content_7681589.htm，2011年12月25日访问；另一方面，随着我国选举制度的日益完善，代表的主体也呈现广泛性和普遍性。目前，全国各级人大代表共有280多万人，具有广泛的代表性。如第十二届全国人大代表的选举顺利实现了"两升一降"的目标。来自一线的工人、农民代表401名，占代表总数的13.42%，比第十一届提高了5.18个百分点，其中农民工代表数量大幅增加；专业技术人员代表610名，占代表总数的20.42%，提高了1.2个百分点；党政领导干部代表1042名，占代表总数的34.88%，降低了6.93个百分点。参见《十二届全国人大代表，工人农民占13.42%》，载《潇湘晨报》2013年2月28日。

共产党领导的多党合作与政治协商制度是共产党领导下的多党合作、多党参政、政治协商与民主监督的政治制度，人民政协是共产党领导下的多党合作与政治协商的重要机构。通过人民政协，汇聚了社会各界的代表人物，采取协商方式参与国家和地方各项大政方针的制定，对党和国家机关的工作提出意见和批评，既能反映多数人的意见，又便于吸纳少数人的合理主张，实现了人民参政议政的愿望，充分发挥了人民参政议政的作用，并最终实现了多党合作与政治协商的职能。因此，共产党领导的多党合作与政治协商制度是一种合作治理的民主政治模式，它一方面提高了各界群众的参政意识和参政能力，另一方面形成了一种合作治理的理念和习惯，提供了一种政治合作的模式，这无疑为参与式行政中的合作行政提供了基础和经验。

民族区域自治制度是在党和国家的统一领导下，在各少数民族聚居的地方设立自治机关，行使自治权，从而保障各民族有平等参与国家政治生活的权利。自治是民主的训练，各民族通过行使自治权，自主管理本民族本地区的事务，提高了民主意识和民主素质，一方面为少数民族聚居地区参与式行政的兴起奠定了民主基础，同时也汇入新中国民主建设的大潮，推动了全国民主政治的发展。

城乡基层民主是当代中国最直接、最广泛的民主实践方式。《村民委员会组织法》和《城市居民委员会组织法》系统规定了农村村民与城市居民参与社会公共事务管理的制度，通过扩大城乡基层民主，让广大人民依法直接行使民主选举、民主决策、民主管理和民主监督等权利，使广大城市居民和农村村民当家作主。首先，《村民委员会组织法》的颁布实施，使我国9亿多农民在所在村庄真正当家作主。村民委员会依法由村民直接提名和投票选举，成了中国9亿多农民最好的“民主训练”；村民自治，成了中国广大乡村一所最好的“民主学校”。[①] 农村基层选举中的“公推直选”是村民的政治参

① 全国95%以上的村委会依法实行了直接选举，绝大多数农村进行了7次以上村委会换届选举。各地普遍建立了以村民会议和村民代表会议为主要载体的民主决策的组织形式，全国35%的村每年都召开村民会议，75%的村每年都召开1次以上村民代表会议，98%以上的村制定了村民自治章程和村规民约。近年来，一些地方还创造了“村务大事村民公决”、农村“民主日”等办法，有效保障村民的决策权。参见《我国农村基层民主政治建设取得显著成效》，载《乡镇论坛》2009年第10期。

与；农村土地经营以及其他公益事业决策中的“全民公决”是村民的行政参与；各种会议全面开放，村务全程公开，“村官政绩”民主测评等则是村民的民主监督。这一切使参与式民主实践得到具体实质的训练，使选举权、参与权、知情权与监督权都得到真实的行使与体验。同样，《城市居民委员会组织法》为城市居民委员会发展提供了法律基础和制度保障，也实现了“社区的事大家管”。总之，城乡基层民主是“生活”中的民主，是民主的最真实体验，是权利的真实有效行使，是利益目的的有效实现。在这种直接民主的实践中，城乡居民学会了沟通、认同与共生，学会了表达、监督与合作，培养了公民意识、公共精神和公共品格，训练了参与语言和技术，提高了参与能力和水平。而对于基层公共组织而言，则养成了开放态度、民主作风、责任意识、服务思想和合作理念等公共行政精神。因此，我国城乡基层民主无疑是参与式民主的标本和范式，为参与式行政的兴起与发展提供了宝贵的直接民主经验。

（二）社会主义市场经济的确立与发展提升了公众的主体性地位

人是主体而不是客体是人类历史存在和发展的前提。人的主体性是以人为中心凸显人的价值、发挥人的创造性的内在规定性[①]，是人之所以为人的质的规定性，也是人的自我发展和自我完善的首要条件。人的主体性包括人在自觉活动中体现出来的独立性、自主性、能动性和创造性。其中，独立性是人的主体性的首要含义，只有独立的人，才能自主表达自己的意志和决定自己的行动，也才能在自觉自由的实践活动中表现创造性。参与式行政的兴起是公众主体意识和地位提高的反映。在参与式行政中，公民是独立的行政法律关系的主体，而不是行政管理的客体，公民与政府具有平等的法律地位，享有平等的话语权，能自由地表达自己的利益诉求和其他主张，能以自己的行动影响政府的行政决定，与政府一同完成行政管理的任务，实现行政管理的目标。在参与式行政中充分彰显了公民的主体性，反过来说，只有公民是独立的主体，是自由、自在、自主、自为的主体，才具有参与政府行政活动的条件和能力。

公民的自主性首先是经济的独立与自由，然后才可能实现政治上的主

---

① 王传玲：《从人的主体性内涵看践行科学发展观的真实意义》，载《科学社会主义》2010年第2期。

体性。社会主义市场经济的确立与发展，塑造并提升了公众的主体意识与地位。市场经济是一种以市场为主导，以主体间的自由、平等竞争为主要特征的经济形态。经济市场化就其本质来说，首先是经济主体的经济自由权利的确立、实施和得到有效保障的过程。经济自由权既包括个人的财产所有权，也包括劳动力的个人所有权。在市场经济中，经济主体必须是独立的、自主的、自为的主体，他能独立地占有资源、支配资源，能够自主地签订合约，自主地从事交易活动，有权获取交易活动带来的利益，并能独立地承担交易行为的后果。市场经济确立了人的主体地位，创造了人的自由条件，市场经济的根本在于促使独立个人的生成。

独立的个人首先是独立的利益主体，也即是财产的独立、经济的独立，这也是市场经济形成的前提，反过来，市场经济的发展，促进了个体经济的独立。在市场经济中，人们都是商品和货币的所有者，能够占有、支配、使用自己的财产，也能够合法享有经济交往获得的利益。其次，独立的个人是自由的。自由，就是实现各自独立人格的一种自主和平等的关系。这种自由在人们处于依附族群共同体、彼此从属的人身依赖关系中是无法获得的，为此，必须打破人身支配的从属关系，以社会化的联系取代自然性的联系，把一切个人置于相互平等关系之中，才有个人独立的人格。市场经济是自由经济，市场关系作为一种交换关系，只有通过物和物的交换关系，亦即契约关系，才能建立起他们之间的社会关系。在契约关系中，社会关系已与自然人身剥离出来，体现为货币商品的物化形式，人与人之间通过物与物的联系发生关系。而自由乃契约的本质特征，契约关系中，在是否订立契约、与谁订立契约、缔结什么契约等事项上，当事人有权自主选择或确定；在权利义务分配方面，亦有权自由约定。[①] 同时，在市场经济中，人的价值、地位也就不再表现为血统、出身等自然禀赋，而是决定于通过公平的市场竞争获得的个人财富（个体价值）以及为社会创造的财富（社会价值）。再次，独立的个人是自主自为的，市场经济是自主经济，促进了市场主体的自主性和能动性。在市场交换中，市场主体都能自己决定自己的行为，不存在主体间的强迫与服从，只存在主体间的自由与合意。人们只以一种“物”的所有者身份

---

① 胡肖华、徐靖：《创新与突破：社会转型期中国行政法治原则嬗变》，载《政治与法律》2006年第4期。

起作用，不允许超越经济的特权，人们只能在契约关系中实现交换、在平等关系中进行竞争。市场经济中的成败，不是由身份和特权决定，而要依个人的行为而定。这其中，个人的财力、智力、才能、努力乃至胆识，都起着重要的作用。所以，市场经济中个人的命运属于自我行为选择的结果，即自己掌握着自己的命运。由此可见，具有自立、自由和自主人格的个人，只有在市场经济条件下才能得以实现。

众所周知，封建宗法制的漫长历史，使旧中国从未形成过真正具有独立人格的个人。首先，靠天吃饭的自然经济状况使人不得不屈从于自然支配之下。而封建宗法的政治文化传统又牢牢地把人系在自然血缘纽带之中。因此，旧中国从未有过"个人"，我们有的只是君王与臣民、主子与奴仆等身份与角色，离开他们所代表的族群，脱去他们的角色外衣，他们个人便什么也不是。新中国成立后，中国人民翻身得解放。但若干年来我们实行的是中央集权的计划经济体制和"一大二公"的公社制度，"计划经济"是少数人决策、多数人服从的体制，在这种体制下，个人不可能普遍地获得发挥创造才能的独立性。一切都要求划一和统一，容不得不同的思想、意见和行为方式。个人缺乏自我独立人格，发挥不出个性与创造才能。"在以中央集权为主要特征的计划经济条件下，国家与社会之间不存在界分，国家几乎完全吞没了社会的自主权。""相对于全能的'政府'而言，户籍、物资和职业都受到严格控制的公民在经济上几乎没有自主性。"①这种状况就是我们社会生产力长期落后、经济发展不快的根本原因。

1978 年我国开始了改革开放，指出了以经济建设取代阶级斗争为中心，1984 年中共十二届三中全会讨论通过《关于经济体制改革的决议》，指出改革的基本任务是建设具有中国特色的，充满生机活力的现代社会主义经济体制。1992 年邓小平到南方各省视察，发表了著名的南巡讲话，提出改革的"三个有利于"标准，这有利于解放全国人民的思想，为下一步的改革奠定了基础。1992 年中共十四大召开，明确指出经济体制改革的目标是建立社会主义市场经济体制。1997 年中共十五大召开，指出我国基本经济制度是以公有制为主，多种所有制经济共同发展。2001 年中国加入世贸组

① 董炯：《国家、公民与行政法——一个国家社会的角度》，北京大学出版社 2001 年版，第 181 页。

织,中国市场经济地位得到了国际社会的认可。至此,我国基本确立了市场经济的地位。

由计划经济向市场经济的转轨,不仅是我国社会发展规律的客观要求,也是促进人的全面发展的一项意义深远的重大战略举措。我国社会主义市场经济发展的实践已经充分证明了这一点。我国社会主义市场经济体制的建立与发展的时间虽还不长,但却取得了举世瞩目的成就,不但增加了社会财富,提高了人民的物质生活水平,促进了经济的飞速发展,而且推动个人走向独立自主,大大提升了我国公民的主体性地位,促进了人格的全面发展,使中国公民成为了自立、自主、自为的市场主体,提高了人民进行社会主义现代化建设的主动性、积极性和创造性。社会主义市场经济的建立,确立了多种经营方式、以按劳分配为主的多种分配方式以及多种所有制并存的形式,承认了私有财产的合法化,城市市民以及农民都已摆脱计划体制的束缚,都可以成为市场主体,选择职业,可以依法占有与支配社会资源,从事生产和交易活动,并合法占有由此获得的利益。这样以交换价值为取向的利益主体形成了,个人开始意识到个人利益的独立存在,同时这种存在,也成为人们不断进行经济交往的动力,人们与市场的关系越来越密切,通过市场,人们可以依法自主的占有和处置社会资源,可以自由地进行交易,公民获取社会资源不再依赖于政府的计划和政策,公民经济上与政府的政治依赖关系逐步解体,公民的自主性和独立性在市场经济活动中不断得到强化,与此同时,要求保障经济自由和个人合法利益的权利意识不断增强,参政、议政意识也不断提高。

(三)法治建设的推进为参与式行政提供了平等、公开的法治理念和正当程序基础

新中国成立以来特别是改革开放三十多年来,我国在加强社会主义经济建设的同时,不断加强民主法制建设,逐步走上了依法治国、依法执政、依法行政,建设社会主义法治国家的道路,在法治社会建设的进程中有力地贯彻了平等、公开等法治理念和正当程序的法治要求。

平等、公开是法治的基本价值,也是参与式行政在制度上的基本要求。

“平等对于公众参与的重要性是不言而喻的，是整个公众参与制度的基石。”[①]而“信息是参与的眼睛，开放的信息是有效参与的前提”[②]。参与式行政的形成与有效运行必须建立在政府与公众法律地位平等的基础之上，而且要求政府应当是透明政府，践行信息公开的原则。

在我国法治社会建设的过程中，不但立法上确立了平等和公开原则，而且在法律适用中也坚持法律面前人人平等，努力做到司法公正和执法公正，从而在社会中塑造一种平等、公开的法治理念，尤其是强化了政府的法律平等观和行政公开意识，增强了公民的平等和知政意识，为参与式行政的兴起所需的政府与公众的平等法律地位，以及塑造开放透明的政府打下了基础。

首先，纵观我国立法的发展，《民法通则》《合同法》等私法上平等原则的规定为社会经济活动提供了基本的活动准则，倡导了一种平等理念。而公法上平等原则的确立，直接确认了公民、社会组织与政府的平等法律地位，是任何国家机关、社会组织和个人在法律活动中都要坚持和遵守的基本准则。我国《宪法》第 33 条规定“公民在法律面前一律平等，国家尊重和保障人权”，第 5 条又规定“任何组织和个人都不得有超越宪法和法律规定的特权”，这说明宪法确立了任何组织和个人在法律上的平等原则和地位。之后，我国在陆续制定的大量行政法律、法规中，都确认了“平等原则”。[③] 公开作为法律原则主要是对政府治理的要求，要求政府除法律规定不得公开的外，应当依法将信息公开，保障公众知政权，只有这样，公众参政议政才有可能，也才能真正实现行政民主。我国制定的行政法律、法规中都确立了行政公开原则，2007 年国务院还专门制定了规范政府信息公开和保障公民知情权的《政府信息公开条例》，进一步推进了透明政府的建设。

其次，在法律适用上，1989 年《中华人民共和国行政诉讼法》（以下简称《行政诉讼法》）“民告官”制度的确立与适用，无疑宣告了官民的平等，而当事人诉讼地位平等原则、公开审判原则、辩论原则的确立与适用则更进一步深化了平等和公开理念。虽然在具体案件的审判实践中还存在一些问题，

① 温恒国：《平等：公众参与的制度基石》，载《光明日报》2010 年 4 月 14 日。

② 王锡锌：《行政正当性需求的回归——中国新行政法概念的提出、逻辑与制度框架》，载《清华法学》2009 年第 2 期。

③ 见《行政诉讼法》第 7 条；《行政处罚法》第 4 条；《行政复议法》第 4 条；《行政许可法》第 5 条；《政府信息公开条例》第 5 条；等等。

但是平等、公开的理念已经深入人心。公众已经敢于公开质疑和状告政府，与政府争辩；政府也不再认为可以凌驾于公民甚至法律之上，而是勇于作为被告应诉，与公民进行平等辩论。这种交涉虽然是在法院的主持下进行，但也培植了一种政府与公众平等博弈的意识。而1999年《中华人民共和国行政复议法》（以下简称《行政复议法》）的适用，更便于相对人对行政机关的违法行政行为的监督与控告，而且在复议中也要遵守公开、公正的原则，这更进一步深化了政府机关与社会公众平等的法律观念。而在行政执法中，公平、公正、公开是对行政主体一以贯之的要求，也得到了较普遍的执行与遵守，虽然执法实践中，不少行政主体也存在暗箱操作和偏私现象，但是公开执法和公正执法的基本观念已经形成。

正当程序（Due Process of Law）是现代法治国家共同的价值取向，具体包括两项规则，即“任何人都不应当成为自己案件的法官”和“当事人有陈述和被倾听的权利”。正当程序最初适用于司法程序，之后逐步运用于行政活动领域，成为衡量行政行为正当性的标准。正当程序要求通过一个具有正当性的过程，实现程序的正义和理性，并获得实体结果的公正。因此，正当程序已经成为行政活动的基本原则。“20世纪中叶以后，随着各国行政程序立法的发展，正当程序原则在世界许多国家得到确立和广泛运用。”[①]正当程序所要求的“当事人有陈述和被倾听的权利”演变为行政过程公众的平等参与权利，亦即在行政过程中要经过公众参与的程序，使行政活动基于政治多元主义的合法化机制而获得民主性和合法性。因此，正当程序原则，已演绎为参与式行政的基本原则，亦即“政府在作出行政决定时必须听取利益相关人的陈述与申辩”。正当法律程序，是参与式行政产生的条件和基础，反过来，公众参与行政是正当程序原则在行政过程中的要求与体现。

我国宪法和法律虽然没有对正当程序原则进行专门规定，也还没有制定统一的行政程序法典，但是，我国已经是社会主义法治国家，实行依法治国，无论是政府还是社会公众，都确立了正当程序理念。综观中国特色社会主义法治发展的历史进程，尤其是行政法治的发展，我们可以寻觅到正当法律程序的注脚：正当法律程序理念已初步形成，正当程序的要求已在行政活

---

① 姜明安：《行政程序研究》，北京大学出版社2006年版，第9页。

动中加以贯彻,在许多法律中已经有了相应的规定。这些都为参与式行政提供了正当法律程序的法治基础。

新中国成立六十多年以来,法治建设的核心就是确立社会主义法治思想和法治纲领,而这些法治思想和法治纲领蕴含了正当法律程序的理念和价值。在国务院《全面推进依法行政实施纲要》中,程序正当是依法行政的要求之一。《纲要》规定:"行政机关实施行政管理,除涉及国家秘密和依法受到保护的商业秘密、个人隐私的外,应当公开,注意听取公民、法人和其他组织的意见;要严格遵循法定程序,依法保障行政管理相对人、利害关系人的知情权、参与权和救济权。行政机关工作人员履行职责,与行政管理相对人存在利害关系时,应当回避。"党的十八大报告又在新的形势下对我国未来的依法行政提出了新的要求,尤其强调"保证国家机关按照法定权限和程序行使权力,履行职责"。

同时,正当程序原则在我国立法方面也得到具体体现。首先,我国现行宪法虽然没有直接规定正当程序原则,但是《宪法》第 2 条规定了公民的政治参与权,第 41 条规定了公民对国家机关及其工作人员的批评、建议权和控告、申诉权。这充分说明我国公民的参与权是得到宪法保护的。公民享有政治参与权,就意味着公民有权参与公共行政活动,并能在行政管理过程中表达主张和阐述利益诉求,政府有义务听取公民的意见和诉求。这是与正当法律程序原则相契合的。因此,在我国现行宪法可以找到参与式行政要求的正当程序原则的依据。宪法是国家的根本大法,宪法规范是纲领性规范,提供的本来就是行为的原则性指引,需要的是部门法的具体贯彻与实施。而行政法正是宪法的实施法,因此,正当程序原则在我国行政法中有了一些具体的规定。

规定依法行政的程序要求的第一部法律是 1989 年颁布的《行政诉讼法》。该法第 54 条明确规定程序合法是依法行政的要求。但是行政行为具体要遵守哪些法定程序,亦即程序合法的具体要求需要其他法律明确。在之后的行政法制定中,不管是规范具体行政行为还是规范抽象行政行为,都对行政程序作了具体规定。1996 年颁布的《行政处罚法》通常被认为是我国第一部具体规定行政正当程序的法律,有学者认为,"在行政处罚法中占据最大篇幅的是程序,在一个基本法中对行政程序作如此详细的规定,确实在我国立法史上是第一次”。[①] 的确,《行政处罚法》的颁布,标志着我国行政法治的路径重心已经从实体控权转向程序控权,它不但确立了行政处罚程序的基本原则和具体制度,如程序公开原则、程序合法原则和告知制度、说明理由制度、罚缴分离制度等。更为重要的是这些程序原则和制度体现了正当程序原则的要求,如公开原则、告知权利、说明理由等,而像“听取当事人的陈述和申辩”,“较大数额罚款、责令停产停业、吊销营业执照、许可证的处罚必须举行听证”等规定,本身就是正当程序的内容,也是首次对公民行政参与权的规定,这在我国行政法治建设史上具有里程碑式的意义。

在建设社会主义法治国家的进程中,行政立法程序制度建设日益受到各界重视。到目前为止,我国通过立法,分别针对行政法规和规章建立了行政立法程序制度。这些制度具体包括:2000 年 3 月 15 日全国人大通过、当年 7 月 1 日起施行的《立法法》中关于行政法规和规章的部分;国务院于 2001 年 11 月 16 日公布,自 2002 年 1 月 1 日起施行的《行政法规制定程序条例》和《规章制定程序条例》。《立法法》中有关行政法规的立法程序,以及上述两部行政法规在有关行政法规和规章的行政立法流程环节中,设置了“听取意见”(或“征求意见”)的程序性环节。例如,《立法法》第 58 条在起草过程,《行政法规制定程序条例》第 12 条在起草过程,第 20、21、22 条在审查过程,《规章制定程序》第 14、15 条在起草过程,第 21、22、23 条在审查过程中都分别设置了相应的听取公民、法人或者其他组织以及专家等社会成员意见的程序性要求。这些规定,无疑是行政正当程序原则的体现。

2003 年 8 月 27 日颁布的《行政许可法》继承了《行政处罚法》《立法法》以来我国行政法治建设的经验,更加具体地体现了正当程序原则。行政机关作出决定之前的告知义务以及行政相对人陈述申辩权利、听证制度等,都在《行政许可法》中得到新的发展。在听证方面,该法首次规定了执法过程中行政机关主动实施的、面向公众的听证制度,从而进一步发展了行政执法过程中的听证制度。而且,《行政许可法》在行政程序的公开性和透明度上取得较大突破,《行政许可法》第 30 条首次以法律形式规定了行政文件的公示制度,第 33 条首次以法律形式规定了电子政务,第 61 条首次在法律中确

① 应松年:《规范行政处罚的基本法律》,载《政法论坛》1996 年第 2 期。

认了公众查阅政府文件的权利。此外，一些特别法，如《价格法》《环境影响评价法》等都对正当程序原则和公众参与行政活动有所规定，还有一些地方立法，如《湖南行政程序条例》《广州市规章制定公众参与办法》都体现了正当法律程序原则。这些法律、法规、规章对行政活动正当程序原则的有关规定，充分说明程序正当的理念在我国公共行政领域里已经确立，程序正当制度已经形成基本框架，参与式行政已经有了行政正当程序的法治基础。

总之，经过新中国六十多年来的法治建设历程，我国社会主义法律体系已经建成，确立了蕴含平等、公开、正当程序等法律基本价值和精神的社会主义法治理念，为参与式行政的兴起提供了所需的法治条件。

二、政府转型与参与式行政

参与式行政是在反思与变革传统行政模式的基础上产生的一种新的行政模式。它既要求改变传统体制下的全能政府那种简单的“命令—服从”的单向性、封闭性行政管理模式，同时也要改变那种认为行政权是必要的“恶”，强调对行政权的控制，从而片面强调单向制约和保护的“消极控权”模式。在此基础上，它要建构的是一种顺应公共治理需要的合作行政模式。这种合作行政模式奉行开放、参与、合作与共赢的宗旨，试图实现政府管理与公众参与的有机结合。此谓之“参与式行政”。在参与式行政中，政府与公众关系不同于传统的行政模式，二者的关系从消极制约转为积极合作，从单向度的控制转为双向度的互动，从封闭性转为开放性，从公益或私益的偏颇转变为公私益并重与双赢。因此，参与式行政模式对应的是政府向社会开放的、放权的、服务的合作行政方式，需要建立一个开放的、积极的、便民的、放权的、与民合作治理的服务型政府。而我国改革开放以前实行的是高度集中的计划经济体制和与此对应的高度集权的行政管理模式，这种体制下的政府是全能的、统包的、全权的、封闭的管制型政府。这就要求政府职能的转型，我国通过近三十年的行政管理体制改革，基本实现政府职能转型，为参与式行政的兴起与发展创造了行政生态条件。

新中国成立初期，在当时的国内外环境和背景下，为了尽快恢复国民经济，从落后的农业国向实现国家的社会主义工业化转变，中国借鉴苏联经验，建立了有利于集中国家和社会人、财、物等资源办大事的计划经济体制。计划经济体制下，产品生产、资源分配、产品消费都由政府统管统包统分，导致行政权力过于集中，生产者与经营者缺乏自主权，形成了政府高度集权的行政管理模式，政府发展成为全能政府。在全能政府模式下，政府是家长式的管理者，是唯一合法的管理主体，以统一与秩序为导向，采取封闭式、单向度的管理方式。为了政府管理需要，行政权力可以渗透和侵入社会每一基层和每一领域，而无需经过民主决策的程序。公民则变成毫无独立性和主动性的管理对象，既没有经济上的独立，也没有政治上的自主权，只有被动地接受和服从政府的统一安排和指令。因此，这一时期的行政模式是典型的管制模式。应该肯定，这种行政管理体制的形成有其历史必然性，对于克服新中国成立初期的巨大困难，捍卫新生的人民政权，打破西方国家的经济和技术封锁，发展社会生产和改善人民生活都起到了不容否认的历史作用。但是，这种行政模式的缺点在于政府与公众关系的管制性、对抗性、封闭性与单向性，它片面追求公共利益和管理效率，忽视了社会公众的主体地位和能动性，忽视了公众对公共管理的参与作用，也忽略了各种个体利益的诉求。随着国内外环境的变化和经济社会发展，这种行政管理体制越来越不符合经济分工和社会需求日趋复杂多样的客观情况，也影响了政府管理的民主性、科学性、正当性及效率。

计划经济时代全能政府行政权力的过分庞大与集中，给我国经济发展、民主政治以及法治建设都带来了消极影响和阻碍。因此，必须改革计划经济体制，建立社会主义市场经济。1978 年中共十一届三中全会召开，确定以经济建设为中心的方针政策，并开始了改革开放。1984 年中共十二届三中全会讨论通过《关于经济体制改革的决议》，指出改革的基本任务是建设具有中国特色的、充满生机活力的现代社会主义经济体制。1992 年中共十四大召开，明确指出经济体制改革的目标是建立社会主义市场经济体制。建立社会主义市场经济，提出了对政府经济管理职能转型的客观要求，政府对经济的管理要从全面干预转为宏观调控，从政府计划转化为市场调节，这客观上要求加强对政府权力的控制，减少政府对市场的过度干预，要求政府放权，亦即还权于社会。

因此，在社会主义市场经济的建设过程中，要求建立有限政府，实现政府经济管理职能的转型。为适应市场经济的发展，十一届三中全会后，我国政府进行了大规模的行政管理制度改革，通过政企分开与行政机构改革等，基本实现了政府经济职能从全能干预到宏观调控的转型，完成了计划向市场的过渡。其中也包括加强法治建设，通过法律规制政府权力，控制政府权力扩张，减少行政干预，实现市场调节机制。这似乎刚好与“消极控权”行政模式相契合。

但是，随着市场经济的发展与繁荣，人民物质生活水平不断提高，人民的需求不再停留于简单的温饱阶段，有了更高品质生活和自我发展的诉求，于是，中国社会现阶段已经从生存型向发展型社会转变。与此同时，现代社会不断发展与进步，新的社会问题与社会危机也不断涌现出来，如投资风险、信贷危机、不正当竞争、资源垄断、多元利益冲突、气候变暖、环境污染、能源枯竭等，我国又进入了风险社会时期。这种公共需求的增长，社会风险的增加又要求政府加强对社会的规制，增加公共产品的供给和提供更好的优质服务，并化解社会危机，解决社会问题，维护良好的经济秩序和发展环境。这又需要赋予政府更多积极行政的权力。因此，我国此时处于一个“有限政府”的近代转型与“行政国”的现代转型的特殊交织时期。此时，并不是管事最少的政府就是最好的政府，亦即消极控权模式并不符合我国现阶段社会发展的需要。

诚然，市场经济要求政企分开，并实现政府职能转变，意味着政府不再是经济的直接管理者，而应为宏观经济的调控者，充分发挥市场自发的调节作用，让企业等经济实体都成为自主经营，自负盈亏的市场主体。但这并不是说政府对市场和社会自由放任，因为现代社会经济的发展带来的新风险和新危机，是市场和个人无法解决的。因此，现代中国政府不但要对市场经济进行宏观调控，促进经济的发展，而且要对诸多现代社会问题进行规制，促进民生和社会保障。前者要求政府严格依法行政，无法律则无行政，重视行政的合法性；后者则要求政府积极行政，客观上要求扩大行政裁量权，也不可避免地面临行政的正当性问题。这种“有限政府”与“行政国”的交织状态，使政府既不可能回到“夜警国家”，也不可能回到“全能政府”、“管制政府”，而需要成为“福利政府”、“服务政府”，要有所为、有所不为。

因此，在市场经济下的“有限政府”与加强行政规制的“行政国”交织的时代背景下,2002年中共十六大召开,行政管理体制改革开始了由经济建设型向公共服务型的转变。按照党的十六大的要求,完善政府的社会管理和公共服务的职能,是适应转变和规范政府职能的新要求。从此,中国政府更加注重强化社会管理和公共服务职能,建设公共服务型政府。各级政府积极响应十六大的号召,改革社会管理方式,行政从控制型向服务型转变,从封闭型的管理体制向开放型的管理体制转变,从单向度的命令与服从向协商对话机制转变。这正是参与式行政所需求的行政方式。参与式行政正是需要政府从管制行政走向公共治理和服务行政,而不是“消极控权行政”。公共治理和服务行政,管制行政以及消极控权行政在管理过程中权力运行的向度是不同的。政府管制的权力运行方向是自上而下的,消极控权是权力之间的彼此制约与消解,公共治理和服务则是一个上下互动的管理过程,是通过对话、交涉、协商、合作等方式实施对公共事务的管理,是既有输入也有输出的双向过程,是一个开放的动态过程,具有广泛公众参与的特点。因此,我国政府由管制行政向公共治理和服务行政转型的初步实现,为参与式行政的兴起与发展提供了行政生态条件。

行政法是主要调整政府与公众在行政活动中形成的权利义务关系的法。行政法性质的变迁本身就是行政机关与公民关系或者行政权与公民权关系演变的显示器。① 反映行政法性质和价值的行政法模式也必然体现特定时代的政府治理方式;反过来,不同的政府治理模式,产生了不同的行政法制模式。因此,随着传统“管制行政”、“消极控权行政”转变为参与式行政,行政法制建设也应由传统的“管理模式”、“消极控权模式”向“参与式模式”转变。

三、网络信息技术发展与参与式行政

参与式行政是民主行政,是一种“参与式”的民主政治。民主政治的运行机制一般都要经过各利益主体的相互博弈与选择过程。国家在制定法律和政策时,向社会公众公告相关议题,传递相关信息,各种利益主体了解政府立法和决策动议,参与到立法或公共决策过程中,自由表达自己的意志、

---

① 董炯:《国家、公民与行政法——一个国家—社会的角度》,北京大学出版社2001年版,第10页。

传递自己的意见和建议，国家相应机关听取意见后，或进行公众表决通过议案，或根据公众意见作出决定。因此，民主政治实际是一个信息表达、传递、交流以及接受的过程，这需以相应的信息传播技术为基础。信息传播技术在一定程度上会影响民主制度的形式。

人类文明史上最早的真正意义上的民主是古希腊的雅典城邦民主，这时虽然已经有了文字传播，但是信息传播的主要途径是口耳传播，城邦的法律和决策主要是通过雅典公民参与集会进行讨论、商议和表决，召开“公民大会”是雅典城邦民主的主要形式，当然，这种公民直接参与集会议事的民主形式只有在小城邦才能实现。因为这种面对面的口头传播信息，只能在有限的时间和空间里进行。资本主义民主和社会主义民主都产生于幅员辽阔的民族国家，在这种民族国家中，人口数量巨大，地域辽阔，全国范围政治信息的传播与交流很难依赖面对面的口头传播，它会导致获取信息的巨大时差和大面积的信息盲区，因此，很难像雅典城邦民主那样，每个公民（雅典公民资格是有限制的）通过集会直接参与国家法律和公共决策的制定过程，于是产生了代议制民主。在大规模的民族国家中，政治信息可以通过报刊、广播、电视等大众传媒来传播，这种传播虽然没有直接性、交互性，但是，可以克服大规模民族国家的地域限制，把政治信息传递给千家万户，让公民了解、知晓国家的立法和决策动议，并通过选举代表参加法律和决策制定过程，然后，政府通过报刊、电视等公布法律、决策，让公民知悉立法和决策结果，从而实现公民民主权利。因此，代议制民主是一种间接民主形式，虽然这一时期以报刊、广播、电视为主要传媒手段的政治信息传播在一定程度上克服了时空限制，使大规模民族国家中远离政治中心的公众也能获得政治信息。然而，由于这种信息传播是单向的、间接的、缺乏直接的互动与交流的，因此，很多公民都无法直接参与国家事务的管理，只能间接地通过选举代表参与国家事务的管理。

二十世纪四五十年代，人类历史发生了以信息技术为基础的第三次科技革命，西方国家开始进入信息时代，以计算机和互联网为核心的网络信息传播技术全面影响着人类社会生活，网络信息传播的直接性、及时性与交互性，带来人们交流方式的深刻变化，冲击着民主政治的发展方式。

互联网是综合利用信息技术、数字技术、通信技术等现代技术和人类现代化服务手段最集中的领域，是最现代化和大众化的信息载体和传播工具。“互联网络是一种双向媒介，它要求你不仅仅被动地接受，还要主动地参与，它的传播方式也不是一点对多点的单向信息流动，而是多点对多点交互式的和网络状的信息流动。”[①]如此看来，互联网信息传播最突出的优越性就是其直接性、实时性、双向性与互动性。这使得在大规模民族国家政治信息的实时传播有了可能，使得政府与社会公众“面对面”的协商、沟通与互动成为可能。通过网络，公众可以直接参与国家事务的管理，民众可以利用这个网络平台对政府决策和法律制定发表观点，参与讨论，提出建议，从而影响着政府的决策。同时，政府也可以利用网络平台，建立政府门户网站，利用网络平台在民众中针对政策问题展开调查，征求民众意见，并及时反馈，以便作出正确的决策。

总之，网络技术的发展改变了政治信息的传播方式，改变了政府与公众的交流方式，也改变了政府与公众的政治关系，为二者进行直接的利益博弈和政治协商提供了物质手段和技术条件，使公众可以广泛地、直接地参与公共事务的管理，使参与式民主成为可能。

自 1994 年中国科学院高能物理研究所首次链接上国际互联网始，我国进入了互联网时代。虽然到今天不过短短十几年的时间，但是中国互联网的发展却爆炸式地突飞猛进。根据中国互联网络信息中心网的统计数据显示，在中国大陆，截止到 2009 年，中国互联网用户已达 3. 38 亿。而在 2000 年，这项数据不过 0. 225 亿人。[②] 随着互联网的普及和运用，互联网的产生，就不再仅仅是纯粹的技术进步，更为公民参政提供了创新性的有效渠道。越来越多的社会公众通过各类互联网站获取政治信息，表达诉求，发表意见与评论，参与国家事务的管理。中国政府依法保障公民在互联网上的言论自由，保障公众的知情权、参与权、表达权和监督权。中国的网站十分注重为网民提供发表言论的便利，约 80% 的网站提供电子公告服务。中国现有上百万个论坛，2. 2 亿个博客用户。据抽样统计，每天人们通过论坛、新闻评论、博客等渠道发表的言论达 300 多万条，超过 66% 的中国网民经常在网

---

① 胡泳、范海燕：《网络为王》，海南出版社 1997 年版，第 223 页。

② 赵华帼：《互联网对我国政治社会发展的影响》，载《中国经济与社会管理科学》2009 年第 6 期。

上发表言论，就各种话题进行讨论，充分表达思想观点和利益诉求。[①] 同时互联网的产生和发展也为政府治理提供了新的平台和工具，政府也陆续建立各级门户网站，广泛开展电子政务，为公民参与提供条件。二十世纪九十年代末期，我国发起了以"政府上网工程"为主要内容的电子政务建设，推动了国家各部委和中央、省两级政府大多数部门和部分市、地、县政府部门先后上网。1998 年 4 月，我国第一个严格意义上的政府网站——"青岛政务信息公众网"正式开通；2005 年 10 月，国家门户网站建成并开始试运行。随后，更多的省、市、县地方政府加入到构建统一门户网站的行列之中，真正的一体化政府网站建立起来。[②] 截至 2009 年底，中国已建立政府门户网站 4.5 万多个，75 个中央和国家机关、32 个省级政府、333 个地级市政府和 80% 以上的县级政府都建立了电子政务网站，提供便于人们工作和生活的各类在线服务。中国电子政务建设有效提高了各级政府工作效率和政务公开水平。[③] 政府网站不仅是宣传政府工作的重要窗口和信息发布与在线服务的平台，同时更是与公众互动交流的桥梁。通过与公众互动交流，政府可以了解不同利益群体的需求，获取公众对某项政策和议案的意见和建议，然后，通过对公众意见和诉求进行综合全面考量，这样制定出来的政策不但符合人民意愿，而且更为科学合理的。近年来，通过网上公告评论、征求意见等民意调查，社会公众对《物权法》《劳动合同法》《个人所得税法》《国家教育中长期发展纲要》《国有土地上房屋征收补偿条例》等法律、法规、规章、政策等的制定与修改积极建言献策，提高了国家立法和政府决策的民主化与科学化水平，同时又实现了公众参与国家事务管理的权利。

我国网络技术的发展，使得在 960 万平方公里的疆土和拥有 13 亿人口的大国里，公众直接参与国家事务的管理成为了可能。大量公民都利用网络，通过网上留言、发帖、个人博客等形式对各种立法和决策发表意见；政府也通过互联网建立政府网络系统，积极推行电子政务，利用网络平台发布立法和决策信息，公开征求意见，建立与公众的沟通、协商及反馈的互动机制，

---

① 国务院新闻办公室：《中国互联网状况白皮书》，人民出版社 2010 年版。

② 赵华帼：《互联网对我国政治社会发展的影响》，载《中国经济与社会管理科学》2009 年第 6 期

③ 国务院新闻办公室：《中国互联网状况白皮书》，人民出版社 2010 年版。

为公众参与国家立法与政府决策创造新的途径和手段。这大大推动了参与式民主的发展,也为参与式行政的发展提供了物质条件和技术手段。

第四节　参与式行政实践呼唤构建新型政府与公众关系

参与式行政实践的兴起,必然促使传统的政府与公众关系发生深刻改变,政府与公众的法律地位更趋平等,二者不再是命令与服从的关系,行政方式的双向互动与平等协商,行政决定形成的双方合意,使二者在行政活动中形成一种合作治理关系。那么具体而言,二者会形成哪些新型关系?在这些新型关系中,政府与公众的哪些权利义务需要进行法律构造?现行行政法制度和理论有没有对其作出正确的回应,这是本节进行探讨的问题。

一、参与式行政所要求的政府与公众关系

学界在探讨政府与公众关系时,一般都是从二者的平面关系去认识,而没采取多维视角进行多层面的分析,这也是已有研究对政府与公众关系的理解仅仅停留在抽象和宏观的认识,而无法全面、深入、具体揭示二者的关系构造与运行机制的一个重要原因。事实上,政府与公众的关系有多个层面,在参与式行政中体现尤为凸出,因此,要从多维的、立体的视角进行全面、细致地剖析。首先要从各自对对方的影响的角度认识,亦即从政府对公众的影响和公众对政府的作用两方面去分析。这虽然是单向度的认识,却是进一步认识二者相互关系的前提,也有助于明确二者在法律上的权利义务关系,为对二者在参与式行政中的权利义务关系的合理配置提供具体的指导。然后结合这两种单向度认识,分析二者相互影响以后形成的相互关系,这样才能对二者关系既全面又具体地加以认识与把握。

(一)政府对公众的积极影响

(1)政府对公众参与的引导。从政府对公众的关系而言,参与式行政也是一种政府对公众给予积极引导的行政法制模式。在参与式行政中,虽然政府不能完全命令与支配行政相对人,但是政府还具有主导作用,当然这种主导不再是主宰和支配,而是倡导、鼓励、发起、引导、组织、协调以及教育

公众参与,并取得公众的配合与信任,与之形成良性的沟通、博弈与合作,吸纳合理的意见和正当的诉求,作出科学合理的决定,实现参与式行政的目的。首先,政府对公众的引导表现为一种义务,要求政府主动倡导并发起公众参与,积极创造公众参与的机会与条件,吸纳公众参与行政活动,对公众怎样合法、合理表达诉求,提出建议,参与决定,参与实施进行引导、帮助和教育,并及时纠正公众违法的和非理性的参与。与此同时,政府对公众的引导又包含了权力内容,如指导权、决定权、处理权等。

（2）政府对公众参与的服务。现代公共行政是服务行政已是学界共识,在参与式行政中,更需要政府对公众提供服务,因为公众参与行政需要具备许多公共资源和公共知识条件,而政府有义务为社会公众提供这些资源和知识。其具体内容包含:① 政府对公众的信息服务,如建立信息发布制度、通知制度、查询制度等;② 政府对公众的资源服务,如建立政府门户网站,改善网络设施,提供便捷的现场参与场所等;③ 政府对公众进行参与的公共知识培训,通过建立公众参与的培训制度,对参与人讲授行政参与所需的法律知识、公共行政常识以及听证、辩论等具体参与技术等;④ 建立奖励制度,鼓励公众建言献策,协助行政,促成正当行政、科学行政与效率行政;等等。

（3）政府对公众参与的责任。参与式行政是责任行政。“参与型行政非常强调政府的责任。”[①]参与式行政中政府的首要职责就是帮助和满足公众行使参与权,实现他们的共同利益,这就形成了政府对公众的责任关系。这主要是由政府是公众参与权的义务主体决定的。公众参与行政是公众对政府的权利,对应着政府的义务,如,公众的政务主张权要求政府履行听取和容忍的义务,公众的合理意见获采纳权要求政府判断合理意见并予以吸收的义务等,政府必须满足公众这些具体参与权的实现。而义务意味着责任的承担,因为责任是义务主体不履行义务应当承担的法律后果。若政府不履行义务或怠于履行义务都应当承担法律责任,只有明确与落实政府在参与式行政中对公众的法律责任,公众参与才能实现,才能取得实效。具体而言,就是要求政府未履行满足公众参与权义务应当受到相应的制裁,不但

---

① 杨建顺:《参与型行政:政风建设的理念与制度保障》,载《成都行政学院学报》2003 年第 1 期。

要追究行政机关的法律责任,还要追究直接责任人的个人责任。

(4)政府对公众参与的保障。公众参与行政能否得到落实,需要政府的切实保障,亦即政府要对公众履行保障参与权的义务。因为在参与式行政中,政府虽然要还部分公权力予社会公众,但是政府仍然掌握主要的行政权力资源,是公共利益的代表,是国家行政的代言人。因此,公众行政参与权能否实现,政府的意志与行为起着至关重要甚至是决定性的作用。首先,公众要能进入行政程序,要求政府具有公众参与的意识,要把行政过程向公众开放,做到信息公开。其次,公众参加行政活动后,要能在行政过程中表达利益诉求或者提出行政建议,也需要政府提供表达场所、媒介和途径。最后,公众诉求与意见要能影响行政决定,要求政府能真诚听取,并实际接受与采纳其中的合理成分。公众参与若没有政府的尊重、配合与支持,对行政活动根本不可能发生作用与影响,甚至都无法开展,行政民主也将成为一句空话。因此,参与式行政中,政府对公众的参与权应当履行保障义务,而且这些义务应当具体体现在参与式行政法制模式的设计之中。

(二)公众对政府的积极影响

(1)公众对政府的诉求或咨询。基于个体利益目的的公众参与要对政府表达自己的利益诉求,基于公共利益目的的参与则要向政府提出行政咨询,因此,在参与式行政中,公众对政府的关系,首先就是一种诉求关系或咨询关系,也可以统称为广义的表达关系——诉求是公众与政府的利益博弈,咨询则是公众对政府的建言服务。这些都是公众参与行政必要的基本表达方式,因此,为了使这种关系法制化,需要法律确认为公众的参与权利,也即公众具有对政府的政务主张权,而政府则对应地要为公众行使政务主张权提供机会与条件,并真诚地倾听公众的诉求与建议,实实在在接受正当的诉求和接纳合理的建议。

(2)公众对政府的协作。公众参与首先是个人诉求的表达,参与者要达成个体利益目的,政府要实现公共利益目标,由于利益的多元化和冲突性,自然会形成利益的激烈博弈。但是参与者要达成个体目的,只有在公共利益得到维护的前提下才能实现,因为个体的利益最大化必然会损及公共利益,也会影响其他参与个体的利益,必然会遭到其他个体的反对以及会受到政府的一定限制。而公共利益与个体利益本质上具有一致性,是个体利益的集合体,因此,个人利益必须配合与协助公共利益。而且参与本身也不是完全的私人行为,具有公共性,亦即不是单纯为了私人目的之参与,而兼有公共目的,需要在维护公共秩序、达成公共利益目的的前提下实现个人利益。如果公众参与片面追求个人目的的最大化,就很有可能对政府只有质疑、反对甚至对抗,与政府的博弈可能也会成为一种零和博弈,参与式行政的目的就会落空。所以,对政府的配合与协作是参与式行政中公众应当履行的义务。

(3) 公众对政府的监督。公众参与是对政府的一种监督,这种监督不同于传统行政法上的事后补救性监督,而是“事中监督”,即在行政过程中对政府行使权力的监督,具有“防患于未然”的作用,从而保障行政权行使的合法性与正当性。例如,公众的行政程序进入权必然要求行政公开,是对暗箱操作的监督,公众的合理意见获采纳权和协商决定权是对权力专断的监督,公众的评估权是对行政结果的监督等。因此,参与式行政中,公众通过行使行政参与权形成了行政过程中对政府的监督关系。

(4) 公众对政府的有序参与。参与是权利,但也有一定的义务要求,要求公众对政府行政是合法有序的参与。这是维护公共行政秩序的必然要求,也是理性参与的必然要求,要求从法律上对公众的参与资格、参与方式、参与手段等进行一定限制,公众则应当按照法律规定的资格、方式、手段等参与行政活动。例如,不具备法律赋予的参与资格与条件的公众,不能采取游行、示威、静坐甚至冲击政府机关等非法形式强行参与;公众在查阅信息、获取信息、行使知情权时不能泄露国家秘密、商业秘密和他人隐私;公众在行使政务主张权时应当有理有据,不能无理取闹;公众在行使评估权时,应当实事求是、客观公正,不能主观臆断或诬陷。

(三) 双方形成的相互关系

1. 政府与公众的平等关系

政府与公众之间的平等关系,是指在参与式行政中二者具有平等的主体地位、相等的话语权、相对应的责任以及对行政决定相当的影响力。正如有学者所说,“就行政过程而言,双方法律地位平等主要表现为平等参与博弈、平等表达与论证观点、对行政决定产生平等影响等”①。

政府与公众之间的平等关系主要是由参与式行政主体的平等性以及权力与权利的相依存性决定的。参与式行政是公众以自主、自为的主体身份参加行政活动,与行政主体平等地进行意见沟通、利益博弈以及方案选择的治理模式,一定意义上是公众以主权者地位的回归。因此,在参与式行政中,公众与政府的法律地位是平等的,具有平等的参政权利。另外,在参与式行政中,公众参与权与政府行政权的相互依存性也增强了政府与公众关系的平等性。因为没有公众参与权的行使,政府行政权将失去合法性与正当性,公众可以不履行相应的行政义务;反过来,没有政府行政权的保障,公众参与权也不可能实现,因此,从二者的相互依存与影响来看,二者也是平等的。

公众平等的参政权主要是指与政府在行政活动中具有平等的话语权,公众享有提出政务见解的权利、选择行政活动方案的权利等。同时,公众与政府一样承担相对应的责任。在参与式行政中,公众应履行依法参与行政活动的义务,积极配合行政主体的义务,以及服从合法、正当行政决定的义务,否则,公众要承担违法参与的法律责任。而政府行政权的合法行使也应以满足公众参与权为前提,否则权力的行使会丧失合法性与正当性,要承当相应的法律责任。再者,公众在参与式行政中对行政决定的影响与政府也是相当的。这里的相当不是与政府享有一样的行政决定权,否则就会陷入无政府主义和导致行政参与的无序化,在参与式行政中,政府仍然享有行政决定权,公众只是享有参与决定的权利,并不享有直接决定权。这种相当的影响主要是指二者对行政决定效力的影响是相当的,由于政府作出行政决定必须依据参与公众的合理意见与诉求作出,而且只有融入了公众意志的行政决定才是有效的,亦即公众意志会使行政决定发生效力或失去效力,因此,在政府意志与公众意志对行政决定的效力的影响上是相当的,亦即是平等的。

参与式行政中政府与公众的平等关系要求我们把平等原则作为参与式行政法制模式建构的基本原则。

① 宋功德:《行政法的均衡之约》,北京大学出版社 2004 年版,第 257 页。

2. 政府与公众的互信关系

参与式行政中政府与公众的相互信任关系，是指政府应当相信参与的公众一般会是理性的和守法的公民，会合理表达诉求，积极配合与协助行政，并自觉履行义务；同时公众也要相信政府是民主的、开放的、诚信的、负责任的政府，会平等对待自己，会合理地考虑自己的利益诉求，保护自己的信赖利益。只有在这种相互信任的基础上，才能实现政府与公众的沟通与合作，形成行政权与公民权的良性互动，参与式行政才有可能真正取得实效。政府与公众的信任关系是一种对等的期待模式，是一种双向性的信任，是相互的坦诚、认可与承诺。“如果一方主体只要求他方诚实而自己并不分担诚实义务，千方百计获取不公平利益，那么信任就会消失”。①

政府与公众之间的信任关系主要是由参与式行政目的统一性决定的。在参与式行政中，行政目的首先具有多元性，行政目的不再只是公共利益的实现，还要实现个体的利益诉求，除紧急状态外，不再强调公共利益的绝对优位，而是兼顾公共利益与个体利益的价值，在实现公共利益的同时，保障个体利益的实现。公众也有理由相信，公共利益凝聚了个人利益，个体利益的实现不但不能损害公共利益，而且要依赖良好的公共秩序寓于公共利益之中来得以实现。因此，政府与公众在行政活动中的多元目的又具有统一性，这主要源于个体利益与公共利益的一致性。政府与公众的多元目的要统一于公益与私益的双赢，相互之间不能心存芥蒂与戒备，而是彼此包容，彼此信任，并在此基础上相互尊重、认可、支持、配合与协作。

政府与公众的信任，首先要求双方的诚实守信，如政府应当真实、准确、全面地公开信息，应当真诚地倾听公众诉求与意见，并作出负责任的回应与反馈，不得任意改变经过合议的决定等；而公众也要如实提供信息、表达诉求和提出建议，真心实意地配合与协助政府，有效促进行政活动的开展，而不能虚构事实欺骗政府，也不能言不由衷地敷衍政府。另外，早有学者认为“诚实信用原则，如今亦被视为公法之重要原则，不仅行政机关于执行职务时应予注意，而且人民在行使或保护权利时，亦应予以正视”。② 为此政府

① 叶必丰：《行政法的人文精神》，北京大学出版社 2005 年版，第 169 页。

② 参见罗传贤：《行政程序法基础理论》，台湾五南图书出版公司 1993 年版，第 65 页。

与公众的相互信任也应当成为参与式行政的法律原则,而且应具体化为各自的法律义务要求。

3. 政府与公众的合议关系

参与式行政是政府与公众共同议政的过程,具体而言是政府与公众双向交流、沟通、博弈、协商的互动过程,一方面,公众向政府表达诉求,提出意见,另一方面,政府要听取诉求与意见,并进行回应、反馈与处理,而且二者不是孤立进行的,要经过相互交流、沟通、辩驳、选择,指向统一的行政目标,达成妥协与共识,并最终形成行政决定的合意。因此,在行政过程中,政府与公众是一种合议关系。

政府与公众的合议关系主要是参与式行政过程的开放性与互动性,以及行政决定的合意性使然。参与式行政是开放性与互动性的行政过程,行政活动不再只是政府内部封闭的单向流程,而是通过信息公开向社会公众开放,通过创设各种渠道、途径和提供各种平台,接受社会公众的参与,与公众进行意见沟通、利益博弈、决策协商,充分吸纳民意,广泛汇集民智,选择最优的行动方案。因此,在行政过程中,政府与公众之间始终处于一种表达与沟通的关系之中。表达是主体意志的外在表示,参与式行政中,政府与公众互为表达对象,二者通过互相真实的表达使双方了解各自的思想和行为目的,并为双方进一步沟通打下基础。沟通是政府与公众思想和意见的交流与反馈,通过双方信息和意见的交流与反馈形成合议。另外,如前所述,行政决定的合意性是参与式行政的特点,亦即参与式行政的决定是政府意志与公众意志相互交涉融合之后形成的综合意志的体现,而政府与公众意志相互融合的过程就是政府与公众的合议过程,行政决定的合意就是政府与公众合议的结果。

参与式行政中政府与公众的合议关系说明,其行政过程是一个双向互动参与行为,这个参与式互动行政行为需要我们在参与式行政法制模式的建构中加以规范。

4. 政府与公众的合作关系

参与式行政是政府与公众的合作行政模式,已经基本得到学界的认可。这种合作关系主要是由参与式行政目的之统一性决定的,而且参与本质上就是一种合作。但是这种关系的具体内涵,以及所表现的权利义务的性质和内容却少有论及，需要进一步明确。

参与式行政中，政府与公众的合作关系是指政府与公众在彼此信任的前提下，在行政过程中进行平等的交流、沟通、博弈与协商，通过求同存异，达成妥协与共识，形成行政决定的合意，作出科学合理的行政决定，共同完成行政任务，实现双赢的行政目标。这种合作以平等为前提，以信任为基础，以合议为方式，以合意为结果，以双赢为目标，形成参与式行政的模式。因此，合作可以说是对参与式行政中政府与公众总体关系的概括，是在政府与公众平等、信任、合议基础上最终形成的关系。这个合作过程有可能存在双方博弈的对峙与冲突，但更多的是相互尊重、认可、配合、支持与协作，因此，前者也会在双方真诚的、目标趋同的沟通与协商中得以消解，使双方合作关系得以稳固形成。

合作对于政府与公众而言都既是权利(力)又是义务。首先公众享有要求政府予以指导、帮助、支持、配合自己行使行政参与权、实现利益目的之权利，同时又要履行积极配合与促进政府合法、合理行政的义务，积极履行合法合理的行政决定的义务等。其次，政府既要履行指导、帮助、支持、配合公众实现行政参与权的义务，同时又具有要求公众配合行政的权力。由此观之，政府与公众的合作关系中，二者互负权利义务，从而形成相互的监督与制约。因此，政府与公众合作中也有监督与制约。

总之，参与式行政中的政府公众关系一方面表现为政府对公众的引导、服务、责任与保障关系，一方面表现为公众对政府的诉求或咨询、协作、监督、有序参与关系，进而相互影响，形成政府与公众之间的平等、信任、合议、合作等关系，这种关系的法制化就是参与式行政法律关系。

然而，在参与式行政实践中，还存在诸如参与主体不明确、公众尚未处于与政府相同的法律地位、政府信息公开不充分、政府与公众之间互动性不强、公众诉求与意见难以对行政决定发生实质性影响、政府未履行满足公众参与权义务的法律责任尚未落实等问题。对这些问题、现象，如果还原到具有本质意义的政府与公众相互关系这一轴心点上，那就是我们还没有形成同参与式行政完全适应的政府与公众关系制度和理论体系。这可以从现行行政法制度和现有的理论体系上来观察。

二、现行行政法制度的缺陷

现行行政法制度对参与式行政中政府与公众关系的回应，存在一些缺陷。

（一）制度设计缺乏参与式行政的理念

现行行政法制度缺乏参与式行政的理念。行政法制度架构的中心仍是行政权力如何依法有效运行，现行行政法制度的内容主要是关于行政行为的规范，而少有对相对人行为的规定。行政法的核心目的是维护公共秩序与实现公共利益，尤其是地方性规章，更是强调执行法律与政策的效率，基本上是管制行政的理念。因此，现行行政法制度的核心价值仍然是秩序与效率，行政法的功能主要是规范和控制行政权力，以保障行政权力的正确、有效行使。这虽然也在一定程度上体现了权利保护和公众参与，但是行政权力的合法有效运行仍是第一性的，每一项行政法制度都彰显着行政权威，行政权仍然绝对控制着整个行政过程。例如，在行政立法方面，《行政法规制定程序条例》的主要内容是从行政机关内部的审查与监管程序，来具体规范行政法规的立项、起草、审查、决定等环节，从而保障行政法规制定权的有效实现。虽然，也有了公众参与部分立法环节的外部程序设置，但是，这种外部的公众参与程序只是行政立法权运行中枢中的旁枝末叶，不但数量少，而且作用甚微，显然被弱化和虚置，而行政机关内部上级对下级的审查程序才是核心部分，起着决定性作用。因此，行政法规制定过程基本上只是行政权力的舞台，其体现的行政法理念仍然是行政权中心主义，政府内部的控权是绝对的核心，尚不能完全体现参与式行政的理念。

（二）公众参与尚未成为行政法的基本原则

我国现行行政法制度的核心原则还是行政的合法性原则，亦即依法行政原则。无论行政立法制度，行政决策制度还是行政执法制度，贯穿的基本精神和基本准则就是行政的合法性，通过对行政行为程序控制和法律责任的约束来实现。公众参与只是介入了行政活动的某一阶段或某一环节，而且本身受到行政权的控制，因此，不但没有贯穿行政法活动始终，也无法对整个行政法活动起指导与约束作用。例如，在《行政法规制定程序条例》中，公众参与只及于行政法规的起草与审查两个环节，而在立法规划阶段、决定阶段等却没有公众参与的相关规定,即使在起草和审查环节,公众参与也不彻底、不全面,而且公众是否能参与仍然受制于行政权。[①]《行政许可法》是一部较完备的有关行政许可的行政法律,它不但规定了许可法定原则,还规定了行政公开、公平、公正、便民、权利保障和信赖保护等原则,体现了行政合法性和正当性的两方面要求,而且单从公众参与制度本身来说,也作了相对较为详实的规定,的确是一大进步。但是,公众参与仍未贯穿行政许可制度的全部,只及于行政许可的设定与实施环节,而且其实现仍然受制于行政权的裁量。例如,《行政许可法》第 46 条规定,行政机关对行政许可申请进行审查时,发现行政许可事项直接关系他人"重大利益"的,应当告知利害关系人。申请人、利害关系人有权进行陈述和申辩。第 47 条规定,行政许可直接涉及申请人与他人之间"重大利益"的,应当告知申请人、利害关系人享有要求听证的权利。可见相对人享有的陈述、申辩权,听证权都是有条件的,这种条件就是行政许可涉及其"重大利益",而判断"重大利益"之权力显然属于行政机关,行政机关完全可以以"非重大利益"为由而不履行告知相对人的义务,相对人的陈述、申辩权,听证权则无法行使和实现。《行政处罚法》也存在类似的问题。而其他许多行政执法制度,如行政征收等甚至根本没有规定真正意义上的公众参与。由此可见,公众参与尚未成为现行行政法制度的基本原则。

(三)公众尚不完全具备行政参与主体的法律地位

在现行行政法制度体系中,政府处于绝对的支配地位,掌控行政活动的发起、进程和结果。社会公众虽然也具有了一些参与权利,享有一定的行政程序进入权和政务主张权,但是,这些权利能否实现完全取决于行政主体的意志。也就是说公众在行政活动中,并不是真正意义上的自主、自为的参与主体,除了在个别情况享有独立的申辩权外,其他参与权利并不能独立行使:不能自主地进入行政程序,也不能完全自主地发表行政意见与表达利益诉求,更遑论自主地与政府协商决定政务。因此,社会公众并不是真正意义具有独立参与意志的治理主体,基本上还是处于被动接受管制的"行政相对

① 例如,根据《行政法规制定程序条例》第 19 条规定,重要的行政法规送审稿,需经报国务院同意,向社会公布、征求意见;根据《行政法规制定程序条例》第 12、22 条的规定,起草和审查是否举行听证会,很显然取决于政府机关的裁量。

人”地位。

（四）参与式行政程序尚不完备

传统行政法理论认为行政程序就是政府机关行政行为的运行过程，而很少认为行政程序应当融入相对人行为的要求。如美国《布莱克法学辞典》的解释是：行政程序是由行政机关所作出的方法和步骤，它不同于诉诸法院的司法程序。[①] 这显然认为行政程序就是行政机关行政行为的方式与步骤，而传统行政法的行政行为也是指行政机关的权力行为。在我国，学者对行政程序的解释一般也是“行政行为的程序”，虽有人认为“行政相对人的参与程序也是行政程序的有机组成部分”[②]，但是从其表述看，相对人参与程序与行政行为程序是相互独立的。以这种行政程序理念为指导，我国现行行政法制度无论是行政立法制度，还是行政决策与行政执法制度，所体现的行政程序主要是行政权力的运行过程。例如，行政立法程序基本上是政府立法权的内部运行过程。《立法法》以及两部行政法规所设置的行政立法程序基本上由“立项”、“起草”、“审查决定”与“公布”等环节组成，每一环节采用的基本方式是首先明确或设立相应的责任机构，继而具体设置该责任机构就相应的立法活动应该履行的程序性义务。这些程序性义务通常以诸如“报请”、“批准”、“组织”、“征求意见”、“报送”、“审查”、“签署”等等名称和方式体现出来，整个行政立法程序的过程表现为行政组织内部的各个环节的相继运行以及由此构成的流程。[③] 虽然有些环节也规定了公众参与程序，但是，其与政府机关立法权的运行程序是分离的，并未真正融入其中，而且最重要的决定环节没有规定公众参与。而在行政决策制度方面，《国家行政机关公文处理办法》几乎没有规定公众参与程序，完全是政府机关内部的审查程序；而一些地方政府的行政规范性文件制定程序，基本上类似行政立法程序。在行政政执法制度，《行政许可法》《行政处罚法》等主要是对政府行政行为的程序规制方面，《行政许可法》规范的主要是行政机关行政许可的设定、实施、监督检查等程序，相对人的参与程序只是及于特定许可的

① Bryan A. Garner, *Black's Law Dictionary*, West Publishing Co., 1979, p.43.

② 参见章剑生：《行政程序法学原理》，中国政法大学出版社 1994 年版，第 2 页。

③ 参见朱芒：《行政立法程序调整对象重考——关于外部效果规范与程序性装置关系的考察》，载《中国法学》2008 年第 6 期。

某些环节,而且也是受行政机关行为程序控制的。《行政处罚法》也较为完备地设计了行政机关处罚权的设定、实施、执行等程序,公众参与程序具有一定的主动性①,但却只及于行政处罚的实施环节,而且仅仅是防卫性的参与程序。由此观之,在行政执法制度的设计中,相对人的参与程序,既是辅助性的,又是与行政行为程序分离的,从而导致行政执法实践中,相对人与行政主体之间并未真正形成一种行政参与关系。因此,我国现行行政法中的行政程序制度不能完全反映参与式行政的程序。今后我国行政程序法的制定,必须重新界定行政程序的内涵,亦即它是指相对人参与行为融入政府的治理行为后形成的互动性行政行为②的程序规则,并将此作为行政程序立法的指导思想。

(五)行政参与权未得到法律的充分保障

毋庸置疑,权利保障已经成为现代行政法制度的立法目的或原则,例如,行政立法把科学合理地分配公民、法人或其他组织的权利这一义务作为立法的原则要求,而《行政许可法》和《行政处罚法》第 1 条都开宗明义地规定了立法的目的之一是保护公民、法人和其他组织的合法权益,《行政许可法》第 7 条、《行政处罚法》第 6 条又分别把权利保障作为各自的原则要求。然而,这些受保护的权利内容主要是相对人的人身权、财产权、平等权、受益权等实体权利,以及陈述、申辩、复议、诉讼等抗辩性程序权利,且权利保护的方式具有被动性或曰事后性,对行政参与权的保障明显不足。如上所述,现行行政法制度中,不管是行政立法、行政决策还是行政执法,相对人的参与权能否实现,并不取决于相对人本人的意志,而是基本取决于行政主体的裁量,很多情况下政府并没有确保相对人参与权的行使和实现的强制性义务。因而,有学者甚至认为,这种没有明确义务主体的参与并不是严格意义上的法律权利。③ 从权利义务关系的角度,这一论断是比较确切的。理由是行政参与权是具有权力性质的权利,它必须对应政府满足这种权利的

---

① 根据《行政处罚法》第 32、42 条的规定,相对人在行政处罚中的陈述、申辩权,以及对责令停产停业、吊销许可证或者执照、较大数额罚款等三种行政处罚的听证权,相对人可以主动行使。

② 参见程健:《关于互动行政行为提出的几点思考》, http://vip. chinalawinfo. com/Newlaw2002/Slc/SLC. asp? Db = art&Gid = 335582156, 2011 年 5 月 29 日访问。

③ 参见朱芒:《行政立法程序调整对象重考——关于外部效果规范与程序性装置关系的考察》,载《中国法学》2008 年第 6 期。

强制义务,而且还应进一步明确不履行义务的法律责任,而这些在我国现行行政法制度中都未得到充分体现,不能不说是行政参与权保障上的极大缺失。

三、现行行政法理论的缺失

参与式行政的兴起需要构造新型的政府与公众关系。行政法视域中的这种新型关系就是形成相互间一种新型的权利义务关系,亦即新型的行政法律关系,其发展需要新的行政法理论的解释与指导。然而,现有行政法理论不能完全解释与指导参与式行政中的政府与公众关系,需要创新和发展。

综观我国行政法理论的发展,主要经历了从管理论到控权论,再由控权论到平衡论的发展过程,但这些都还不是参与式行政背景下的政府与公众关系理论,因此对当代的参与式行政的实践和制度构建指导性不强。而现有的对参与式行政的研究,也没有形成科学完善的参与式行政政府与公众关系理论。即便是对参与式行政的其他个别范畴的研究也存在许多不足,难以为建构参与式行政新型的政府公众关系提供正确的理论指导。

(一)参与式行政政府与公众关系的系统理论的空缺

现有行政法理论中鲜有专门研究参与式行政的政府与公众关系的,顺带涉及政府与公众关系的探讨也主要是比较宏观、笼统的分析,如有学者认为是“平衡与互动关系”[①],还有人认为是“合作治理关系”[②],等等。但这些理论没有全面细致地揭示参与式行政政府与公众关系的具体内涵与特征,也没有对二者权利义务关系进行具体的构造,因而难以指导参与式行政新型政府与公众关系的建构。

(二)有关参与式行政政府与公众关系的个别范畴理论也存在缺陷

现有研究多为对参与式行政的个别范畴的探讨,这些范畴理论中,对参与式行政的政府与公众关系的构造关联较大的有参与式行政的目的理论、参与主体理论、行政参与权理论等,这些现有理论也都不够科学,对参与式

---

① 参见吴育珊:《政府信息公开与公众参与行政关系的回归与展望》,载《岭南学刊》2010年第1期。

② 参见王沛栋:《政府与社会互动视角下我国公民行政参与路径研究》,电子科技大学2009年硕士学位论文;王箭:《信息时代参与式行政的制度供给》,东北师范大学2009年硕士学位论文;等等。

行政政府与公众关系的构造的指导价值不大。

（1）参与式行政的目的。参与式行政的目的是研究参与式行政必须首先明确的问题，也是构造参与式行政政府与公众关系的指导原则。现有研究对参与式行政目的的认识一般都存在片面性，都未能反映参与式行政目的之多元性。有的学者认为是“影响行政主体作出有利于自己的行政决定”[①]，当然这也是公众参与的目的之一，但是这种目的论把公众参与目的仅局限于个体利益目的，没有顾及对公共利益目的之促进。而且，公众参与行政既包括基于个体利益目的之参与，也包括基于公共利益目的之参与，基于公益目的之参与是没有个体利益之目的的。还有的学者认为是“控制行政权力和保护自身权利”[②]，这种目的论更是将参与式行政的目的与传统控权论的目的混为一谈，若以此为指导来认识参与式行政中政府与公众关系，势必也视其为一种控权关系。

（2）参与主体地位的认识。现有的参与主体研究一般都是集中于参与资格的确认上，大多认为行政活动的利害关系人具有参与主体资格。也有学者认为抽象行政行为的参与主体不受利害关系人的约束。[③] 现有研究对参与公众的法律地位问题则较少给以明确阐述与论证，而这一问题与参与式行政中的政府与公众关系密切相关。在为数不多的阐述中，有学者认为公众在参与过程中处于“程序主体地位”[④]，这与其对行政参与权性质的认识相辅相成。因此，对行政参与权的认识其实也能反映对参与主体的地位的理解，目前大多数学者认为行政参与权是程序权利，而没有认识到行政参与权是具有丰富权能的综合性民主权利，这说明学者们尚未充分认识参与公众与政府的平等法律地位。

（3）行政参与权。行政参与权是参与式行政的重要范畴，也是参与式行政中政府与公众关系的核心要素，因此，正确认识和理解行政参与权的性质、权能和作用等对建构参与式行政政府与公众关系具有重要的意义。应当说，学者对行政参与权的研究比较多，但是总的来说关于行政参与权的理

---

① 参见章剑生：《论行政相对人在行政程序中的参与权》，载《公法研究》2004 年专辑。

② 参见叶平：《论行政参与》，载《河北法学》2003 年第 4 期。

③ 同上。

④ 参见章剑生：《论行政相对人在行政程序中的参与权》，载《公法研究》2004 年专辑。

论还不够成熟。尤其是对行政参与权性质和权能的认识存在明显的缺陷。目前一般都认为行政参与权仅仅是程序权利，并且很多学者直接称之为“行政程序参与权”[①]，而行政参与权应当是具有实体内容的权利。另外对行政参与权的权能的认识也不够准确和完整，例如，有的学者认为，行政参与权的基本内容包括知情权、陈述权、申辩权和申请权[②]；还有的学者认为，行政参与权包括获得通知权、陈述权、抗辩权和申请权。[③] 这其中都没有认识到行政参与权所包含的获合理回应权与合理意见获采纳权这两项重要权能。这些问题的存在导致很难去正确认识与把握政府与公众在参与式行政中的地位和作用，也更难理解政府对公众的责任和保障关系，以及政府与公众之间的平等关系和合作关系等。

---

① 参见章剑生：《论行政相对人在行政程序中的参与权》，载《公法研究》2004 年专辑；张晓光：《行政相对人在行政程序中的参与权》，载《行政法学研究》2000 年第 3 期；程琥：《关于服务相对人公共服务程序参与权研究》，载《行政法学研究》2011 年第 1 期；等等。

② 参见程琥：《关于服务相对人公共服务程序参与权研究》，载《行政法学研究》2011 年第 1 期。

③ 参见章剑生：《论行政相对人在行政程序中的参与权》，载《公法研究》2004 年专辑。

第二章　参与式行政与传统行政法律关系

“任何一门学科,都是以范畴为基石的,都是由范畴组建起来的理论体系。”[①]在行政法学理论体系中,行政法律关系是其核心范畴。德国著名行政法学者巴霍夫曾指出:如果说确有一个概念、一个制度,值得占有行政法之核心地位的话,非法律关系莫属。[②] 我国也有学者提出,“在行政法基本理论中,行政法律关系是一个最基础的具有核心意义的概念,或者说行政法的主要任务就是研究行政法律关系,研究行政法律关系主体各自的权利义务内容”。[③] 因此,行政法学上研究参与式行政这一新的行政法制模式,从根本上讲,是研究参与式行政的行政法律关系。

第一节　行政法意义上的政府与公众关系

政府与公众关系是政治学、行政学、宪法学、行政法学等领域共同研究的基本问题,不同视域下的政府与公众关系的具体结构与内涵有所不同,它们既有区别又有

---

① 李龙主编:《法理学》,武汉大学出版社 1996 年版,第 163 页。

② 引自鲁鹏宇:《论行政法学的阿基米德支点——以德国行政法律关系论为核心的考察》,载《当代法学》2009 年第 5 期。

③ 杨海坤:《论行政法律关系》,载《苏州大学学报(哲学社会科学版)》1990 年第 4 期。

联系。在此,我们先简要比较它们的异同,以更准确地认识行政法意义上的政府与公众关系。

一、不同学科对政府与公众关系的观察

政府与公众的关系是国家与社会结构中的基本关系,是政治学、行政学、宪法学、行政法学等共同研究的对象。不同学科视域中的政府与公众关系的内涵有所不同,这是因为各学科对政府与公众关系的观察方法或角度不同,从而呈现出多种面向。

(1)政治学是研究社会政治现象的科学。当代政治学认为:“政治就是人们围绕公共权力而展开的活动以及政府运用公共权力而进行的资源的权威性分配的过程。”[①]政治学研究的主要内容包括:政治正义的哲学伦理、国家权力的来源与分配、政府权力的运行与监督、政治资源的合理配置、国家对社会的民主管理等。基于此,政治学主要从宏观上来考察政府与公众的政治关系,例如政府权力是否来源于公民权利、政府是否并如何对公众负有政治责任等,而且通常是针对在政治生活中,作为整体“人民”的公众与政府的基本关系。

(2)行政学是政治学的分支。行政学上的国家功能二分法,把政治与行政截然分开,认为政治是政策或国家意志的表达,行政则是政策的执行。[②]行政学认为行政就是政府执行反映政治公意的法律和政策,对公共事务的管理活动。在这个理论预设下,行政学奉韦伯的官僚制和科层制理论为圭臬,主要从微观的角度,技术化地研究官僚系统的设置与行政管理的关系。也就是说,它重点探讨的是政府如何以有效技术方法来处理与社会公众的管理和服务关系,追求公共管理的效率性。

(3)宪法学是有关政治共同体规则的规范学说,主要研究国家与公民之间、国家机关之间的基本法权关系。在政府与公众关系问题上,则主要研究公民基本权利的有效保障与国家行政权力的合理配置。宪法统治下的政治就是宪政,其核心是如何建立起宪政秩序,保证公民的权利不受政府权力的侵犯,规范与控制政府权力的合理运行。因此,宪法学视域下的政府与公

---

① 杨光斌主编:《政治学导论》,中国人民大学出版社 2007 年版,第 6 页。

② 参见〔美〕F. J. 古德诺:《政治与行政》,王元等译,华夏出版社 1987 年版,第 10 页。

众关系就是从基础意义上认识政府与公众的权利义务配置关系。如果说政治学视野中的政府与公众关系是一种政治关系，那么宪法学则是将政治关系法律化，成为宪政关系。也就是说，宪法学主要考察的是政府与公民之间的基本权利义务关系，是宏观性、框架性的基本法律关系。

二、行政法上的政府与公众关系——行政法律关系

行政法视野中的政府公众关系与政治学、行政学、宪法学视域有所区别。行政法是宪法的具体化，是“动态的宪法”，是调整行政活动的法律规范，其任务是具体配置行政活动中政府与公民的权利义务，并调整其运行。其鲜明的特点在于：研究围绕行政活动产生的具体法律关系，特别是其中政府与公众之间具体的权利（权力）义务。因此，行政法上的政府与公众关系是具体的法律关系框架，这在观察内容和方法上就有别于其他学科。但行政法上的政府与公众关系研究与其他学科也有着密切的联系。政治学有关政府与公众之间政治关系的理论，可以为行政法的研究提供理论基础；行政学的管理理论为行政法提供了微观探讨政府与公众关系的技术方法和研究策略；宪法学则为行政法具体研究政府与公众在行政领域的法律关系提供了基本原则和基本框架。

（一）行政法律关系的范围

行政关系是指行政主体行使行政职能和接受行政法制监督而与行政相对人、行政法制监督主体发生的各种关系，以及行政主体内部发生的各种关系。行政法律关系是行政法规范调整行政关系的结果。行政法律关系的范围很广，关于其类型尽管目前存在争议，但从最广义上讲，按照不同主体之间的相互关系的不同，行政法律关系可以划分为四种基本类型，其中包括：(1) 行政权分配主体与行政主体的之间的权力配置法律关系；(2) 行政主体相互之间以及行政主体和公务员之间的内部行政法律关系；(3) 监督行政主体与行政主体之间的行政法制监督关系；(4) 行政主体与行政相对人之间的管理—服务法律关系。[①] 这四种行政关系经行政法律规范调整的总和就是行政法律关系。

---

① 参见袁曙宏、方世荣、黎军：《行政法律关系研究》，中国法制出版社 1999 年版，第 19 页。

但以上四种法律关系的地位却是不同的，有着主次之分。其中，行政主体与行政相对人之间的管理—服务法律关系处于核心地位，是最基本的行政法律关系，其他三种行政法律关系都是为这个法律关系服务的，是依附和围绕这一法律关系的逻辑展开。

（二）行政法律关系的构成要素

同一般的法律关系一样，行政法律关系由三个基本要素构成——行政法律关系主体、行政关系内容和行政法律关系客体。

主体是法律关系的根本要素。法律关系是人与人之间的关系，因此必须有作为关系主体的人的参加，才能在主体之间建立起法律关系，否则就无从发生法律关系。行政法律关系主体包括行政权力配置主体、行政主体、行政相对人、监督行政主体四类，行政法律关系就是在行政权力配置主体与行政主体之间、行政主体之间、行政主体与行政相对人之间以及行政主体与监督行政主体之间展开的。但其中最基本、最核心的主体是行政主体和行政相对人。

行政法律关系的内容是指行政法律关系主体相互之间的权利义务。这包括权力配置主体与行政主体之间的授权与被授权、行政主体之间的命令权—服从义务—配合义务、行政主体与行政相对人之间权利（权力）义务以及行政主体与监督行政主体之间的监督权与接受监督义务等。其中最基本、最核心的内容还是行政主体与行政相对人之间的权利（权力）义务。

行政法律关系客体是指行政法律关系主体的权利、义务所共同指向的对象或标的。一般认为，行政法律关系的客体不仅应当包括物、行为和智力财富，还应包括国家行政权力和相对人的人身。

三、政府与公众关系是行政法律关系的核心

在行政法中，“政府”一般是指行政主体及其公务员代表的政府，“公众”则是指进入特定或不特定行政管理过程中的行政相对人。因而，行政法视野下的政府与公众关系实际上就是行政主体与行政相对人之间的管理—服务关系。上文已经谈到，不同类型的行政法律关系的地位是不同的，政府与公众关系在行政法律关系中具有核心地位，这是由行政法律关系的构成决定的，也是由行政法的调整对象、目的及性质决定的。

（1）从行政法律关系的构成看，行政法律关系包括行政权分配主体与行政主体的之间的权力配置法律关系、行政主体相互之间以及行政主体和公务员之间的内部行政法律关系、监督行政主体与行政主体之间的行政法制监督关系、行政主体与行政相对人之间的管理—服务法律关系。从构成及其功能上考察，权力配置法律关系是为了科学合理配置行政权力，保证行政权力的有效运行，更好地实施社会管理和公共服务而展开的；内部行政法律关系是为了合理组织行政，规范公务员行为，提高行政效率而展开的；行政法制监督关系则是为了规范和控制行政权力，保障相对人权利免受违法行政行为的侵犯，并在事后为相对人提供法律救济而展开的。由此可见，其他三种行政法律关系都指向一个目标——更好地实施对行政相对人的管理和服务，他们都是围绕着政府与公众关系（即行政主体与行政相对人之间的管理—服务法律关系）而展开，对其具有目的指向性，而不是孤立存在的。脱离管理和服务就没有必要配置行政权力；脱离管理和服务就没有必要建立健全内部行政组织；脱离管理和服务也没有必要监督行政。因此，政府与公众关系在行政法律关系中具有核心地位。

（2）从行政法的调整对象来看，行政法律关系的实质就是公共利益与个人利益之间的关系，行政法通过行政法律规范的调整作用，从而在增进公共利益和维护个人利益之间达成合理的平衡。对此，有学者认为，行政法律关系的实质就是“行政主体在集合、维护和分配公共利益的过程中与代表个人利益的相对一方当事人之间发生的一种公共利益与个人利益的关系”。[①] 据此，行政法律关系，也就是公共利益与个人利益的关系。公共利益的代表主体是政府，个人利益的代表主体是社会公众，因此，行政法律关系的实质也就是政府与公众之间的公私利益平衡关系。

（3）从行政法的目的与性质来看，行政法要解决的主要是政府/权力与公民/权利之间的关系问题。正如有学者所言，行政机关与公民关系既是行政法的现实起点，也是行政法理论的基本起点，对此社会关系的研究是明确行政法性质与功能的关键。[②] 而其他的行政法律关系则都是工具性的法律

---

① 周佑勇：《行政法原论》，中国方正出版社 2005 年版，第 7 页。

② 董炯：《国家、公民与行政法——一个国家—社会的角度》，北京大学出版社 2001 年版，第 21 页。

关系，不是行政法的根本目的所在，最后都是为了处理政府与公众的权力/权利义务关系服务的。例如行政法制监督关系是为了救济被侵犯的相对人权利，强制政府履行法律义务，目的是理顺行政主体与行政相对人之间异化或失范的权利义务关系。因此，政府与公众的关系是行政法要解决的关键问题，合理配置与规范二者的权利义务关系也是行政法的目的所在，由此可见政府与公众关系在行政法律关系中具有核心地位。

四、政府与公众之间的具体与抽象法律关系

从本质上讲，行政法上的政府与公众关系就是经行政法律规范调整而形成的行政主体和行政相对人之间的权利义务关系。但应当注意，在这里，公众作为行政主体（政府）的行政相对人是有两种不同表现形态的。

以行政主体行政行为的对象是否确定为标准，可以将公众分为特定相对人和不特定的相对人。特定的相对人是行政主体行政行为所针对的公众范围中可确定的对象。这类相对人在范围上明确、具体，通常是行政主体具体行政行为的相对人。不特定的相对人是行政主体行政行为所针对的公众范围中广泛而不确定的对象，通常是行政主体抽象行政行为的相对人。行政相对人这两种基本的形态，就形成了与行政主体之间两种不同的行政法律关系。

第一种行政法律关系通常是因具体行政行为而引起的特定相对人与行政主体之间的具体性权利义务关系。各种具体行政行为所针对的对象是具体、特定的，他们分别成为不同的权利主体或义务主体，与行政主体的权利义务关系是不相同的。

第二种行政法律关系通常是因抽象行政行为而引起的不特定相对人与行政主体之间的广泛性权利义务关系。不特定相对人是对行政主体有同类权利义务关系的相对人，他们对作出抽象行政行为的行政主体有共同性的权利义务。行政主体作出的抽象行政行为是行使行政立法权、规范性文件制定权、行政决策权的行为，这种行为可以针对广泛而不特定的行政相对人依法作出影响其权利义务的决定，他们都有遵守和服从的义务。同时，他们也都有对行政主体作出抽象行政行为的了解权、建议权、监督权等，行政主体则负有平等保障、合理回应和接受等义务。由此，形成了不特定相对人与

行政主体之间广泛的权利义务关系。

第二节　传统行政法律关系的理论与构造

参与式行政不同于传统的行政法制模式，是一种开放的、双向的、互动的民主行政模式。参与式行政的兴起，必然导致以往的政府与公众关系发生变化，也对传统行政法律关系的理论与构造形成了挑战。

一、传统行政法律关系的理论与构造缺陷

综观我国行政法律关系理论的发展，主要有三种行政法律关系的理论模式，一是源自以原苏联为代表的“管理论”法律关系理论，二是源自以英美国家为代表的“控权论”法律关系理论，三是我国著名行政法学家罗豪才为代表提出的“平衡论”法律关系理论。其中前两种是早期较传统的行政法律关系理论模式，第三种是我国行政法学所推进和发展的行政法律关系理论。

这三种法律关系理论及其影响形成的行政法律关系构造，均未能或者充分反映参与式行政的实践、特点和要求。事实上，自二十世纪九十年代“平衡论”提出之后，无论是在经典的行政法教科书还是在相关著述中，我国行政法学中的行政法律关系理论还没有什么变化。

（一）对行政法律关系的认识缺乏充分的参与理念

（1）以“管理论”为基础的法律关系理论基本上缺乏参与理念。在管理论模式下，行政法的目的主要是保障公共利益和维护社会秩序，行政法的基本内容是调整国家管理关系和规定国家管理的原则和制度，行政法的基本原则是管理原则，行政法的手段主要是强制和命令性的。[①] 秉承这种管理行政法理念，管理论对行政法律关系的认识是，行政法调整行政主体与行政相对人的关系，目的在于维护行政主体的高权地位，保障行政权的有效运作，强调通过行政主体的单方强制手段使行政相对人遵守法律、履行义务，保障行政管理的秩序和效率，行政法律关系的基本模式是行政主体与行政相对

① 参见姜明安主编：《行政法与行政诉讼法》，北京大学出版社、高等教育出版社 2007 年版，第 105—106 页。

人管理与被管理的关系。正如有学者所言:“在过去较长时间内,人们在思考上一直受‘行政法是管理法’的约束,这就将行政法律关系的内容单一理解为行政主体管理的权力和行政相对人服从管理的义务,将行政法律关系的外部形态单一化为管理与被管理的关系。”①

因此,管理论对行政法律关系的认识基本缺乏公众参与的理念。首先,在行政法律关系主体上,凸显行政主体的支配地位,忽视行政相对人的主体性,认为行政主体是管理者,是决定者和命令者,行政相对人是被管理的对象,是服从者和听令者。其次,在行政法律关系的基本内容上,赋予行政主体强大的行政权,凸出行政权的强制性和优越性,而忽视行政相对人权利的价值和保障;最后,在行政法律关系的实现方式上,强调行政行为的单方性和强制性,忽视行政相对人行为的作用和效力,尤其是忽视行政相对人的参与行为。可见,管理论模式下的行政法律关系表现为行政主体对行政相对人的高权管制关系,这是一种典型的命令与服从的关系,行政主体具有绝对的主导地位,行政法律关系的产生、变更与实现取决于行政主体的单方意思表示,行政相对人沦为了管理的客体,对行政决定没有话语权,行为上也只有服从与遵守,而不能参与并影响行政主体的管理行为,基本不存在双方的良性互动与合作,是一种对立的、单向度的、封闭的行政法律关系。

(2)“控权论”基础上的法律关系理论有一定的参与理念,但只是一种微弱的公众消极防御性参与,参与领域较为狭窄,程度也不深入。对于控权论下的行政法律关系理论,学界并没有专门的论述,但由于行政权与公民权的关系是行政法理论的核心范畴,因此,在控权论理论的阐述中都反映了行政法律关系的内容。控权论模式下,行政法的目的主要是通过行政程序与司法审查等控权手段严格控制行政权,促使行政主体依法行政,以保障公民权利。控权论设计行政法律关系时,是以行政主体的行政权与行政行为为核心,强调对行政权和行政行为的制约,认为“行政法即是用以控制和限制政府权力的法律制约器”。② 因而,控权论认为,行政法律关系主要是监督主体对行政主体的监督法律关系,包括立法机关对行政主体的授权法律关系,司法机关对行政主体的司法审查关系(行政诉讼关系),以及对行政

---

① 袁曙宏、方世荣、黎军:《行政法律关系研究》,中国法制出版社 1999 年版,第 13 页。

② E. Gellhorn & B. Boyer, *Administrative Law and Process*, West Publishing Co. 1981, p. 3.

主体进行程序控制的行政程序关系，其中行政诉讼关系是控权关系的核心。

在以上控权论行政法律关系中，行政法律关系的主体主要是监督主体与行政主体，监督主体包括立法机关、司法机关和社会公众等。其中社会公众一般只有当合法权利有被行政主体侵害的可能或者已经受到侵害时才与行政主体形成法律关系。前一种情况下，相对人通过行使程序权利防御侵害，与行政主体形成行政程序关系；后一种情况下，相对人通过向法院行使诉权，与行政主体形成行政诉讼关系。由于控权行政法的核心内容是对行政权的控制，因此，行政法律关系的内容主要是对行政主体权力、义务的设定。著名英国行政法学者 H. W. R. 韦德就指出："作为行政法的第一种表述，可以说行政法是管理公共当局行使权力、履行义务的一系列普遍原则。"①美国行政法学者 K. C. 戴维斯定义："行政法是关于行政机关权力和程序的法律，尤其是包括规定对行政行为司法审查的法律。"②在这种行政法观念中，行政相对人行为被看作是公民自由的范畴，是放任而开放的领域，它当然不属于行政法研究的问题。我们在英美行政法著作中，往往就是在行政程序、司法审查的内容中看到了关于私人一方的内容，而且它是就公民一方如何受保护而进行阐述的。甚至可以讲，公民在不认为自己受到行政权力威胁时，他与行政法就没有什么联系。当然大陆法系的德国、法国、日本以及我国的行政法等在内容上有相当一部分规定行政相对人的实体性权利义务。这种构造的行政法虽与英美行政法有所区别，但在行政法观念上，对行政相对人也只是作为偏重于作为法律保护对象来定位。

因此，控权论下的行政法律关系的中心是对行政主体和行政权的控制，这种控制主要是通过议会（人大）立法控制与法院的司法控制，行政相对人只有在执法过程中权利受到行政主体侵害时，才与行政主体发生行政救济关系。只要行政相对人的权利不受行政主体的侵害，行政相对人就基本上不与行政主体发生行政法律关系。虽然控权论行政法律关系理论也赋予了相对人要求回避权、申辩权、抵抗权等程序参与权，旨在让相对人通过行使这些程序权利，监督行政主体履行程序义务，防止行政主体侵害自己的合法

① 〔英〕威廉・韦德：《行政法》，徐炳译，中国大百科全书出版社 1997 年版，第 6 页。

② Kneenth. Culp. Davis, *Administrative Law*, West Publishing Co. 1977, p. 1.

权利。但是这种程序参与权与行政诉讼中的申诉控告权一样，主要是对行政主体的监督与制约，是一种防卫性参与，即保护自身权利免受侵害。一般而言，相对人权利没有受到侵害的危险或者没有发生侵害时，相对人基本不需积极参与行政活动。由于行政主体的实际侵权往往发生在行政执法中，因此，这种保护性参与关系一般只发生在行政执法中或侵权后的行政救济中，主要是行政相对人对行政执法行为的抗辩和对违法执法行为的控告和申诉，其参与并未渗透、贯穿并影响行政活动全过程，也即相对人很少会在行政过程中与行政主体积极合作形成双赢的促成性参与关系。可见，控权论行政法律关系只是蕴含了微弱的参与理念。

（3）“平衡论”增强了参与理念，但仍不够充分，这可能与它形成的时代中国参与式行政尚未蓬勃兴起有关。与“管理论”和“控权论”不同，“平衡论”对行政法律关系的认识增强了公众参与理念。首先，平衡论认可了行政法律关系中行政主体与行政相对人的平等性。平衡论创始人罗豪才教授认为，行政机关与公民应该是平等的，不能说行政领域的法律关系是不平等主体之间的权利义务关系；虽然行政领域的各具体的法律关系是不对等的，但诸多具体的法律关系综合起来应当体现行政机关与相对方法律地位的平等。[①] 宋功德教授也认为，“平衡法的人文精神主要体现为主体尊严、中庸、平等、合作、宽容等价值序列”[②]。其次，平衡论也主张相对人参与行政，提倡“通过互动的参与机制形成和谐、合作的行政关系格局”[③]，指出“相对一方以所赋予的了解权、要求回避权、辩论权、申请补救权等程序性权利，参与行政权的行使过程”[④]，而且，明确提出了“给予行政相对方更多的行政参与权，以显示人民当家做主的国家性质”[⑤]。可见，平衡论中的法律关系内容已增强了公众参与理念。但平衡论其重点是强调管理法律关系与监督法律关系之间的平衡，认为行政法是调整行政关系（管理关系）与以及在此基础

---

① 参见罗豪才：《行政法学与依法行政》，载罗豪才等：《现代行政法的平衡理论》（第二辑），北京大学出版社 2003 年版，第 11—12 页。

② 宋功德：《对平衡论质疑的回应》，载同上书，第 164 页。

③ 罗豪才：《行政法的核心与理论模式》，载同上书，第 3 页。

④ 参见罗豪才等：《现代行政法的理论基础——行政机关与相对一方的权利义务平衡》，载罗豪才等：《现代行政法的平衡理论》，北京大学出版社 1997 年版，第 20 页。

⑤ 参见罗豪才：《行政法之语义与意义分析》，载《法制与社会发展》1995 年第 4 期。

之上产生的监督行政关系的法律规范和原则的总称。[①] 并且,通过监督行政关系中行政机关的义务的增加,形成行政机关的被动、弱势地位,"抵消"管理关系中行政机关的主导、强势地位,同时增加监督行政关系中相对人的权利"弥补"管理关系中相对人权利的不足,从而实现行政法中行政主体与相对一方权利义务的总体平衡。因此,监督行政法律关系在平衡论中发挥着重要作用。但是,监督行政法律关系是不同于参与式行政法律关系的。"监督行政法律关系是指国家有权机关在监督行政行为的过程中,与行政主体形成的受行政法规范调整的各种社会关系"[②],其中"监督主体包括国家立法机关、国家司法机关与行政监察机关,而公民、法人和其他组织只有在行政诉讼法律关系中才成为监督行政法律关系的一方主体"[③],可见,监督关系主要是其他国家权力对行政权的监督,监督主体主要是有权的国家机关,行政相对人只有行使复议和诉讼的权利,通过复议机关和法院来实现对行政主体的监督以制约行政权,保护自身合法权益。参与式行政法律关系则主要是公众主动参与行政过程与行政主体形成的一种合作治理关系,是行政相对人与行政主体共同治理公共事务中形成的法律关系,参与的行政相对人是具有治理权的参与主体,它虽然也具有监督行政权的作用,但相对人与行政主体之间主要是合作行政关系。因此,参与式行政法律关系与监督行政法律关系在主体、对象、内容、目的、功能等方面都不同。另外,在平衡论的法律关系理论中,也论及了行政相对人参与行政程序,指出"行政程序的设立赋予了相对一方以了解权、要求回避权、辩论权、申请补救权等一系列重要的程序权利。公民正是以这些程序权利,抗衡行政机关的执法权力,调和其与行政机关法律地位不对等造成的巨大反差,参与行政权的行使过程,从而使自己从单纯的行政行为的对象变成了可以通过行政程序制约行政行为的主体"。[④] 但在基本立足点上,这仍是在行政程序中强化监督与制约,尚不是公民作为治理主体意义上的合作性参与。因此,平衡论中法律关系理论中的参与理念还不是十分彰显。

---

① 罗豪才主编:《行政法学》,北京大学出版社 1996 年版,第 7 页。

② 同上书,第 24—25 页。

③ 同上书,第 25—26 页。

④ 罗豪才等:《现代行政法的理论基础——论行政机关与相对一方的权利义务平衡》,载罗豪才主编:《现代行政法的平衡理论》,北京大学出版社 1997 年版,第 20 页。

（二）在法律关系各构成要素理论中尚欠缺参与内涵

由于参与理念的缺乏或不足，现有行政法律关系理论在行政法律关系诸要素上都没有充分反映行政参与的因素。包括：

（1）在主体要素上，只有行政主体、行政相对人和行政法制监督主体（监督主体），但没有参与主体。行政法律关系理论从管理论到控权论再到平衡论的发展历程中，对行政法律关系主体类型学界基本达成了共识，一般认为行政法律关系的主体包括行政主体、行政相对人和行政法制监督主体（监督主体）[①]，因为这三种类型基本涵摄了现有行政法律关系种类的所有主体，如，行政管理与服务关系、监督行政法律关系、内部行政法律关系等都是以上三种主体之间的权利义务关系。而且，行政法学界对行政主体、行政相对人、行政法制监督主体的认识都已比较成熟。首先，行政主体都被认为是所有行政法律关系中恒定的一方主体，虽然也有学者对其内涵与外延开始提出质疑，但是行政机关是主要的行政主体，以及其作为权力主体履行管理与服务职能的地位是毋庸置疑的，这也恰恰说明行政主体理论的相对成熟。其次，行政相对人的行政法主体地位也已得到肯定，虽然对其称谓仍然不够统一，有“行政相对方”、“私方当事人”、“相对人”等各种不同称呼，但都已认同其是参加行政活动、与行政主体互有权利义务的一方主体。再者，监督行政关系的确立，也承认行政法制监督主体在行政法律关系中的主体地位。

但是，在我国现有行政法律关系类型理论中，参与主体并不是一个独立的行政法律关系主体类型。现有的经典行政法教科书以及相关论述中也很少出现“参与主体”的概念。参与式行政的兴起使行政法学界不得不关注公民的行政参与，但是学者对参与式行政的参与者一般都称之为“公众”、“参与人”，或者仍然称之为“行政相对人”，也鲜有对其明确的界定，更不用说对其进行深入的研究与探讨。这主要跟学界对行政参与者主体地位的认识不足有关。传统理论中，参与主体在行政法律关系中不具有独立的身份或

---

① 参见姜明安主编：《行政法与行政诉讼法》，北京大学出版社、高等教育出版社 2007 年版，第 109 页；方世荣主编：《行政法原理与实务》，中国政法大学出版社 2007 年版，第 11 页；孟鸿志主编：《行政法学》，北京大学出版社 2007 年版，第 28—29 页；柯梅森、李健强主编：《行政法学》，中国检察出版社 2003 年版，第 16 页；等等。

地位。相反,参与主体所属的权利都被归纳为行政相对人的参政权利,而且是程序性权利,并非一种独立的具有实体内容的新型权利,参与行政也未被认识为一种独立的法律行为,参与主体与行政主体形成的法律关系也并未被提炼成为一种新型的行政法律关系。

在传统理论中,行政活动的参加人要么被完全等同于行政相对人,要么被视同于一般意义的社会公众,甚至还有人将其归为监督主体,而不是作为一种独立的新型行政法主体看待,从而导致参与主体的独立法律地位长期遭到忽视。

行政参与主体是因与行政活动有利益关联,或作为相关领域的专家而参加行政活动,表达利益诉求与意见的公民、法人或其他组织。行政参与主体既不完全等同于行政相对人,也不是一般意义上的社会公众,更不能将其简单视作监督主体。

首先,参与主体不是一般意义上的社会公众。社会公众是一个宽泛的概念,是指相对于政府而言的公民与社会组织,虽然就参与主体的广泛性而言,其外延及于社会公众,但是参与主体不是一般意义上的社会公众,而是依法获得参与资格的部分特定社会公众。

其次,参与主体并不完全等同于行政相对人。行政相对人是指参加行政法律关系,对行政主体享有权利或承担义务的公民、法人或其他组织。行政相对人参加行政活动一般与之有直接或间接的利害关系。因此,一般情况下,行政相对人都具有参与的资格,也属于参与主体。但是,有些不具有行政相对人身份的社会公众,也即行政活动的非利害关系人也有可能具有参与行政活动的资格,例如专家、律师等被政府邀请参与行政立法和行政决策,一般不是为了实现自己的利益,而是为行政主体提供咨询服务,促进公共利益,他们是参与主体,却不是行政相对人。可见,参与主体与行政相对人并不是完全等同的概念。当然,在行政管理中,很多情况下参与主体同时也具有行政相对人的身份,或者说行政相对人是主要的参与主体。因此,我们在文中提到的行政相对人除有特别说明外,都是具有参与资格的参与主体。

再次,参与主体也不一定是监督主体。参与主体通过参与行政活动虽然具有监督行政权力行使的功能,在此意义上,可以认为参与主体也是一种监督行政主体。但监督行政只是参与主体参与功能的一个方面,而且不是其主要功能,参与主体参与行政主要是表达利益诉求,提出建议或意见,与行政主体形成互动与合作,共同完成行政任务,促成行政活动的正当性与效率,当然也包含实现自己的个人利益,具有治理主体的意义,而不仅仅是为了监督行政权。

综上,参与主体是具有参与资格的公民、法人或其他组织,有其独特的内涵与外延,享有其独立的法律地位。因此,行政法应系统地研究行政参与主体,建立相应的参与主体理论。

(2) 在内容要素上,行政参与权及其体系,参与权与其他权利的关系以及参与介入后的权利义务关系构造没有充分反映。早期管理论行政法律关系的内容以规定行政权为核心,行政主体享有行政决定权、行政命令权、行政强制权等,与此对应的则是行政相对人的服从义务、遵守义务、履行义务,而较少有对行政相对人权利的规定,尤其是缺乏行政参与权的规定。现有行政法律关系理论在内容要素的构成上基本都包含了行政主体与行政相对人互有的权利义务,对行政权和行政相对人权利内容都进行了较具体的阐述,但是相对人权利内容主要为被动的人身权、财产权、平等权、受益权、事后救济权以及其他程序性权利,对行政参与权则很少涉及。晚近有些学者虽然论及了行政参与权,但都是对其概念和内容进行简略的描述与列举,认识也不统一、不系统,对行政参与权丰富的权能体系未能进行深入的探讨。也正因为如此,对行政参与权与相对人其他权利、行政权力的关系,以及参与权介入后的权利义务构造的变化等问题更不可能在行政法律关系的内容中得到充分反映与体现。这无疑反映出现有行政法律关系理论对行政参与权在参与式行政中的重要地位缺乏足够的回应。

行政参与权是社会公众依法参加行政程序,以法律规定的方式,约束和帮助行政主体听取并吸收民意的一项综合性民主权利。它是由进入行政程序的权利、提出政务主张的权利、获合理回应的权利、合理意见获采纳的权利、协商决定的权利、协助执行的权利等权能构成。行政参与权源于公民作为主权者身份[①]的参政权,具有一定的权力性,既有程序内容,又有实体内

① 根据卢梭的社会契约论的观点,国家中的人民有两种身份,一是作为主权权威的参与者,就叫做公民,一是作为国家法律的服从者,就叫臣民。参见〔法〕卢梭:《社会契约论》,何兆武译,商务印书馆 2003 年版,第 21 页。

容,是独立于公民本体权利之外的新型权利,也是参与主体独立法律地位的标志,是参与式行政模式的核心范畴。而且,相对人行政参与权的享有,必然引起其自身权利结构的变化,会与其他权利组合成新的权利谱系,同时也会影响行政权,形成新的行政权的结构与运行模式。新的权利谱系与行政权力模式相互作用,改变了传统行政法律关系的权力/权利结构,形成参与式行政法律关系新的权力/权利结构。因此,行政参与权是参与式行政法律关系形成的关键要素,也是区别参与式行政法律关系与传统行政法律关系的根本标志,必须纳入新型行政法律关系内容的构造之中。

(3)在客体要素上,作为法律关系客体的参与行为没有得以正确认识。现有行政法理论虽然对行政法律关系客体种类的构成有一定的分歧,但综合学界观点,行政法律关系客体的种类主要包括物、人身与行为。首先,物是公认的行政法律关系客体;其次,人身成为行政法律关系的客体也基本得到认可,如人身可以成为行政拘留、行政强制、行政救助等法律关系的客体;但是,行为成为行政法律关系的客体则存在争议,有少许学者反对①,多数学者赞成。② 我们也赞同行为是行政法律关系的客体。但是在学界对行为客体的阐述中,虽然认为作为客体的行为包括行政主体的行为和相对人的行为,但都没有特别阐明相对人的参与行为可以成为客体,这说明现有行政法律关系理论尚未充分认识到参与行为对行政法律关系权利义务产生与实现的重要性。当代民主行政的发展趋势,使公众参与行为已经成为许多行政活动不可缺少的部分,并且影响行政法律关系权利义务的产生与实现。例如,在我国早已制定并实施的《行政处罚法》中就有相应的规定,即行政机关作出行政处罚决定之前,应当听取当事人的陈述与申辩,拒绝听取当事人的陈述与申辩的,行政处罚决定不能成立。行政处罚中当事人的陈述与申辩就是相对人的参与行为,相对人的参与行为直接影响行政处罚关系的成立与否,也即双方权利义务是否产生,在此,相对人的参与行为成为了权利义务必须依附的载体,应当成为行政法律关系客体的组成部分。而且,随着参

① 参见周佑勇:《行政法原论》,中国方正出版社 2005 年第 2 版,第 38 页;叶必丰:《行政法学》,武汉大学出版社 1996 年版,第 26 页。

② 见应松年主编:《行政法与行政诉讼法》,中国政法大学出版社 2011 年第 2 版,第 24 页;胡建淼:《行政法学》,法律出版社 2003 年第 2 版,第 27 页;孟鸿志主编:《行政法学》,北京大学出版社 2007 年版,第 30 页;王维达主编:《中国行政法学教程》,同济大学出版社 2006 年版,第 8 页。

与式行政的兴起，不仅是行政处罚，很多行政决定的成立与生效都要以公众参与为前提。因此，我们应该在参与式行政的视域下重考行政法律关系客体的含义与构成，将参与行为纳入行政法律关系的客体范畴。至于具体如何重新界定与认识参与式行政背景下行政法律关系的客体，我们将在下文“行政法律关系客体的变革要求”中详细论述。

（三）行政法律关系的实现方式缺乏公众的合作性参与

行政法律关系设立之目的在于实现，这样行政目标也才能实现。行政法律关系的实现是指行政法律关系主体间的法定权利得到满足或者法定义务得到履行。[①] 行政法律关系的实现就是主体行使权利与履行义务的过程，因此，“主体的行为是实现权利义务的关键”。[②]主体行为的方式直接影响行政法律关系实现的效果。主体行为既包括行政主体行使权力和履行义务的行为，也包含行政相对人行使权利和履行义务的行为。由于二者的权利义务是相互对应的，因此二者的行为又具有交互性，这意味着要提高行政法律关系实现的效率，需要二者的相互配合，使双方权益都能得到满足与实现。在双方权利义务的对立统一关系中，这种相互配合的实现方式需要尽量消除对立，实现统一。这要求：其一，双方需要相互认同与尊重，尤其是行政主体要尊重相对人权利，承认相对人的主体地位，不能把相对人只当作义务主体。其二，需要相对人能有参与行政决定执行[③]的能力，即具有协助行政决定执行权，相对人参与执行不仅只是自己履行义务，还能积极行使权利，且能监督行政主体依法履行义务。其三，通过一种协商性的指导，使行政相对人更加认可行政决定，消除彼此间的冲突与对立，达成妥协与统一，从而自觉履行义务。其实，以上就是加强公众参与的行政法律关系实现方式，也是参与式行政的必然要求。

而传统管制行政法律关系的实现主要是倚仗行政主体的单方性强制与命令，相对人只是消极地履行义务和被动地接受权利，即使行政法律关系能够实现，由于很多情况下义务的履行并非自愿，义务履行的正当性会受到质

---

① 袁曙宏、方世荣、黎军：《行政法律关系研究》，中国法制出版社 1999 年版，第 202 页。

② 同上书，第 203 页。

③ 行政法律关系的实现从行政过程来看，其实质就是行政决定的执行。例如，行政处罚关系的实现，就是行政处罚决定中的权利义务的行使与履行，也即行政处罚决定的执行。其他行政法律关系如行政征收关系、行政许可关系以及行政决策关系等的实现都是如此。

疑，这样容易产生对抗，而权利的实效也没有切实保障，侵权现象在所难免，这有悖行政为民的目的，也会影响行政的正当性与效率性。在控权式行政法律关系中，行政诉讼关系无疑是通过一种对抗的方式得到实现，而行政程序关系权利义务的履行是一种相互制约的方式，其他法律关系也主要是通过控制行政权，抑制行政权的积极作用，以保护相对人权益，实现其权利。这些实现方式诚然有存在的必要性，但是如果双方只是建立一种监督与制约关系，并通过对抗与制约的方式实现权力/权利义务，而忽视二者的良性互动与合作，势必会影响行政效率。因此，传统行政法律关系的实现方式也应当进行变革。

二、参与式行政对传统行政法律关系的变革要求

传统行政法律关系的理论与构造及实现方式已经不能适应参与式行政兴起的需要，对其进行变革已势在必行。

（一）法律关系设计融入参与理念

传统行政法律关系的设计主要是以行政权力和行政行为为核心，而忽视相对人的参与权和参与行为，缺乏公众参与的理念。故而已不能满足参与式行政兴起的要求。对此，我们应当用公众参与理念来建构参与式行政法律关系，并将其贯穿于行政法律关系产生和实现的全过程。根据参与式行政的特点与要求，首先，行政法律关系设计要融入平等理念。参与式行政中政府与公众关系，与其他行政模式相比，最趋于平等，这也是形成合作治理关系的前提。因此，在设计参与式行政法律关系时，应当使行政主体与行政相对人的法律地位更趋于平等，使权利/权力结构更趋于均衡，使公私益得到更好的兼顾，更重视双方在行政法律关系实现中的共同作用。其次，行政法律关系设计要融入开放理念。参与式行政法律关系是开放性法律关系，因此，在设计参与式行政法律关系时，行政过程是开放的，行政参与是广泛的，应当贯穿于行政活动的全过程，这就要求满足相对人充分的知情权和程序进入权，落实行政主体行政公开的义务。如，在设计行政立法关系时，从立项、起草、送审到决定的整个过程都应该是开放的，相对人应有权了解行政立法的基本情况和信息，并有权参与行政立法全过程。再次，行政法律关系设计要融入互动理念。参与式行政关系是行政主体与行政相对人之间

的良性互动关系。因此,行政法律关系的设计,要求赋予行政相对人充分的政务主张权和获合理回应权,与此对应的要求是确定行政主体的回应与反馈义务。最后,行政法律关系设计要融入合作理念。参与式行政是行政主体与行政相对人的合作治理过程,行政决定应该是代表各种利益的综合意志的体现。因此,在参与式行政法律关系中,权力与权利运行的过程是相互协作与配合的过程。这就要求多建构行政指导关系、行政合同关系、行政协作关系等法律关系模式,尽量减少强制性与单方性模式。

总之,行政法律关系的变革首先是观念的变革,在行政法律关系的重构中融入公众参与理念,并指导行政法律关系的具体构造。

(二)法律关系构造的变革要求

1. 行政法律关系主体的变革要求

众所周知,管理关系中行政主体与行政相对人是典型的不平等关系,行政主体处于绝对的支配地位,相对人处于被管理的地位。控权关系力求通过增加行政主体的程序义务和加强相对人的监督权来改变管理关系中双方主体权利义务不平等地位。但是,行政主体成为控权的对象,其行政权力受到严格限制,行政相对人也只是权利保护的对象,并不是行政过程中的积极参与主体。平衡论关系强调了二者地位的平等与权利/权力结构的均衡,相对前二者是明显的进步。但是,相对人仍没有上升到参与主体的地位。因此,现有行政法律关系理论中,主体的结构、关系、地位与作用都不能完全适应参与式行政法律关系的要求,需要进行变革。

首先,建构参与主体理论,赋予参与主体以行政法主体地位。参与式行政的兴起使行政法律关系主体结构发生了变化,产生了对行政活动发生重要作用与影响的参与主体,它既不是一般意义的社会公众,也不完全等同于行政相对人,而是具有独特法律内涵的新型行政法主体,需要明确其行政法主体地位。但如前所述,由于现有行政法律关系理论没有充分认识到参与主体的重要地位,导致了参与主体理论的缺失,因此需要建立参与主体理论。其一,要明确界定参与主体的内涵与外延。参与主体是因与行政活动有利益关联或者受行政主体邀请,而具有参与行政活动、表达利益诉求和意见的资格与能力的公民、法人与其他组织,其外延包括行政相对人与其他社会公众,其中行政相对人是主要的参与主体。其二,要明确参与主体的构成要件。公民、法人与其他组织要成为参与主体必须满足以下法律条件：(1)参与主体是中国公民和在中国境内登记的法人或其他组织；(2)与行政活动具有利益关系或具有公共利益目的；(3)具有参与行政的权利能力与行为能力。其三，要区分参与主体与行政相对人、社会公众以及监督主体等相关概念，这在前文已经阐明，在此不再赘述。

其次，要求确立行政相对人的参与主体地位。在参与式行政法律关系中，具有参与权的行政相对人的地位是不同于一般的行政相对人的，它不仅不是行政的客体，而且是参与行政活动的主体，享有平等地参与行政活动的权利，通过表达诉求与发表意见对行政活动产生影响和作用，具有治理主体的地位。正如德国行政法学家毛雷尔教授所言，"参与行政作为现代行政程序的一种发展趋势，它要求不得将公民作为行政的客体对待，而应当作为'成熟公民'和在决定程序中具有独立权利的当事人对待，当事人享有实现自己认识、要求和观点的机会"。[①] 因此，参与式行政的兴起，要求改变传统行政法律关系中行政相对人与行政主体的关系、地位、角色和作用，要求确认行政相对人的平等参与地位和参政作用。在行政法律关系的制度设计中，要明确赋予和保障作为参与主体的行政相对人的行政参与权，赋予参与行为效力，发挥行政相对人的积极参与作用。

2. 行政法律关系内容的变革要求

参与式行政法律关系主体结构与地位的变化，必然会带来行政法律关系内容的变革。行政相对人成为参与主体的关键和标志就是应当具有行政参与权，因此，行政参与权成为行政相对人最重要的权利，也是参与式行政法律关系的核心内容，确认并保障相对人的参与权还会引起行政主体与行政相对人权利义务内容的变化。

首先，行政相对人的权利义务内容要发生变化。行政相对人的参与权是具有权力性质的权利，缘于参与权对行政决定亦即对行政主体的约束力，这种约束力具有公权力的强制性。因此，在参与式行政中，相对人权利的性质、结构、内容也要发生变化。行政相对人的权利分为两类，一类是不具有权力性质的权利，即相对人的人身权、财产权、受益权、平等权、救济权等，这

① 〔德〕哈特穆特·毛雷尔：《行政法学总论》，高家伟译，法律出版社2000年版，第459页。

是相对人作为公民身份的权利，也可称为相对人的本体性权利；一类是具有权力性质的权利即行政参与权，具体包括程序进入权、政务主张权、获合理回应权、合理意见获采纳权、协商决定权、协助执行权等，这是相对人作为主权者身份的权利，是人民主权在行政领域的具体体现。而且，行政参与权是行政相对人的核心权利，是实现其他权利的保障。当然，行政参与权既是权力性的权利，又具有一定的义务性，因为“私人公权，不仅为了保护权利主体自身的个人利益而赋予的，而且是为了实现公共利益，或者说主要是为了实现公共利益而确定的”。[①] 由此，行政相对人参与行政活动，一方面要表达自己的利益诉求，实现自己的利益追求，另一方面，又负有合法、合理行使参与权，积极配合行政主体，共同完成行政目标，实现公共利益的义务。正如日本著名行政法学者美浓部达吉所言，“在公法关系上，国家的权力就不单为国家的利益而存在，同时也为着人民的利益而存在；又人民的权利，亦不单为着权利者本身的个人利益而存在，而是同时完成国家利益的”。[②]

其次，行政主体的权力义务也要发生变化。在参与式行政法律关系中，相对人行政参与权的赋予使保障与满足行政参与权成为行政主体的首要义务，从这一意义上讲，行政权是包含义务要素的权力，这种义务就是满足相对人参与权的义务，具体包括提供相对人参与机会的义务、听取相对人意见和诉求的义务、对相对人意见和诉求进行回应的义务、采纳相对人合理意见的义务、说明未采纳相对人意见理由的义务、根据相对人合理意见和诉求作出行政决定的义务等。当行政主体不履行满足相对人参与权的义务，行政权对相对人就不能产生法律效力。例如，在行政执法中，相对人应当参与执法过程，有权陈述、申辩，有权要求行政主体说明作出行政决定的理由，当作出不利于行政相对人的决定时，有权要求举行听证，并有权要求行政主体根据听证笔录作出行政决定，行政主体没有保障相对人参与权的，行政决定不能对行政相对人生效。因此，在参与式行政中，行政权的性质、结构与内容都要发生变化。我们把行政权分为两类性质的权力：一类是为维护行政秩序的权力，即传统行政法律关系中的刚性权力，我们可以谓之管理式权力或行政硬权力，如行政命令权、行政强制权等，这类行政权只有在紧急情况下

① 杨建顺：《日本行政法通论》，中国法制出版社 1998 年版，第 190 页。
② 〔日〕美浓部达吉：《公法与私法》，黄冯明译，中国政法大学出版社 2003 年版，第 107 页。

的秩序行政中才有效；一类是包含满足相对人参与权的义务的权力，我们可以谓之参与式权力或行政软权力①，包括行政指导权、行政协商权、常态行政下的行政决定权等，这类权力是当代行政权力的主要形态。

3. 行政法律关系客体的变革要求

长期以来，行政法学者一般认为行政法律关系的客体是指行政法律关系主体的权利义务所指向的对象或标的。② 而对行政法律关系的客体范围，观点有所不同，有的认为包括物、行为、和精神财富。③ 有的认为客体实质就是一种利益，包括物质利益和精神利益两类。④ 我们原来也认为行政法律关系的客体包括物、人身和行为。⑤ 应该说这些观点都反映了行政法律关系客体的客观性以及与权利义务的关联性。但是，这些观点容易把行政法律关系客体与行政法律关系的对象相混淆。事实上，行政法律关系的客体是不同于行政法律关系的对象的。首先，把物和人身作为行政法律关系的客体，具有片面性，物和人身一般只是权利义务的对象，但不一定能承载权利与义务，没有行政法律关系主体的行为，物最多只是物权本身的客体，人身也只能是人身权本身的客体，不可能成为行政法律关系的客体。例如，公民的房屋，只有当某政府机关征用，相对人接受征用，把房屋给政府机关使用，房屋才成为了行政法律关系的客体。同样，公民的人身，只有相对人受行政拘留时才能成为行政法律关系的客体。其次，行为也不能单独成为行政法律关系的客体，因为只有主体的行为，没有对象物或人身等标的，权利义务也是不能实现的。例如，按照传统行政法的客体论，在财产罚的行政处罚中，行

① 传统行政法理论中，行政权是通过其内在的强制力和外在的威慑力来对社会公众发生作用和影响的，这种行政权力我们可谓之行政硬权力。随着现代社会给付行政和服务行政等行政职能的产生，尤其是参与式行政的兴起，这种硬权力的单向强制作用越来越不合时宜，需要政府机关利用威信，通过利益引导、指导、协商、合作等方式影响和吸引公众参与行政活动，实现行政管理的目标。这种行政权不是依靠强制和威慑来发挥作用，而是通过权力的威信，理性的说服，以及与公众的合作产生合力来发挥作用，我们谓之行政软权力。相关理论参见门中敬：《行政软权力的特征和价值与功能》，载《法学论坛》2009 年第 1 期。

② 参见王连昌、马怀德主编：《行政法学》，中国政法大学出版社 2002 年版，第 29 页；周佑勇主编：《行政法专论》，中国人民大学出版社 2010 年版，第 32 页；孟鸿志主编：《行政法学》，北京大学出版社 2007 年版，第 29 页；等等。

③ 见王连昌、马怀德主编：《行政法学》，中国政法大学出版社 2002 年版，第 29—30 页。

④ 参见周佑勇主编：《行政法专论》，中国人民大学出版社 2010 年版，第 34 页。

⑤ 参见方世荣、石佑启主编：《行政法与行政诉讼法》，北京大学出版社 2005 年版，第 36—37 页。

政法律关系的对象是罚没物，但是，违法的相对人没有财产，是不影响行政法律关系的成立的，相反，如果行政主体没有听取相对人的陈述申辩，即使相对人有罚没物，行政法律关系也不能成立，行政主体听取了相对人的陈述、申辩，行政法律关系成立了，但是，若没有罚没物供相对人提交，行政法律关系也不能实现，因此，单纯把相对人的服从行为作为客体也是欠妥的。

随着参与式行政的兴起，公众的参与行为已经成为行政活动不可缺少的部分。因此，应该在参与式行政的视域下重考行政法律关系的客体。行政法律关系的客体是行政法律关系主体权利义务实现的载体，没有这种载体，行政法律关系主体的权利义务就不能实现。在参与式行政法律关系中，除紧急状态下的秩序行政外，行政相对人的参与行为决定了参与式行政法律关系中权利义务的实现。因为在参与式行政中，行政权的合法正当行使要以满足相对人行使行政参与权为前提，没有相对人的参与行为，行政权就不能产生作用和效力。因此，参与式行政法律关系的客体是必须包含行政相对人的参与行为，而且是客体的核心。当然，参与行为也必须有支配的物、人身等对象。因此，参与式行政中，行政法律关系的客体是复合型客体，是物、人身等与相对人参与行为的复合，其中，物、人身等依附于相对人的参与行为。

相对人参与行为成为行政法律关系客体的核心部分，并不会影响相对人的主体地位。因为参与行为是行政参与主体的行为而不是主体本身，相对人参与行为是受相对人自主支配的。相反，参与行为提升了相对人的主体地位，没有相对人的参与行为，行政法律关系中的权利义务就难以落实。

（三）行政法律关系产生与实现方式的变革要求

这里的行政法律关系的产生是行政法律关系的实际产生，亦即由行政法规范的权利义务模式转化为行政主体与行政相对人实有的权利义务关系。当出现一定的法定事由后，行政主体与行政相对人之间会形成一种应然的权利义务关系。但是，这仅仅是一种应有的法律关系，是行政法律关系潜在的产生，它必须通过行政主体和行政相对人积极主动的法律行为才能实际发生，这就是行政法律关系的实际产生，只有行政法律关系实际产生了，权利义务才有可能实现，亦即行政法律关系主体之间已经形成的义务得到履行，相应的权利得到满足，行政目标得以实现。

传统行政法理论下的行政法律关系的产生与实现，一般是一种行政主体与行政相对人相互制约的方式，缺少互动与配合，这无疑是一种双方作用的内耗和抵消，增加了行政成本，降低了行政效率，尤其是没有重视行政相对人对行政过程的参与作用，没有调动行政相对人的积极性，没有体现行政民主和合作，从而很难保证行政活动的正当性和效率性。因此，为适应参与式行政的要求，行政法律关系的产生与实现方式应当进行变革。

对于传统行政行为方式的变革，一些行政法学者也早已有意识，并积极倡导这种转变，有学者认为，“随着经济和社会的发展，强制性行政权从经济和社会各个领域的渐次退却，强制性行政行为的适用空间会逐步缩小，而非强制性行政行为的广泛运用将成为社会发展的主流，传统的‘命令与服从’的行政模式已不能适应社会发展的客观实际需要”。[①] 还有学者认为，“传统行政法学历来强调的行政行为的强制性，现已无法回应实践的挑战而愈发陷入窘境，伴随着社会主义市场经济的发育与成熟，政府行使职能的方式不断发生变化……即越来越多采用契约、指导、协商、鼓励、帮助等具有私法性质的柔性手段来服务公众、管理社会”。[②] 这些学者对行政行为方式的转变进行了较好的诠释，但遗憾的是他们关注的仍只是行政主体行为的变化，而未关注相对人行为在行政方式转变中的作用。行政法律关系是通过行政主体与行政相对人双方主体法律行为的交互作用产生与实现的，包括行政主体的行为与行政相对人的双方行为。因此，行政法律关系产生与实现方式的变革，不但要求改变行政行为的方式，而且也要增强行政相对人行为的效力，使之适应参与式行政的需要，在行政主体与行政相对人的积极互动与配合中，确立与实现双方的权利义务，完成行政目标，提高行政效率。

1. 改革行政行为的方式

参与式行政中，在行政主体主持下，相对人参与到行政活动过程中，发表意见、提出建议、表达诉求，以此影响行政决定，与行政主体共同治理公共事务，实现行政目标，亦即共同实现行政法律关系的权利义务。这就决定了

---

① 石佑启：《公共行政改革与行政法学范式的转变》，载罗豪才主编：《行政法论丛》（第4卷），法律出版社2001年版，第122页。

② 参见崔卓兰、蔡立东：《非强制性行政行为——现代行政法学的新范畴》，载罗豪才主编：《行政法论丛》（第4卷），法律出版社2001年版，第127—128页。

行政过程是一个开放的、双边的、协商的、互动的、合作的过程，因此，要求行政主体改变行政行为的方式。虽然在我国现行行政法制度层面已体现了控权模式和平衡模式，也有一定的公众参与规定，但在我国行政实践中，行政过程仍是行政主体支配的管制模式。一般来说，公共行政事务的发起，行政决定的作出，基本上是行政主体的单方意志，公众没有表达诉求和发表意见的机会。有时虽然有发言权，但是公众意见和诉求的表达并不能有效影响政府的行动，并成为行政决定的依据。行政机关可以不考虑公众意志单方作出行政决定。同时，行政决定的执行，也基本上是依靠行政主体的行政命令和行政强制，还不是通过劝导、协商、合作等方式，使行政相对人心悦诚服地履行义务。这种行政方式也导致了很多时候行政决定难以得到行政相对人的自觉认可和自觉执行，更为严重的是，这种单方强制的行政方式还可能带来公众与政府的对抗，从而影响政府与公众关系的和谐。要改变这一现状，行政方式应当由单向行政转向双向行政，由封闭行政转向公开行政，由管制行政转向服务行政。除紧急状态下的秩序行政的需要外，少用和慎用强制行政，多采用协商行政与合作行政的方式。

我们在此以房屋拆迁为例来分析在行政法律关系（行政征收关系）的产生与有效实现中，如何改变行政主体行政行为的方式。房屋拆迁属于行政征收，是典型的负担性行政行为，是政府对房屋所有人（相对人）利益的直接占有，因此必须是为公共利益的目的，而且要给予相对人合理的补偿。这在我国 2004 年宪法修正案有明确规定。2007 年《物权法》，以及 2007 年修订的《城市房地产管理法》对此也有进一步的规定。但是由于以上规定都是总体性规定，现实行政执法中，房屋拆迁直接依据的是 2001 年颁布实施的《城市房屋拆迁管理条例》。由于这部法规从制度层面设立的行政法律关系是行政主导模式，如规定先拆迁、后补偿，赋予拆迁人强大的行政强制权，形成以管理效率为核心的命令与服从的房屋征收关系。因此，房屋征收基本采用了单方强制方式，从项目确立，公共利益目的之认定，征收决定的作出，补偿方案的确定，直至房屋拆迁措施的采取，很少有被征收人的参与，没有经过公共利益代表与私人利益代表的协商、谈判和公平博弈，从而引起被征收人的强烈不满和抵触，导致拆迁者与拆迁户关系的对立和冲突，产生诸如“钉子户”等对抗拆迁的现象，甚至引发了“江西宜黄拆迁自焚”、“山西太原暴力拆迁致人死亡”等恶性事件。要改变这一现状，除了修改《城市房屋拆迁管理条例》外，最重要的是要在遵守《宪法》、《物权法》以及新通过的《国有土地上房屋征收与补偿条例》等法律法规的前提下，改革政府机关行政行为的方式，变单方强制式房屋征收为参与式行政方式尤为重要。具体而言，对于涉及房屋征收和拆迁的建设项目，要变政府机关的单方决定为利害关系人的参与决定，应当向利害关系人说明立项的理由，并且论证公共利益的目的，要充分听取利益关系人的意见，如果大部分被征收人不同意拆迁，应该考虑修改或撤销项目，亦即项目的最后确定要采纳相对人的合理意见。符合公共利益目的，且经过利害关系参与决定房屋拆迁的，对于补偿方案的确定，也应该与被征收人进行充分的协商，听取被征收人的合理要求，要保障被拆迁人拆迁后的正常居住和生活条件。对于拆迁方式，要尽量通过协商，让被拆迁人自愿自觉拆除房屋。强制拆迁应慎重使用，只有对于那种已经获得正当合理补偿，仍然无理取闹、拒不拆迁的被征收人，才申请法院裁定强制拆迁。否则，即便新的《国有土地上房屋征收与补偿条例》用司法强制拆迁取代了行政强制拆迁，但是，如果不改变行政方式，类似江西宜黄的“自焚事件”还会重演。[①] 倘若主管行政机关在房屋征收中能真正做到行政为民、行政民主，能既考虑公共利益、又做到保障公民的合法权益，并吸纳被征收人参与征收全过程，听取他们的意见和利益诉求，多用正面引导，取得公民的同意而自觉搬迁，公众就愿意支持和配合政府的拆迁行为，拆迁冲突也会大大减少。[②] 这样既保护了公民合法利益，又实现了公益目标，使应然的行政法律关系得到有效实现。

2. 增强行政相对人行为的效力

要使行政法律关系的产生与实现真正体现行政主体与行政相对人双方的意志，达到政府与公众双方利益的共赢，必须重视行政相对人行为在行政

---

① 2011 年 4 月 24 日，新的《国有土地上房屋征收与补偿条例》颁布三个月后，湖南株洲又发生了拆迁中的“自焚事件”就是明证。

② 如浙江温岭市泽国镇的协商式拆迁，在旧城改造拆迁中引入民主恳谈，所有方案由政府和拆迁户商谈而成，必须拆迁户同意才能拆迁。这种渗入了公民参与因素的协商式拆迁虽然不尽完美，但毕竟没有强拆的压力，让居民多了一份选择。也正因如此，泽国镇旧城改造并没有出现其他地方拆迁时常见的上访和暴力对抗。参见倪志刚：《泽国协商式拆迁：不搞强拆的旧城改造》，载《潇湘晨报》2010 年 6 月 9 日。

过程中的作用，行政相对人行为应当对行政决定产生拘束力。日本著名行政法学者盐野宏特别关注行政过程中私人公法行为对行政行为效果的影响，他认为，“私人的行为给其后的行政行为带来怎样的影响，是需要研究的问题”。[①] 德国行政法学者也注意到私人对行政过程的影响，得出“公民可以通过行使其程序权利而对行政决定造成影响”的结论，亦即行政相对人行为对行政决定产生拘束力。当然，我们认为，相对人行为要对行政决定造成影响，产生拘束力，不仅应被赋予程序权利，还应当被赋予实体权利，不仅要产生程序效果，尤其是要产生实体效果。

行政相对人行为的效力，是指行政相对人行为所发生的法律效果，尤其是指对行政主体形成的特定法律约束力。行政相对人行为常被人们认为不具有法律效力，即行政法律关系的产生、变更和实现是由行政机关单方意志决定的，行政相对人的行为无权直接决定行政法律关系的产生、变更和实现。这其实是对行政相对人行为法律效力的错误认识，也是行政主体漠视行政相对人行为的一个根源。

行政相对人行为如果是依法作出的主张，法律就会支持并以强制力保障这种主张的实现，因此，行政相对人行为是具有法律效力的。这种法律效力表现为对行政主体的约束力，包括形成力、阻止力等，从而影响行政法律关系的产生、变更、实现和消灭。

但是，我们过去对行政相对人效力的论述主要还是程序效果上，如形成力（行政法律关系的产生），主要是形成程序法律关系，即行政相对人行为对于大量程序法律关系的产生都具有直接的作用。如行政相对人对行政许可的申请行为能直接导致行政主体给予答复的程序义务；行政相对人合法要求听证的行为、申请复议的行为则能直接导致听证、复议法律关系的产生。而在实体法律关系方面，我们过去认为，仅仅影响的是紧急情况的行政救助关系，以及行政合同、行政委托、行政指导法律关系。对于行政法律关系的实现，我们过去认为，相对人行为的作用主要体现在履行义务的行为，而相对人行使权利的行为的作用主要是针对行政主体乱罚款、乱摊派行为等违法行政行为的阻止力，是阻止违法的行政法律关系不能实现。至于相对人

---

① 〔日〕盐野宏：《行政法》，杨建顺译，法律出版社 1999 年版，第 247 页。

行使权利的行为是否能实现行政法律关系，则没有论及。① 当然，这些不是参与式行政追求的效果，相对人参与行为主要是一种权利行为，参与式行政法律关系不再强调对抗与制约，而主要强调相对人行为尤其是权利行为对所有行政活动的积极作用。不论是抽象行政行为还是具体行政行为，无论是负担性行政行为还是授益性行政行为等，都应当重视相对人行为对科学、合理的行政决定的形成力，这是行政相对人行为对行政活动的积极的实体效果。

而要实现相对人行为对行政活动的实体效果，就需要增强相对人的行为能力，相对人要有足够的参与广度、深度及强度，具有足够的程序进入权、政务主张权、获合理回应权、合理意见获采纳权，以及一定范围的协商决定权和协助执行权等。行政相对人的行为通过这种"充权"(empower)，让自己成为有治理能力的行动主体，能够主动、独立地思考、表达与选择，进而有权利作出决定，并使这种决定能真正影响行政决定及决定的执行，形成行政参与权与行政权之间的制衡结构，使行政决定能体现行政相对人的意志，较好地实现应然的行政法律关系。

当然，行政相对人参与行为要对行政决定产生拘束力，必须具备法定的条件。除了符合一般法律行为的构成要件外，还应当具备以下要件。(1) 参与主体的合法性与代表性。首先，相对人应具有参与资格，是行政活动的利益相关人。其次，利益相关人人数太多，不宜全部参与特定行政活动，参与的相对人应当是利益相关人推选的代表。(2) 参与行为的合法性。有参与资格的相对人应当依法定程序参与行政活动，以法定方式理性地表达意见和利益诉求，不得违反宪法和法律，不得违背公序良俗、不得恶意攻击和诽谤政府机关以及其他公民或组织。(3) 意见和诉求的合法性与合理性。参与人表达的意见符合相关法律规定，而不得违反法律的禁止性规定，提出的利益诉求是受法律保护的权益，而不得是法外利益甚至不法利益。(4) 参与目的的正当性与公共性。参与人的目的是为了实现个人合法正当的利益，而且以不损害公共利益为前提，是在促成实现公共管理目标的同时实现个人利益，亦即实现公共利益与个体利益的双赢。

---

① 参见方世荣:《论行政相对人》，中国政法大学出版社 2000 年版，第 145—150 页。

三、参与式行政要求创新行政法律关系

(一)建立参与式行政法律关系

参与式行政与传统行政模式相比,在功能、价值、主体、权力(利)结构、行政方式、行政过程、行政结果等方面都发生了变化。在功能上,参与式行政既要实现行政效率,又要实现行政民主;既要实现公共利益,又要保护私人利益。在价值方面,既要实现行政的合法性,又要实现行政的正当性;既要重视实体正义,又要重视程序价值;既要依靠和维护权力,又要尊重和保护权利。在主体上,政府与公众都是行政法律关系的独立主体,二者处于平等的法律地位,共同治理公共事务,互享权利义务。在权力/权利结构上,权利与权力并非对抗和不相容,而是既相互制约,又相互补强。在行政方式上,既非“命令—服从”,也非“控制—放任”,而是在依法行政的前提下,通过对话、协商、协作及激励等方式,调动政府的行政积极性和公众的参政热情,形成互动合作的行政方式。在行政过程上,重视公众参与程序,信息公开、意见表达、信息沟通、意见回应等构成了行政过程的参与机制。在行政结果上,作出的行政决定应当是政府与公众综合意志的体现,而且应说明采纳尤其是不采纳公众意见的理由。

总之,参与式行政实践的兴起,产生了新的行政关系,赋予了新的行政功能与价值目标,使行政活动主体地位发生了新变化,产生了新的权利义务内容,形成了新的权利义务结构,有了新的产生与实现方式。这些参与式行政诸要素的新变化形成了新型的政府与公众的关系,因而需要创新行政法律关系,建立参与式行政法律关系。

(二)行政法律关系诸要素的创新

参与式行政法律关系是不同于传统行政法律关系的一种新型行政法律关系。为适应这种新型行政法律关系体现的新的价值、功能的要求,需要对行政法律关系的主体、内容及客体等要素进行创新。

首先,参与式行政法律关系产生了新的主体。参与主体是独立的新型的行政法律关系主体,主要包含作为行政相对人的参与人,也包含不是行政相对人的一般公众,它与行政主体的法律关系比其他行政法律关系模式更接近平等。对于作为参与主体的相对人而言,其既不只是行政管理的对象,

也不只是市场经济的自主经营的主体,而是具有参与行政权利能力和行为能力的主体。相对人应当主动积极行使行政参与权,与行政主体共同治理公共事务。行政主体既不是公共行政的包揽者,也不能是不管事的行政主体,而是应当积极行政,且具有参与意识并承担满足公众参与权义务的责任主体。行政主体应当积极创造条件和机会,调动相对人参与行政的热情,满足相对人参与行政的权利请求,积极寻求与相对人在公共行政中的合作。在此意义上行政主体与相对人形成参与式行政中的平等合作关系。

其次,在参与式行政法律关系中,权利义务关系被赋予了新的内容。在参与式行政中,必须赋予相对人行政参与权,这是相对人履行行政义务的前提;与此相对应,行政主体必须履行满足公众参与权的义务,这是行政主体合法正当行使行政权力的前提。因此,在参与式行政法律关系的权利义务关系中,行政参与权成为了核心内容,由此也形成了新的权利义务关系,而且也会产生相对人新的权利结构和行政主体新的权力模式。相对人得到充权,不但需要享有受行政主体保护的人身权、财产权、平等权、受益权等本体性权利,而且增加了行政程序进入权、政务主张权、获合理回应权、合理意见获采纳权、协商决定权、协助执行权等积极参与行政的新型权利;行政主体则需要缩减强制权、命令权、单方决定权等消极权力,增强引导权、指导权、协商权、促成权等积极权力,同时应增加信息服务、回应诉求、接纳意见、说明理由、合意决定等义务。

再次,相对人参与行为必然成为参与式行政法律关系的客体组成部分。传统行政法律关系的客体包括物、行为、人身等,而且它们都可以单独成为行政法律关系的客体,如货币可以成为行政征收的客体,人身可以成为行政拘留的客体,智力成果可以成为行政确认的客体,公民的服从行为可以成为管理关系的客体等。但是,在参与式行政法律关系中,由于行政参与权是相对人履行义务的前提权利,而满足行政参与权是行政主体行使行政权力的前提义务,因此,行政参与权的实际享有与实现,是参与式行政法律关系产生和实现的必要条件,而参与权的实际享有就是公众行使参与权的过程,也即相对人参与行政的作为。因此,公众参与行为是行政参与权的载体,没有它,公众参与权无法行使与实现,参与行政法律关系也不能实际产生。例如,在参与式的行政给付中,没有相关公众的参与,给付对象的确定会失去正当性,行政给付不成立,行政给付法律关系不会形成。如果行政给付产生,给付对象接受给付,那则是典型的管制关系。在消极的秩序行政也是如此。例如,在行政处罚的罚款中,如果行政主体单方作出决定并强制执行相对人的财产,这当然也会形成行政法律关系,但却是典型的管制关系。只有当相对人陈述与申辩后,认可行政处罚,并自觉缴纳罚款所形成的行政处罚关系才是参与式行政法律关系,这时相对人的参与行为与所缴纳的罚款一同构成了参与式行政处罚的客体。

（三）行政法律关系产生方式的创新

相对人参与行为决定参与式行政法律关系的产生。在参与式行政法律关系中,相对人参与行为是参与式行政法律关系产生的必要条件。法律事实是行政法律关系产生的必要条件,包括行为和事件。参与式行政法律关系产生的法律事实即为相对人行使行政参与权的行为,倘若没有相对人的参与行政的行为,其他行为和事件都不可能产生参与式行政法律关系。否则,形成的只能是管制关系或控权关系。例如,在某政府对居民饮用水调价的决策中,如果政府直接作出饮用水涨价的规定,居民都未参与决策过程,只有按政府的规定执行,很显然政府与公众之间形成的行政法律关系是典型的管制关系,水价涨价的合理性很难保证。只有在饮用水重新定价过程中,居民通过听证、座谈、网络留言、发帖、电子邮件等方式表达了意见,才能产生真正意义上的参与式行政法律关系。

（四）行政法律关系实现方式的创新

政府履行满足行政参与权的义务决定了参与行政法律关系的实现。公众参与行为只是参与式行政法律关系产生的必要条件,参与式行政法律关系能否实现取决于公众行政参与权能否实现,而行政参与权的实现又取决于政府是否履行满足行政参与权的义务。因此,参与式行政法律关系的最终实现需要政府履行满足公众参与权的义务。例如,如果公众提出了某项合理决策的动议,但是政府却没有作出回应而启动行政决策程序,在行政决策过程中,相关公民提出了决策意见,或者表达了自己的利益诉求,但是行政机关没有接受意见、考虑诉求,在行政评估中,公众提出了改正建议,但是相关行政主体并未进行纠错等等。以上行政活动中,虽然公众行使行政参与权,有了参与行政的行为,但是,由于政府没有履行相应的义务,参与式行政法律关系并未得到实现。综上,只有政府实质性回应了公众的参与行为,履行了满足行政参与权的义务,参与式行政法律关系才能真正实现,这也说明了参与式行政法律关系是典型的双向互动关系。

总之,在我国,随着社会的发展与政府的转型,产生顺应行政民主化和正当化趋势的强烈吁求,兴起了参与式行政实践,产生了新的行政关系,呈现了新的特征。基于此,传统行政法律关系必须适应新的行政关系发展的需要进行转型与变革,其中行政参与权的确立,是转变传统行政法律关系、建构参与式行政法律关系的核心与关键。

第三章　参与式行政的核心
——行政参与权

第一节　行政参与权的界定

一、行政参与权对参与式行政的决定性作用

参与式行政是一种由广大社会公众参与行政过程并对行政决定形成积极影响的行政模式，参与式行政的表现形式就是社会公众各种参与行政的活动或行为。在整个过程中，对参与行为起决定性作用的是行政参与权。这是因为，没有参与权，就没有参与的权利能力、参与行为的自由以及参与行为的保障。具体说来，行政参与权对参与行为的决定性作用主要表现在以下几个方面：

（一）行政参与权是行政参与行为的正当性来源

“正当”与“正当的”是权利的内在构成要素，权利本身就可以界定为“正当的东西”、“正当的事情”[①]，是“主体为追求或维护利益而进行选择，并因为社会承认为正当而受到法律和国家承认并保护的行为自由”[②]。在行

---

① 参见范进学：《权利政治论——一种宪政民主理论的阐释》，山东人民出版社 2003 年版，第 20 页。

② 参见张恒山：《义务先定论》，山东人民出版社 1999 年版。

政参与活动中,行政参与权是参与人作出参与行为的正当性来源。

首先,正当性意味着合法性。《布莱克法律词典》对正当性(legitimacy)的解释就是“合法性”(lawfulness)。法是通过权利和义务为机制来调整人的行为的——行使法定权利的行为,法律认可和保障;违反法定义务的行为,法律禁止或制裁。当然,现实生活中还存在着“法外空间”,即可能存在一部分既没有法定权利的支持、又没有违反法定义务的行为,这类行为法不禁止——法律不予干涉而交给道德、习惯等其他规则体系来调整,但也不会对其作出合法性评价,从严格意义上讲,这类行为并不具有合法性。因此,在一定的法律关系中,一种行为只有得到法定权利的支持并且不违反对应的义务才具有合法性,这其中权利是第一性的、来源性的,义务是第二性的、派生性的。置于行政参与的语境下,以行政参与权为基础或行使行政参与权的行为才是合法的(法律)行为;反之,超出行政参与权范围之外的参与行为要么不成其为法律行为,要么属于违法或不法的参与(法律)行为,就不具法律上的正当性。

再者,正当性意味着一种得到尊重和认可的资格。英文 legitimacy 中就有“政府或统治者资格符合法律或原则,并由此赢得的尊重”的含义。对于行政参与而言,行动的资格是基于权利而获致的。一项权利意味着某种法律资格,即“去行动的资格、占有的资格、享受的资格”[①],“由于权利,一个人才有资格正当的占有某种东西或正当地作出某种事情”[②]。行政参与权赋予了公众作为平等的参与主体的法律资格,公众据此作出的参与行为才能得到政府等其他各方的认可、尊重和保障。

(二)行政参与权是行政参与行为的指引和限度

法是通过法律规范所确定的行为模式来调整法律关系的,这种行为模式实际上就是法律权利与义务的一般规定,它所针对的是同一类不特定的行为主体,属于可能性领域。[③] 权利是“法律所保障或允许的能够作出一定行为的尺度,是权利主体能够作出或不作出一定行为,以及要求他人相应地

---

① 参见张文显主编:《法理学》,北京大学出版社、高等教育出版社 2003 年版,第 108 页。

② 范进学:《权利政治论——一种宪政民主理论的阐释》,山东人民出版社 2003 年版,第 22 页。

③ 参见张文显主编:《法理学》,北京大学出版社、高等教育出版社 2003 年版,第 133 页。

作出或不作出一定行为的许可与保障”。[①] 具体到行政参与法律关系中，行政参与主体的行为模式是由行政参与权来确定的，换言之，行政参与权存在的法律空间即是行政参与行为的“可能性领域”。这可以从两个方面理解。

第一，法律行为是参照法律规范确定的行为模式来实施的，行政参与权为参与主体提供了一套行为模式，这包括：“可以参与什么”、“应当如何参与”、“参与到什么程度”等。具体到特定的行政实体领域，就是参与的行政事项范围、参与的途径和手段、参与行为的法律效力及其他细化的技术规则。参与主体以这一套模式为指引来安排和实施具体的参与行为。

第二，行政参与权为参与主体的行为确定了一定的尺度，凡在法定行政参与权权利界限内的参与行为就必须得到法律的认可和保障，政府对其负有相应的保障义务，只要在此限度之内，行政参与行为就能发生法律效果。这种界限又分为横向和纵向两种：一是横向界限。行政参与权首先从广度上确定了参与行为所能介入的行政实体领域，凡是行政参与权覆盖的领域，相应的参与行为都应当得到法律的保障。例如，目前在行政处罚和许可领域，法律规定相对人有申辩、听证等参与权利。但在政府的国防、外交领域，法律还没有规定有相应的参与权利，那么在这一领域就不能发生法律意义上的行政参与行为。二是纵向界限。根据行政参与权及其权能的不同，参与行为的影响程度也分别对应着不同的法律效力层次，一定的行政参与行为只能在相应的层次中发生法律效力，政府在这一限度内负有相应的保障义务，超出这个限度的参与行为不能发生法律效力，也无法要求政府履行相应的保障义务。例如，相对人在行政处罚中的享有听证的权利，但这种参与权利的影响程度限于要求行政机关在作出行政决定时“认真考虑或参考相对人的意见”，但尚未达到类似行政许可听证中的“案卷排他”效力。

因此，从这两层意义上讲，行政参与权既是行政参与的指引又是行政参与的限度。它一方面引导公众在合法的范围内充分、有效地进行行政参与活动；同时又划定了行政参与的边界，维护了参与的秩序和效率，从而保证行政参与始终在法治的轨道上规范、有序地进行。

（三）行政参与权决定了政府对公众参与行为的保障义务

权利从来都不是自给自足的，而需要假手于人，即一项权利的实现必须

① 张文显主编：《法理学》，北京大学出版社、高等教育出版社2003年版，第109页。

要求他人履行一定的义务,才能真正产生法律效果。公众行政参与的目的是介入和影响行政,产生一定的法律效果,为了实现参与行为的利益目的,达成法律效果,就要求政府提供相应的保障义务,如提供参与条件、认真听取或接纳公众意见等。义务是根据权利而产生的,是权利主体基于其权利对他人提出的正当要求或主张,正是因为有了行政参与权,行政参与行为才能要求政府承担和履行满足行政参与权的法定义务。

具体而言,在法律规范中,法定行政参与权决定相应法定义务的作用方式有三种:(1) 法律通过立法目的的阐述和解释来确认权利,划定义务的具体范围。如《广州市规章制定公众参与办法》第 1 条规定:"为了促进和规范规章制定过程中的公众参与工作,保障规章制定工作的科学性、民主性和合法性……制定本办法。"这一条显然是对行政参与权的原则性宣示,据此无疑可以推导出政府具有"促进和规范规章制定过程中的公众参与"的概括性义务,即为公众的参与行为提供条件和保障。(2) 法律明确以"行政参与权"、"参与权"等形式专门规定权利,从而产生政府的保障义务。这属于行政参与权的专门法律规定,政府有义务根据现有的或建立健全的法律制度来落实公众的参与权利。(3) 法律专门规定政府的义务性法律规范,或者把行政参与行为规定为行政机关作出决定时必须考虑的相关因素。也就是说,法律直接对政府的义务作出规定,从义务性规定中可以推导出相应的参与权利,从而保障参与行为的法律效力。例如,《行政许可法》第 47、48 条分别规定,"行政许可直接涉及申请人与他人之间重大利益关系的,行政机关在作出行政许可决定前,应当告知申请人、利害关系人享有要求听证的权利"、"行政机关应当根据听证笔录,作出行政许可决定",这里的"告知相对人"、"要求听证"、"根据听证笔录作出行政许可"等都属于法律对政府义务和考虑因素的专门性规定,有了这些规定相对人的参与行为(申辩、要求听证)才能产生实质的法律效果。

可见,行政参与行为必须以行政参与权为根据,要求政府履行相应的保障义务,才能发生法律效果。换言之,有什么样的参与权利就决定了政府负有什么样的保障义务,没有政府义务的履行,行政参与行为至多停留在事实行为的层面上或只是一种形式上的参与。

(四) 行政参与权是行政参与行为的利益追求

从根本上讲,人们的行动都是为了最大化的实现个人利益或某种共同利益。在行政参与活动中,参与行为及其利益追求之间呈现出两种关系:一是直接以实现行政参与权为利益。因为行政参与权本身也是人格尊严和法律主体地位的体现,在某些情况下,人们实施行政参与行为就是要实现这种尊严和价值,行政参与权本身也是一种利益,它们是直接的关系。二是以行政参与权为间接手段,最终是为了实现其他某种利益,这是一种间接性关系。在后一种情况下,实现行政参与权只具有手段性,主要是通过行政参与权的效力和保障作用来实现其他利益。人们通过行政参与权的运用,对行政结果发挥一定的作用和影响,从而使行政决定符合或接近其追求的某种利益。例如,在行政罚款的过程中,行政相对人参与行政的目的,根本上是要追求不被罚款或罚款最小化这种财产利益,而这种利益是要通过在行政参与中行使陈述、申辩或听证等权利才能实现的,即参与影响行政机关的处罚决定,以获得基准以下处罚、免于处罚以及不处罚的结果。因此,行政参与权就是行政参与行为的一种利益追求。

二、对行政参与权定义的梳理

当代中国,广大社会公众积极参与国家各种行政事务已具有广泛、丰富的实践,这展示了我国行政管理以及社会管理的重大变革和创新,也使得传统的行政主体单方行政正逐步向社会公众的参与式行政转变。但是,行政法学界对社会公众行政参与的核心问题——行政参与权的研究仍很不够,这主要表现为对行政参与权的确切内涵、具体的权能内容以及实现标准等基本问题尚缺乏统一认识,由此导致经常发生社会公众虽然有“参与”,行政主体也有保障“参与”的措施,但社会效果上却是使人感觉在是在“走过场”和“作秀”。实践中人们对价格等听证活动“逢听必涨”的批评声便是一个具体表现。这类现象的出现,与人们对行政参与权的不同理解有关,行政主体保障的行政参与权,主要是参与行政过程、提出申辩意见或建议的权利,至于申辩意见或建议的取舍由行政主体决定,这其实是一种正当程序权利;而社会公众所期待的行政参与权,则不仅仅是程序参与的一系列权利,而且要有能约束行政决定的实质性权利。

实际上,行政参与权是一个高度概括的概念,它到底具有哪些具体的权能是十分需要研究的,如果我们正确认识了行政参与权及其具体权能层次,就可以掌握社会公众享有行政参与权的程度以及行政主体应当负有的保障义务。本章试就此提出一些初步见解，以期引起更深入的讨论研究。

（一）行政参与权与参政权

一般而言，行政参与权是指公民参与国家行政管理活动的权利。与之十分相近的概念是“参政权”，也被称为“政治参与权”。参政权是指公民参与国家政治事务的权利，国家的政治事务当然包括了国家行政事务的管理，由此，参政权不同于行政参与权，其运用的范围远大于行政参与权。

参政权的理论研究始于公权，国内外学者均已有涉及，且都提出了自己的观点。德国法学家戈博在1852年的《公权论》一书中最早提出了参政权的概念，他认为参政权是一种私人公权力，是个人与全体相结合时个人对国家具有的权利，尤其表现为选举权。[①] 此后，德国法学家杰列内克在1892年出版的《主观公权之体系》中，进一步发展了公权理论。他认为，公权包括参政权、受益权和自由权三种，在本质上是指个人“能为个人利益发动法规范之能力”[②]。其中，他主张参政权是指个人参与国家意思之形成，“请求国家承认能为国家活动”之权利，包括各种政治权利、任国家元首及法官的权利、选举权和被选举权、公法上团体之代表者与官吏之请求权等。[③] 日本著名宪法学家芦部信喜认为，“参政权是国民参加国家政治的权利，又称为参与国家的自由，服务于自由权之确保。具体说来，虽以选举权、被选举权为代表，但广义上也包括宪法修改的国民投票和最高法院法官的国民审查，另外还包括担任公务员的资格”。[④] 我国学者章舜钦认为“政治参与权实质上是政治参与自由权。公民的政治参与权包括选举权、被选举权……在公民政治参与权的界定上要突出不受他人非法干涉、侵犯和剥夺之特质”，并区分了参政权和政治参与。[⑤] 林喆认为，“参政权是指公民依法参与国家生活的自由度，参政权一般被称为政治权利和政治自由。它主要包括选举权、被选举权、批评权……取得赔偿权、民主管理企业组织权等。在论及参政权时一般

---

① 王和雄：《论行政不作为之权利保护》，台湾三民书局股份有限公司1994年版，第26页。

② 叶必丰：《人权、参政权与国家主权》，载《法学》2005年第3期。

③ 同上。

④ 〔日〕芦部信喜、〔日〕高桥和之：《宪法》，林来梵、凌维慈、龙绚丽译，北京大学出版社2006年版，第72页。

⑤ 章舜钦：《和谐社会公民政治参与权的法治保障》，载《学术探索》2008年第2期。

也将自由权中的某些内容(如言论、出版、集会、结社、游行、示威的自由等)列入”。[①] 闫桂芳认为参政权是指一国的公民,以国家主人的身份,依照法律的规定,通过各种途径和形式,参与管理国家和社会事务的权利,也是推进决策科学化、民主化的权利,既是程序权利又是实体权利,并简要论证了参政权的法理基础和物化保障。[②] 朱小龙主张参政权是公民依照宪法和法律直接参与国家政治的权利,是基于公民身份的一种法律权利,并从法律修改的角度提出了构建参政权体系的建议。[③]

上述学者对参政权的理论阐述在范围、程度都有差别,但本书限于内容,将不讨论参政权的范围,主要只研究参政权中的一部分——行政参与权,即公民参政权在国家行政管理领域的具体化。

(二)我国对“行政参与权”的政策、法律文本规定

在我国,社会公众的行政参与权已成为一个很热门的法律概念,如果不拘泥于称谓表述而就实质内容而言,目前已有许多具有法律效力的国家政策和法律法规等对其进行了确认。

在执政党的重大路线、方针层面,党的十七大、十八大报告都明确提出要“保障人民的知情权、参与权、表达权、监督权”[④],其中的“参与权”当然包含公民的“行政参与权”在内。这是因为,参与权虽比行政参与权的范围要大,但两者是同质的,参与权在行政管理领域中就成为行政参与权。我国《宪法》总纲第 2 条规定:“人民依照法律规定,通过各种途径和形式,管理国家事务,管理经济和文化事业,管理社会事务。”这无疑以宪法的形式赋予了公民享有包括对国家行政事务管理参与权在内的广泛民主权利。在单行法律的制定上,我国的《未成年人保护法》(2006 年修订)已明确使用“参与权”这一概念,该法第 3 条第 1 款规定:“未成年人享有生存权、发展权、受保护权、参与权等权利,国家根据未成年人身心发展特点给予特殊、优先保护,保障未成年人的合法权益不受侵犯。”2006 年《中华人民共和国国民经济和社会发展第十一个五年规划纲要》将公民的参与权明确运用于行政领域,提

---

① 林喆:《参政权:民主政治的基础》,载《学习时报》2004 年 5 月 10 日。

② 闫桂芳、张慧平:《公民参与权剖析》,载《理论探索》2004 年第 2 期。

③ 朱小龙、王诗俊:《宪法化的政治权利——参政权》,载《行政与法》2007 年第 10 期。

④ 见中国共产党十八大报告第五部分“坚持走中国特色社会主义政治发展道路和推进政治体制改革”、《中华人民共和国国民经济和社会发展第十二个五年规划纲要》第 54 章。

出“推行政务公开并逐步实现制度化，完善政府新闻发布制度，提高政府工作透明度，保障公民对政府工作的知情权、参与权、表达权和监督权”[①]。2011中共中央、国务院关于印发《国家中长期教育改革和发展规划纲要（2010—2020年）》的通知也明确要求：“完善教育信息公开制度，保障公众对教育的知情权、参与权和监督权。”[②]这里的公民“参与权”都是专门针对政府工作和教育行政管理的，因而也就是对“行政参与权”的表达。在地方立法中，大量地方性法规和政府规章都有对行政参与权的相关规定。如2010年《广州市规章制定公众参与办法》第9条规定：“市政府依法保障公众的立法参与权。公众积极参与规章制定工作，所提意见对规章重要制度的确定具有重要影响并被采纳的，由市政府法制机构颁发荣誉证书或者给予表扬。”这一规定确立了属于行政参与权范围的“行政立法参与权”。2011年《安徽省价格条例》第3条规定：“政府的定价行为，应当遵循公平、公正、公开和效率原则，保障公民、法人和其他组织的知情权、参与权和监督权。”这一规定则确立了属于行政参与权范围的“行政决策（价格决策）参与权”。2011年《辽宁省行政执法程序规定》第6条规定：“行政执法机关及其行政执法人员在行政执法活动中，应当保障与行政执法活动有利害关系的公民、法人或者其他组织的参与权。”这一规定则确立了属于行政参与权范围的“行政执法参与权”。其中较完整并有典型意义的是《湖南省行政程序规定》第6条的表述：“公民、法人或者其他组织有权依法参与行政管理，提出行政管理的意见和建议。”这应当说是对“行政参与权”最明确而直接的立法表达。综上可以认为，行政参与权在国家政策和立法上基本得以确立。

当然，国家政策和法律法规对“行政参与权”的上述规定，并不等于它在法理上就已成为一个有明确内涵的权利概念。因为这些规定都较为宏观抽象。其中，政策性文件是从民主政治建设的角度提出的，属于政治方针、方向的原则性规定，表明党和国家在新的历史时期对公民这项重要民主权利的高度重视，是将保障和发展公民“参与权”作为“坚定不移发展社会主义民主政治”的庄严政治宣示，而不是进行法律界定。《宪法》总纲第2条的

---

① 见《中华人民共和国国民经济和社会发展第十一个五年规划纲要》第30章第2节。

② 见中共中央、国务院《关于印发〈国家中长期教育改革和发展规划纲要（2010—2020年）〉的通知》第63段。

规定则是对公民民主权利的高度概括，是确立主权在民的原则性规定。有关法律法规等虽也规定了这项权利，但尚未对该权利作出明确界定或作法律解释。我国地方立法尽管对“行政参与权”有比国家立法更多的规定，但内涵并不统一，各地方也难以形成统一规定。为此，目前对于行政参与权还需要加以准确的概念定位并达成共识。

（三）对现有“行政参与权”学理定义的梳理

对于行政参与权，目前行政法学界并没有统一的称谓，有的称之为“参与行政管理的权利”，有的称之为“参与行政过程的权利”或“行政程序参与权”等。可见在理解上还不一致。这里可以择几种较典型的进行分析。

（1）闫国智、章剑生等学者将“行政参与权”表述为参与行政过程（程序）的权利。闫国智指出：“行政相对方有参与行政过程并从行政主体方面获悉救济途径的权利”，“根据行政法有关规定，行政主体作出行政行为之前，必须保障行政相对人参与行政过程发表意见的权利。”①章剑生则明确提出了“行政程序参与权……指行政相对人为了维护其自身的合法权益而参与到行政程序过程中，就涉及的事实和法律问题阐述自己的主张，从而影响行政主体作出有利于自己的行政决定的一种权利”。并且他具体阐述了行政程序参与权的基本内容：“（一）获得通知权。获得通知权是指行政相对人在符合参与行政程序的法定条件下，有要求行政主体通知其何时、以何种方式参与行政程序的权利。（二）陈述权。陈述权是行政相对人就行政案件所涉及的事实向行政主体作陈述的权利。（三）抗辩权。抗辩权是行政相对人针对行政主体提出的不利指控，依据其掌握的事实和法律向行政主体提出反驳，旨在从法律上消灭或者减轻行政主体对其提出的不利指控的权利。（四）申请权。申请权是行政相对人请求行政主体启动行政程序的权利。”②

（2）胡锦光、刘飞宇、刘恒等学者提出“行政参与权”是参与行政管理的权利。胡锦光、刘飞宇认为，参与行政管理的权利是“行政相对人有权依法参与行政法规、规章及相关行政政策、行政计划的制订，如论证会等”。③ 刘

① 闫国智：《行政法与行政诉讼法》，山东大学出版社 2002 年版，第 31 页。

② 章剑生：《行政程序法基本理论》，法律出版社 2003 年版，第 172 页。

③ 胡锦光、刘飞宇主编：《行政法与行政诉讼法》，中国人民大学出版社 2005 年版，第 30 页。

恒对参与行政管理权的解释是:“我国宪法规定,公民有参与国家管理的权利。宪法这一规定体现在行政法领域就是行政相对人有权依法参与政府行政管理活动,如参与行政决策的权利;参与立法听证(论证)的权利;对政府工作提出批评、建议的权利;参与涉及本人具体行政管理行为的权利;通过言论、出版、集会、游行、示威等行为对政府活动表达意愿和见解的权利,等等。”①

(3)胡建淼、金伟峰、姜明安等将“行政参与权”同时表述为“参与行政管理”和“参与行政程序”的权利。胡建淼、金伟峰对相对人的行政参与权作出的表述是:“行政相对人享有可通过合法途径参加国家行政管理活动以及参加行政程序的权利。行政参与权有三项内容:① 参加国家行政管理。如公民经国家公务员考试程序进入国家国务院队伍,参加行政管理。② 参与行政程序。我国行政处罚法所规定的听证制度便是相对人参与行政程序的一项内容。③ 了解行政信息。”②姜明安的表述基本相同:“行政相对人有权依法参与行政管理。如参与行政法规规章及行政政策的制定(参与讨论、听证、论证等);参与国民经济和社会发展计划的编制和实施;参与与自身有利害关系的具体行政行为的相应程序等。”③

行政法学界有关以上类似表述的著述还有许多,大同小异,不必一一列举。总体而言,对该权利的理解是不统一的,尤其是很多学者在教科书中说明行政参与权时,往往以举例的方式而不是理论解释的方式。这种方式使人难以准确把握到底何为“行政参与权”,而且这些举例似乎也难以穷尽,不是科学类型化的,因此显得零散而不系统。分析上述定义,似存在以下不足:

(1)概念表述粗略,有许多都是直接以抽象的“参与行政管理”或“参与行政程序”的权利来解释行政参与权,形成以一个抽象概念来解释同一个抽象概念的循环定义。以“参与”来解释“参与权”是难以使人确切、具体了解行政参与权特定内涵的。在实践上,行政参与权不能只是一个抽象概念,

---

① 刘恒主编:《行政法与行政诉讼法》,西安交通大学出版社2005年版,第97页。

② 胡建淼、金伟峰主编:《行政法与行政诉讼法》,高等教育出版社2005年版,第92页。

③ 姜明安主编:《行政法与行政诉讼法》,北京大学出版社、高等教育出版社1999年版,第132页。

而必须是有具体表现的。行政参与权应当有一定内容,这一内容要界定出来才是明确、可掌握的,但目前在理论上几乎还没有具体的界定。例如,对公民的行政立法参与权以“参加行政立法的权利”来解释是不得要领的,这并没有说明“行政立法参与权”到底是什么,因为没有具体内容。事实上,“行政立法参与权”是有特定内容、可以归纳的,它们至少应包含:公民进入行政立法程序的权利和对行政立法表达意见的权利。为此,以抽象“参与”的权利来定义“行政参与权”是目前研究的明显问题。

(2)认知方法不科学。很多学者在解释行政参与权时,都只是采取简单举例的方式,如:有权参与立法,参与相关行政政策、行政计划的制订,对政府工作提出批评、建议的权利,参与涉及本人具体行政管理行为的权利,通过言论、出版、集会、游行、示威等行为对政府活动表达意愿和见解的权利等等。这种举例认知的方式会产生两个方面的问题:其一,举例是缺乏统一标准的简单抽取,不能系统、全面地说明行政参与权的内涵。其二,目前的举例对其所列的权利都未论证解释它们与行政参与权的内在联系是什么,即它们为何能构成为行政参与权?事实上,这些举例都只是在回答行政参与权所运用的不同行政领域(如参与行政立法、行政决策或行政执法的权利等),并非揭示行政参与权自身的内在构成。可见,对行政参与权用举例认知的方法是很不科学的。

(3)对公众参与权的目的缺乏科学揭示。其反映的问题主要是两个方面:一是完全未作揭示。一些学者在定义行政参与权时,对权利的目的表达语焉不详,这是不利于准确认识该权利的。一项权利必有其特定目的,这是权利的重要内涵,否则便难以确定权利的内容结构和价值取向。二是认识有片面性。有学者仅从行政机关的角度阐述行政参与权的目的,认为行政参与是为了“帮助行政主体依法有效行使职权”,这就使行政参与权变成了行政主体实现行政目标的工具,甚至可能变异为走过场或作秀表演,以此为目的的行政参与权对于社会公众是不具有实际意义的。还有的学者认为公民参与行政的目的是为了“维护其自身合法权益”,应当说这也是片面的认识。公民参与固然有维护个人权益的目的,但也必须看到,社会公众中还有许多人在大量情况下是为维护公共利益或共同利益参与行政活动的,如许多公众在行政立法征求意见中,对与本人并无利害关系的事项进言献策,积极提出有益的建议和主张,都是出于实现社会公平、公正的目的,而非单纯基于个人自身权益的考虑。

(4) 对公众参与权的法律效力没有阐明。享有和行使权利意味着使权利者“诉求”或“主张”的利益成为可能,而权利不是自己对自己实现主张,权利的存在从来不能自给自足而须假手权利指向的对方。行政参与权是公民一方在行政管理过程中对行政主体的主张或要求,这种主张或要求必须对行政主体具有法律上的约束力。美国伦理学者彼彻姆曾提出权利的“权力”,他认为,“倘若合法要求背后没有一个实际的权力作为后盾,那么,我们关于享受权利的主张就纯属空谈。在现实生活中,无权力的权利是一种幻觉”①。此处的“权力”置于权利语境中即是约束对方的法律效力,法律效力保障权利的有效性,否则行政参与权只能是空谈。但行政参与权对行政主体应当和能够产生什么法律效力? 这也是过去在界定行政参与权时较少关注的。

(四) 对行政参与权的重新界定

以上有关行政参与权的阐述中出现的种种缺憾,深刻表明目前我们对它的研究还不深入,从一定意义上讲,还只是停滞在抽象的政治话语层面,而没有进入精细的法律话语分析的逻辑结构之中。但值得一提的是,章剑生教授对行政程序参与权的定义是比较深入和精细的:“行政相对人为了维护其自身的合法权益而参与到行政程序过程中,就涉及的事实和法律问题阐述自己的主张,从而影响行政主体作出有利于自己的行政决定的一种权利。”②这提出了界定行政参与权的几个要点:一是权利主体:行政相对人;二是权利的目的:维护参与者自身的合法权益;三是权利运用的方式:参与行政程序过程并阐述自己的主张;四是权利的作用和效力:能影响行政主体的行政决定。但这一定义也有值得研究之处:第一,行政参与权的目的利益不应只限于维护行政相对人自身的合法权益,还可能是维护公共利益,这尤其反映在社会公众参与行政立法和决策程序之中;第二,权利行使的方式不仅为参与行政程序过程和阐述自己的主张,还可能包含与行政主体协商

---

① See Tom L. Beanchamp, *Philosophical Ethics: An Introduction to Moral Philosophy*, Mcgraw-Hill College, 2001.

② 章剑生:《行政程序法基本理论》,法律出版社 2003 年版,第 172 页。

合意决定、甚至直接参与票决等方式；第三，权利的作用和效力也不能限于“影响”行政主体的行政决定，有时还可能“直接约束”行政决定的作出；第四，行政决定的说法明显狭窄，还应包括行政立法和行政决策等在内；第五，也最为重要的是，对参与权性质的认识有片面性。即认为它是程序性权利，并只包括获得通知权、陈述权、抗辩权和申请权。将行政参与权作为一种行政程序权利的观点，源于对行政参与权目的的认识角度只是行政机关的角度，从行政机关来看，公民的行政参与权具有能提高行政行为正当性的作用，“参与权设置的目标在于听取公众意见、提高行政行为的正当性”。[①] 这也就是说，公民参与是行政行为“程序正当”的一种要求，赋予了公民对行政的参与权，就表明行政过程具有了正当性，因此行政参与权是一种正当程序的权利。但从公民的角度来认识却是有差别的，从公民即权利主体的角度来讲，行政参与权是一项重要的民主权利。《宪法》规定“人民依照法律规定，通过各种途径和形式，管理国家事务”，其中蕴含的参与管理国家行政事务的权利对广大公民来讲，根本上是实施对国家行政事务的民主管理，约束行政权力的运用必须符合民意，它是实现当家作主地位的重要政治权利。行政机关通过行政参与权而获得行政行为“程序正当”的目的与此相比，只能是派生性、附属性的——即它是保障人民当家作主地位的民主权利，其运用虽可证明行政行为的过程具有正当性，但却并不是用以证明行政行为程序正当的工具。否则就是本末倒置。作为一项重要的民主政治权利，当然不是仅仅程序权利所能承载的。据此，对行政参与权作程序权利的定位是片面的，将其内容只认定为一系列的程序权利也是有局限的。

我们认为，对行政参与权作如下定义表述应更为妥当：指社会公众依法参加行政程序，以法律规定的方式，约束和帮助行政主体听取并吸收民意的一项综合性民主权利。

这一界定包括了以下内涵：

(1) 行政参与权的主体。行政参与权的主体是行政主体之外的广大社会公众，这是毫无疑问的，但必须明确他们是作为权利主体的身份，而不是被行政主体管理或约束对象的身份进入行政活动的，否则行政参与就不成

---

① 王雅琴：《论行政参与权》，载《佳木斯大学社会科学学报》2011 年第 6 期。

其为一项权利,反而是一项义务或法律责任。如公民进入行政程序被传唤调查、被要求作证、被行政强制执行等,就不能体现权利主体的身份。

(2) 行政参与权的目的。认识行政参与权必须明确其目的,这是确定其内容结构的依据和基础。行政参与权是在弥补代议制不足的背景下产生的民主权利。代议制背景下行政权力的正当性源于传统的立法传送带理论,即行政机关行使行政权是执行由民意机关制定的法律,因而从"民意机关那里获得人民主权的传送"[①]具有正当性。但随着社会和时代的发展,公共行政和国家行政职能的范围不断拓宽,民意机关法律制定的有限性、滞后性以及内容的原则性和模糊性已不足以及时有效处置大量行政事务。行政机关已经在独自进行大量的行政立法和行政决策,这些行政立法和行政决策的内容许多都已不是来自民意机关法律的传送,极易缺乏民意基础。这使得立法传送带已经无法解决行政权力行使的正当性问题,由此呼唤广大社会公众对行政活动的直接民主参与。为此,行政参与权的特定目的就是要约束和帮助行政主体听取并吸收民意。在此,"民意"在利益层面上,并不是单纯指参与者的个人利益,它包括参与者维护个人合法权益的意愿,也包括参与者维护公共利益的意愿,或者是两种意愿兼具。在价值层面上,"民意"也不是要完全满足参与者的某项个人主张,它主要追求的是行政行为的作出必须公正、合理,具有可接受性。

(3) 行政参与权的形式。行政参与权是要有形式要件的,这如同行政行为有要式行为的要求一样。没有法律形式的行政参与权就会流于空洞而难以把握,因此,依法参加行政程序并运用法律规定的方式就是对其外在法律表现形式的界定。当然,法律规定的行政参与会有多种形式和渠道,这在行政参与权的定义中难以列举穷尽,但无论如何,行政参与权作为一项法定权利,在形式上必须是依法参加行政程序并运用符合法律规定或法律允许的方式。其他非法的方式不能称之为参与,更不属于行使行政参与的权利。例如,意图推翻政权和政府的政治活动是不能认定为参与的。参与行政同行政活动本身有主辅之分,这如同当事人诉讼与第三人参与诉讼的关系一样,没有当事人之间的原诉讼存在,不可能发生第三人参加该诉讼的情况。

---

① 王锡锌、章永乐:《专家、大众与知识的运用——行政规则制定过程的一个分析框架》,载《中国社会科学》2003 年第 3 期。

那么,参与行政,则首先要承认行政本身是合法存在的,若主之部分(即行政)都被认为不合法存在,辅之部分(即参与)当然不能附于其中。

(4) 行政参与权的法律效力。界定行政参与权还需要确定行政参与权的法律效力,一项权利如没有相应法律效力将不成其为权利。但行政参与权的法律效力是一个极复杂的问题,因为行政参与权既包括程序性权利,也包括实体性权利,在这两种情况下,法律效力的指向和要求是不同的。同时,行政参与权所针对的行政管理事项也不是整齐划一的,对不同的行政管理事项,行政参与权介入的程度也有所不同,因而行政参与权产生的法律效力也有不同的要求。如行政处罚中当事人听证权利的法律效力会强于行政立法中普通公众建议权的法律效力,对前述两种情况而言,行政主体相对应的法定义务是不完全相同的。但无论如何,行政参与权既然是法定权利便有法律效力。这种法律效力,概括的讲,在程序和实体上能对行政主体的行政行为——包括行政立法、行政决策和行政决定等形成约束作用。当然,这种约束在实践上可能具有浅度、中度或深度等不同层次,这将取决于参与行政事务的类型,参与不同类型行政事务对满足行政参与权的享有和实现在标准上会有所差别。

(5) 行政参与权的综合性权利属性。这是确定行政参与权是单一性权利还是集合性权利的性质问题。有学者将行政参与权表述为“参与行政过程”或“参与行政程序”的权利,这是对行政参与权作出了单纯程序性权利的认定;有的表述为是“参与行政管理”的权利,这又涵盖着程序和实体两方面的权利。党的十八大报告提出:“加快推进社会主义民主政治制度化、规范化、程序化,从各层次各领域扩大公民有序政治参与”,我国《宪法》规定“人民依照法律规定,通过各种途径和形式,管理国家事务”。党和国家在这里提出的“各个层次”、“各个领域”、“各种途径和形式”的广泛政治参与,其所必需的参与权当然不是仅仅程序性权利能够胜任的。其中,行政参与权既要实现行政主体行政行为的民主化过程,也要保障行政主体行政行为是民主的结果,从而在程序和实体上都获得正当、合理性。社会公众参与行政领域的广泛性、参与行政事项的丰富性、参与方式的复杂性以及参与程度的多样性,要求行政参与权应当是渗入行政活动从程序到实体各个层面的一系列权利的集合体。

第二节　行政参与权的权能

一、行政参与权的权能与行政参与中的权利之区分

对于行政参与权仅进行概念分析当然是不够的，更重要的是掌握它的内在构成。行政参与权作为一个较抽象的概念，是由一些具体的权利内容来体现、支撑和实现的，了解这些具体内容构成，就需要研究行政参与权的权能。权能是“权利的内容和职能”[①]，“是对权利的基本内容与功能的统一概括”[②]。实际上权能也就是权利的具体内容，但强调的是它们必须为该权利内部不可或缺、对实现权利目的能发挥特定功能的组成部分。在分析行政参与权的权能时，有必要先了解行政参与中的权利。行政参与权的权能和行政参与中的权利并非同等概念，我们不能将行政参与中行使的所有权利都当作行政参与权的权能。行政参与中的权利，在此是指社会公众在行政参与过程中可以行使、与行政参与活动有关的权利，这些权利有广泛的范围，都对行政参与活动有重要意义。但是，在这些权利中，有的权利应属行政参与权本身的内容，有的权利则不是行政参与权的内容。区分它们，对于从理论上准确认识行政参与权的权能和在立法上正确作出规定都是有意义的。

这里我们以实施于 2008 年，备受国内外媒体和理论、实务界关注的温岭市民主恳谈会为例，实证了解其中农民在参与中的一些权利运用现象，进而再来辨别行政参与权的权能内容。

对于温岭市民主恳谈会，许多学者曾有大量研究，其中陈剩勇、吴兴智的《公民参与与地方公共政策的制定——以浙江省温岭市民主恳谈会为例》一文较为生动具体，其围绕有代表性的两个案例——新河镇召开的 2006 年财政预算民主恳谈活动和泽国镇召开的 2006 年城镇建设民主恳谈活动，进行了卓有成效的公共管理和社会学分析，本书引用这两位学者的相关调研

---

① 参见佟柔主编：《中国民法》，法律出版社 1990 年版，第 232 页。

② 菅从进：《论权利的救济权能及其发展》，载《河北法学》2008 年第 8 期。

材料[①],从行政法学角度来作出观察:

(1) 新河镇:2006年3月6日至9日的财政预算民主恳谈,参与协商的民意代表主要有两种:自愿报名的村民和镇人大代表。有93位镇人大代表和列席会议的193位其他公众就2005年度的预算方案与镇政府进行了多次对话和讨论,提出了缩减行政管理费开支、增加教育投入等18个问题。恳谈会后,政府与人大主席团、预算审查小组召开联席会议讨论人大代表提出的问题,调整了包括缩减行政管理费25万元在内的9个项目,增减的资金合计237万元。镇政府据此修改政府预算报告,并在第二天的人大代表全体会议上经表决获得通过。

(2) 泽国镇:泽国镇2006年3月20日举行“城镇建设预选项目协商民主恳谈会”,泽国镇的协商民意代表主要以抽签的方式产生。按每村(居)2%的人口数产生该村(居)民意代表个数,将每村(居)18周岁以上的村(居)民造册编序,以随机抽样的方式抽签产生了240名代表。恳谈活动采取“两轮分组式”讨论程序,即一种分大会和小组讨论两次循环的方式,并在讨论开始前和结束后分别填写调查问卷。政府则通过对民意调查问卷结果逐项进行统计,得出城镇建设预选项目从最重要到最不重要的排列顺序,然后召开政府办公会议,根据调查问卷结果作出建设预选项目方案,并将预选方案提交随后召开的人代会进行审议和表决。

从以上材料看,温岭已开创了一种农村社会管理的参与式行政——即“参与式政府预算”,普通农民毫无疑问已参与了政府的预算,而这一过程又运用了哪些具体的权利呢?实践所反映的情形如下:

(1) 新河镇参与协商的民意代表主要有两种:自愿报名的村民和镇人大代表。有93位镇人大代表和列席会议的193位其他公众。泽国镇的协商民意代表主要以抽签的方式产生:按每村(居)2%的人口数产生该村(居)民意代表个数,将每村(居)18周岁以上的村(居)民造册编序,以随机抽样的方式抽签产生了240名代表。这首先反映的是法定资格问题,即只有新河镇和泽国镇的有关人大代表、本镇各村18周岁以上的部分村民(以自愿报名或抽签方式产生)获得参与协商的权利。在此,他们的一定资格是

---

① 以下事实性内容均引自陈剩勇、吴兴智:《公民参与与地方公共政策的制定——以浙江省温岭市民主恳谈会为例》,载《学术界》2007年第5期。对原作者表示感谢。

与参与活动有关联的第一项权利运用。获得参与协商的权利后，这些民意代表们按规定的时间和地点进入协商恳谈会的过程，这就运用了与参与活动有关联的第二项权利:能进入行政程序的权利。

（2）新河镇每位参加者在恳谈会召开时都获得了《新河镇财政预算民主恳谈实施办法(草案)》和《2006 年财政预算细化说明》，对本次民主恳谈的程序和内容有较为清楚的认知；泽国镇在召开本次民主恳谈会时，政府部门除公布恳谈一般事项外，还向民意代表发放了预选项目基础材料，召开预选项目说明会，并组织代表对各预选项目进行实地勘察，让民意代表充分熟悉恳谈的相关信息。在协商讨论中，参与者可以对相关领导提问，要求对议案作出解释和说明等。这反映了协商民意代表们在参与中行使了知情权。这是与参与活动有关联的第三项权利。

（3）新河镇参与协商的民意代表就 2005 年度的预算方案与镇政府进行了多次对话，提出自己的建议和意见；泽国镇恳谈活动采取“两轮分组式”讨论程序，即一种分大会和小组讨论两次循环的方式，并在讨论开始前和结束后分别填写调查问卷。这表明协商民意代表们在参与中行使了第四项权利——提出意见与主张的权利。

（4）新河镇“在与会代表的强烈要求下，政府同意将原计划的旅游基础设施建设支出由 200 万元减为 150 万元，将市民小区排水管道从 5 万元增加到 15 万元，同时，将老城区街面维修改造从 50 万元增加到 100 万元”。“针对预算中‘机关工作人员培训、考察费 50 万元’的项目，与会村级代表提出了齐声抗议，认为政府没有给予人大代表及村级的培训、交流等活动以重视。经过激烈争辩，与会代表成功地将该项目改为‘机关工作人员、代表及村干部培训、考察费 50 万元’。”“泽国镇恳谈活动在讨论开始前和结束后分别由民意代表填写调查问卷，镇政府通过对民意调查问卷结果逐项进行统计，得出城镇建设预选项目从最重要到最不重要的排列顺序，然后召开政府办公会议，根据调查问卷结果作出建设预选项目方案，并将预选方案提交随后召开的人代会进行审议和表决。”这一现象说明，协商民意代表对行政事务行使了参与决定的权利。只是这种参与决定权的根据和表现形式有所不同:在新河镇是由于与会代表的“强烈要求”和“激烈争辩”所形成的结果，是“以充分的理由来制约行政结果”；在泽国镇则通过对民意调查问卷结果逐项进行统计，以多数人意见的方式得出城镇建设预选项目从最重要到最不重要的排列顺序，是“以少数服从多数来制约行政结果”。这是农民参与主体在参与活动中行使的第五项权利。

上述这个农民参与的实例，反映了参与者已运用了一系列同行政参与活动有关的权利，包括：具有参与资格、进入行政程序的权利、政务知情的权利、提出意见主张的权利和参与形成决定的权利等，这些权利都有利于进行行政参与活动。当然，这些还只是一个参与实例中的权利现象，还不足以完全说明参与者所能运用的、同参与活动有关的其他各种权利。事实上，参与者在各种参与活动中还有其他相关权利可以运用，如对行政活动自由评论的表达权利，进行批评、检举、揭发和控告的监督权利，协助行政执法的权利等等。但是，上述这一系列的权利是否都属于行政参与权的内在构成部分——即行政参与权的权能？这些当然还是需要认真研究的。为了准确把握行政参与权的权能使之不与其他权利混淆，我们先应了解权能的分析路径。

二、行政参与权权能的分析路径

权能是民法上经常使用的一个概念，常见于对物权或曰所有权的分析，认为其由占有、使用、处分、收益等具体权能构成，这是我国民法学界继承罗马法以来的大陆法系的传统而作出的权能划分①，至于确定这些权能的标准是什么却研究极少。但有学者曾提出：“所有权之权能是所有人为利用所有物以实现其对所有物的独占权益，而于法律规定的范围内可以采取的各种措施和手段。”②这是具有启发意义的见解，它提出了一项权利的权能，是实现该权利所指向的目的的各种必要手段和措施，或者说，是有效实现权利指向的目的所必备的各种具体的手段性权利。因此，权利的权能，是以对达成权利目的具有必不可少功能的内部构成来加以认定的，强调的是它们必须为该权利内部不可或缺、对实现权利目的能发挥特定功能的组成部分。这样一种分析路径可以帮助我们提炼行政参与权的应有权能。

基于权能的这种判断方法，对行政参与权权能的提炼可以按以下两个

---

① 孙宪忠：《中国物权法总论》，法律出版社2003年版，第39页。

② 陈华彬：《物权法原理》，国家行政学院出版社1998年版，第213页。

必要步骤来进行。

1. 分析哪些权利手段对实现行政参与权的目的是必须具备的

这首先应明确行政参与权的目的是什么。如前所述，社会公众享有和行使行政参与权的目的，是对国家行政事务实行民主管理，约束和帮助行政主体听取并吸收民意，也就是行政主体作出行政行为要听取和吸收民意。行政行为是具有一定内容的行政主体的意志，参与者正是通过行政参与权的行使来约束和帮助行政主体的"意志"应听取和吸收自己的主张。在这里，约束和帮助是行政参与权发挥作用的两种方式：约束是对行政主体消极反向的制约，帮助是对行政主体积极正向的协助。力图达成的结果又包括两种情况：一是要求行政主体必须认真听取参与者的意见。只要行政主体认真听取了意见，即使其行政行为因某种合理原因未吸收这些意见也能获得接受，因为其行政行为是产生于认真倾听民意的正当过程。但证明和检验的方法必须是行政主体对参与者的意见要有合理回应。二是行政主体听取意见后，在其行政行为中吸收采纳了参与者合法合理的主张使之得以实际落实。

明确了行政参与权的目的之后，就要分析实现上述目的需要哪些必备的权利手段。对实现行政参与权目的的推进过程加以分析，我们可以发现：行政参与基本上是四个关键环节的连续递进过程：即参与者进入行政程序、参与者表达其主张、参与者的主张被听取、参与者的主张获采纳吸收。为此，行政参与权在这四个环节上都应有必需的权利手段来发挥约束功能。这就是：要有权进入行政程序、有权表达其主张、表达的主张有权得到回应、合理的主张有权获得采纳。这些权利手段对实现行政参与权的目的都是有直接针对性并不能缺少的。

2. 考察有关权利手段能否为行政参与权所承载

权能是一项权利内部不可或缺的构成部分，那么，它们都必须是基于该权利的特性而可以承载的内容。行政参与权有其特定品质，这决定了它承载的权利手段是有条件的，不符合其品质的权利手段是它不能承载的，这些权利手段当然也就不能确定为是行政参与权的权能。行政参与权的特定品质在于它受行政参与活动规律的支配，这主要表现为：第一，在空间范围上，由于行政参与是指参加到行政活动过程之中，因此，行政参与权只是在行政过程中行使的权利(以参与者进入行政程序为起点,以行政程序终结为终点),而不是在这个空间领域之外或者在这个空间领域内外都可运用的权利。如果一项权利手段与行政活动过程无关,或者脱离开行政活动过程也同样存在着,那就不属于行政参与权的权能,而应当归为其他的权利。第二,在实现的目的上,行政参与权的目的是“约束行政主体作出行政行为必须听取民意”,那么,作为其权能的权利手段都必须是针对这一目的、与之有直接关联性的,它们各具不可或缺的特定功能,能稳定地发挥不同的作用机理来促成实现目的。凡对实现行政参与权的目的可有可无,或者只是起到间接作用、辅助作用的权利手段,都不属于行政参与权的权能。第三,在性质上,由于行政参与活动是普通社会公众的“参与”而非“主导”,是加入到由拥有国家行政权力的行政主体所主导的国家行政管理之中来,发挥协同管理的作用,这种“参与的权利”在性质上并非国家权力而是社会权利。因而其对国家行政事务不能具有单方决定性,也不具有对行政主体的惩罚性和强制执行性,而只具有建议性、要求性和合意性。因此,行政参与权中不能承载单方决定性、惩罚性或强制执行性的权能。

基于行政参与权的承载条件,前述所列的“有权进入行政程序、有权表达其主张、表达主张后有权要求回应、合理主张有权获得采纳”这四项权利手段,都是行政参与权所能承载的:因为它们都只在行政过程中行使,都与实现行政参与权的目的直接关联并发挥不同功能,也都不具有单方决定性、惩罚性或强制执行性。当然,这些权利对行政主体会有义务性约束。因此,这些权利手段应当确定为行政参与权的权能。相比照而言,知情权、表达权、监督权等权利,尽管也经常被运用于行政参与活动,但这些权利都不是行政参与权的权能,因为它们与行政参与权权能的上述要求不符。

知情权是在行政参与活动中经常要运用的权利,但知情权并不属于行政参与权的权能。原因是,第一,知情权(也称了解权)是一个比较宽泛的概念,它最早由美国新闻编辑肯特·库伯在 1945 年的一次演讲中提出,其基本含义是公民有权知道他应当知道的事情,国家应当最大限度地确认和保障公民知悉和获取信息的权利。这是泛指公民知悉、获取信息的自由和权利,包括对政府政务信息的知情权、对社会信息的知情权、对个人信息的知情权等等。[1] 因而它并不是仅仅在行政参与活动中运用的权利。第二,知情权享有的主体不限于行政参与主体,其他不是行政参与主体的公民、法人或组织也有知情的权利。例如,在行政处罚听证活动中,只有与行政处罚有利害关系的人才具有参与听证的权利,他们是行政参与主体,当然享有涉及听证活动的知情权,但与行政处罚没有利害关系的其他社会公众,在关注该行政处罚案件的情况下,也有对这一听证活动的知情权或了解权。可见,知情权并不属于行政参与权所含的权利内容。第三,知情权与实现行政参与权的目的也没有直接关联,它只起到了一种间接作用。这种间接作用表现为:知情权可以对正确行使政务主张权提供工具价值,社会公众在行政参与中,要对政务活动提出正确的主张,必须以了解、知悉政务情况为基础,即知政才能参政。在行政程序中,没有政务信息的知情权,参与者难以根据所掌握的准确信息正确提出建议和意见。为此,虽然知情权是很重要的一种权利,但它与实现行政参与权的目的并非是直接关联的,即它不能直接影响和制约行政主体行政行为的形成,只是对行政参与有辅助作用的权利,对实现行政参与权的目的并不具有不可或缺性。

监督权也是在行政参与活动中经常会运用的权利,但监督权也不能属于行政参与权的权能。原因在于:第一,监督权是社会公众监督公权力机关,防止"行为主体为其特殊利益而滥用权威或偏离公共职责的现象"[2]的权利,包括提出质询、批评、揭发、检举、控告等。但它并不是仅在行政参与活动中运用的权利。第二,监督权享有的主体也不限于行政参与主体,其他非行政参与主体的公民、法人或组织同样有监督政府行政管理活动的权利。第三,监督权与实现行政参与权的目的也无直接关联,因为监督权并不只是针对行政行为的结果是否听取了参与者的意见的权利,而是可以就公权力运行中的任何不合法、不合理现象实施监督。它是可以对行政参与发挥保障作用的权利,但它不直接影响和制约行政主体行政行为的形成,对实现行政参与权的目的也不具有不可或缺性。

---

① 方世荣:《论行政相对人》,中国政法大学出版社 2001 年版,第 85 页。
② 林喆:《权力腐败与权力制约》,法律出版社 1997 年版,第 74 页。

三、行政参与权的主要权能

如同民法上的占有、使用、收益和处分四种权能“都不过是所有权的主要权能而非全部权能”一样①,行政参与权的权能也是丰富多样的。以下对行政参与权的各项权能进行阐述,并说明其递进关系。

(一)进入行政程序的权利(简称程序进入权)

进入行政程序的权利,是指社会公众有权进入到行政程序之中。行政参与其实就是社会公众对行政主体表达民意并要求其吸收民意,它首先要求有民意表达的机会,这个机会在具体形态上就是由开放式的行政程序提供的空间与时间范围。进入行政程序的权利,就是保障社会公众有表达民意的机会的重要手段。

进入行政程序的权利之所以能构成行政参与权的权能,是因为:(1)这项权利只运用于行政程序中,不在发生于其他领域,属于行政参与权中特有的权利手段。(2)它为实现行政参与权目的提供必要前提——如果参与者进入行政程序的权利都不具有,行政参与权的其他任何内容都无从享有和运用。进入行政程序的权利在功能上就是保障取得这一前提——如有权进入到行政主体召开的听证会、座谈会、征求意见会等过程中,进而才能提出意见或作出申辩等等。因此,它与实现行政参与权的目的是有直接关联的。(3)它对行政参与权具有不可或缺性。缺乏这一权能,行政参与权就失去了存在和运用的基础,要实现其目的更无从谈起。公民只要参与行政,都首先必须有权进入行政程序,这是在任何行政参与领域中都稳定存在、也不可缺少的权利。

进入行政程序的权利与参与资格有一定联系,但两者不完全相同,也不应混淆。参与资格是公民取得行政参与权的条件。在一定意义上,资格本身也可以是一种权利。有关权利的内涵曾众说纷纭,如格劳秀斯把权利看作“道德资本”;霍布斯认为“权利乃自由之范式”;耶林认为它是“受法律保护的利益”等。但很多学者确认资格也是权利。米尔恩则在《人的权利与人

---

① 陈华彬:《物权法原理》,国家行政学院出版社 1998 年版,第 213 页。

的多样性——人权哲学》中强调“权利概念之要义是资格”。[①] 我国学者夏勇将权利归结为五个最基本的、必不可少的要素：利益、主张、资格、权能和自由，这些要素中任何一个都可以用来阐释权利。资格本身可以成为一项身份性权利，以“资格”说明权利有其特定意义，它强调了这是一种基础性的、获取权利的权利，没有“资格”这种权利，其他权利都无法存在。获得行政参与权的资格并非在任何情况下都人人具有，在不同的情况下，资格所要求的条件并不完全相同：一般而言，凡中国公民都具有参与国家行政管理活动的权利，但因行政管理属于政治活动，由此，被剥夺政治权利的人对国家行政管理事务不具有参与资格。在特定行政法律关系中，只有与行政主体的行政行为有直接利害关系的人才具有特定行政参与权的资格。如对于某一行政处罚的听证权，便只有与该行政处罚有关的当事人才有资格取得。资格作为获得行政参与权的条件，并不属于行政参与权内含的权能。参与主体具备某种资格才具有行政参与权，而一旦获得行政参与权后，资格就不再是行政参与权本身的内容。它们之间的这种关系如同选民资格与选举权的关系一样，选民资格是法律规定的公民取得选举权和被选举权所应当具备的条件，亦称选举资格。具有选举资格，便取了选举权。而选举权是指公民(包括参加提名代表候选人)依照法律规定享有参加选举的权利，参加讨论，酝酿、协商代表候选人名单，参加投票选举等，因而选举权中不再含有选民资格的内容。同时，进入行政程序的权利与资格这一静态的身份性权利不同，它是一种动态的权利，即具有主动进入或被告知进入行政程序之中的权利，行政主体不得阻挠、妨碍或不予告之。公民一旦实际行使了进入行政程序的权利，就具有了参与行政活动的外在形式。同时，进入行政程序的权利是行政参与权中其他权能的基础，其他权能与之具有必然的递进关系。无权进入行政程序，则其他权能都将因缺乏“前提条件”无从发挥作用。行政参与权无论有多么丰富的内涵，都需要以参与行政程序作为基础。

进入行政程序的权利的直接法律效力是约束行政主体必须提供相关保障义务。这些对应义务主要有：告知进入行政程序的方式、地点、时效和法律后果；为实现进入行政程序的权利提供便利条件、途径和保障，如提供网

---

① 〔英〕米尔恩：《人的权利与人的多样性——人权哲学》，夏勇、张志铭译，中国大百科全书出版社 1995 年版，第 111 页。

络参政、听证会、恳谈会等参与行政程序的渠道等；不得违法阻止参与主体进入行政程序。否则都属于未履行法定义务。

（二）提出政务主张的权利（简称政务主张权）

参与主体能进入到行政程序之中解决了行政参与的前提条件问题，但仅这一项权利仍是不够的，更重要的是参与主体进入行政程序后可以干什么并发挥什么作用。如果进入行政程序只是做听众、当看客，则形式上有“参与”实质上仍等于没“参与”。参与者进入行政程序后，在更深层次上，是要影响或制约行政立法、行政决策和行政决定等行政活动的结果，而其基本方式就是对行政立法、行政决策和行政决定等提出自己的主张，即要表达民意。这就涉及行政参与权的第二项重要权利手段：有权表达民意。提出政务主张的权利就是指社会公众在行政程序中对特定行政事务表达意愿和诉求的权利。它包括对行政主体提出积极性、肯定性的主张，如建议、意见；也包括对行政主体提出消极性、否定性的主张，如对涉及自身利益的问题进行申辩、对行政主体的意见据理反驳等。

提出政务主张的权利之所以能构成行政参与权的权能，是因为：(1) 这项权利也只运用于行政程序中，是专指在具体行政程序中对特定的行政立法、行政决策和行政决定提出主张的权利，它不存在于权力机关活动、司法活动等其他领域。(2) 提出政务主张的权利在功能上，是对行政主体“意志”的形成注入参与者的意见，力图影响或制约行政行为的结果，因而直接针对行政参与权的目的，与实现行政参与权的目的有直接的关联性。(3) 它对行政参与权的不可或缺性在于：缺乏这一权能，民意便不能表达，自然也不可能进入行政行为的结果，行政参与权在很大程度上将失去作用。提出政务主张是行政参与必不可少的基本方式，因而也是在行政参与中稳定存在的权利。

提出政务主张的权利与普遍意义的表达权在某种程度上具有一致性，即都是通过表达的方式提出主张和意愿。但是，两者在主体、表达的内容上以及目的上仍有区别，进而对行政主体行政行为的影响和约束力也不同。表达权的主体在范围上远大于行政参与权的主体，未进入行政程序参与行政管理活动的公民一方，也享有表达的权利。表达权在表达的内容上是丰富多样、开放式的，包括对各种社会现象的感受、评论、期待、建议、意见等各种内心想法,大多数情况下并无特定目的。而政务主张权只是在行政程序中就行政主体的特定行政行为提出意见和建议,直接针对并力图影响行政行为的形成。表达权偏重保障权利主体的言论自由,马克思曾指出“发表意见的自由是一切自由中最神圣的,因为它是一切的基础”[①],它并不是专门针对实现行政参与权的目的。而政务主张权则直接制约行政主体的行政立法、行政决策或行政决定不得单方片面作出。正因为此,行政程序中运用的政务主张权是行政参与权的权能,而表达权则不属于行政参与权的权能。

社会公众在行政参与中对政务活动提出主张的权利主要包括:

(1) 建议意见权。这是参与者在行政管理过程中对行政立法、政务决策、行政决定等行政权力活动提出建议和意见的权利。与此相应,行政主体则应积极主动征集公众的意见和建议,并通过听证会、座谈会等正式渠道予以保证。

(2) 申辩权。申辩权是公民在行政主体作出影响自身权利义务的行政决定时,有权进行申诉和抗辩的权利。即有法律上利害关系的公民有权就行政决定所涉及的法律问题和事实问题进行辩解,提出不同的理由或处理意见。与之对应,行政主体对于公民的申辩负有提供机会和条件的义务,有认真听取的义务,还有不因申辩而作出不利于对方处理决定的义务。当然,行政主体对申辩并不是必须接受,公民的申辩与行政主体的主张之间是一种相互辩论,申辩理由是否被接受取决于申辩内容的合法、合理性。

(3) 受平等对待的权利,即不同参与者的利益诉求受到行政主体公平对待的权利。现实生活中参与者的类型是各不相同的,如公民、法人和其他组织分别有不同的力量对比,由此可能会产生“参与失衡”现象[②]——不同类型的参与者在提出主张的能力和表达主张的效果上存在着明显的不均衡,组织化的参与者(如大型企业、行业协会)与个体的参与者比较,其实力上通常要处于优势,甚至能以其实力“俘获行政主体的管制”[③];同一类型的个体或群体在提出主张的能力和效果也有差别。针对这种不均衡的现象,

---

① 《马克思恩格斯全集》(第 11 卷),人民出版社 1965 年版,第 573—574 页。

② 王锡锌:《参与失衡与管制俘获的解决:分散利益组织化》,载《广东行政学院学报》2008 年第 6 期。

③ 同上。

行政主体应当公平对待不同对象的主张,并为弱势人群提出政务主张给予一定的照顾、方便。

对于参与者提出政务主张的权利,行政主体必须履行的相应义务是:为参与者提供表达政务主张的方便和条件;准予参与者充分表达政务主张;认真听取参与者所主张的建议、意见和辩解等。

(三)获合理回应的权利(简称获合理回应权)

社会公众提出的政务主张能否获行政主体的合理回应,是衡量行政管理民主化程度的重要标志,罗伯特·达尔曾指出:“回应性是民主自身正当性的理由。”[①]如果行政主体对提出的政务主张可以不予理睬,这些主张就只是单方自语而不是双方互动交流,所谓参与也就成了形式上的“作秀”。为此,民意加以表达后必须得到认真地倾听,这就涉及行政参与权的第三项重要权利手段:民意的表达应有权获得合理回应。获合理回应的权利,是指参与者的政务主张提出后,有权要求并得到行政主体给予合理的回复。这一权利手段是从反向约束行政主体不得对参与者的主张拒绝理睬。行政参与权中配置有政务主张权这一权能后,必须有获合理回应的权能之与配套,后一权能是前一权能的逻辑延伸,两者结合起来才组成了富有民主实效的权利结构。

获得合理回应的权利之所以能构成行政参与权的权能,是因为:(1)这项权利与政务主张权前后紧密相关,也只是运用于行政程序之中。(2)这项权利是禁止行政主体对民意的表达不予理睬,其功能在于约束行政主体作出行政行为时必须认真倾听和考虑民意,而检验的方式就是要求行政主体对民意表达给予合理的回复。如果行政主体对民意表达能给予合理的回复,便表明其有尊重、倾听和考虑民意的事实,否则便存在有这方面的问题。因而与实现行政参与权“要听取民意”的目的也直接关联。(3)它对行政参与权的不可或缺性在于:缺乏这一权能,民意虽得以表达但却无人理睬,也就没有进入行政行为结果的可能,行政参与权仅成为一种单方表达意愿的权利。参与主体一旦提出了政务主张,就应享有获得合理回复的权利,它也是行政参与权中稳定而不可缺少的权能。

---

① Robert A. Dahl, *Democracy and Its Critics*, New Haven: Yale University Press, 1989, p.95.

获得合理回复的权利要约束行政主体对民意表达必须予以回复，但并非要求行政主体对每一个参与者的每一项主张或意见都得答复，那样会耗费巨量的行政成本，行政主体将不堪负重，实际上并不可行。在这里所作的回复只能要求具有“合理性”。所谓“合理”可以从两个方面考虑：一是行政主体的回复根据实际可能是力所能及的，如对人数众多的参与者逐个都作出回复有较大困难，因而对同类意见统一公布回复意见；对众多不同的意见，按照基本分类给予分别回复便是合理的。二是根据利害关系，回复对参与者具有必要性。一般而言，利害关系程度愈高、愈广泛，则愈具有回复的必要性。如对下列情况的回复都有必要：第一，对特定对象的参与者作出了对其不利的行政行为，而特定对象提出了申辩主张，这类申辩主张就应当获得回复。第二，对参与者的主张如加以否定时，则必须回复理由。第三，对广泛参与者中多数人的一致意见应予回复。第四，对于有误解且社会影响较大的意见也有必要给予回复，等等。参与者获得合理回复的权利，体现的是行政主体对参与者人格地位的尊重和对参与意见的虚心听取态度，也是对其行政行为充分说明理由，进行民主化的交流、沟通，使行政行为的作出（尤其是未采纳参与者意见的行政行为）具有正当性基础的要求。

对于获合理回应的权利，行政主体应当履行的相应义务是：在法定时限或合理的时间内及时回复参与者的意见主张；回复应当充分、准确、真实，不得敷衍搪塞；应以方便社会公众知晓并易于理解的方式作出回复等。

（四）合理意见获采纳的权利（简称合理意见获采纳权）

行政参与权要达到的最终目的，是力图使行政主体作出的行政行为吸收参与者的意见，对此，前述政务表达权和获合理回应权还不是对行政主体具有足够约束强度的权利手段。因为政务表达权和获合理回应的权利虽然也能影响行政行为的结果，但行政主体对参与者的意见仍有相当自由的取舍权，其取舍的标准尚缺乏客观、刚性的约束。为此，行政参与权还需要一项能约束行政主体不得主观随意取舍参与者意见的权利手段，这就是合理意见获采纳的权利。合理意见获采纳的权利是指：社会公众合法、合理的主张有权得到行政主体的采纳。这是约束行政主体必须如此的一项权利。合法，指参与者的主张符合法律法规和相关政策的规定；合理，则指参与者的主张有充足依据和正当理由，或者是经正当的程序而产生。我国《行政处罚法》第32条规定,"当事人提出的事实、理由或者证据成立的,行政机关应当采纳",这就是对当事人充足依据和正当理由在法律上的肯定。当行政主体对参与者有充分依据和正当理由的主张难以反驳或反驳无理时,便必须采纳这些主张,因为它是实质理性的体现。此外,当参与者的主张是经法律规定或事前确定的程序规则而产生时,行政主体也必须充分尊重并予以采纳。如根据法律规定或行政主体事前确定的规则,对于某些行政事务的处理,行政主体要依据广大参与者中多数人的意见决定,一旦经全体参与者以表决等方式形成相应结果,行政主体就必须采纳。因为它是合理、正当程序的结果,体现了程序理性。例如,《城乡规划法》第22条规定,"乡、镇人民政府组织编制乡规划、村庄规划,报上一级人民政府审批。村庄规划在报送审批前,应当经村民会议或者村民代表会议讨论同意"。这一规定就属于根据参与者"讨论同意"的法定程序结果作出行政行为的要求。这种方式在前例温岭泽国镇的"参与式预算"也曾得以运用。

合理意见获采纳的权利之所以能构成行政参与权的权能,是因为:(1)这项权利与政务主张权有紧密的配合关系,也只是运用于行政程序之中的权利。(2)该权利在功能上,是以客观、刚性标准来约束行政主体必须吸收参与者的合理意见,因而这项权利直接作用于实现行政参与权的目的,两者有着直接的关联性。(3)它对行政参与权的不可或缺性在于:缺乏这一权能,参与者的民意表达即使合法合理,也不能进入并形成行政行为的结果,从而使行政参与权失去约束行政行为的重要价值。因而,这项权利在行政参与权中是不可缺少的。

对于合理意见获采纳的权利,行政主体应当履行的相应义务是:作出行政行为必须吸收和反映参与者合法、合理的意见,或者要以参与者合法、合理的意见作为决策、决定的根据。

以上四项权利都是行政参与权中具有普遍性的权能,所有参与者在任何一种行政参与活动中都应当享有,属于行政参与权的基本权能。除此之外,行政参与权中还包含有另外两种权能手段,但它们在行政参与权中不具普遍性,通常只发生于特定的行政领域,因此,将之作为行政参与权的特殊权能来讨论。以下简要分述。

(五)协商决定的权利(简称协商决定权)

基于行政参与的性质,公民作为参与者对行政主体的行政行为是没有单方决定权的,否则就不成其为“参与”行政主体的行政管理,而是抛开行政主体直接进行国家行政管理,它不符合行政参与的本意。但对于一些自主性程度要求较高的特定行政事项,需由行政主体和参与者共同协商决定,在这种情况下,参与者就应具有协商决定权。协商决定权是指:社会公众有权与行政主体经协商共同决定行政事项。

这项权利一般运用于必须由双方合意才能确定的特殊行政事项,如行政合同(契约)、行政协议的签订等。这类事项在国家行政管理调控的范围之内,与相关对象有直接利害关系,但基于政治、经济、社会和文化等各种原因又不能采用命令或强制的方式,需由其自主、自愿才可决定。为了调动相关对象的积极性,行政主体借鉴私法的契约理念和方式来进行“柔性”管理,这就是行政合同或行政协议的方式。尽管这对行政主体来讲是一种管理手段,但在合同或协议的一般特征上,它必须是双方在地位平等基础上达成的合意,这就只能由参与者与行政主体平等协商,共同来分享决定权。协商决定权对防止行政主体专断,保障公平、公正、合理的行政结果具有更强的制约作用,能直接实现行政参与权的目的,并只运用于行政参与活动,因而它也应属于行政参与权的一种权能。但是,这种权利在行政参与中不具有普遍意义,因为它只适合以合同、协议方式进行管理的特定行政领域,不是任何参与者都可享有,也不是在任何行政参与活动都能得以运用的。因此,协商决定权不是行政参与权的基本权能,而只是适用于特定领域的特殊权能。

协商决定权与合理主张受采纳权有相似之处,即在协商中,实际上也是参与者的主张被行政主体所采纳而达成了双方合意。但它们之间仍有差别,协商决定权比合理主张受采纳权的民主程度更高:(1) 权利所体现的地位不完全一样。当参与者享有协商决定权时,反映了参与者同行政主体双方已处于完全平等、共同商议决定的地位;而当参与者享有合理主张受采纳权时,还只是处于提议者的地位,行政主体才是采纳其主张与否的最终决定者。(2) 形成处理结果的名义不同。行政主体受“合理主张受采纳权”约束而作出的处理结果,仍是以行政主体的名义;而因协商决定权所形成的结果则要以双方的共同名义,如行政合同的成立并生效要由双方署名。(3) 权利行使方式上不同。“合理主张受采纳权”在方式上是提出某一主张并以其具有“合理性”的客观标准来约束行政主体;而协商决定权是以相互商量、谈判乃至交易的约定方式，参与者有着更大的权利空间和自主性。美国学者谢莉·R.阿恩斯坦(Sherry R. Arnstein)曾在《市民参与的阶梯》一文中分析过“市民参与的等级层次”，列出了分为八档阶梯式的参与形式，其中参与程度很高的就是第六档“市民与掌权者的合作关系”，双方可以协商和进行公平交易。能处于它水平之上的，只有第七档“权利代表”的代议制方式和第八档“市民控制”，即享有完全管理权力的高度自治方式。[①]

对于参与主体的协商决定权，行政主体有尊重、提供保障和接受其结果的义务。

（六）协助执行的权利（简称协助执行权）

“政策一旦通过，重心就转移到政策执行上来。”[②]对于民主行政管理的最后结果而言，就是实施符合民意的行政行为，及时有效地实现公民的合法权益和社会公共利益。一般而言，行政行为的实施应当由行政主体依法进行，但在特定领域内，如果能发挥社会公众的参与协助作用就会更为有效。社会公众参与行政主体的有关执法或管理工作，可以支持、配合行政主体，减少行政成本和提高管理效率，也有利于他们防范不法侵害和灾害危险等，积极维护自身合法权益和公共利益。

由此，社会公众参加协助行政主体执行公务、实施行政行为也是一种行政参与，这便需要社会公众有协助执行权。协助执行的权利，是指社会公众参与行政执法和管理、协助行政主体执行公务的权利。这包括有权参与行政救助、协助维持行政管理秩序、参与社会治理等等。

协助执行的权利只是运用于行政参与活动，并直接作用于行政参与权目的的实现，不过它对行政参与权目的的实现的作用与前述几种权能有所区别。前述几种权能的作用是约束和帮助行政主体作出行政行为时听取并吸

---

① 在谢莉列出的八档阶梯式参与形式中，前五种分别是：阶梯最底部的档位(1)执行操作和(2)教育后执行，这两档其实表示“没有参与”，而是掌权者能教育和矫正参与者；(3)提供信息和(4)征询意见是“象征性的参与”过程，人们能够表达意见并得到听取，当被掌权者作出最大限度的参与采用时，可以听取市民的意见，但缺少权力保证；(5)是政府让步，这仅是一种高水平的象征性参与，因为这个层次的参与措施是允许提建议，而掌权者依然享有决定权。参见 Sherry R. Arnstein, A Ladder of Citizen Participation, *Journal of American Institute of Planners*, Vol. 35, No. 4 (1969), pp. 16—224.

② ［美］菲利普·库伯等：《二十一世纪的公共行政：挑战与改革》，王巧玲、李文钊译，中国人民大学出版社2006年版，第157页。

收民意,而这一权能是为了进一步协助行政主体实施体现民意的行政行为,可以说是从落实民意的角度来实现行政参与权的目的,因此与实现行政参与权的目的有直接关联性。在此意义上,它也可作为行政参与权的一种权能。但是,在通常情况下,行政行为一旦经听取和吸收民意而形成,公民行政参与的目的就基本实现。通过实施行政行为落实民意是行政主体的执行职能,即使由行政主体单独完成也已体现民意,公民的协助执行权可以帮助行政主体更为顺利地实施行政行为,但并不影响行政行为形成的民主性。因此,这一权利对行政参与来讲,并非为必不可少的权利。同时,由于行政执行在执法主体上要求必须是专门的执法人员,业务性较强,普通公民参与协助只限于某些特定领域,如协助维护交通管理秩序、环境卫生管理秩序、社会治安管理秩序等,其协助执行的权利不是任何行政参与活动中都应当具有的,因而它不属于行政参与权的基本权能,只能是运用于特定参与领域的特殊权能。

对于协助执行权,行政主体负有支持鼓励、提供方便和予以保护的义务。

四、明确行政参与权权能的重要意义

行政参与权的上述六项权能,既可以有各自的独立性,也可以依其功能作用有体系地形成为整体意义的行政参与权。

深入分析、认知行政参政权的权能体系,是有重要意义的:

(一)可以澄清对行政参与权的一些认识误区

(1)不能将行政参与权只当作抽象概念,宣传虽多却落实不力。无权能内容或权能不具体的行政参与权,都只是抽象、空泛的概念,仅停留于这个层面是不利于具体行政参与法律实践的。厘清参与权的权能,有利于全面了解行政参与权的具体内容及其相互关系,从而才能加以全面保障和具体落实。

(2)不可误将行政参与权中的部分权能当成行政参与权的整体。权能是行政参与权的具体内容,运用了其中的权能在一定程度上也是实现行政参与权。但某一项权能并不是行政参与权的全部,行政主体不能只以保障其中的某项权能为责任。如提出政务主张的权利只是行政参与权中的一项

权能，如果行政主体只满足公民发表意见和建议的权利，对于其意见建议却未予回复或拒绝采纳，就是把行政参政权仅仅当成了一种提建议的权利，或者只当作决策的参考和智库工具来对待。从目前的情况来看，法律、法规等对于公民进入行政程序的权利和提出政务主张的权利都已有较全面、普遍的规定，而对获合理回应的权利和合理意见获采纳的权利则在制度保障上还存在很多缺陷。这一状况要求改进相关立法，并强化行政主体对行政参与权的整体权能理念，通过保障行政参与权各项权能的系统运用，来真正落实公民的行政参与权。

（二）有利于完善公民一方即行政相对人的权利体系

行政法律关系的双方主要是行政主体和行政相对人，两者的权利义务关系及其体系是行政法学的基本内容。在我国目前的行政相对人权利体系中，行政相对人传统的财产权、人身权、平等权等比较受关注，而对于行政参政权等新型权利还缺乏系统深入的研究。在法律制度的构建上，特别强调的是对人身权和财产权的保护，如《行政诉讼法》受案范围的列举基本上只规定对行政相对人人身权和财产权的保护，《国家赔偿法》的赔偿范围则仅限于相对人生命健康权、人身自由权和财产权的损害。《政府信息公开条例》虽有所突破地规定了行政相对人的政府信息知情权及其保护措施，但这还不属于行政参与权中的权能。系统地研究认识行政参与权的各项权能，是对行政相对人权利体系的完善，十分有利于今后在立法中科学地规定行政参与权的内容、权利实现方法以及保障体系。

（三）有助于强化行政主体的义务观念和完善相关的义务体系

行政参与权每项权能的运用，都会要求行政主体履行相应的义务，对其加以保障。在这种交互的行政法律关系上，明确行政参与权的各项权能及体系，对于加强行政主体的义务观念和构造完善的义务体系十分重要。行政参与权对行政主体的义务性约束，就是这项权利中的各种权能都要求行政主体要履行相对应的义务，以及承担不履行义务的法律责任。行政参与权的具体权能不明确，行政主体的相应义务和责任也就不明确。如近年来《价格法》规定了重大价格调整的听证会制度，各地也纷纷举行价格听证会，吸纳公众参加，但价格的调整虽有听证，却较少吸收公众代表的建议甚至强烈的反对意见。许多结果是人们所不满的“逢听必涨”，其原因之一就是对行政参与权的权能认识不全以及行政主体的义务和责任不对应。在系统确立了行政参与权的权能以及行政主体的相关义务和责任之后，这类现象将可以得到根本性改变。

行政参与权内容的确立和发展完善，将使行政主体与行政相对人之间的原有行政法律关系发生重大变化：行政相对人的行政参与权作为一种新的权利因素介入传统行政法律关系后，必将形成双方权利义务新的格局。有关这一点，将在后面的章节作出阐述。

第三节　我国行政参与权的相关法律规范

一、有关行政参与权权能的法律规定

行政参与权及其权能在我国目前的法律体系中已经得到一定的确认和体现，上到宪法、法律、行政法规，下到部门规章和地方立法，都在不同程度上规定了行政参与权和各种权能。以下分别阐释：

（一）关于行政参与权的一般规定

（1）宪法层面。在我国宪法文本中，尽管“参政权”或“行政参与权”不是宪法条文明确表达的法律概念，但这并不代表宪法中没有关于参与权的表达；相反，若以“参政权”、“行政参与权”的实质内涵来考察，目前的宪法条款对参与权利是采用概括式兼列举式的规定方法。《宪法》总纲第 2 条规定：“人民依照法律规定，通过各种途径和形式，管理国家事务，管理经济和文化事业，管理社会事务。”在这里，人民“通过各种途径和形式，管理国家事务”毫无疑问表达出了公民有权参与管理国家事务的内涵，这里的“国家事务”显然应包括行政事务。虽然这里并没有直接提出“参与权”或“行政参与权”的法律概念，但透过条文中对参与权内涵的具体表述，运用法律解释的方法可以推知，在当今参与式行政的实践蓬勃兴起、党和国家政策大力提倡公众参与的这一社会事实领域的变迁背景下，《宪法》第 2 条规定的规范领域也应当随之拓展——理当认为其赋予了公民参政权这一基本权利，具体到行政管理活动中，就是行政参与权。这是行政参与权的宪法渊源，行政参与权及其各种具体权能都是以此为根据展开的。

（2）法律和行政法规层面。目前许多法律和行政法规中都可以见到对行政参与权的明确表达，应当说，行政参与权已逐渐成为各行政领域中明确肯认的一项普遍权利，比较典型的包括《立法法》第5条、《行政处罚法》第6条、《国有土地上房屋征收与补偿条例》第3条，覆盖了行政立法、行政执法、行政决策多个领域。其中有的是通过立法目的予以表述的，有的体现在该法规定的某一法律原则之中，还有的则是在总则中通过明确列举的形式表现。例如：《国有土地上房屋征收与补偿条例》第3条规定：“房屋征收与补偿应当遵循决策民主、程序正当、结果公开的原则。”毫无疑问，“决策民主”、“程序正当”等原则都隐含着保障公众参与的要求和内涵，是对整部法规中参与权利的概括性表述。《立法法》在第5条中规定，“立法应当体现人民的意志，发扬社会主义民主，保障人民通过多种途径参与立法活动”，清楚地表达了人民有权参与（行政）立法活动的内涵。《行政处罚法》总则第6条规定，“公民、法人或者其他组织对行政机关所给予的行政处罚，享有陈述权、申辩权”，这是行政处罚过程中相对人参与权利的明确列举，表明相对人可以通过陈述、申辩等权利参与行政处罚决定的作出。

（3）规章层面。目前部门规章中对行政参与权的规定还很少，比较典型的只有建设部2005年颁布的《城市规划编制办法》等少数规章，该法第6条明确将公众参与确定为城市规划编制的一项基本原则，规定“编制城市规划，应当坚持政府组织、专家领衔、部门合作、公众参与、科学决策的原则”。这是对城市规划活动中行政参与权的概括性表述，表明公众具有参与城市规划编制的一般性权利。与部门规章形成鲜明对比的是，许多地方立法（主要是地方政府规章）中都规定了一般性的行政参与权，有的甚至还明确提出了“参与权”、“行政参与权”的法律概念。其中较有代表性的是2008年的《湖南省行政程序规定》和2010年的《广州市规章制定公众参与办法》。《湖南省行政程序规定》总则部分开篇明义，明确规定行政参与权是公众的在行政管理中的一般性权利，第6条规定：“公民、法人或者其他组织有权依法参与行政管理，提出行政管理的意见和建议。行政机关应当为公民、法人或者其他组织参与行政管理提供必要的条件，采纳其合理意见和建议。”这是对行政参与权的原则性规定，该条明确了行政机关对行政参与权的保障义务，是以往立法中没有规定过的，是一个明显的进步。随后，该法第28条又规定："行政程序参与人在行政程序中，依法享有知情权、参与权、表达权、监督权。"从字面上看，该条将参与权与表达权、知情权和监督权作为同等的权利一并列举提出，这意味着参与权是独立且不同于表达权、知情权和监督权的一种权利，参与权在内涵中就不再包括表达、知情和监督的权利内容，这从法律逻辑上来说是不严谨和不规范的。但这说明该法已经将参与权作为一项公众的法定权利明确提出，旨在强调这都是公众行政参与的重要手段，强调这些都属于行政参与权的具体权能。《广州市规章制定公众参与办法》则是通过立法目的来表述一般性行政参与权的，该法第 1 条规定该法的立法目的是"为了促进和规范规章制定过程中的公众参与工作，保障规章制定工作的科学性、民主性和合法性"。这表明保障公众的行政参与权是该法的宗旨，规章制定过程中的各种法律制度安排必须以维护和保障公众的行政参与权为目的。

（二）关于进入行政程序的权能

宪法对程序进入权的表述主要隐含在公民参政权的规定中。首先，《宪法》总纲第 2 条第 3 款规定："人民依照法律规定，通过各种途径和形式，管理国家事务，管理经济和文化事业，管理社会事务。"该条将参政主体限定为"人民"。根据 1982 年《宪法》修订的内容，人民是一个政治概念，是指拥护四项基本原则的人。这里使用"人民"一词意在表达：原则上只要是拥护社会主义的爱国者和拥护祖国统一的爱国者都有资格进入国家管理程序，同时这一表述也超过了"公民"的范围，即只要满足条件，非中国公民也可以进入行政管理过程。

根据《宪法》关于资格权的规定，目前的相关法律、行政法规、部门规章以及各地方立法中基本上都含有程序进入权的规定。总体来看，不同的行政实体领域或不同的法律文件中程序进入权是存在差异的，根据资格主体的范围大小，可以将之分为抽象的程序进入权和具体的程序进入权两类：(1) 抽象的程序进入权。在一般行政领域或法律没有特别规定或说明的情况下，程序进入权的资格主体为一般公民或行政法律关系所涉及的全部行政相对人，如《立法法》第 58 条规定，"行政法规在起草过程中，应当广泛听取有关机关、组织和公民的意见"。此处进入立法程序的资格主体为一般公民，即只要拥有中国国籍且具有政治权利者即可；还有一种情况，地方立法规定中程序进入权的资格主体通常为某行政区域内的公民(市民或常住居民等),如《广州市规章制定公众参与办法》通篇没有使用“公民”一词,而是以“公众”作为替代表达①,意指有资格进入广州规章制定程序的主体不是泛泛的中国公民,而是广州本地的常住社会公众。(2)具体的程序进入权。对于某些特定行政领域或同一领域中的某些特定事项,只有符合法定条件(如具有法律上的利害关系)的行政相对人才有资格进入行政程序,如《行政许可法》第36条规定,“行政机关对行政许可申请进行审查时,发现行政许可事项直接关系他人重大利益的,应当告知该利害关系人。申请人、利害关系人有权进行陈述和申辩”。这里有资格进入陈述和申辩程序的主体就限定为许可申请人或利害关系人;又如《国有土地上房屋征收与补偿条例》第11条规定,“因旧城区改建需要征收房屋,多数被征收人认为征收补偿方案不符合本条例规定的,市、县级人民政府应当组织由被征收人和公众代表参加的听证会,并根据听证会情况修改方案”。这表明,有资格进入房屋征收听证程序的主体要么是被征收人,要么是依法产生的公众代表。此外,有时在同一行政领域或同一法律文件中也可能同时存在抽象和具体两种不同的程序进入权,这是由于参与事项的性质不同引起的,出于行政效率和现实性的考虑,某些事项只适宜特定的主体参与。例如,《城乡规划法》第26条规定,“城乡规划报送审批前,组织编制机关应当依法将城乡规划草案予以公告,并采取论证会、听证会或者其他方式征求专家和公众的意见”。据此,在城乡总体规划中一般公众都具有程序进入权;而同法第48条规定,“修改控制性详细规划的,组织编制机关应当对修改的必要性进行论证,征求规划地段内利害关系人的意见”。这条表明,有资格进入“控制性详细规划”的修改程序主体必须为“征求规划地段内利害关系人”,而非泛泛的社会公众。

(三)关于政务主张权能

政务主张权源于宪法赋予人民的言论自由权以及对国家机关的批评、

① 例如,该法第16条规定:“规章起草部门应当通过座谈会、论证会征求公众意见,也可以根据拟制定规章影响的范围、受影响的类别、影响程度等情况,通过问卷调查、开放式听取意见、听证会等方式广泛征求公众意见。规章涉及的领域有行业协会和社会团体的,规章起草部门可以委托其征集和研究公众意见。”

建议权。首先,《宪法》第 35 条规定:“中华人民共和国公民有言论、出版、集会、结社、游行、示威的自由。”其次,《宪法》第 41 条规定,“中华人民共和国公民对于任何国家机关和国家工作人员,有提出批评和建议的权利”,并通过第 21 条第 2 款明确了“一切国家机关和国家工作人员必须依靠人民的支持,经常保持同人民的密切联系,倾听人民的意见和建议,接受人民的监督,努力为人民服务”的相应宪法义务。《宪法》上的言论自由和批评建议权构成了政务表达权的规范基础,其他各个行政领域中规定的有关内容都是对它的具体化和精细化,延伸到行政管理领域就是参与主体的政务主张权。

从整个法律体系上看,目前关于政务主张权的法律规定主要分布在行政立法、行政执法、行政规划和行政征收等行政领域。在不同领域中,政务主张权的具体内容和表现形态各有差异,有的表现为建议权,有的表现为申辩权,还有的则为多种内容的组合。以下分述之。

(1) 建议权。在行政立法、行政规划和行政征收等领域,政务主张权能主要以建议权的形式出现,无论是相关领域的行政法律、行政法规还是地方立法都有较为详细的规定,实现方式主要为公开听取意见和主动征求意见等,具体手段包括听证会、座谈会、论证会等。下面以主要的行政法律为例进行简要介绍:《立法法》第 58 条规定:“行政法规在起草过程中,应当广泛听取有关机关、组织和公民的意见。听取意见可以采取座谈会、论证会、听证会等多种形式。”《行政法规制定程序条例》第 12 条:“起草行政法规,应当深入调查研究,总结实践经验,广泛听取有关机关、组织和公民的意见。听取意见可以采取召开座谈会、论证会、听证会等多种形式。”在行政规划领域,《城乡规划法》第 26 条规定:“城乡规划报送审批前,组织编制机关应当依法将城乡规划草案予以公告,并采取论证会、听证会或者其他方式征求专家和公众的意见。”在行政征收领域,《国有土地上房屋征收与补偿条例》第 10 条规定,“房屋征收部门拟定征收补偿方案,报市、县级人民政府。市、县级人民政府应当组织有关部门对征收补偿方案进行论证并予以公布,征求公众意见”。不难发现,法律层面的建议权主要集中在行政决定的起草阶段,立项和审议阶段则尚没有规定,这样的建议权显然是不完整的。相比之下,地方立法在这方面走得更远,许多地方政府规章还规定了立项阶段的建议权，具有动议和议程设置的性质。如《广州市重大行政决策程序规定》第8条规定：“政府办公厅（室）、政府各职能部门可以向政府提出决策建议；下一级政府可以向上一级政府提出决策建议；公民、法人或者其他组织可以直接向政府或者通过政府各职能部门向政府提出决策建议。”《湖南省行政程序规定》32条规定：“政府工作部门、下级人民政府以及公民、法人或者其他组织认为重大事项需要提请政府决策的，可以提出决策建议。”此外，《江西省县级以上人民政府重大行政决策程序规定》《青海省人民政府重大行政决策程序规定》等地方立法中也有类似的表达。

（2）申辩权。在行政处罚、行政许可等行政执法领域，政务主张权主要是依靠陈述、申辩、听证等权利来实现的，其功能是允许行政相对人就事实问题和法律问题进行辩解。目前申辩权的法律规定主要是以《行政处罚法》《行政许可法》《治安管理处罚法》为中心。《行政处罚法》第32条规定，“当事人有权进行陈述和申辩。行政机关必须充分听取当事人的意见，对当事人提出的事实、理由和证据，应当进行复核”。这条规定了处罚当事人在处罚决定过程中通过陈述和申辩提出意见的权利，对此，行政主体负有“听取”和“复核”的法定义务；第42条规定，“行政机关作出责令停产停业、吊销许可证或者执照、较大数额罚款等行政处罚决定之前，应当告知当事人有要求举行听证的权利；当事人要求听证的，行政机关应当组织听证”。类似地，《行政许可法》第7条规定，“公民、法人或者其他组织对行政机关实施行政许可，享有陈述权、申辩权”，第36条规定，“行政机关对行政许可申请进行审查时，发现行政许可事项直接关系他人重大利益的，应当告知该利害关系人。申请人、利害关系人有权进行陈述和申辩。行政机关应当听取申请人、利害关系人的意见”。

（四）关于获合理回应的权能

与政务主张权相比，目前相关的法律、行政法规对获得合理回应权能规定的还比较少，尤其是在行政执法、行政立法等影响面广泛的领域，合理回应公众的意见表达并非行政机关的法定义务。

（1）在行政执法领域，目前主要是行政许可活动中规定了获合理回应权能，在其他诸如行政处罚、行政强制等执法活动中，该权能还没有得以确立。如《行政许可法》第38条第2款规定，“行政机关依法作出不予行政许可的书面决定的，应当说明理由，并告知申请人享有依法申请行政复议或者提起行政诉讼的权利”。这里有必要辩明的是，《行政处罚法》第 31 条、《中华人民共和国行政强制法》(以下简称《行政强制法》)第 18 条也规定了说明理由制度，从外观上看似乎也属于获合理回应权的体现，但行政处罚、行政强制中的说明理由和行政许可说明理由之不同在于：行政许可说明理由是针对《行政许可法》第 38 条规定的“行政机关对行政许可申请进行审查时……应当听取申请人、利害关系人的意见”，属于对不采纳申请人或利害关系人意见的一种解释和回复。而行政处罚和行政强制中的“说明理由”是发生在听取当事人陈述和申辩之前的，是对据以作出许可或强制决定的事实依据和法律依据加以说明的一种告知行为，并非不是针对当事人陈述和申辩意见回复，因而不属于获合理回应的权能。

(2) 在对公民权利义务影响更加广泛的行政立法领域，获合理回应权还不是参与主体的一项法定权能。《立法法》第 58 条、《行政法规制定程序条例》第 12 条和《规章制定条例》第 14 条都规定了行政法规、规章在起草过程中“应当广泛听取有关机关、组织和公民的意见”，但它们的后续条款中均未明确规定行政主体对公众意见的分析和答复义务。

(3) 在行政决策领域，获合理回应权的规定情况比较复杂，需要从两个层面来分析。第一，在国家立法层面，我国目前尚没有综合性的统一行政决策立法，有关单行法主要出现在行政规划决策、价格决策、征收征用等决策活动中。其中，明确规定了公众的获合理回应权的又主要限于价格决策活动中，如《政府制定价格听证办法》第 27 条，“定价机关作出定价决定后，应当通过政府网站、新闻媒体向社会公布定价决定和对听证会参加人主要意见采纳情况及理由”。而在行政规划和征收征用等其他行政决策活动中，公众的获合理回应权则几乎没有规定。如《国有土地上房屋征收与补偿条例》第 10 条规定征收补偿方案的确定必须“征求公众意见”，但并未要求房屋征收部门对相关意见的采纳情况予以说明理由或答复；又如，《城乡规划法》第 48 条要求修改详细规划的应当“征求规划地段内利害关系人的意见”，但也没有规定编制机关针对公众意见予以回复之义务。第二，在地方立法层面，各地方政府已经制定了大量的专门性、综合性行政决策立法[①]，其中大部分都明确规定了公众获合理回应的权利。如《广州市政府重大行政决策程序规定》第16条要求决策起草部门“充分考虑、采纳听证代表的合理意见；不予采纳的，应当说明理由”，《哈尔滨市人民政府重大决策规则》第13条也规定决策承办单位对公众提出的意见和建议“未予采纳的，应当说明理由并予以反馈”。由以上分析可见，行政决策领域的获合理回应权目前仅在地方立法层面有所规定，就国家立法而言，尚只有价格决策领域中有初步的规定。申言之，获合理回应权尚未成为行政参与的普遍性权能。

此外，关于获合理回应权能，行政立法和行政决策领域中还有两种典型情况值得注意。一种情况是《行政法规制定程序条例》第16条和《城乡规划法》第48条中关于“说明理由”的制度规定。前者规定，“起草部门将行政法规送审稿报送国务院审查时，应当一并报送行政法规送审稿的说明和有关材料。行政法规送审稿的说明应当对……征求有关机关、组织和公民意见的情况等作出说明”。后者规定，“组织编制机关应当充分考虑专家和公众的意见，并在报送审批的材料中附具意见采纳情况及理由”。在二者的规定中，“说明理由”实际上是一种报送上级审批或审查的附具材料，是为上级做决策提供的依据和资讯，主要体现的是行政机关对上级的义务，而不是对公众意见予以合理回应的义务，因此，这种规定严格来讲还不是对公众获合理回应权利的法律规定。但实际上对上级的“说明理由”和对公众意见的“说明理由”完全是可以同时规定的。如在地方层面，《江西省县级以上人民政府重大行政决策程序规定》第13、16条就同时规定了决策承办单位对社会公众意见的“说明理由”和报送审批材料中的“说明理由”。另一种情况是行政立法活动中已出现了行政主体就意见征求情况进行归纳、解释和说明理由的实践做法。如在2010年至2011年的《城市房屋拆迁管理条例》修订过程中，广大社会公众对《国有土地上房屋征收与补偿条例（第二次公开征求意见稿）》共提出了65601条意见，国务院对收到的意见进行了归类整理，制作并在网上公布了《关于〈国有土地上房屋征收与补偿条例（第二

① 据笔者统计，这包括：《广州市政府重大行政决策程序规定》等30余部政府规章和《常州市人民政府重大行政决策程序规定》等70余部其他规范性文件。

次公开征求意见稿)〉的说明》[1],对其中代表性公众意见的吸收和采纳情况进行了系统、充分的解释、说明。以上两种情况共同表明了:行政机关对专家和公众意见的采纳情况及理由无论是在制度规定还是实践运行中都完全是可以操作的,而且也可以做到对公众进行回复。只是从权利的角度看,目前立法并未将公众作为获合理回应的权利主体看待,因此还称不上是参与主体意见获合理回应的一项法定权能。

(五)关于合理意见获采纳的权能

在《宪法》层面,合理意见获采纳的权能尚缺乏明确依据,虽然有总纲第2条规定作为规范的基础,但据此能否推衍出合理意见获采纳的权能还有待宪法解释和立法实践工作的发展。

《城乡规划法》第22条规定:"乡、镇人民政府组织编制乡规划、村庄规划,报上一级人民政府审批。村庄规划在报送审批前,应当经村民会议或者村民代表会议讨论同意。"这项规定赋予的是村民会议或者村民代表会议通过表决方式决定村庄规划的权利。

纵观行政法律、行政法规、规章等其他法律规范,合理意见获采纳的权能的规定还比较稀少,目前只有行政许可领域、行政征收领域和行政规划领域中体现了该权能的某些内涵。《行政许可法》第48条第2款确立了许可听证的"案卷排他原则",规定"行政机关应当根据听证笔录,作出行政许可决定",听证笔录是在行政机关的主持下经许可申请人、利害关系人共同参与获得的,这说明对于听证会上形成的合理意见,行政许可机关必须采纳和据此作出决定。与之类似,《国有土地上房屋征收与补偿条例》第11条规定,"因旧城区改建需要征收房屋,多数被征收人认为征收补偿方案不符合本条例规定的,市、县级人民政府应当组织由被征收人和公众代表参加的听证会,并根据听证会情况修改方案"。《城乡规划法》第22条规定:"乡、镇人民政府组织编制乡规划、村庄规划,报上一级人民政府审批。村庄规划在报送审批前,应当经村民会议或者村民代表会议讨论同意。"其中"讨论同意"是合理意见的民意表达方式,是参与主体根据正当程序得出的民意结果

---

[1] 见国务院法制办公室网站:《关于〈国有土地上房屋征收与补偿条例(第二次公开征求意见稿)〉的说明》,http://www.chinalaw.gov.cn/article/cazjgg/201012/20101200330814.shtml,2012年12月10日访问。

来要求行政决定予以采纳的权利。

可见，在当下的法律体系中，合理意见获采纳权能的意味是非常稀薄的，在很大程度上还称不上是行政参与权的法定权能。这说明，作为行政参与权的核心内容的权能，其在目前的法律规定中尚没有得到应有的重视，亟待建立和完善。

（六）关于协商决定权能

协商决定权能的法律规范目前还相对较少，主要反映在行政合同领域。各级立法中关于行政合同的零散规定体现了参与主体和行政主体的协商决定权。在国家立法层面，《行政强制法》第42条规定了行政相对人和行政主体合意签订“强制执行协议”的协议执行；《清洁生产促进法》第28条规定了企业有权自愿和环保部门共同订立节约资源、防治污染的污染物排放协议；《政府采购法》则规定了供应商可以和政府协商签订有偿货物采购、工程采购和服务采购等类型的采购合同。在地方立法层面，如《湖南省行政程序规定》在第93—98条中对行政合同进行了专门、系统的规定，规定行政机关为了实现行政管理目的，可以与公民、法人或者其他组织，经双方意思表示一致，达成政府特许经营、国有土地使用权出让、国有资产承包经营出售或者出租、政府采购、政策信贷、行政机关委托的科研和咨询等方面的合同。

（七）关于协助执行权能

目前公民参与协助执行公务的权能主要反映在警察行政和环境卫生等行政管理中，但从整个法律体系来看尚属于凤毛麟角。如《警察法》第34条规定，“人民警察依法执行职务，公民和组织应当给予支持和协助。公民和组织协助人民警察依法执行职务的行为受法律保护”。部分地方立法还规定了公民在控烟、环卫等环境行政活动中的协助公务权，如《天津市控制吸烟条例》第11、12条规定，禁止吸烟场所的所在单位的工作人员，有权对在禁止吸烟区域内吸烟者“予以劝阻”、“令其离开或者拒绝为其提供服务”；《北京市市容环境卫生条例》第7条规定，任何单位和个人“对损害、破坏市容环境卫生的行为有权劝阻和举报”，在此，“劝”即有权加以说服教育，“阻”即有权加以制止，都属于协助行政机关执法的权利。

二、有关行政参与中其他权利的规定

除了上述有关行政参与权及其权能的规定之外，我国法律规范对在行政参与中经常行使的其他相关权利也有许多规定，这些权利对于帮助社会公众进行行政参与，也起到了重要作用。主要包括：

（一）政务知情权

2008 年《政府信息公开条例》的出台标志着知情权正式在我国确立为一项贯穿整个政府管理活动的法定行政参与权，大大推动了知情权的保障和发展。应当说，《政府信息公开条例》对于知情权的规定是比较系统、全面的。首先，《政府信息公开条例》第 1 条开篇明义，规定该法的立法目的就是“为了保障公民、法人和其他组织依法获取政府信息，提高政府工作的透明度”。紧接，该法第 9—12 条详细规定了公众获得政府主动信息公开的知情权，以及在第 13 条中规定了公众“申请获取相关政府信息”的知情权。再则，该法第 21、24 条规定了信息公开申请获得合理答复的权利及答复的法定期限，第 26、28 条则分别细致规定了申请信息公开过程中获得帮助和取得便利的权利。该法第 35 条分类设置了政府违反信息公开义务的法律责任，规定行政机关在“不依法履行政府信息公开义务”、“不及时更新公开的政府信息内容、政府信息公开指南和政府信息公开目录”、“违反规定收取费用”、“通过其他组织、个人以有偿服务方式提供政府信息”等情形下，应根据情节严重程度承担相应的行政责任或刑事责任。

此外，《政府信息公开条例》颁布以前，相关法律和行政法规也对知情权有着不同程度的表达。如《行政许可法》第 5 条规定，“行政许可的实施和结果，除涉及国家秘密、商业秘密或者个人隐私的外，应当公开”。《政府采购法》第 7 条也规定，“属于中央预算的政府采购项目，其集中采购目录由国务院确定并公布；属于地方预算的政府采购项目，其集中采购目录由省、自治区、直辖市人民政府或者其授权的机构确定并公布”。《突发事件应对法》第 53 条规定，“履行统一领导职责或者组织处置突发事件的人民政府，应当按照有关规定统一、准确、及时发布有关突发事件事态发展和应急处置工作的信息”。以上条款分别确立了公众对行政许可的设定结果、政府采购目录和突发事件处置的知情权。

（二）政务监督权

（1）宪法层面。监督权是我国宪法赋予公民的重要政治权利。《宪法》第 27 条规定一切国家机关和国家工作人员必须接受人民监督，第 41 条规定公民对国家机关和国家工作人员有提出批评和建议的权利、对国家机关和国家工作人员的违法失职行为有申诉、控告或者检举的权利。如果说前者是对监督权的原则性规定,后者则是监督权行使手段的制度安排。具体到行政管理领域,对“国家机关和国家工作人员”中的“行政机关和行政公务员”的监督权利就是政务监督权。

(2)法律层面。目前立法中对政务监督权已有的规定已经比较普遍,行政立法、行政执法、行政法制监督等各个行政领域的法律都规定有政务监督权的内容。例如:《行政监察法》第6条规定,“监察工作应当依靠群众。监察机关建立举报制度,公民对于任何国家行政机关、国家公务员和国家行政机关任命的其他人员的违法失职行为,有权向监察机关提出控告或者检举”。这属于对监督权的一般性表述。《立法法》第90条第2款规定,“前款规定以外的其他国家机关和社会团体、企业事业组织以及公民认为行政法规、地方性法规、自治条例和单行条例同宪法或者法律相抵触的,可以向全国人民代表大会常务委员会书面提出进行审查的建议,由常务委员会工作机构进行研究,必要时,送有关的专门委员会进行审查、提出意见”。其中,公民就“认为和宪法或者法律相抵触的”行政法规建议全国人大常委会审查便属于对行政立法工作的监督权。《行政处罚法》第56条规定,“行政机关对当事人进行处罚不使用罚款、没收财物单据或者使用非法定部门制发的罚款、没收财物单据的,当事人有权拒绝处罚,并有权予以检举”。该条实际上规定了两种形式的监督权,一是对违法行政处罚行为的抵抗权,二是对此种违法行政行为予以检举的权利。

然而,政务监督权相关法律规定的不足之处亦是相当明显的,这体现为监督法律效力的匮乏。具体而言,许多法律规范中虽然规定了政务监督权,却没有规定其对应的法律效力,这使得监督权在实践操作中有符号化、形式化之虞。如《行政监察法》第6条规定“公民对于任何国家行政机关、国家公务员和国家行政机关任命的其他人员的违法失职行为,有权向监察机关提出控告或者检举”,却没有规定监督的后果,如监督机关是否有义务向举报人通报处理结果,不予立案的是否需要说明理由等。在此情况下,公民的监督是缺乏力度的,其监督的积极性也可能因此受到减损。

三、行政参与权权能的运用实例分析

在现实的法律生活中,行政参与权的各项法定权能已经在各领域中得到了初步的运用,尽管运用还未成为普遍的权利事实,其运用效果亦有待完善,但这些权能的实际运用在一定程度上说明:行政参与权作为一种法定的相对人权利,已经可以通过具体权能运用,在日常的行政管理活动中发挥实效。以下就以不同行政领域的典型案例为样本,来对其实际运用情况进行分析:

(一)行政参与权能在行政立法中的实际运用——以《国有土地上房屋征收与补偿条例》的颁布为例

城市房屋的征收、补偿与搬迁长久以来就是一个利益交织、矛盾多发的敏感地带,尤其是在我国社会转型时期,近几年随着房地产商业开发和土地财政兴起,《城市房屋拆迁管理条例》的各种弊端已充分暴露,到了不改不行的程度。修法过程中,从旧的《城市房屋拆迁管理条例》到新的《国有土地上房屋征收与补偿条例》,历时三年,数易其稿,从立法筹备到征求意见,公众参与贯穿了整个立法。

2009 年 12 月 7 日,北京大学法学院姜明安、沈岿、王锡锌、钱明星和陈端洪五位教授向全国人大常委会递交了《关于对〈城市房屋拆迁管理条例〉进行审查的建议》,建议立法机关对《城市房屋拆迁管理条例》进行审查,撤销这一条例或由全国人大专门委员会向国务院提出书面审查意见,并建议国务院对《城市房屋拆迁管理条例》进行修改。从行政参与权权能的角度思考,五教授建议国务院对《城市房屋拆迁管理条例》进行修改,体现的是一种带有动议性质的政务主张权,即主动提请有权机关对相关法律“制定、修改或者废止”。

此后的 2010 年间,该法共进行了两次公开征求意见。第一次征求意见,公众提出相关意见 65601 条,主要内容包括:补偿标准应当是房地产市场价格,能够保证被征收人可以在市场上购买到区位、面积、环境等条件相似的住房,而且要求评估机构应当由被征收人选择确定;第二次征求意见,公众提出相关意见 37898 条,主要围绕要增加政府补助和奖励、评估机构应当由征收方和被征收方协商一致确定等内容。这些都是公众积极行使表达权的体现。同时,政府方面也主动地履行了对公众表达权的保障义务,国务院法制机构对公众意见进行了集中归类、逐条整理、认真分析,并对公众提出的意见予以了充分的尊重和适当的采纳。例如现已颁行实施的《国有土地上房屋征收与补偿条例》中就针对征求意见中公众提出问题作出了相应的修改和规定,“对被征收房屋价值的补偿,不得低于房屋征收决定公告之日被征收房屋类似房地产的市场价格。房地产价格评估机构由被征收人协商选定;协商不成的,通过多数决定、随机选定等方式确定,具体办法由省、自治区、直辖市制定”。除了公开征求意见之外,国务院还通过座谈会、论证会等形式积极引入公众参与,据统计,草案修订过程中,共召开各类座谈会、论证会45次,1150多人次参加讨论。[①] 根据该法修订中相关事实经过,可对行政参与权诸项权能运用作出以下观察:(1) 作为公众行使政务主张权能(建议权)之重要手段的座谈会、论证会等在此次立法中得到了较为充分的运用。(2) 政府对公众表达的意见予以了“充分的尊重和适当的采纳”,这在一定程度上保证和体现了公众的意见表达得到合理回应的权能和合理意见获采纳的权能,虽然这种权能在目前的《立法法》和《行政法规制定程序条例》中并未得到明确规定,但本次参与实践已经超越了法律文本,赋予了其丰富而充实的现实内容,这无疑是一个进步。

(二) 行政参与权权能在行政执法中的具体体现——以浙江、湖南两省环境行政许可听证案为例

案例一 浙江省海宁市金都阳光酒店油烟、噪声、污染等环境许可证听证案

2004年11月,浙江省海宁市环保局召开首次环保行政许可听证会,就位于硖石西山路850号开设金都阳光酒店是否造成环境污染举行听证。参加听证会的除酒店业主外,位于酒店附近的海宁市幸福花园的9位代表、海宁街道及梨园社区居委会有关负责人和环评单位负责人出席了会议,市人大办公室、市政府法制办等部门的有关领导列席了会议,另有16位公众代表旁听了听证会全过程。行政许可审查人员首先就受理金都阳光酒店设立

① 有关事实资料和相关数据来自陈菲、杨维汉、崔清新、隋笑飞、邹伟:《〈国有土地上房屋征收与补偿条例〉制定颁布纪实》,http://www.chinanews.com/estate/2011/01-27/2816849.shtml,2011年6月17日访问。

的环境问题提出了初步审查意见理由和依据;酒店业主乔伟民就设立酒店存在的油烟、噪声、污水等环境问题陈述了改进的措施和意见;参加听证会的9位利害关系人代表依次作了陈述,并就酒店设立存在的环境问题相继提出了自己的意见;环评单位嘉兴市环境科学研究所负责人就该酒店的环境影响依据国家现行有关标准进行了评价。会后,共收到参加听证会代表填写的"公众调查表"29份。此次听证会将对各方陈述的意见进一步汇总形成听证报告,作为环保部门作出行政许可决定的重要评定依据。

案例二 湖南长沙首例餐饮业环境保护行政许可听证案

2007年8月,长沙市雨花区环保局接到居民举报,称雨花区的和聚园酒家在居民区一楼从事餐饮经营活动,有可能影响到楼上居民的正常生活。8月31日,雨花区环保局工作人员到达现场调查核实,和聚园酒家在建设过程中,未依法报批环境影响评价文件擅自开工建设,属于环境违法行为,环保部门当即依法责令其停止建设,并要求其补办环境影响评价手续。9月2日,和聚园酒家向雨花区环保局提出了环境保护行政许可听证申请,环保部门当天受理了听证申请,并于9月6日通过政府网站和张贴公告等方式公开公告。在申请人陈述、听证调查及双方举证质证、申请人最后陈述后,雨花区环保局根据合议结论,作出如下结论:(1) 在审批环境影响评价文件时,环保部门将充分考虑居民的意见,把其作为环境保护行政许可的重要依据之一;(2) 待和聚园酒楼环境影响评价报告表通过专家评审后,环保部门再作出是否许可的决定。

以上两个案例都涉及行政许可活动中的参与,而且其过程具有很多共性,在一定程度上反映了行政执法中的普遍权利现象,具有典型的分析意义。两案的行政许可过程中主要体现了两种行政参与权权能:(1) 程序进入权能。两个案例中的参与人都是有资格限制的,即与行政许可事项有利害关系的居民,而非一般社会公众,这体现了具体的程序进入权。(2) 政务主张权能。两个案例中的参与人,即特定区域内的居民,都是通过听证会的形式行使权利的,属于政务主张权的具体运用。二者的共同的特点是,有组织地行使权利,采取这样的方式行动能力更强,也更容易受到行政机关和媒体舆论的关注。(3) 行政机关一方积极履行了职责,按照法定程序组织了听证会,并将"听证报告"、"居民的意见"作为环境行政许可的重要评定依据，这充分体现了对居民合理意见获采纳权能的尊重和保障。

（三）法定的行政参与权能在行政决策中的具体体现——以厦门PX事件和上海磁悬浮事件为例

案例一 厦门PX项目选址事件

厦门市海沧PX项目，是2006年厦门市引进的一项总投资额共108亿元人民币的对二甲苯化工项目，该项目号称厦门“有史以来最大的工业项目”，选址于厦门市海沧台商投资区，投产后每年的工业产值可达800亿元人民币。该项目于2006年11月开工，原计划2008年投产。由于PX项目区域位于人口稠密的海沧区，项目开工后便遭受广泛质疑。2007年3月，由全国政协委员、中国科学院院士、厦门大学教授赵玉芬发起，105名全国政协委员联合签名的“关于厦门海沧PX项目迁址建议的提案”在两会期间公布，提案认为PX项目离居民区太近，如果发生泄漏或爆炸，厦门百万人口将面临危险。但遗憾的是国家相关部门和厦门市政府没有采纳他们的建议，而且加快了PX项目的建设速度。该情况一经媒体披露，立刻引来厦门人的关注，尤其是在厦门海沧“未来海岸”楼盘买了房子的业主。市民们通过网络和手机传递消息，一时造成了极大的社会恐慌。对此，市政府很快作出了回应。2007年5月28日，厦门市环保局局长用答记者问的形式在《厦门日报》上解答了关于PX项目的环保问题。次日，负责PX项目的腾龙芳烃有限公司总经理林英宗博士同样以答记者问的形式在《厦门晚报》发表长文，解释了PX工厂的一些科学问题。5月30日，厦门市常务副市长丁国炎召开了一个非常简短的新闻发布会，正式宣布缓建PX项目。但是，公众对政府一系列解释行为并不满意。自6月1日上午8时起，一些市民就集中在PX项目工地及湖滨北路附近举行游行，名为“散步”，反对PX项目。“散步”一直持续到第二天傍晚。政府和市民均保持克制，未发生肢体冲突。当月，厦门市政府委托中国环境科学院进行“厦门市城市总体规划环境影响评价”；2007年12月5日，环评简本向社会公布，以多种形式征求公众意见。12月8日，在厦门市委主办的厦门网上，开通了“环评报告网络公众参与活动”的投票平台；9日，投票突然被中止，10日投票平台被撤销。投票结束之时的结果显示，有5.5万张票反对PX项目建设，支持的有3000张票。12月13日，厦门市政府开启公众参与的最重要环节——市民座谈会。驻厦中央级媒体包括新华社、《人民日报》、《光明日报》等，以及厦门本地的媒体，获准入内旁听。整场座谈会持续四个小时。最终结果显示，49 名与会市民代表中，超过 40 位表示坚决反对上马 PX 项目，随后发言的 8 位政协委员和人大代表中，也仅有一人支持复建项目。12 月 14 日，第二场市民座谈会继续举行。第二场座谈会有市民代表、人大代表和政协委员等 97 人参加，62 人发言。在座谈中，除了约 10 名发言者表示支持 PX 项目建设之外，其他发言者都表示反对。座谈会上，曾对海沧区做过独立环境测评的厦门大学袁东星教授，根据数据及专业知识对 PX 项目表示反对。2007 年 12 月 16 日，福建省政府针对厦门 PX 项目问题召开专项会议，会议决定迁建 PX 项目。①

案例二　上海磁悬浮事件

2007 年 1 月 18 日，上海磁浮公司向国家环保总局递交环评报告，希望在 2010 年世博会前，建成连接两个机场的沪杭磁悬浮上海支线。报告同时在网上公示。规划显示，轨道中心线离最近的小区不足 25 米。沿线居民获知后，担心受磁辐射污染，开始大规模上访。3 月中旬，国家环保总局到闵行区评审这份报告，最多一天有 5000 多人到区政府上访，评审无果而终。居民反映，当时公示没有通过媒体进行，也没有在小区内张贴，没有达到公示目的。同月，闵行区政府带领众多专家赶赴各社区开座谈会，补"公共参与"这道程序。5 月，沿线居民被告知，项目暂停。2007 年 12 月 29 日，上海规划局官方网站公布优化后的方案，公示期间从 2007 年 12 月 29 日至 2008 年 1 月 18 日。根据新方案，34.8 公里线路缩减到 31.8 公里。原来沿铁路的线路，改为沿淀浦河岸边。部分管道从明铺改为暗埋或基本暗埋。这次公示再次遭到居民们的质疑。他们认为防护间距 30 米，与已通车的磁悬浮示范线 50 米标准仍然不符，与德国 300—500 米的标准相差更远。2008 年 1 月 2 日，该方案的环评报告也在"上海环境热线"网站上挂出，公示期间为 2008 年 1 月 2 日至 2008 年 1 月 15 日。该报告认为电磁辐射达标。而有专业知识的市民则认为报告的计算方法不能恰当反映现实。沿线小区的居民很快动员起来，寻求发出自己的声音。1 月 6 日晚，一些居民集中到港汇广

① 以上事实资料参见百度百科"厦门 PX 项目事件"词条，http://baike.baidu.com/view/3114002.htm，2011 年 6 月 17 日访问。

场“购物”,表达自己的意见。1月12日,一些居民在人民广场“散步”,后又转往南京路等繁华街道,未与警察发生冲突。同日,在居民的要求下,上海市辐射环境监督站带着一些居民代表前往磁悬浮示范线旁边进行了实地测量,居民代表据测评结果对于环评报告提出了质疑。地方政府很快作出反应。1月7日,闵行区长陈俊带领区规划、环保、信访等部门的相关负责人,听取12名居民代表的意见。1月8日晚上,由闵行区信访办组织,在闵行区古美社区学校再次举行了磁浮专家、区官员与居民代表沟通会,就公示方法、公示期限、磁浮带来的噪声、振动、辐射等方面的影响以及个人财产的隐性流失等问题进行了沟通。闵行区后又专门设立4个意见征询点,征询居民意见。许多市民放弃“散步”,踊跃前往登记。1月18日,上海环境热线和上海规划局网站上发表告示,感谢公示期间市民的参与,并表示市民可以继续发表意见。告示虽未对居民提出的延长公示期、召开听证会等要求给予明确答复,但已显示出积极吸纳民意的姿态。[①]

以上案例都是近年来我国(环境)行政决策领域中的里程碑事件,颇具讨论价值。两个案例中涉及程序进入权能、政务主张权能、协商决定权能等多种权能的运用,案例反映出的权能运行之现实逻辑和法律对权能的规范表述存有较大差距,值得仔细品味。以下对三种权能的运用分别展开论述:

(1) 程序进入权能。从两个案例的起因可以看出,政府并未主动满足社会公众参与行政决策的程序进入权能,或者说政府一开始并未吸纳公众参与行政决策,而只是听取了专家的意见,整个决策过程具有很大的封闭性。这从一个侧面映射出政府对公众的参与主体身份还缺乏应有的尊重。

(2) 政务主张权能。就案件发生当时的法律规定来看,公众参与的法律依据主要是《环境影响评价法》第11、21条和《环境影响评价公众参与暂行办法》中的相关规定(通过听证、座谈会、论证会等形式提出政务主张)。但在事实层面,起初政府并没有主动履行相应的保障义务,相反采取的隐瞒封锁信息、逃避公众参与的措施,这才导致公众不得不借助“散步”这种非正

① 案件资料参见王锡锌、章永乐:《我国行政决策模式之转型——从管理主义模式到参与式治理模式》,载《法商研究》2010年第5期。

式渠道表达意见。接着,政府才在各种非正式的公众参与的压力下作出反应,通过听证会、论证会、座谈会的形式征求意见,满足公众的政务主张权。整个过程中,公众积极、主动维权并采取灵活妥协的抗争策略实际上扮演了倒逼政府履行保障义务的重要角色。

(3) 协商决定权能。在厦门 PX 项目事件中,政府通过网上投票平台、两次市民座谈会进行了两次公众投票,公众的投票结果是民意的集中体现,之前的"散步"和游行使政府看到了公众的决心和力量,这使得政府不得不采取与公众协商决定的妥协姿态,并最终决定 PX 项目迁址。在这个意义上,虽然公众的网上投票、公众代表表决并非当时法律规定的参与方式,也不具备正式的法律效力,但实际上已经达到了"协商决定"的效果。这些情况说明,在严重影响社会公众生活环境和身体健康的重大行政决策项目中,公众对于行政决策具有很强的参与诉求,由于对技术不确定性的担忧,公众不仅需要进入决策程序和提出自己的主张,而且还会进一步要求与政府共同协商决定,这无疑是一种深度的参与。因此,在政府规避公众参与甚至违背公众意愿作出决定的情况下,公众自发组织集体行动要求政府采纳其主张便不足为怪,这些行动事实上也对政府决策形成了强大的社会压力和决定性的影响。这一状况正说明了现实权利需求和法定权能配置之间的落差,反映出行政决策领域协商决定权能在制度供给上的不足。

当然,实践中公众的协助执行权亦有着广泛的运用,这主要体现在某些社会综合治理领域。现实中吸收、邀请或聘任公众志愿作为交通协管员、环保协管员等公共秩序协助维护者的例子已经非常多见。

四、对行政参与权权能法律规定的反思

整体来看,目前的行政法律规范已经对行政参与权的各种权能进行了初步规定,作为一般性权利的行政参与权已经得到法律规范的普遍认可,权能的类型呈现多样化,并覆盖到行政立法、行政决策和行政执法等多个领域。尽管各种权能的法律规定还尚未体系化,但已反映出我国行政参与权开始摆脱抽象政治话语而向各种具体权能纵深发展的良好趋势。

然而,目前法律对行政参与权的相关规定所存在的缺陷也是明显的,就法律规范和具体运用两方面而言,都还处于相当初步的阶段。需要加以

反思。

(一) 法律规范问题

对于行政参与权的权能,在法律规范层面存在下列主要问题:

(1) 权能内容不够全面、系统、深入。首先,目前所普遍规定的权能主要是程序进入权和政务主张权等较浅层次的权能,获合理回应权、协助执行权等权能还没有得到充分而普遍的确认,协商决定权和合理意见获采纳权这样的深层次权能则更加少见。其次,有些权能内容本身缺乏合理性。例如上文提到的《环境影响评价法》(第21条)、《城乡规划法》(第48条)中规定组织单位在征求公众意见后,意见采纳情况只在报送审批时报告上级,对上级负责,而不是告知社会公众、对公众负责,这种回应显然不是“合理”的回应。再次,某些法律规定非常粗浅,仅仅确认了公众享有某一种权能,但欠缺系统科学的制度安排。权能的有效落实需要系统的制度供给,缺乏制度的支持,再好的权能恐怕也只能停留于文本上,而无法在现实中得以操作和运作。例如,《行政法规制定程序条例》第12条规定听取意见可以采取召开座谈会、论证会、听证会等多种形式,但后续的条文中并没有具体规定座谈会、论证会、听证会的组织制度和程序制度,也没有规定通过这些方式取得的公众意见的法律效力。

(2) 立法层级较低,法制不统一。现行有关权能的规定立法层级较低,特别是在行政决策领域,很多权能还主要是由地方政府规章加以规定的。我们在这里并不是说地方层面权能规定一定不好或不规范,而是说,部分领域的行政参与权权能仍只是地方的局部试水,没有上升到中央的统一立法层面。当然,地方政府的法治创新精神和制度实践努力是值得赞许的,但从法律规范的角度考察,这一现象反映了一些问题:首先,相应的权能缺乏普遍性,部分地区有这样的规定,其他地区则可能没有。中央没有统一立法的情况下,很难讲某一权能已经成为普遍性、法定性的共同规范。其次,不同地区对同一权利或同一参与事项的规定也存在差异,例如《广州市重大行政决策程序规定》中规定了公众可以参与行政决策的评估[①],《东莞市重大行政决策程序规定》和《淮北市政府重大行政决策程序规定》却只规定“市人

---

① 《广州市重大行政决策程序规定》第29条。

民政府办公室负责重大行政决策执行情况的检查监督”[①]。虽然这可能只是局部现象,但长远来看既不利于行政参与权本身的规范化、制度化,也不利于国家法制统一。因此需要更高层级的法律和行政法规进行统一规定。

(3)权能缺乏相应法律责任的保障。法律责任不仅意味着制裁,同时也是保障权利之法律效力的重要手段,缺乏法律责任的权利注定是没有“牙齿”的,象征意义往往大于实质意义。因此,要切实保障行政参与权的各种权能,必然要求政府要对自身违反相关义务的行为承担责任,以确保行政参与权的实效。但考察现行立法规定,比较普遍的现象是只规定了行政参与权的权能,却没有规定政府违反保障义务时所承担的法律责任,这很容易造成行政参与权的形式化,也不利于有效地督促政府积极履行职责。例如,《行政许可法》第48条第2款规定“行政机关应当根据听证笔录,作出行政许可决定”,确立了许可听证的案卷排他性规则,但阅遍该法第七章“法律责任”的规定,却找不到违背该条规定的法律责任。又如,《广州市规章制定公众参与办法》规定了公众在“规章立项”、“规章起草和审查”、“规章实施”等各个阶段的行政参与权权能,但综观整部法律文本,对相关权能的法律责任问题几乎只字未提。

(二)具体运用问题

此外,在实践层面,相关法律规范的具体运用也存在不少问题:

(1)有法不依。即相关立法已经对某些行政参与权权能作出了明确规定,但在行政管理实践中却得不到良好的贯彻和遵守。目前在信息公开和行政征收领域,这一现象尤为突出。究其深层次原因,主要在于法律责任的缺失和监督问责制度的不健全。在信息公开领域,《政府信息公开条例》明确规定了政府主动公开的范围、重点公开事项以及政府的相关义务,然而在实践中,有法不依或故意规避乃至侵犯公众政务知情权的情况却屡有发生。例如,按照《政府信息公开条例》的规定,申请人申请信息公开不需要说明用途,但有学者的调研结果显示:“政府机关要求说明申请用途几乎成为常态。有的政府部门要求申请人在线上传证明用途的文件,有的部门要求申请人以传真等形式补正有关部门出具的、盖有公章的证明文件,以说明申请用

① 《东莞市重大行政决策程序规定》第31条。

途。有的政府部门还要求申请人声明保证不滥用所获取的信息。”[①]更有甚者，在“王爱国不服郑州城乡规划局信息公开案”[②]中，申请人申请郑州城乡规划局公开相关的规划信息和项目变化原因，但规划局非旦不依法主动公开，反而设置各种条件阻碍申请人申请公开，并索要两万元盖章费。在价格听证领域，对公众政务主张权虚置化的现象也十分突出，虽然《政府制定价格听证办法》第26条明确要求“定价机关作出定价决定时应当充分考虑听证会的意见”，但当下“逢听必涨”却是十分常见的现象，这显然不符合“充分考虑”听证会意见的要求。

(2) 落实不全面。这主要表现为，法律对某一权能作出了全面完整的规定，但在实践中由于行政机关没有合理履行义务，导致该权能只得到部分落实或只是在形式上得以满足。例如，《国有土地上房屋征收与补偿条例》第10—11条规定了“政府应当组织有关部门对征收补偿方案进行论证并予以公布，征求公众意见”、“政府应当组织由被征收人和公众代表参加的听证会，并根据听证会情况修改方案”，但在实践中我们常常看到的是政府虽然组织了听证会，但听证会上收集的意见对征收或补偿的最终结果没有什么实质性影响，这说明在征收过程中政府只在形式上满足了公众的政务主张权，却没有保障公众参与的获合理回应权(说明理由)及合理意见获采纳权(“根据听证会情况修改方案”)。

(三) 改进的思考

针对目前行政参与权能存在的问题与不足，我们建议应从以下三个方面着手完善：

(1) 权能规定的完整。这不仅包括权能种类的完整，还包括了权能覆盖领域的完整。就权能种类而言，程序进入权、政务主张权、获合理回应权、合理意见获采纳权等基本权能都应当得到统一化、普遍化的规定，对于特定的领域和事项范围，还应赋予相应的协商决定权和协助执行权，以形成系统科学的权能体系。对于权能覆盖领域而言，行政参与权各项基本权能要广泛覆盖行政立法、行政执法和行政决策等各个层次和领域，不能出现权能规

① 吕滟宾：《中国政府透明度年度报告(2010)》，载李林主编：《中国法治发展报告 No. 9(2010)》，社会科学文献出版社2011年版。

② 《驳回行政复议申请决定书》，郑政(驳复字)[2011]29、32—39号。

定在某一领域中的空白和漏洞。

（2）法律责任体系的建立。针对现实中普遍存在的参与权保障不力、落实不全面的情形，系统规定和建立行政参与权的责任体系是十分必要且紧迫的。这一体系具体包含：① 针对行政行为本身的不利法律后果。当行政行为的作出未满足法定的参与权能时，行政行为本身是具有瑕疵的，包括不能成立、无效或可撤销等。例如，对于拒绝听取当事人陈述和申辩就作出的行政处罚决定或未经催告程序就实施的行政强制执行行为，就属于无效或不成立，行政相对人可以不予理睬或进行抵抗。② 针对行政机关的外部责任。对行政主体未依法履行保障公众参与权之义务或侵犯公众参与权的，公众可以基于参与主体的身份对之提起行政复议或行政诉讼，使之承担确认违法责任、补救责任、国家赔偿责任等败诉责任。③ 针对行政公务员的内部责任。由于行政主体对参与权的保障义务最终都是依靠其公务员来执行的，每一个相关行政行为的背后也都是一个个具体公务员所实施的行为，因此从这个意义上讲，参与权法律责任体系之构建尤其应当重视针对行政公务员的内部责任。基于责任程度的大小和责任形态的不同，这种内部责任还可以作出两种分类：一是违法责任，即行政主体承担外部责任后对相关公务员进行内部追究或追偿，并给予相应行政处分。其责任基础在于相关行政行为严重违反对参与权的保障义务而导致违法，是外部责任在行政主体内部的延伸。二是绩效考核的责任。即将参与权的保障作为公务员工作绩效的一项重要考核标准，对于保障落实参与权不力、不全面或怠于履行保障义务的公务员，在绩效考核结果中应评定为“基本称职”或“不称职”，并与其工资、奖金、升职及相关福利挂钩。

（3）立法位阶的提升。目前许多相关法律规范的层级较低，不同领域、不同类型权能的地方立法很多，不免产生冲突和歧义，不利于法制统一。对此，中央应当在清理、整合现有法律资源的基础上，适时出台相应的专门法律或行政法规，对不同权能的内涵作出统一界定，并统一规定各种权能的相法律制度，作为地方和其他领域相关立法的标准，以促进法律体系的协调融贯。

第四章　行政参与权对行政法律关系的变革

第一节　行政参与权对传统行政法律关系的突破

如前文所述，行政参与权是指社会公众依法参加行政程序，以法律规定的方式，约束和帮助行政主体听取并吸收民意的一项综合性民主权利。行政相对人行政参与权的享有和增加，会成为变革传统行政法律关系的重要内因，因为它使原行政法律关系注入了新的行政相对人权利内容，要引起行政相对人自身权利结构的变化。在这里，为了分析行政法律关系中行政相对人原有权利与行政参与权的关系，我们将行政相对人的原有权利称为“本体性权利”，这包括行政相对人的人身权、财产权、平等权、受益权等，而行政参与权则属于新增设的权利。行政参与权进入行政法律关系后将与原本体性权利发生组合，并通过充权使本体性权利增强能量和效力。这一结果进而要导致行政法律关系中行政主体一方的权力和义务在结构、运行和效力上发生变化。这些都会突破传统的双方权利义务关系，形成参与式行政法律关系的新型权利义务结构。

一、行政参与权:行政法律关系新的构成内容

行政法律关系的构成内容是行政主体与其他主体之间的权利与义务，其中行政法律关系的基本构成内容是行政主体与行政相对人之间的权利与义务。

在传统行政法律关系的内容中,行政主体与行政相对人之间主要有两种基本的法律关系:秩序行政和给付行改。在秩序行政中,是以行政主体的管理权(如决定权、处罚权、强制权等)与行政相对人的服从义务为双方关系的内容;在给付行政中,是以行政主体的服务义务(如行政救助义务)与行政相对人的受益权利为双方关系的内容。

在行政主体与其他主体之间的法律关系也有两种类型:在行政权力的赋予上,是以行政权力分配主体(如权力机关或上级行政机关)配置行政职权职责的权力与行政主体接受的义务为双方关系的内容;在行政权力的监督上,是以法制监督主体(如司法机关或专门的行政法制监督机关)的监督权与行政主体接受监督的义务为双方关系的内容。

上述行政法律关系的内容因行政参与权的确立,发生了两种新的变化:

第一种是以社会参与主体的行政参与权与行政主体保障参与的义务为双方关系的内容。这是一种新产生的独立的行政法律关系。主体双方中，一方是行政主体未变,但另一方既不是权力机关等行政权力分配主体,也不是司法机关等法制监督主体,更不是行政相对人,而是一种单独的行政参与主体,如与行政主体的行政行为并没有利害关系的专家学者、为了公共利益而参与行政活动的社会公众等。这种单一的行政参与主体与行政相对人，在主体范围、参与目的、权利义务上都有区别。

第二种是以行政相对人的增加的行政参与权与行政主体保障参与的义务为双方关系的内容。这是传统行政法律关系内容中的一种结构变化。双方主体仍是行政主体和行政相对人,但由于行政相对人具有了行政参与权，从而同时具有了行政相对人和行政参与主体两种身份,带来了原行政法律关系内容的改变。具体表现如下:

其一,行政参与权使行政相对人增加了一系列的具体权利,如进入行政程序的权利、提出政务主张的权利、获合理回应的权利、合理意见获采纳的

权利、协商决定的权利、协助执行的权利等，大大充实了行政相对人的权利内容。

其二，行政参与权进入行政法律关系的内容之中后，与行政相对人原有的“本体性权利”组合一起，形成新的复合权利结构，行政相对人既享有行政参与权，又具有本体性权利，成为具有双重权利的双重身份主体。同时，行政相对人通过行政参与权的充权作用，强化了自己本体性权利的效力，加强了对本体权利的保护。

其三，行政参与权对行政法律关系中的行政主体增加了一系列的具体义务，即满足行政参与权各项权能的义务。与行政相对人享有行政参与权相对应，行政主体必须负有满足行政参与权的义务。

其四，行政参与权基于其参与性，要渗透并作用于行政法律关系中行政主体的行政权，成为行政权正当性的基础和效力来源，影响并制约着行政权力的行使。

二、行政参与权改变了行政法律关系的特点

缺乏行政参与权内容的传统行政法律关系，通常具有对社会的封闭性、行政主体的单向性以及单方强制性等特点，而社会公众（包括行政相对人）行政参与权的注入，使之发生根本性改变。这包括：

（1）行政参与主体在行政法律关系中享有行政程序进入权，并应当具有知情权，使行政主体必须履行行政公开和接受参与主体进入行政程序的义务，由此形成行政法律关系的开放性。在参与式行政中，行政参与主体首先享有知悉和获得行政过程中除依法不得公开外的相关行政信息的权利。只有行政过程向公众开放，参与主体才可能进入行政程序。申言之，参与主体有权知道政府何时开始行政活动，可以了解行政活动的进展情况，查询相关信息，复制相关资料，得到相关通知，参加或旁听会议，有权了解和知道行政结果，并要求说明或公布行政决定的依据和理由，等等。而与行政活动有利益关系的公众可以进入行政程序的全过程。参与主体以上权利的行使，必然要求行政主体整个行政过程对社会公众开放，并履行相应的公告义务、通知义务、会议开放义务、材料展示义务和信息公布义务等。在这样一个开放的行政过程中，参与主体行使知情权和行政程序的进入权，行政主体履行

行政公开义务和接纳参与主体进入行政程序的义务，进行开门立法、开门决策、以及透明执法等，从而形成开放性的行政法律关系。

（2）行政参与主体在行政法律关系中享有的政务主张权和获合理回应权，使行政主体必须履行听取公众意见和诉求的义务，由此形成了行政法律关系的双向互动性。政务主张权是指行政参与主体为维护自身合法权益或者促进公共利益对行政事务表达诉求或意见的权利，包括公众对有关事实和利益诉求的陈述，对行政活动的建议等。与此相对应，行政参与主体还应当享有其诉求与意见得到合理回应的权利。因此，政务主张权不只是一般的话语权，还要通过政见表达进而使行政主体倾听、回应、采纳，并影响行政决定。这种目的之实现，首先要有接受和聆听的义务主体，也即要有义务受众，其次要求该受众应当听取、接受参与主体的话语信息，并及时进行沟通和回应。否则，没有双向的交流、互动与沟通，公众只是单向度的传声筒，政务主张权之目的很难实现。而且，参与主体是整个行政过程的话语主体，其政务主张权是贯穿于整个行政过程的权利，行政主体对于参与主体在任何行政程序阶段提出的建议与诉求，都应当履行倾听与反馈义务，由此形成了行政主体与行政参与主体在整个行政过程中的双向互动法律关系。

（3）行政参与主体在行政法律关系中享有的合理意见获采纳权、协商决定权和协助执行权，使行政主体必须履行以合意形成行政决定和合作执行的义务，由此形成了行政法律关系的合作性。行政参与主体享有合理意见获采纳权后，可以要求行政主体采纳其意见并根据其诉求作出行政决定。而参与主体享有协商决定权则可以与行政主体一起协商作出行政决定。与此相对应，行政主体需要履行吸纳公众意见与诉求作出决定的义务，或者履行与公众协商决定的义务。这种行政决定中的权利义务关系无疑防止了行政主体的单方决定和肆意专断，有利于形成合意决定关系。同时，协助执行权的享有意味着参与主体可以参加行政决定的执行，可以协助执行行政决定。另外，参与主体还可对执行情况进行评估，有权请求纠正不合法和不合理的行政决定等。而行政主体应当履行吸纳公众协助执行行政决定的义务和接受公众评估并进行反馈与纠错的义务。这无疑有利于促进合作执行，减少执行的单方强制。因此，行政参与主体合理意见获采纳权、协商决定权和协助执行权的行使，使整个行政活动在双方合作中完成，形成双方合作的行政法律关系。当然,行政参与主体的协商决定权和协助执行权只限于特定的公共行政领域,这些公共行政领域应当存在政府与社会公众协商决定或协助执行的必要性和可行性。

以上都是行政参与权给封闭性、单向性、强制性的传统行政法律关系所带来的变化,形成了参与式行政法律关系所具有的各种新特点。

三、行政参与权导致行政相对人权利结构的变化

行政参与权进入行政法律关系后,对于行政相对人来说,将引起他们自身权利结构的变化,形成行政参与权与原本体性权利的相互依存关系,形成两类权利组合的复合权利结构。

(一)行政参与权与本体性权利的关系

行政相对人的人身权、财产权、平等权、受益权等本体性权利,是其生存和发展的实体性利益基础。行政参与权是行政相对人为实现自身利益或维护与自身利益相关的公共利益,而参与行政活动,并影响行政活动的权利。因此,行政参与权对本体性权利是具有服务性的,离开本体性权利,行政参与权虽也有一定的独立性(如体现权利人的人格和地位),但会在相当的程度上失去其存在价值,即保护并促进本体性权利的实现。因此,行政参与权与本体权利的基本关系是保护与依存的关系。

首先,行政参与权是本体性权利的保护之权。行政相对人的本体性权利是其生存和发展的实体性利益基础,根据行政为民的要求,行政主体当然负有不得侵害并给予保护的义务。但是,由于行政权具有扩张性、侵犯性、任意性的内在基因,使行政权的侵害极为便利和容易。[①] 因此,必须加强对行政权力的监督与制约,以保护行政相对人权利。以司法权对行政权力制约和其他事后补救性的方式对行政权力的制约,都有事后的不足性,而赋予行政相对人在行政过程中的参与权,则可以事先或事中来制约与抵制行政权的“入侵”。行政相对人通过积极主动地参与行政活动,能独立自主地与行政主体进行信息交换、意见沟通、利益博弈,进而影响行政决定,监督制约行政权力,防止行政权力的侵害,实现自己的利益诉求。具体而言,行政相

---

① 参见罗豪才、崔卓兰:《论行政权、行政相对方权利及其相互关系》,载《中国法学》1998 年第 3 期。

对人通过参与行政立法或行政决策的权利，可以保障自己本体权利的第一次公平分配；通过参与行政许可、行政处罚等行政执法的权利，可以保障本体权利的第二次公平分配或不受损害。这都保障了本体性权利。

其次，行政参与权以本体性权利为依托，承载行政相对人实际利益的本体性权利是行政参与权生长形成的基础，本体性权利在市场经济的条件下，必然要求民主政治和民主行政，由此催生了行政参与权，以寻求对本体性权利自身的保护。

（二）行政参与权与本体性权利的组合

行政相对人行政参与权这一新权利的确立，在行政法律关系中会与本体性权利组合，从而解构了行政相对人的原权利，形成新的权利结构。这种结合使得行政相对人权利结构得以优化。正如有学者所言，“行政相对人平等参与权的丰富与发展，是对权利结构的优化”。[①]

行政参与权与本体性权利的组合形态是，两类权利构成了一个质量更大的权利体，与行政权力对应而发生作用。在这个组合的权利体中，行政参与权发挥着特殊的作用：

首先，行政参与权与本体性权利相比较，它是权利体中积极、主动的权利（即主动要求对方必须作为或不作为的权利），而人身权、财产权、平等权、受益权等其他本体性权利则是消极、被动的权利（即被动请求对方不得干预和侵犯的权利）。行政参与权可以主动、直接介入行政权力。这是因为，行政参与权源于人民主权基础上的参政权，具有治理权的性质，能够作出某种决定，并对他人意志具有一定的支配力。它积极向行政主体表达利益诉求，发表意见建议，并影响行政决定。同时，行政参与权是参与国家行政的权利，因而是具有公权力性质的权利，对行政主体具有较强的约束力。如在《行政许可法》规定的行政许可听证中，行政相对人的听证权对行政主体就具有直接的约束力，行政主体不能选择不予接受。如行政相对人要求举行听证，行政主体必须举行听证。听证笔录的案卷排他制度，则要求行政机关应根据听证笔录，作出行政许可决定，即不按听证笔录作出的行政许可决定是无效的。

---

① 石佑启：《论平等参与权及其行政法制保障》，载《湖北社会科学》2008 年第 8 期。

其次,在权利体中,行政参与权置于行政相对人权利结构的首端,是本体性权利的前置权利,能起到类似防护墙的作用。行政权力要介入并处置行政相对人的本体性权利,必须先面对行政参与权,通过行政参与权与行政权的博弈,消除或减弱行政权力运用中的非理性因素,再使之对行政相对人本体性权利进行处置。这就保障了行政权力处置的公平、公正性。

最后,行政参与权是行政相对人参与行政过程,表达利益诉求,进行利益博弈,实现自身利益的权利。从权利形式和行使过程来看,属于程序性权利,但是从内容看,行政参与权又具有参政权的性质,是一种政治权利,而政治权利则属于行政相对人的实体性权利。因此,行政参与权既有程序性权利内容,又有实体性权利内容,是两种权利的集合体。尤其是其中的影响行政结果的合理意见获采纳权、协商决定权等,都不同于一般单纯的程序性权利(如仅仅是听证申请权、得到通知权、申请回避权等)和事后救济的请求权(如提起行政复议和提起诉讼的权利)。行政参与权与一般的行政程序权利的区别在于:行政参与权本身就是行政相对人的政治地位和政治利益,行政参与权的享有,不仅仅只是参加了行政过程,而且是在体现公民政治地位,表达对行政权及其运用的政治见解,实现保障自己各种权利和自由的政治主张。

因此,行政参与权比单纯的程序权利和事后的救济请求权都有更大的强度。行政参与权与本体性权利组合,对后者能形成更强的保障。

由此观之,行政参与权与本体性权利的结合,一方面充实行政相对人权利体系的内容,另一方面增强行政相对人权利体系的效力,从而改变行政相对人权利体系与行政主体权力的质量关系。在参与式行政模式中,由于行政相对人行政参与权的赋有,使行政相对人权利具有了对可能发生的行政侵权的强力制约和对行政授益的有效合作的功能,但使行政相对人实体权利能得到更好的保障与实现,行政权的运行也因公众参与而获得合法性与正当性。因此,行政参与权的加入,使行政相对人的权利结构得以充分优化和完备。

四、行政参与权促成行政主体新的权力和义务

(一)行政参与权对行政权力的再造

行政权与行政相对人权利的相互作用与矛盾运动,是行政法所要解决

的核心问题。行政相对人行政参与权的赋有不但引起了行政法律关系中行政相对人权利结构的变化,同时也必然会影响和作用于行政权力,引起行政权力产生、构成与运行的变化。行政参与权会成为行政权力的来源,或是行政权力的效力基础,甚至深入行政权力之中成为其组成部分之一,从而形成新的行政权力产生、结构与运行模式。

1. 行政参与权成为行政权力的来源

在民主国家,“行政权来源于公民权”①,这是根据人民主权的宪政原理得出的结论,因此,公民权是行政权宪政意义上的来源。从表面上看,行政权力的配置是由国家权力机关通过宪法和法律来赋予的,但宪法和法律对行政权力如何规定,是需要广泛听取人民意见才能得以确定的,这就要以公民具有政治参与权为前提。因此,行政参与权实际上是行政权最初的具体来源,或者说没有社会公众的参与权利,就没有相应的行政权力产生。在行政权力已有既定配置规定的情况下,如果社会公众就某一公共事务提出调整行政机关职权、职能的合理化建议,或者要加强对某一行政事务管理提出合理意见,具有行政权力配置权的权力机关或上级行政机关加以采纳,并制定新的法律或修改旧的法律而作出规定,便会产生行政主体新的相应权力。由此,这些行政权力的产生的最初来源,是社会公众所享有的参与权,它要以社会公众享有参与权为前提。亦即这些行政权力来源于行政参与权。

2. 行政参与权成为行政权力的效力基础

在传统行政模式中,行政权力具有先定力、公定力和强制力,行政相对人的一般权利都不能影响行政权力的效力,亦即对行政过程中的行政权力没有约束力。而行政参与权则能构成对行政权力效力的约束。行政相对人享有进入行政程序的权利、提出政务主张的权利、获合理回应的权利、合理意见获采纳的权利等,行政主体不满足行政相对人这些权利的行使,行政权力不会发生效力。如,必须告知行政相对人举行听证的行政决策,行政主体没有履行告知义务,或行政相对人要求举行听证、行政主体没有举行听证,或者举行听证后,行政主体没有根据听证笔录作出行政决策决定等情况下,行政决策都是无效的。再如,在行政处罚中,行政主体未听取行政相对人的

---

① 参见胡建淼主编:《公权力研究:立法权、行政权、司法权》,浙江大学出版社2005年版,第197页。

陈述与申辩,行政处罚不成立,当然也就不能生效。在行政许可中,要求举行听证的行政许可,举行听证后,未根据听证笔录作出行政许可决定的,行政许可决定不生效,等等。因此,在这些行政决策与行政执法中,行政参与权成为了行政权的效力基础。这些行政权力虽然可以先于行政参与权而存在,但是其生效必须以履行满足行政相对人参与权的义务为前提。

3. 行政参与权成为行政权力的组成部分

真正的行政参与,是实质性的参与,必须要求行政主体把部分行政权力与行政相对人分享,从而让行政相对人也具有一定的治理能力,也就是行政相对人享有参与行政决定权和参与决定实施权。这些权利可以融合于行政权力,成为行政权力的一部分,从而使行政相对人与行政主体一道分享公共事务的治理权。这样,行政相对人与行政主体一同参与行政活动,共同完成行政活动的目标,同时达到保障与实现自己本体权利的目的。例如,行政相对人在行政合同、行政协议中的协商决定权,在行政协助中的协助执行权等,都已是行政权力的组成部分。

(二)行政参与权对行政主体义务的增设

行政相对人行政参与权的赋有,虽然并不必然削减,甚至还会补强行政权力,但是作为行政相对人的一种新型权利,其必然会增加对应的行政主体的义务,享有权利就是具有要求义务主体必须满足这种权利请求的能力或资格,否则权利是虚无的。“权利总是与义务人的义务相关联的。离开了义务,权利就不能得到保障。”[1]尤其是在行政法律关系中,行政相对人权利是具有特定意义的概念,是指由行政法所规定或确认的、由行政相对人享有并与行政主体的义务相对应的各种权利,是专门对应行政主体义务的权利。[2]因此,从政府与公众的关系而言,公众行政参与权的享有必然需要立法增设政府相应的义务。这样,公众的行政参与权才是实在的法律权利。概言之,公众行政参与权的享有要求政府履行满足行政参与权的义务。具体而言,公众行政参与权的享有,需要确立政府如下义务:

(1)确定公众参与资格的义务。公众行政参与权首先要求参与资格必

---

① 熊文钊主编:《公法原理》,北京大学出版社 2009 年版,第 49 页。

② 参见方世荣:《对当代行政法主体双方地位平等的认知——从行政相对人的视角》,载《法商研究》2002 年第 6 期;方世荣:《论行政相对人》,中国政法大学出版社 2000 年版,第 64 页。

须得到政府的认可和确定。行政参与权通过法律加以确认后，需要政府在行政实践中依法确定公众参与行政的资格，保障利益相关人的行政参与权的实际享有。在行政立法、行政决策以及行政执法中，都要认可利益相关人的参与资格，这是公众行政参与权实现的前提。这就要求政府应当履行行政公开的义务和通知依法具有参与资格的利益相关人的义务，使公众知晓自己具有参与行政的资格。比如，某市政府为加强对电动自行车的管理，维护城市良好的交通秩序，准备作出对电动自行车统一上牌照的决策，那么政府首先要将这一相关决策信息公开，并依法确定具有参与资格的市民，并发出公告，然后根据具体情况依法确定参与人，并逐一通知参与人。

（2）创设公众参与机会、渠道与方式，吸纳公众进入**行政程序**的义务。政府在行政活动中对参与人资格的确认，只是公众行政参与权实现的前提，为使参与人能实际参与行政活动，政府负有创设公众参与机会、渠道与方式，吸纳公众参与行政过程的义务。首先，各级政府应当建立专门的网络平台，如在政府官方网站设立专门的电子信箱、信息交流平台等，接受公众的意见和建议，并且应当建立即时显示接受的回复系统，使公众参与行政能够常态化。其次，应建立定期举行重大决策的公众座谈会、专家论证会的制度，一是保障公众与政府机关的直面交流与互动，二是保障部分无法利用网络资源的公众行使参与权，同时也能使行政决策更加民主化和科学化。再次，政府应当严格履行依法举行听证会的义务，保障公众最有实质意义的参与权的行使。最后，政府还应当经常通过电视播放、报纸登记和在办公场所设立意见箱等形式，为农村的农民提供参与行政活动的机会，保障他们能够行使行政参与权。

（3）倾听公众意见与诉求的义务。在参与式行政中，利益相关人享有对行政活动的政务主张权，能够发表行政意见，表达自己的利益诉求，其表达对象就是行政机关，其目的首先就是行政机关能够听进他们的声音，知晓他们的诉求。这也是行政参与权能够产生实效的第一步。因此，听取公众意见和诉求必然要成为政府机关的义务。如果政府建立了网络征求意见系统，在办公场所设置了意见簿，也召开了座谈会甚至听证会，公众通过这些途径和形式对相关行政活动行使了政务主张权，但是，这些声音和文字只是单向的输出，政府机关或塞耳闭听，或视而不见，公众的政务主张权依然没有任何意义和实际效力。在现行行政法制度中，由于很多情况下倾听公众意见和诉求并没有规定为政府机关的义务，这种现象屡见不鲜。如果通过相应立法将听取公众意见与诉求明确为政府行政的义务，那么政府机关必须把公众的意见进行搜集、记载和整理，形成书面的记录，并及时公布，重要的意见听取还应送达已经登记的回执。这样，政府与公众下一步实质意义的沟通、交涉与协商才成为可能，公众表达权才有可能进一步发展为实质意义的参与行政决定权。

（4）及时回应公众意见的义务。倾听公众表达，只是满足了公众的政务主张权，公众对意见和诉求进行表达，更进一步的目的是需要政府机关作出积极回应和反馈，以知晓政府对公众诉求的态度，从而与政府进行进一步的沟通、交涉与博弈，最后达到影响行政决定的目的，亦即公众应当享有政务主张获合理回应的权利。而且，公权力机关征求公众意见的意义在于要认真对待意见——作出负责任的回应[①]，如果听而不应，无疑使公众诉求难以融入政府的行政决定之中，公众也无法知晓政府决策的目的和依据，公众与政府之间不能形成真正的沟通、交涉与博弈等良性互动，公众参与也难以正名。因此，政府应当履行及时回应公众意见和诉求的义务。否则，只有公众意见输入，没有政府意见输出与回应，公众参与只能停留于表达阶段，久而久之，公众会失去参与的热情与信心，行政参与权也只能是徒有其表，公众参与行政只会流于形式与过场。

（5）依据公众合理意见与正当理由作出行政决定的义务。行政参与权产生实效的根本标志就是公众的意愿能够影响政府的行政结果，政府能够依据公众合理意见和正当理由作出行政决定，亦即公众应当享有合理意见获采纳的权利。这也是行政参与权实现的实质体现，同时也是对政府机关滥用行政决定权的有效监督与制约，有利于促进行政决定的科学性、正当性与可行性，是参与式行政取得实效的有力保障。因此，依据公众正确意见和正当理由作出行政决定是政府满足行政参与权最重要的义务。

（6）接受公众对行政活动的评估并及时纠错的义务。在参与式行政中，公众享有对政府行政效果的评估权，亦即公众对行政效果也应当享有政

---

① 参见王锡锌主编：《公众参与和中国新公共运动的兴起》，中国法制出版社 2008 年版，第 198 页。

务主张权。这也是公众行政参与权行使的必然要求,是公众行政参与权完整实现的重要体现。社会公众无论是对行政立法、行政决策还是行政执法的实施效果都具有评价的权利,对经过行政实践检验违法的、不合理的以及不具有可行性的行政法规、规章以及其他行政规范性文件,有提出修改或废止的权利,对违法的行政执法有提出纠正和要求采取补救措施的权利。与此相对应,政府应当建立行政立法、行政决策和行政执法的公众评价制度,定期接受社会公众的行政评估,并及时进行调查、核实与回应,对应当修改与废止的行政法规、规章或其他规范性文件及时修改或废止,并进行公布,对违法的行政执法予以及时纠正和采取补救措施。

第二节　行政参与权要求构造新型参与式行政法律关系

参与式行政是公共行政发展的新趋势与新变化,赋予行政相对人以行政参与权是参与式行政的本质特征。公众享有行政参与权,必然会引起行政权与公民权的结构与运行机制的变化,亦即引起行政法律关系构造的变化,这些变化包含双方法律地位的变化,权利义务配置的变化,权利义务运行机制的变化,权利义务目的的变化等,通过这些构造上的变化形成新型的参与式行政法律关系。

一、行政参与权改变了行政法律关系主体双方的地位

政府与公众法律地位平等是公众参与行政活动的前提,是社会公众与政府进行信息沟通、意见磋商以及利益博弈的基础。这就要求行政法从制度设计到制度运行上都应该体现行政主体与行政相对人法律关系的平等要求。[①] 然而,传统行政法律关系中,行政主体与行政相对人基本是处于一种不平等的状态,因而需要进行变革。

---

① 行政主体与行政相对人法律关系的平等主要是指二者应当具有平等的主体地位、平等的话语权、相对应的法律责任和对行政决定相当的影响力等,并不是指相对人与行政主体具有相同的决定权,因此是相对的平等。在此意义上,参与式行政中行政主体与行政相对人法律关系和传统行政法律关系相比,更趋于平等。文中所提到的行政主体(政府)与行政相对人(公众)的平等都是指这种意义上的平等。

平衡论较早认识到传统行政法律关系政府与公众权利义务的不平等关系，并主张行政法要建立行政权力与公民权利的均衡性结构。[①] 这种均衡性结构就权力/权利格局的外观而言，是指行政权与相对方权利形成对峙的均势；就权力/权利格局的实质而言，就是行政主体与相对方的法律地位总体平等。[②] 平衡论主要强调行政权与公民权结构的平衡，而且是行政关系与监督行政关系上的总体平衡，是通过监督关系中行政相对人的强势来弥补和抵销行政过程中行政权的强势，用事后的监督行政来弥补行政过程中的不平等，从而达到总体的平等。[③] 平衡论通过合理配置权力/权利关系实现二者的结构性均衡，从而实现行政权与相对方权利、行政主体法律地位与相对方法律地位、公平与效率、公益与私益等的最优均衡，这些理论为我们科学认识和合理建构行政法律关系提供了新的方法和视角。

但是，在公共行政中，政府与公众的平等应当主要是行政过程中的平等，行政相对人只有获得平等地参与行政过程的机会，在行政过程中通过平等表达利益诉求，发表意见，提出建议，并影响行政结果，行政活动才能真正获得合法性、正当性和效率，行政相对人的权利才能得到真正有效的保障，公私益才能真正实现双赢。而要实现这一目标，在行政法法律关系权力/权利结构的配置上，必须赋予行政相对人在行政过程中的平等参与权，通过行政参与权的作用与影响，实现行政过程中行政主体与行政相对人的平等。具体体现为：

（1）行政参与权使行政相对人法律地位提升。有学者认为，在个体成员的权利中隐藏着这样一种权力：它使得个体成员得以主权者的身份参与主权，形成共同体意志，并据此制定普遍性的法律，从这个意义上，权利中的权力因素得到显现，社会成员以主权者的身份登上舞台。[④] 这种个体成员中隐藏着权力的权利，其实就是公民的参政权。行政参与权也是这样一种隐藏着权力的权利，是公民参政权在行政活动中的具体体现，是公民主权者身份的复归，是公民以主权者的身份参与并影响行政活动的表现。因此，行政

---

① 罗豪才、宋功德：《行政法的失衡与平衡》，载《中国法学》2001 年第 2 期。

② 参见宋功德：《行政法的均衡之约》，北京大学出版社 2004 年版，第 59 页。

③ 参见罗豪才、宋功德：《行政法的失衡与平衡》，载《中国法学》2001 年第 2 期。

④ 参见湛中乐、肖能：《论政治社会中个体权利与国家权力的平衡关系——以卢梭社会契约论为视角》，载《政治与法律》2010 年第 8 期。

参与权是公众作为“主权者”的权利，是公众的主体性权利，这种权利使相对人法律地位得到提升。首先，行政参与权使相对人具有进入行政程序的权能，从而获得了与行政主体共同治理公共事务的主体人格，成为了行政活动的主体，能够名正言顺地参与行政活动。其次，行政参与权使相对人具有行政过程中的政务主张权能，从而提升了行政相对人与行政主体的博弈能力，使行政相对人能够在行政活动中表达诉求，发表政见，平等地与行政主体进行对话、交涉、协商、谈判，并影响行政决定的作出。再次，行政参与权使相对人具有了监督行政的功能，例如，公众享有行政评估权，可以对行政效果进行评价，对错误行政提出纠正，对明显重大违法行政请求撤销，从而形成对行政权的制约。可见，行政相对人的行政参与权具有的功能改变了传统行政中相对人的消极、从属地位，大大提升了相对人的法律地位。

（2）行政参与权使行政相对人行为效力强化。如上所述，行政参与权是公众作为主权者身份的权利，具有权力性。美国学者谢莉·R.阿恩施坦也认为，公众参与是公众的一种权力，是权力的再分配。[①] 行政参与权这种权力属性赋予了其丰富的权能，包括进入行政程序的权利、提出政务主张的权利、获合理回应的权利、合理意见获采纳的权利、协商决定的权利、协助执行的权利等。这些权利通过行政相对人的参与行为融入行政过程，并增加了行政主体的义务，使其必须履行相应的义务，从而对行政活动产生法律效力，或引起行政活动的产生——产生形成力，或影响行政决定的作出——产生拘束力，或参与行政决定的执行——产生执行力：首先，行政相对人的动议权会引起行政活动的产生，从而使行政主体必须履行新的行政作为义务。例如，行政相对人可以根据社会发展和自身利益保障的需要，提出行政立法和行政决策的议案，行政主体必须予以受理与答复，只要具有必要性和可行性，行政主体应当将其纳入行政立法计划和行政决策计划，并启动行政立法和行政决策程序，这就是行政相对人动议权的形成力。其次，在行政活动过程中，行政相对人行使进入行政程序权利的行为，使行政主体必须履行行政公开的义务；行政相对人行使合理意见获采纳权利的行为，使行政主体必须履行吸纳民意的义务；行政相对人行使协商决定权的行为，使行政主体必须

---

① S. R. Arnstein, A Ladder of Citizen Participation, *Journal of American Isitute of Planners*, Vol. 35, No. 4 (1969).

履行在一定条件下合意作出行政决定的义务。这些行政过程的相对人参与行为，对行政主体产生了拘束力。另外，行政相对人行使协助执行权的行为，使行政主体必须履行在一定条件下合作执行行政决定的义务，行政主体必须对公众协助行政决定的执行给予鼓励、支持和提供方便，因此，相对人的参与行为又具有执行力。

总之，行政相对人具有行政参与权后，相对人参与行政的行为不再是可有可无的摆设，而是能对行政主体产生约束力，并对行政活动产生实质性影响。

（3）行政参与权使政府与公众关系由不平等趋向平等。我国传统行政法律关系中，政府与公众的权利义务关系是不平等的，行政权处于明显的优势地位，高于并支配公民权。对于公民而言，履行义务是第一性的，公民权处于明显的从属地位，必须服从行政权的控制，甚至为了公共利益、保障行政权的运行，可以牺牲公民利益和损害公民权利。这种权利义务的不平等导致政府与公众关系的不合理乃至不和谐，不利于行政民主和保护私益，也不利于提高公共行政的效率。

在参与式行政模式中，相对人行政参与权的享有权利/权力结构变化，形成了行政活动中“行政相对人：行政参与权（前提权利）+ 本体性权利与义务 = 行政主体：满足行政参与权的义务（前提义务）+ 本体性权利与义务”的权利义务结构关系。在这种权利义务关系中，行政主体行政权的运行和生效必须以保障行政参与权为前提，亦即行政主体必须履行满足行政相对人参与权的义务，才能合法正当地行使行政立法、行政决策以及行政执法等行政权力。反过来，行政相对人只有实现了行政参与权，才具有遵守和执行行政决定的义务。因此，行政参与权无疑成为了核心因素，而且行政参与权包含各个层次的权能，通过充权作用，强化了行政过程中行政相对人的权利，增强了权利的刚性和强度，行政权的刚性和强度则因行政相对人参与权渗入而得到弱化和消解，同时也因部分放权带来量的减少。这样就改变了传统行政法律关系中的权力极强与权利极弱的状态，使政府与公众的权利义务关系趋于平等。

例如，我国传统的行政法模式中，行政决策由政府机关单方作出，公众唯有履行决策决定的义务。公民对行政决策没有发言权，公众应该做什么，不应该做什么，完全由政府机关决定，这种权利义务模式显然是一种不平等关系。但是赋予公众行政参与权后，政府在作出某项决策时，应当向公众公开决策的时间、地点及内容等，满足公众的知情权和进入行政决策程序的权利；应当创造条件和机会，确定一定方式和途径，让公众提出利益诉求和提供决策意见，并对公众意见和诉求及时作出处理，且将结果反馈给意见和诉求的提出者；政府机关作出决策时应当采纳合理的意见和正当的诉求，从而满足利益相关人的政务主张权和合理意见获采纳权。政府机关的行政决策只有履行了满足以上公众参与权的义务才能生效，否则，行政决策权因失去正当性而不能发生效力，亦即公众可以不履行未满足其参与权的行政决策赋予的义务。这样，公众行政参与权的行使实现了行政决策中政府与公众权利义务关系的平等。

二、行政参与权重构了主体双方的权利义务关系

传统行政法律关系中，行政主体与行政相对人的权利义务的配置处于明显的失衡状态。管理论的行政法制模式中，是以行政权的有效运行为核心建构的，权利义务关系配置的目的是保障行政管理效率，其原则是权力本位。因此，赋予了行政主体规范制定权、命令权、检查权、审批权、处罚权、裁决权、强制权等众多行政权力，而行政主体的义务只是依法行使这些权力。对行政相对人而言，设定的主要是服从行政主体管理的义务，其权利的规定有限，只有被动的受益权，少有其他权利的赋有，更没有行政参与权的确立。这明显是一种非均衡的权力/权利结构关系，行政主体的权力过于强大，其权力无所不及、无所不能，可以渗透到社会各个领域，从宏观决策到微观执法，掌控着公民经济生活和社会生活的方方面面；行政相对人权利则过于弱小，更缺乏参与行政活动的权利，无法对行政主体制约，更不能与行政主体进行平等的利益博弈，行政活动完全成为行政主体的单方职权行为。传统控权论的行政法制模式中，则是以保护行政相对人自由为核心构建的，权利义务关系配置的目的是保障行政相对人权利与自由，其原则是权利本位。因此，传统控权行政法模式对行政权限制多，行政权疆域缩小，对市场经济和社会生活领域放松管制；相反，相对人享有更多的权利，过分强调公民自由。这显然也是一种权力/权利结构失衡的权利义务关系格局。

参与式行政的兴起,要求赋予相对人行政参与权。如前所述,行政参与权充实了行政相对人的权利内容,增强了其权利的刚性和强度,软化了行政权力的刚性和强度。具体而言,行政相对人的政务主张权和受合理回应权对应行政主体的听取与回应义务,弱化了行政过程的单方性;行政相对人的合理意见获采纳权和协商决定权对应行政主体在一定条件下合意决定的义务,弱化了行政决定的单方性;而行政相对人的协助执行权对应行政主体的合作执行的义务,软化了行政主体的单方强制权。因此,这种权力/权利结构与效力的变化减少了行政主体与行政相对人权利义务关系的单方性与强制性,增强了权利义务关系的合作性。

同时,在参与式行政中,行政参与权是行政相对人的前提性权利,只有行政相对人真正参与了行政过程,行政决定才能对行政相对人生效,行政相对人才有义务履行行政决定。而对行政主体而言,则负有了满足行政参与权的前提义务,亦即行政主体只有满足了相对人的行政参与权,才能合法正当地行使行政权力,为相对人设定义务。从此意义上说,行政相对人的行政参与权实现了行政主体与行政相对人权利义务关系的均衡。这种新的权利义务关系模式可以表示为“行政主体:满足行政参与权的前提义务 + 本体性权力义务 = 行政相对人:行政参与权的前提权利 + 本体性权利义务”。铁道部 2010 年颁布的《铁路旅客运输规程》备受社会公众质疑,被称为“透着‘霸气’的新客规”[①],很多公众表示难以接受,此即是一个反例。其实施后也造成了一些社会问题,如引发了“律师状告铁道部退票案”[②]。之所以该规章实施不久就出现这些社会问题,究其因就是因为该规章的制定过程及形成的结果中行政主体与行政相对人权利义务关系的失衡。这部部门规章

---

① 参见齐晓梅:《透着“霸气”的新客规》,载《沧州晚报》2010 年 12 月 11 日。

② 北京律师李方平于 2010 年 12 月 5 日中午,购买了 6451 次列车北京到廊坊的火车票一张,开车时间为当天 15 时 19 分,票价 4.5 元。后来他因有事没有乘坐该次列车,便于 16 时 50 分到北京站 1 号窗口办理改签。北京站 1 号窗口工作人员验票后,告诉李方平,按照新规,票已作废,不能办理退改签。第二天,李方平向法院递交了诉状,状告北京铁路局,诉称火车票背面的铁路旅客须知及铁路旅客运输规程属于格式条款,根据我国《合同法》规定,他与铁路局之间订立合同时显失公平,并要求法院判令北京铁路局对其所购的 4.5 元火车票办理退票或改签。在我国现行法律制度中,旅客只能提起民事诉讼。其实该案反映的深层次问题是一个行政法问题,也即参与式行政法制保障的缺失。参见陈良飞等:《退票新规第一状:迟到旅客起诉铁路》,载《东方早报》2010 年 12 月 7 日。

在制定过程中没有经过公众参与的程序,亦即没有满足公众的行政参与权,导致其行政立法权的行使可能会失去正当性与合理性。在此,行政相对人的行政参与权与行政主体的规章制定权之间未形成均衡的制约关系。

三、行政参与权转变了主体双方权利义务关系的目的

管理论的行政法制模式,设置政府与公众权利义务关系的目的是保障行政权的运行,维护公共秩序和公共利益。其中,保障行政权运行是管理论行政法制模式的直接目的,维护公共秩序和公共利益是其终极目标,而强制行政相对人履行义务则成为了行政管理的手段,行政相对人是管理的对象和客体,行政相对人权利没有得到应有的重视。传统控权论的行政法制度设计权利义务关系的直接目的是控制和制约行政权,最终目的是保护和实现行政相对人的权利和自由。但是,行政相对人只是被动的保护对象,对行政相对人权利的保护是一种救济性保护,而且主要是借助其他国家权力的制约力量,行政相对人只有程序性的监督权,并没有主动参与行政过程、直接通过自己享有的实体性行政参与权影响行政主体的行为,实现和保护自己的合法权益。

因此,传统行政法制度权利义务关系的目的是单一的、片面的,或为实现行政权而限制公民权,或为实现公民权而限制行政权,在这种行政法制模式的引导下,行政活动中的行政权与公民权在运行中是对立的,其结果是公益与私益的零和博弈,明显是社会资源的内耗,增加了公共行政的成本,既不能提高行政效率,也不利于政府与公民关系的和谐。

参与式行政法制模式建构的行政法律关系,首先要满足行政相对人的行政参与权,因此,行政参与权是参与式行政法制模式权利义务关系的核心。满足行政参与权,就要满足行政相对人的利益诉求,因为行政参与权属于行政相对人的政治权利,政治权利是一种追求和实现主体利益的权利,"政治公民权是权利的根基"。[①] 行政相对人行使参与权,是为了实现其人身权、财产权、平等权、受益权等本体性权利。因此,行政参与权必然引起参与式行政权利义务关系目的的变化,其建立的目的不再只是实现行政权或

---

① 〔美〕托马斯·雅洛斯基、〔美〕布雷恩·格兰:《政治公民权:权利的根基》,载〔英〕恩斯·伊辛、〔美〕布雷恩·特纳主编:《公民权研究手册》,王小章译,浙江人民出版社 2007 年版,第 13 页。

者控制行政权,而是通过行政参与权融入行政权的运行过程,既实现行政权,又实现行政参与权。通过行政权与参与权的博弈与合作,既实现公共利益,又实现私人利益;既维护公共秩序,又保障行政相对人合法权益。

四、行政参与权变化了主体双方权利义务的存在方式和实现方式

(一)权利义务存在方式的变化

传统行政法中,政府与社会公众之间的权利义务关系是一种单纯的制约关系,或行政权制约公民权,或公民权制约行政权。

首先,在管理行政法制模式中,由于过度崇拜和迷信政府的理性和行政权的威力,而忽视了社会公众的能动性和创造力,认为只要赋予政府强大的行政权力,并保障行政权的有效运行,社会公众在政府的统一管理下,按照政府的指示和命令,履行义务、安排行动,就能维护社会秩序,实现经济增长目标,提高行政效率。而在行政过程中,行政相对人缺乏参与权与监督权,下级行政机关只有对上级行政机关负责的义务,行政相对人的合法权益在行政过程中受损,只有事后通过救济予以补救。因此,在管理行政法制模式中,政府与公众权利义务关系存在的方式是行政权制约和支配公民权,政府的行政决定权和命令权对应公民的绝对服从义务,行政相对人事后的救济权对应行政主体的补救义务。

其次,传统控权行政法制度模式中,由于过度恐惧和担忧政府的干预和行政权的"恶",过分强调公民权利和自由,而认为必须严格限制行政权,才能保障市场的自由竞争和公民权利的实现。因此,在传统控权行政法制模式中,政府与公众的权利义务关系存在的方式是公民权制约行政权,当然这种制约需依靠立法权与司法权对行政权的制约才能实现。

不管是传统管理行政法制模式,还是传统控权行政法制模式,权利与权力存在的方式基本是对立与制约的二元分化,抹灭了行政权与公民权的同一性,抑制了二者的合力,使政府与公众关系处于一种难以合作的对立状态。

行政参与权使政府与公众的权利义务的结构发生了根本性变革,形成了新的存在方式。参与意味着行动主体在相互信任基础上的话语交流、意见交涉、意志交融、行为合作以及目标上的求同存异等。政治参与,也就是

各种利益主体在彼此信任的基础上，进行政治意见的表达与交涉，并进行各方利益的博弈，从而在求同存异的基础上形成政治决定的活动。因此，社会公众具有对行政活动的参与权，意味着行政相对人应当具有对行政活动的政务主张权、合理意见获采纳权和协商决定权等权能。那么，作为行政活动主导者的政府，就应该满足社会公众对行政活动的各种参与权能，并积极寻求与社会公众的合作。社会公众的行政参与权无疑使政府产生了满足公众参与权的义务，同时，也意味着政府在行政过程中必须与行政相对人协商与合作。由此，公众行政参与权使政府与公众之间形成了一种既相互制约、又彼此合作的关系。

（二）权利义务实现方式的变化

如上所述，政治参与，意味着主体之间的政见交流、意志交融、利益博弈与实现。行政参与也是一种政治参与，意味着行政参与者应有能力与政府机关进行平等地对话，意味着参与的公众意见应对行政活动能产生实质影响，意味着行政目标的实现必须反映参与者的意志和利益。参与的公众不能只是“洗耳恭听”的旁听者，也不能只是“皮影木偶”般的举手者，更不能是“走马观花”的看客。参与行政活动的公众必须是行政活动真正的思想者和行动者，能表达自己的利益诉求，并影响行政意志和行政方式，实现自己的合法权益，同时也配合与促进公益的实现。只有这样，参与才既是政治意义的权利，又是法律意义上的权利，参与行政的公众的利益才能真正实现。作为既是政治权利，又为法律权利的行政参与权，其功能目标就是参与行政，影响行政，并实现公共利益与自身利益的双赢。行政参与权使行政目标内容发生了变化；行政目标内容的变化，自然也会引起行政主体与行政相对人双方权利义务实现方式的变化。

参与式行政中既要实现行政相对人参与权，又要实现行政权；既要实现公共利益目标，又要满足私人利益的诉求。这种既对立又统一的行政目标的实现，要求改变传统行政法中政府机关单纯依靠行政权的权威，通过单方的命令强制来实现行政法律关系中的权利义务的方式，转而通过行政协商、行政指导、行政合同等合作行政的方式，与行政相对人进行平等对话、博弈、沟通与协商充分，吸纳公众参与行政过程。这样，既满足了公众的行政参与权，又便于了解公众的利益诉求，还能调动其积极性、能动性和创造性，鼓励他们建言献策，吸纳合理意见和诉求，帮助行政主体作出科学、合理和正当的行政决定，形成社会利益的最优配置，并促成意志的共识，从而使行政决定能够顺利实施，更好地实现行政目标，提高行政效率。

总之，公众行政参与权的享有，导致行政权和公民权的结构与运行机制的变化，进而引起行政主体与行政相对人双方法律地位、权利义务配置、权利义务目的、权利义务运行机制等各方面变化，从而改变了原有的法律关系模式，形成新的法律关系模式，对此可称之为“参与式行政法律关系模式”。

第五章　参与式行政法律关系的模式分析

参与式行政的兴起产生了新的政府与公众关系，形成了新的行政法律关系模式，亦即参与式行政法律关系模式。研究参与式行政法律关系的基本模式，对于我们认识参与式行政的本质、价值和功能，并依此进一步指导我们对行政法制度的改革，建构完善的参与式行政法律制度都具有重要的意义。

第一节　参与式行政法律关系的基本模式

一、参与式行政法律关系基本模式的形成

模式，简言之就是事物的标准样式。具体而言，事物的模式就是事物的构成元素按照特定的结构关系组合而成并重复表现出来的标准形态。因此，事物的模式是内部要素构成与外部表现形式的结合体。事物的基本模式则是事物的核心要素按照基本的结构关系表现出来的较稳定的外部形态。

公共行政的发展引起了政府与公众关系的新变化，行政活动由“管理”走向了“治理”，政府也要从“善政”转变为“善治”。善治要求政府管理以为民服务为目的，要求既要实现公共利益，又要满足个人利益；要求政府部分

还权于社会公众，要有所为，有所不为；要求政府改变单方强制的威权管制方式，采用开放的、双向的、互动的合作治理模式；善治中的政府与公众关系不再是对抗和制约的关系，而是彼此之间沟通、协商与合作关系。而这些都是参与式行政的特征。因此，善治下的公共行政模式即为参与式行政。

从行政法的视角观察，善治就是公共行政法制模式的优化，就是政府与公众权利义务关系的最优配置。这种治理模式的转变必然会引起政府与公众权利义务结构的变化，也使政府与公众关系的法制形态发生了变化。无论是传统“管制模式”还是“控权模式”中的政府与公众关系形态，都已不适应这种治理模式的需要。因此，需要建构一种新型的政府与公众关系的法制形态，最优配置政府与公众的权利义务关系。

另外，政府善治意味着行政民主，“民主政治的核心问题是人民的政治参与，人民的参与过程是实现民主的根本途径”①。“民主取决于民众是否能参与到公众事务中来”。② 行政民主则取决于社会公众是否能参与到行政活动中来。而行政参与权又是社会公众能否参与行政活动的保障。于是，我们不难得出这样的结论：政府善治的关键是公众享有行政参与权，政府必须满足公众的行政参与权。满足公众行政参与权的行政，我们谓之参与式行政。参与式行政应当建构一种新的行政法制模式，才能实现政府善治目标，其核心就是赋予社会公众行政参与权，与此对应的则是政府履行满足公众行政参与权的义务。

如前所述，行政参与权是社会公众依法参加行政程序，以法律规定的方式，约束和帮助行政主体听取并吸收民意的一项综合性民主权利。行政参与权是具有权力性质的权利，具有充权作用，在行政活动过程中发挥重要的权能作用。一方面，行政参与权与相对人其他权利组合成新的权利结构，强化了相对人权利的效力，保护其他权利；另一方面，行政参与权还能渗透并作用于行政权，甚至成为行政权力的效力来源，影响行政决定的形成，并成为行政权正当性的基础。因此，行政参与权必须纳入行政法律关系基本模式的构造。

可见，新的行政法制模式建构的核心是相对人（亦即已进入行政法律关

① 俞可平：《增量民主与善治》，社会科学文献出版社 2003 年版，第 157 页。
② 吴浩主编：《国外行政立法的公众参与制度》，中国法制出版社 2008 年版，第 38 页。

系的公众）的行政参与权。而在行政法律关系中，相对人行政参与权的义务主体就是行政主体（亦即已进入行政法律关系的政府）。因此，政府满足相对人行政参与权的义务也就成为了参与式行政的前提要求，“行政相对人：行政参与权 = 行政主体：满足行政参与权的义务”则成为了参与式行政法律关系的权利义务结构的核心，也是其前提性法律关系。这种行政主体与相对人的权利义务结构自然会引起行政主体与相对人权利义务关系整体结构与表现形式的变化。满足相对人参与权成为了行政主体行使行政权的前提义务，行政主体只有满足了相对人的行政参与权，才能合法正当地行使各种具体的行政权力。而行政参与权则成为相对人的前提权利，它是相对人实现其本体性权利的先决基础，也是公众履行政府针对与自己利益有关的行政决定的义务的先决条件。因此，参与式行政法律关系的基本模式可以表示为“行政主体：保障行政参与权的义务（前提性义务）+ 本体性权力与义务 = 行政相对人：享有行政参与权（前提性权利）+ 本体性权利与义务”。

显然，在这种结构模式中，行政参与权的享有凸显和提升了行政相对人的主体地位，引起双方权利义务配置的变化和权利义务关系目的的变化，以及权利义务存在方式、实现方式的变化等。参与式行政法律制度通过合理配置政府与公众这种新型的权利义务关系结构，并保障这种权利义务关系的有效运行，形成政府与公众之间既监督与制约、又互动合作的关系形态，达到双方在行政过程中的动态平衡与利益共赢，并最终实现政府的善治。

二、参与式行政法律关系基本模式的解析

政府与公众关系有其存在和运行的形态。参与式行政的兴起，使政府与公众关系的权利义务结构发生了新的变化，政府与公众关系也因此表现出一种新的存在和运行形态，它是政府与公众权利义务新的内部结构关系的外在表现。

行政法视域中参与式行政政府与公众关系即为参与式行政法律关系，亦即在参与式行政中形成的行政主体与相对人之间的权利义务关系。参与式行政法律关系因相对人参与权的享有而形成了与传统行政法律关系不同的模式。参与式行政法律关系的基本模式是参与式行政的行政主体与相对人之间按照其基本的权利义务结构关系表现出来的较稳定的外部形态，经

过以上分析可以表示为：

$$\text{行政主体:满足行政参与权(前提性义务)} \xrightarrow{\text{约束}} \text{本体性权力与义务}$$
$$=$$
$$\text{行政相对人:享有行政参与权(前提性权利)} \xrightarrow{\text{保障}} \text{本体性权利与义务}$$

很显然，这是一种复合性法律关系，由前提性法律关系与本体性法律关系组合而成。前提性法律关系是“行政主体:满足行政参与权的义务 = 行政相对人:享有行政参与权”，其核心构成要素是相对人的行政参与权，也是整个参与式行政法律关系的核心权利。本体性法律关系是“行政主体:本体性权力义务 = 行政相对人:本体性权利义务”。其中，行政主体的本体性权力是指法律赋予其承担行政管理与服务职能应当享有的行政权力，行政主体的本体性义务是指法律赋予其在行政活动中应当履行的除满足行政参与权之外的原本义务；行政相对人的本体性权利是指法律赋予相对人在行政活动中应当享有的除行政参与权之外的原有权利，主要包括相对人的人身权、财产权、平等权、受益权等实体权利，相对人的本体性义务是指法律赋予其在行政活动应当履行的原本义务。

在这种复合性行政法律关系中，只有前提性法律关系实现后，才能进入本体性法律关系中。亦即只有行政主体满足相对人行政参与权后，才能进入行政权的合法行使过程，并约束行政权的行使，相对人只有享有行政参与权后，才能进入履行行政主体依法行政处理的义务阶段，同时配合政府行政，并保障相对人本体性权利的实现。在这一基本模式中的核心构成是相对人的行政参与权，以保障与实现相对人行政参与权为前提基础，形成了行政主体与相对人之间的基本权利义务关系模式。由于相对人行政参与权的确立，使行政主体必须履行满足行政参与权的义务，才能合法正当地行使相应的行政权力，而相对人只有享有行政参与权，才能被要求履行行政主体依法作出的行政决定的相应义务，也才能很好地保障和实现本体性权利。由此，行政主体（政府）与行政相对人（公众）在行政活动中基本趋于一种平等与均衡状态，二者之间形成一种既制约又合作的关系，共同完成行政任务与目标。

第二节 前提性法律关系内含的种类

前提性法律关系是因公众享有并行使行政参与权而形成的权利义务关系，而行政参与权中内含有多项权能，每一项权能的享有与行使都构造一种具体的权利义务关系，它们共同组成前提性法律关系的内容。在每一项行政参与权能构成的前提性法律关系中，政府需履行满足公众不同层次的行政参与权的义务，形成参与式行政中政府与公众之间既制约又合作的关系。前提性法律关系中内含有以下具体种类：

一、由程序进入权形成的法律关系

公众在参与式行政中的程序进入权，是指社会公众有权进入到行政程序之中。公众要与政府一同参与行政活动，首先必须具有进入行政程序的权利，亦即获得“准入”，这是公众参与公共治理的基础。

要实现程序进入权，首先，公众应当具有进入行政程序的权利能力和参加行政程序的行为能力，亦即公众是具有行政参与资格的主体，这是公众实现程序进入权的前提条件。公众参与资格需要政府依法确认。一般而言，与行政活动有利益关系的公众，都应具有参与行政活动的资格。这种利益关系包括个人利益关系与公共利益关系。个人利益关系主要表现为财产性利益，此时的公民是利害关系人；公共利益关系表现为公共性利益，此时的公民已经是大众身份。[①] 其次，具有参与资格的公众需要通过参加行政程序的行为，实现程序进入权。公众参加行政程序的方式有两种，一是主动申请进入，具有参与资格的公众主动申请参加行政活动，获得政府的认可与接受；二是通知进入，政府发起行政活动时，通知公众参与行政活动。

具有参与资格的公众通过行使进入行政程序的权利，分享政府的公共治理权，获得参与行政的机会，帮助与配合政府实现行政目标，与政府形成治理上的合作关系。

---

① 参见陈振宇：《城市规划中的公众参与程序研究》，法律出版社 2009 年版，第 84—85 页。

另一方面,公众实现行政程序进入权,必然要求政府履行满足其实现的义务,具体包括:(1) 认可义务。确认当事人应有的参与行政活动的资格。(2) 通知义务。如告知公众进入行政程序的地点、时间和方式等。(3) 接受义务。接受具有参与资格的公众参加行政程序,不得阻碍和拒绝其进入。(4) 保障义务。为实现公众进入行政程序的权利提供各种便利条件,即提供参与行政程序的机会、途径和保障。

“行政法律关系双方当事人的权利义务一般由法律预先确定。”[①]以上公众的程序进入权和政府对应的义务应当通过行政法规范加以确定,从而形成制度形态的参与式行政的前提性法律关系。这也是产生实际形态的前提性法律关系的根据。而法律行为是产生行政法律关系的最主要形式,亦即实际形态的行政法律关系主要由社会主体行使权利和履行义务的法律行为而形成。公众行使程序进入权的行为是典型的法律行为,会产生特定的法律效力,即约束政府履行满足公众程序进入权的相应义务。而且,在参与式行政中,政府在行使行政权、启动行政活动时,必须先履行接纳具有参与资格的公众参加行政程序的义务,从而满足公众程序进入权的实现。这样,公众行使程序进入权的行为和政府履行满足公众程序参与权之义务的行为会产生实际形态的前提性法律关系。在这种法律关系中,若政府否认或忽视权利人依法享有的参与资格,未提供进入行政程序的途径,或者因各种主客观原因阻止其进入行政程序,都是未履行法定义务的表现,应当承担相应的法律后果,如行政行为不能成立,甚至不能启动有关行政程序等。这样,公众程序进入权的享有形成了与政府治理上的制约关系。

根据以上分析,由程序进入权形成的法律关系的基本形态可以表示为:公众(进入行政程序的权利)→政府(确认、接受和保障义务)。

二、由政务主张权形成的法律关系

行政参与是一种政治参与,参与者必然以表达政见和利益诉求且实现政见和利益诉求为目的。而参与者能进入到行政程序之中只是解决了行政参与的前提条件问题,其进入行政程序后,要进一步通过提出自己的行政主

---

① 王连昌、马怀德主编:《行政法学》,中国政法大学出版社 2002 年版,第 27 页。

张和利益诉求，力图影响行政活动结果，使之能反映自己的意愿和诉求。这就涉及行政参与权的第二项重要权能：提出政务主张的权利，亦即社会公众在行政程序中对特定行政事务表达意愿和诉求的权利。

公众进入行政程序后，要根据自己的参与目的，提出自己的行政主张和利益诉求，具体包括陈述相关信息，发表治理意见，提出治理建议，表达利益诉求，与行政机关进行辩论等。公众通过行使政务主张权，既实现自己的行政主张和合法利益诉求，又为政府治理提供信息参考和事实依据，从而促进行政决定的合法化、合理化和科学化，形成与政府的合作关系。

另一方面，公众的政务主张权必然要求政府履行以下义务：(1) 政府应当准予参与者充分表达政务主张。(2) 必须为公众提供充分表达的机会和条件，保障公众能够充分表达意见和诉求。如建立专门的网络交流平台，设立专门接受意见的电子信箱，在办公场所设立意见箱，定期举办座谈会、论证会，依法举行听证会等。(3) 必须建立公众意见与建议的登记与受理制度，认真倾听与对待公众的建议、意见和辩解。政府若不履行满足公众政务表达权的义务，行政行为则不能成立，由此，形成公众与政府的制约关系。

以上权利与义务通过行政法规范加以规定形成制度形态的参与式行政前提性法律关系，而公众行使政务主张权的行为和政府履行对应义务的行为则产生实际形态的前提性法律关系。

根据以上分析，由政务表达权形成的法律关系的基本形态可以表示为：公众（政务主张权）→政府（准予、倾听和保障义务）。

三、由获合理回应权形成的法律关系

公众提出政务主张的直接要求是政府能够倾听其意见和诉求，这也是其意见和诉求被政府采纳的基础。而被认真倾听的体现就是政府对意见与诉求有所回应和反馈，对公众有具体明确的表示和交待，而且不管是否采纳，都要有所反馈：采纳的要告知，不采纳的要说明理由。否则，政府完全可能对公众意见与诉求置之不理，公众只是单纯的意见输出者，行政活动实际仍是政府的“独角戏”，公众参与成为自说自话，没有意义。因此，为防止政府对公众的意见不加理睬，保障参与的实效，应当赋予公众意见和诉求获合理回应的权利，并确立政府主动回应的义务。这就涉及行政参与权的第三

项重要权能:获合理回应的权利,即参与者的政务主张提出后,有权要求并得到行政主体给予合理的回复。

公众获合理回应权能促进政府广开言路,倾听民意、尊重民意,形成政府与公众互动的行政方式,从而增强行政的交涉性与民主性,有利于政府作出科学、合理的行政决定,形成公众与政府行政的合作。同时,公众获合理回应权又能使政府作出行政行为时必须认真倾听和考虑民意,而不得对参与者的主张拒绝理睬,尤其是针对不予采纳的意见和诉求,必须说明理由。否则,不仅无法制约政府认真分析和考虑公众的合理意见,也会使行政行为失去合法性与正当性。当然,政府对公众政务主张的回应是有合理限度的,这一点在前文已经详述,在此不再赘述。

对于获合理回应的权利,行政主体应当履行的相应义务是:(1) 及时回复参与者提出的意见主张;(2) 回复应当充分、准确、真实,不得敷衍搪塞;(3) 应以方便社会公众知晓并易于理解的方式作出回复;(4) 对于不采纳的意见和诉求应当说明理由。

上述权利义务通过行政法规范的确认形成制度形态的前提性法律关系,公众行使获合理回应权利的行为和政府履行合理回应的义务的行为则产生实际形态的前提性法律关系。

根据以上分析,由获合理回应权形成的法律关系的基本形态可以表示为:公众(获合理回应权)→政府(合理回复、说明理由的义务)。

四、由合理意见获采纳权形成的法律关系

行政参与权要达到的最终目的,是使政府作出行政行为时吸收参与者的意见,并影响行政结果。参与者表达政见后,获得政府的合理回应,还只是确立了政府倾听并反馈意见的义务,而倾听和回应并不能约束政府必须采纳公众的意见。因为政府只要履行回应并说明不予采纳意见之理由的义务,就已满足了公众的政务主张权和获合理回应权,而合理的意见完全会因某种托辞不被政府采纳。为此,行政参与权还需要一项能约束政府必须采纳合理的意见而不得随意取舍的权能,这就是合理意见获采纳权,亦即社会公众合法、合理的主张有权得到政府的采纳。这是约束政府必须如此的一项权利。合法是指公众的主张符合法律法规和相关政策的规定;合理是指

公众的主张有充足依据和正当理由，或经过某种正当程序。此外，当公众的主张是经法律规定或事前确定的程序规则而产生时，这种主张也是合法、合理的，政府也必须充分尊重并予以采纳，亦即政府作出行政决定应当根据参与者"讨论同意"的法定程序结果。例如，部分行政决策所规定的参与代表的多数表决程序，其实质也是参与者的合理意见获采纳权的行使。

公众享有合理意见获采纳权，提出的合理意见和正当诉求，被政府采纳后，能成为其识别信息、衡量利益、选择方案的依据，从而促进行政决定的科学、合法和合理，形成与政府的合作关系。

对于合理意见获采纳的权利，行政主体应当履行的相应义务是：作出行政决定必须吸收和反映参与者的合法、合理的意见，或者要以参与者合法、合理的意见作为根据。政府作出行政决定时，若不吸纳公众合理的意见与正当的诉求，行政决定即为无效，这样，公众的合理意见获采纳权对政府行政的专断形成制约。

上述权利义务通过行政法规范的确认形成制度形态的前提性法律关系，公众行使合理意见获采纳权的行为和政府履行采纳合理意见的义务的行为则产生实际形态的前提性法律关系。

根据以上分析，由合理意见获采纳权形成的法律关系的基本形态可以表示为：公众（合理意见获采纳权）→政府（吸纳义务）。

以上四种法律关系是参与式行政必须内含的前提性法律关系，因为程序进入权、政务主张权、获合理回应权、合理意见获采纳权是参与者在任何一种行政参与活动中都应享有的基本参与权能。除此之外，行政参与权中还包含有另外两种权能，亦即协商决定权和协助执行权，但它们在行政参与权中不具普遍性，通常只发生于特定的行政参与领域，而在这些行政领域也能形成前提性法律关系。

五、由协商决定权形成的法律关系

公众行政参与产生实效的实质性标志是，政府依据公众的意见和诉求作出决定，或者公众直接参与行政决定的作成。前者是公众合理意见获采纳权的实现，适用一般的行政参与。后者则是公众的协商决定权的实现，适用于一些自主性程度要求较高的特定行政事项，这些行政事项需由行政主体和参与者共同协商决定，如政府采购、土地等国有资源的使用与开发等，其表现形式主要是行政合同、行政协议的签订等。

协商决定权是指社会公众有权与政府协商共同决定行政事项。公众享有协商决定权，与政府通过相互的信息交换与汇集，意见交涉与沟通，利益博弈与选择，在公众的意思表示的制约下，最后达成行政方案的妥协与共识，产生最后的行政决定，这一过程就是公众与政府互动合作的行政过程。

对于公众协商决定权这一权能，行政主体具有必须尊重、配合、提供保障和遵从结果的义务。亦即在一些特许行政领域，政府作出行政决定必须与公众协商一致达成合意，否则，行政决定不能成立或生效，这就是政府的合意决定义务，也是公众协商决定权对政府决定权的制约。

上述权利义务通过行政法规范的确认形成制度形态的前提性法律关系，公众行使协商决定权的行为和政府履行合意决定的义务的行为则产生实际形态的前提性法律关系。

根据以上分析，由协商决定权形成的法律关系的基本形态可以表示为：公众（协商决定权）→政府（合意决定和遵从义务）。

六、由协助执行权形成的法律关系

协助执行的权利，是指社会公众参与行政执法和管理，协助行政主体执行公务的权利。这包括有权参与行政救助、协助维持行政管理秩序、参与社会治安综合治理等等。在这里，协助执行是公众的权利而不是义务，社会公众履行行政决定的义务不属于协助执行权。在传统行政中，行政决定的执行，只是强调公众对行政决定中的义务的履行，没有强调公众通过主动积极地行使权利参与行政决定的执行。参与式行政中，应当要鼓励社会公众参与行政执行，赋予公众协助执行权。但是，如前所述，只要行政决定是经过公众参与而形成的，政府单独执行行政决定也能体现民意，与此同时，行政执行在执法主体上要求必须是专门的执法人员，业务性较强。基于此，普通公民参与协助只限于某些特定领域，如协助维护交通管理秩序、环境卫生管理秩序、社会治安管理秩序等。

公众享有协助执行的权利，可以主动提出执行行政决定的方案，支持、配合行政主体，协助其顺利实施行政决定，从而减少行政成本和提高行政效率,实现行政目标,同时将行政决定中自身的应然利益也得以实现,使公众与政府的合作行政取得成功。

公众的协助执行权对应政府与公众合作执行的义务,具体而言,政府负有支持鼓励、提供方便、积极合作和予以保护的义务。公众享有协助执行权,能够主动提起行政执行的合理方案,督促政府积极与公众合作执行,这也是对政府机关执行行政决定的监督,能够促使其积极实施行政决定,防止政府不作为,从而形成对政府机关执行行政决定的制约。

上述权利义务通过行政法规范的确认形成制度形态的前提性法律关系,公众行使协助执行权的行为和政府履行合作执行的义务的行为则产生实际形态的前提性法律关系。

根据以上分析,由协助执行权形成的法律关系的基本形态可以表示为:公众(协助执行权)→政府(合作执行义务)。

第三节　不同行政活动中的参与式行政法律关系

公众行政参与权的享有带来了政府与公众权利义务关系的新变化,形成了新型的政府与公众关系的基本模式。参与式行政法制模式通过合理配置政府与公众这种新型的权利义务关系结构,包括前提性权利义务结构和本体性权利义务结构,使二者相互影响与作用,形成复合性的参与式行政法律关系。这种参与式行政法律关系基本模式在行政立法、行政决策以及行政执法中,由于行政参与权的具体内容和作用的不同,形成了政府与公众关系在不同类型行政活动中不同的具体模式。正确认识它们,对我们改革现行行政立法、行政决策、行政执法等制度,建立完善的参与式行政法律制度模式具有重要的指导意义。

一、参与式行政立法中的法律关系

行政立法是指行政机关依据法定权限,并按照法定程序制定和发布具有普遍约束力的行政法规和行政规章的活动。行政立法既是为政府与社会制定行为规则的活动,更是一种利益博弈与分配的活动。立法需要经过一种民主程序,需要各种利益的参与、博弈和表决,使立法成为各种利益主体综合意志的体现,这样才能保障法律的分配正义。正如有学者所言,“立法是多元化利益博弈的过程,只有尽可能地让相关群体充分表达了自己的意见,才能保障立法活动的公正性和民主性”。[①] 代议制机关立法正是通过议员或人民代表的参与满足了这一要求。行政立法同样也是一个制定规则和分配利益的活动,它不再只是一个行政过程,同时也是一个利益博弈的政治过程,要获得正当性、科学性和可执行性,理应经过公众参与的程序,而不应是政府单方决定的活动,否则,行政立法便失去正当性。因此,赋予社会公众参与行政立法的权利,乃是改革现行行政立法制度和重构参与式行政立法制度的核心。具体而言,公众在行政立法中享有程序进入权、政务主张权、获合理回应权、合理意见获采纳权等。要实现行政立法的公众参与的价值与功能目标,政府需要满足公众各种参与行政立法的权利。因此,政府要履行确认与保障各利益主体(代表)参加行政立法过程的义务,对公众的意见与诉求进行合理回应的义务,接受和采纳公众合理意见的义务,说明不采纳公众意见之理由的义务,接受公众对行政法规、规章实施效果的评估,并及时对行政法规、规章进行立、改、废的义务。据此,在参与式行政立法中,政府与公众的法律关系模式是:

政府:满足公众行政立法的参与权(前提性义务)$\xrightarrow{\text{约束}}$本体性权力和义务
(行政立法的各项权力 + 依法行政立法的各项义务)

=

公众:行政立法的参与权(前提性权利)$\xrightarrow{\text{保障}}$本体性权利和义务
(行政立法的平等受益权等 + 接受依法立法的结果的义务)

这种参与式行政立法关系模式,由前提性法律关系和本体性法律关系两部分复合构成。其中,本体性法律关系是原传统行政法律关系的构造,主要是指行政主体的原有法定行政职权、职责与行政相对人原有本体权利、义务的结构关系,已形成了成熟、共识性理论,在此无需赘述。而前提性法律关系是随着参与式行政的兴起而产生的新型法律关系,因而需要对其具体的权利义务形态加以阐述。

---

① 陶杨、倪娜:《关于提高公众参与行政立法有效性的若干思考》,载李林主编:《立法过程中的公共参与》,中国社会科学出版社 2009 年版,第 152 页。

（一）公众享有行政立法程序的进入权对应政府的确认、接受与保障义务

行政立法程序的进入权是公众参与行政立法的前提权利。不管行政立法是因公众发起而启动的，还是政府依职权主动启动的，符合一定条件的公众[①]都有参加行政立法程序的权利。政府必须认可利益相关人的参与资格，并且积极创造机会和条件保障相关公众参加行政立法过程，这也是政府合法行使行政立法权的前提义务。如果具有参与资格的公众没有进入行政立法程序，政府就不能合法启动行政立法程序。这就要求政府向社会公开行政立法的计划和议程，而且每次行政立法活动都应向社会发出公告，用尽可能方便知晓的方式通知有参与资格的公众，保障公众的程序进入权，同时应尽可能通过开放式征集意见的方式让每一个利益相关人都能有机会进入行政立法程序表达自己的意见和利益诉求，举行听证会、论证会或座谈会时，应让每一利益群体都有代表参加。

（二）公众享有行政立法的政务主张权对应政府的准予、倾听和保障义务

在行政立法的不同环节，政务主张权又包括立项程序中的动议权、起草阶段的建议权以及实施阶段的评估权等。这些权利分别对应政府不同的义务内容：

（1）公众享有立项阶段提出立项建议的权利，亦即立项的动议权。政府应当准予，并创造机会和条件，如建立行政立法提案制度，保障公众提出行政立法的议案，且进行受理和处理。行政立法本质上是公共利益和个体利益的合理配置，然而行政主体“作为公共利益主体的社会总代表，只是抽象的人格主体，并不能真正消化公共利益，最终仍需将其分配给社会成员享受”[②]。也就是说公共利益的最终目的也是为了实现公民个体利益。因此，利益的最终归属是公民，此所谓立法为民。而且行政法规、规章的执行，也离不开公众的守法行为。作为行政立法的主要利益主体的社会公众最清楚

---

① 这里的公众是指行政立法所涉及的利益相关人，或者赋予其权利（利益），或者赋予其义务（不利益），凡是利益相关人都有参加行政立法的资格权。当然，利益相关人实现参加行政立法的权利要根据具体情况和方式的不同来确定，开放式征求意见，每个利益相关人都有权参加，而人数有限制的听证会、座谈会、论证会，应保障各利益群体都有代表人参加。

② 叶必丰：《行政法的人文精神》，北京大学出版社 2005 年版，第 107 页。

自己的哪些权益需要立法予以保障。然而这些事项又可能不属于人大立法的范围，或者虽然属于人大立法范围，但立法条件尚不成熟，为此，社会公众应该具有行政立法的动议权，这不仅仅是提起行政立法议案的权利，而且还包含使立法议案纳入行政立法计划，进而启动行政立法程序的权利。当然，基于公民认识理性、专业知识的局限性、利益主体的自利性以及行政立法的可行性等因素的考量，公众的行政立法动议是否纳入行政立法计划，并启动行政立法程序，需要政府的理性判断，并作出决定。但是这种决定既是权力，又是义务，即政府必须作出公正理性的判断，保障公众行政立法的动议权。

（2）公众享有起草阶段提出建议和诉求的权利，政府应当准予，并通过提供便捷的途径和方式，如通过网络征求意见、听证会、座谈会等形式保障公众提出建议和表达诉求。行政立法过程既是各种利益博弈和分配的过程，也是对各种信息的收集、甄别和选择的过程。公众参与行政立法，一方面能够表达自己的利益诉求，使行政立法能够体现和维护自己的正当利益需求，同时又可以向行政立法机关提供立法信息，为政府立法提供信息资源和依据。因此，公众在行政立法起草过程中应该享有提出建议和诉求的权利，而政府则应充分保障公众能发表意见、提出建议和表达诉求，且认真、虚心地听取与对待。

（3）公众享有对行政立法实施效果提出评估意见的权利，政府应当准予，并建立行政立法实施效果的评估制度保障公众的评估权。行政立法的实施与公众息息相关，公众既是行政法规以及规章的受益者，也是其中义务的履行者，公众的合法权益是否受到行政法规、规章的保护，或者其实施是否促进公众的受益，负担的义务是否合理，公众是最有发言权的。因此，社会公众理应享有对行政立法实施效果的评估权，政府应当履行保障公众评估权的义务。例如，《城市房屋拆迁管理条例》是否应该修改，以被征收人为代表的城市居民是最有发言权的。这部行政法规给被拆迁户合法权益造成的损害以及给社会带来的消极影响，已足以证明其不是良法，虽然现今已被废止，但该法适用如此之久才被废止，也从侧面反映出公众参与实施效果评估的效能不足，如果能在其实施之初就赋予公众评估权，政府对公众的评估有义务及时回应并修改，或许就不会发生那么多因暴力拆迁引发的恶性事件。

（三）公众享有行政立法程序中的获合理回应权对应政府的回应与反馈义务

首先，在立项阶段，公众享有对立项动议的获回应权。政府机关应当对公众提起的立法议案进行受理，并在法定时间内进行调研，根据调研结果，决定是否纳入行政立法计划。不管是否纳入立法计划，都应及时通知提案人，没有纳入行政立法计划的，必须说明理由。其次，在起草阶段，公众享有对提出的建议和诉求的获回应权。政府必须对公众提出的建议和诉求作出回应，采纳的建议要通知建议提出者，不予采纳和接受的诉求和建议，必须说明理由。必要时，政府应该通过与公众协商、辩论等方式进行沟通、交涉和互动。“对参与的回应是责任政府理念的体现，也是政府获得民众信任和支持的必然要求。”[①]“公众意见得到处理、回应及评价是公众参与有效性的核心。”[②]因此，通过行政立法中政府与公众真正的对话、交涉与互动，并及时进行回应和决定是否采纳，是实现行政立法的正当性、科学性和可行性必然选择的模式。如果公众行政立法起草过程中的获合理回应权未能得到满足与实现，行政立法就不能进入下一程序，否则，政府的行政立法会丧失合法性与正当性。最后，在实施阶段，公众享有对评估意见的获回应权。政府理应对评估意见进行处理与反馈。

（四）公众享有合理意见获采纳权对应政府的吸纳义务

首先，在立项阶段，公众享有合理立项建议的获采纳权，政府对公众提出的具有行政立法必要性和可行性的立项动议应当采纳，将其纳入立项计划，并启动相应的行政立法程序。

其次，在起草阶段，公众享有合理建议和诉求的获采纳权，政府在起草行政法规或规章草案时，应当吸收和反映公众合理的建议和诉求，并在形成的立法草案送审稿中充分地反映民意。

再次，在实施阶段，公众享有合理评估意见的获采纳权，政府应当吸收公众合理的评估意见，并及时对行政法规或规章进行清理、修改或废除。

此外，在行政立法的决定阶段，也应赋予公众合理意见获采纳的权利，

---

① 王锡锌：《行政过程中公众参与的制度实践》，中国法制出版社 2008 年版，第 297 页。

② 张丽：《提高地方行政立法质量——以立法程序的民主设计为视角》，载陈里程主编：《广州公众参与行政立法实践探索》，中国法制出版社 2006 年版，第 294 页。

通过法律赋予公众有条件地参与行政立法的表决和协商程序，经过公众代表讨论同意，政府才能作出行政立法决定，其实质是赋予公众一定参与表决权或协商决定权。如前所述，当参与者的主张是经法律规定或事前确定的程序规则而产生时，这种主张即具有合法性与合理性，政府也必须充分尊重并予以采纳。行政立法是一种利益博弈和选择的政治过程，是各种利益代表力量的“较量”过程，就像权力机关立法过程需要各种利益代表的表决一样，行政立法过程也应当引入一定的公众表决成协商程序，这样才能真正体现行政立法的民主，公众才可能真正与政府形成正和的利益博弈，公众参与行政立法的应有价值与功能才可能真正实现。

当然，公众参与表决权和协商决定权是有条件的，或者说是有限的。首先，这些权利的行使必须是承认行政立法中政府中心地位和作用前提下的权利，否则，就会陷入无政府状态；其次，参与代表的资格与数量必须严格限制；最后，表决通过采取参与表决人数的二分之一以上多数决，协商则必须全体代表达成比较一致的共识。公众享有一定的行政立法的参与表决权和协商决定权，意味着行政立法不再是政府的单方决定，行政立法草案的表决和协商必须通过反映社会公众的意志，从而实现行政立法的合法性与正当性。

二、参与式行政决策中的法律关系

这里的行政决策是狭义的概念，是指政府为执行法律、法规、规章而对某一方面的公共事务依职权作出的对社会公众具有约束力的决定。大多数行政决策过程也类似行政立法过程，其结果也具有类似法的普遍约束力。但是，这些行政决策不是法的渊源，也不是法的形式。因此，狭义的行政决策与行政立法有区别，最本质的区别就是行政立法是制定利益分配规则的立法行为，是适应社会发展需要由权力机关授予政府的权力。而行政决策是政府为执行法律、法规、规章而制订的方案和措施，是政府固有的行政职能。也正因为如此，行政决策具有涉及内容范围更广，程序相对简易灵活，以及更注重及时性、执行性和效率性等特点。可见，行政决策与公众的关系非常密切，行政决策中理应重视和保障公众参与权。

行政决策中政府与公众的法律关系模式，与行政立法中政府与公众的法律关系模式，既有相似之处，又有所不同，主要是公众行政参与权的权能有所不同，其具体模式是：

政府：保障公众行政决策的参与权（前提性义务）$\xrightarrow{\text{约束}}$本体性权力与义务

（行政决策的各项权力＋依法决策的各项义务）

＝

公众：行政决策的参与权（前提性权利）$\xrightarrow{\text{保障}}$本体性权利与义务

（行政决策的平等受益权等＋接受依法决策的结果的义务）

在这种复合性的参与式行政决策关系中，本体性法律关系也已形成了成熟、共识性理论，在此不再赘述。需要阐述的也是前提性法律关系中的权利义务形态。

（一）公众对行政决策程序的进入权对应政府的确认、接受与保障义务

进入行政决策程序是公众参与并影响行政决策的前提权利，只要是行政决策的利益相关人就有资格参加行政决策程序，政府必须创造机会和条件吸纳利益相关人参加行政决策程序，行政决策机关如果没有吸纳利益相关人参加行政决策程序，则不能合法启动行政决策。

（二）公众对行政决策的政务主张权对应政府的准予、倾听和保障义务

其中政务主张权包括行政决策启动阶段的有限动议权、形成阶段的建议权和实施阶段的评估权。

（1）公众享有行政决策启动阶段的动议权，政府应当准予，并通过建立行政决策提议制度等保障公众的动议权。由于行政决策是政府固有的为执行法律、法规、规章而制定对公众具有约束力的措施的权力，因此，行政决策一般应由政府发起，公众一般不具有行政决策的动议权。但是直接涉及公众重大利益需要决策机关纳入行政决策计划而未能纳入的事项，有关公民可以提起行政决策的建议，决策机关有义务倾听、受理并进行处理。

（2）公众享有行政决策形成阶段的建议权，政府应当准予，并通过网络征求意见、举行座谈会、论证会、听证会等保障公众的建议权。行政决策往往是一级政府或其工作部门针对某一专门公共事务作出的管理方案和措施，例如交通管制、城市规划、产业调整、资源配置、项目开发、卫生管理、环境保护等，与辖区内的社会公众的生产、生活和利益息息相关。因此，在行政决策形成过程中，必须吸纳利益相关人参与其中，并且保障他们能够充分表达利益诉求，提出意见和建议。重大行政决策必须举行听证。当然，利益

相关人也应该提出合理的利益诉求，应真实、全面、准确地提供与行政决策相关的信息，与政府机关积极配合，协助政府作出科学、合理、可行的行政决策。

（3）公众享有对行政决策实施效果的评估权，政府机关应当准予，并通过建立行政决策的评估制度保障公众的评估权，这一关系基本同于参与式行政立法，在此不再赘述。

（三）公众获合理回应的权利对应政府的及时回复与反馈义务

在启动阶段，行政决策机关对公众有权提出启动某项决策的提议应当及时进行回应，决定是否纳入立项计划，纳入立项计划的要及时通知提议人，不予立项的应当向提议人说明理由。在形成阶段，行政决策机关对参与人的诉求和意见也应当及时作出反馈，吸纳的应当及时通知建议人，不采纳的应当向建议者说明理由。在实施阶段，决策机关对评估意见同样应当及时回复与处理，并将处理结果予以告知。

（四）合理意见获采纳权对应政府的吸取义务

行政决策机关对于公众的决策提议，如有立项的必要性与可行性的，应当列入决策计划，且及时启动决策程序。形成决策时，对公众提出的正当利益诉求要满足，合理的建议要采纳，从而做到行政决策的形成充分反映民意。对于公众对决策实施效果的评估意见，正确的也一定要采纳，尤其是需要修改或废止的，必须及时纠错。

此外，在行政决策的决定阶段，也应赋予公众合理意见获采纳的权利，通过法律赋予公众有条件地参与行政决策的表决程序，经过公众代表讨论同意，政府才能作出行政决策决定，其实质也是赋予公众一定的参与表决权和协商决定权。但由于行政决策的合法性已受到法律、法规、规章的严格规制，而且行政决策是政府的固有职能，为保障行政决策的效率，一般不宜赋予公众直接参与行政决策表决的权利，只有直接涉及公众的重大利益且争议较大的行政决策，才应当赋予相关公众参与表决权或协商决定权，有关决策机关应当履行满足这些公众参与权的义务。当然，与参与行政立法的表决或协商一样，各相关利益群体的公众代表的条件与人数要有所限定，方式同行政立法。

（五）公众享有行政决策的有限抵抗权对应政府的改进义务

为了防止政府不满足公众利益诉求，以及不采纳公众意见和建议而单方作出行政决策决定，当相对人有证据证明政府行政决策违反以上公众参与程序义务时，可以拒绝履行行政决策赋予的义务，并要求政府修改或废止行政决策。政府机关必须裁定停止执行相对人提出以上异议的行政决策，并应当及时举行听证会，通过公开听证作出是否修改或废止相对人提出异议的行政决策的决定。政府机关如果仍不纠正未履行公众参与义务的行政决策，相对人可请求法院确认违反满足行政参与权义务的行政决策无效。这一点在澳大利亚行政法中早已有所规定。“政府制定法规与规则，联邦和州的有关法律（如维多利亚州的《委任立法法》）要求必须征询公众意见，特别是要与有利害关系的个人或团体协商，有些法规、规则还要交民间的咨询委员会或技术机构予以论证。凡是法律对这些要求作了强制性规定的，法规、规则制定者如果不遵循这些要求，将导致相应法规、规则无效；相对人亦可请求法院确认违反法定参与要求的法规、规则无效。”[①]当然，我们认为，考虑到行政立法效力范围广、影响大，因此，不宜赋予公众对政府违反公众参与义务的行政立法的抵抗权，但可以赋予公众一定的诉权。对于行政决策，则既可以赋予公众行政程序中的抵抗权，又可以赋予公众以诉权。

三、参与式行政执法中的法律关系

行政执法是行政主体依法对特定的行政相对人作出的影响其权利义务的具体行政行为。由于行政执法行为是直接针对特定相对人作出的行政决定，需要特定相对人履行与实现，因此，从介入行政程序的角度而言，一般情况下特定相对人都能参加行政执法，因为，行政执法需要相对人履行义务或行使权利。这也是行政执法与行政立法、行政决策的主要区别。但是这种“介入”不是严格意义的“参与”。行政执法的参与，是指行政主体作出影响特定行政相对人权益的某种行政决定时，为保证行政决定的合法与公正，相对人享有陈述、申辩、听证、抵抗以及协助执行等权利，从而形成对行政机关的监督、制约与配合。“权利是执法的核心”，“一切执法行为，如果离开了对相对人权利的辨认、尊重和保障，就会异化成权力滥用”。[②] 行政参与权

① 〔美〕朱迪·弗里曼：《合作治理与新行政法》，毕洪海、陈标冲译，商务印书馆2010年版，序言第XV页。

② 姜明安主编：《行政执法研究》，北京大学出版社2004年版，第22页。

是参与式行政中相对人权利谱系中的重要权利。行政机关必须满足相对人参与权,在行政执法过程中行使的决定权、命令权、强制执行权等行政权力才具有正当性,才能为相对人设定义务或少授予、不授予某种权利,才能命令相对人履行义务,以及在相对人应履行而不履行义务时对其强制执行等。因此,参与式行政执法中政府与公众关系的法律关系模式是:

政府:满足公众行政执法的行政参与权(前提性义务)$\xrightarrow{\text{约束}}$本体性权力与义务
(行政执法的各项权力+依法执法的各项义务)

=

公众:行政执法的行政参与权(前提性权利)$\xrightarrow{\text{保障}}$本体性权利与义务
(平等权、保护权、受益权等+服从合法行政决定的义务)

其中,当行政执法行为是依法为行政相对人设定义务,作出不利于相对人私益的决定时(可以称之损益性行政执法),由于需要相对人履行义务,因此,相对人的程序进入权一般都会得到行政主体的确认与保障。但是,根据英国古老的自然正义原则①,政府机关作出不利于相对人的决定时,必须听取相对人的陈述与申辩,因此,公众参与的核心是保障相对人的陈述与申辩权,并由此进一步产生了听证权利,从而实现相对人的平等权和合法权益保护权等。与此相对应,要求行政主体必须听取相对人的陈述、申辩,如果法律、法规、规章等规定需要举行听证的行政执法,政府机关必须举行听证,而且不能“只听不取”,否则,行政决定不成立,由此形成了相对人与行政主体之间的监督与制约关系。

而当行政执法行为是依法作出赋予相对人权益的决定时(可称之为授益性行政执法),一般对直接相对人(受益人)是有利的,但如果行政主体应该多给予相对人权益而少给,应该及时授益而迟延给付甚至不给付,则可能是不利的。因此,为了保障授益性行政执法的合法、公正,也需要保障利益相关人的参与,亦即首先要赋予利益相关人进入行政执法程序的权利。利益相关人参与行政的主要目的是满足其提出利益诉求的权利,实现其受益

① 英国古老的自然正义原则包含两项基本要求,其一,任何人不得做自己案件的法官;其二,任何人在受到不利处分时,当事人有陈述和被倾听的权利。其中第二项要求契合了参与式行政的要求。关于自然正义原则的具体论述,可参见王名扬:《英国行政法》,中国政法大学出版社 1987 年版,第 151—160 页。

权，政府机关则应该满足公众进入执法程序权利和利益诉求的主张权，并保障相对方的受益权，从而形成授益性行政执法中的制约与合作的关系。在授益性行政执法行为中，利益相关人的执法程序进入权与利益诉求的主张权未得到满足与实现，利益相关人提出异议的，行政决定也不发生效力。

另外，在行政执法中，为了充分保障行政决定的合法性与正当性，提高行政执法效率，与行政执法活动没有利益关系的案外人，也应当确认其行政参与权。案外人享有参加行政执法程序，提供相关行政信息，以及提出执法建议等权利，行政主体则负有确认其执法程序进入权和听取并参考其建议的义务。

第六章　参与式行政法律关系与行政法若干理论的反思

从现实和法律规范层面观察，当代中国正在逐渐形成一种新型的法律关系，即参与式行政法律关系。但我国行政法的相关理论却几乎没有变化，包括行政法的基本原则、行政主体理论、行政行为理论、行政程序理论等等。这既不能正确说明参与式行政法律关系的现象，也不能指导具体行政法制度的完善。因而行政法理论需要改进和发展。

第一节　关于行政法的基本原则

一、我国行政法基本原则的发展过程

行政法的基本原则是指导和规范行政活动的基础性规范，它“体现行政法的基本价值观念”①，也是“行政法理念的载体和再现”②。行政法学界普遍认同行政法基本原则具有指导功能、解释功能、整合功能、补缺功能等，有学者在探讨行政法基本原则的功能时，还指出了其对

① 姜明安主编：《行政法与行政诉讼法》，北京大学出版社、高等教育出版社 2007 年版，第 62 页。

② 杨海坤、章志远：《中国行政法基本理论研究》，北京大学出版社 2004 年版，第 101 页。

行政法发展的引导作用。[①] 这提出了行政法基本原则所具备的对行政法发展的作用。社会的发展带来行政法理念的变化,而行政法理念的变化当然要推动行政法的发展,但行政法理念是对行政法本质和发展规律最宏观和抽象的反映,需要形成若干行政法的基本原则使之规范化并具有可操作性,从而得以具体指引行政法的发展和改革。行政法基本原则能发挥引导行政法发展与改革的功能,当然首先取决于其自身要不断发展、变革,否则,它将难以承载这一功能。

综观我国行政法基本原则,可以说与行政法发展过程中有主要影响的行政法基础理论是相对应的,前后主要有行政管理和行政法治两大行政法基本原则。其中行政法治原则是当前所确立的基本原则。

行政管理原则实际上是"国家行政管理的指导思想和基本原则"[②],是前苏联和我国改革开放之前计划经济时代盛行的行政法基本原则。这一基本原则是"管理论"的产物,即将行政仅仅理解为国家的管理、管制活动,行政法的作用主要在于授予行政权和保障行政权的运用,因此,在强化管理的背景下直接将行政管理的原则作为行政法的基本原则。目前这一基本原则已被我国行政法学界所摒弃。

欧美各国行政法的基本原则总体上说是行政法治原则,当然西方国家对这一行政法基本原则的具体内容在表述上有所差异。这一基本原则反映了西方国家在民主、法治、人权等宪政思想影响下所形成的行政法上的控权理念,其核心就是用法律控制行政权力,保护公民权利。这种单纯强调通过法律制约行政权力来保护公民权利的传统行政法理念具有局限性,导致行政法目标落入"形式合法性",而忽视"实质合法性",控制了行政权,却限制了积极行政;保护了公民权,却未发挥公民参与行政的积极作用。当然,随着西方各国行政法的发展,现代西方各国行政法基本原则开始从追求形式正义向追求实质正义发展[③],亦即从行政的合法性向行政的正当性发展。而且,英国的程序公正原则、美国的正当程序原则已经蕴含了行政参与的价值

① 参见马怀德主编:《行政法学》,中国政法大学出版社 2007 年版,第 43 页。

② 具体论述可参见〔苏〕B. M 马诺辛等:《苏维埃行政法》,黄道秀译,群众出版社 1983 年版,第 17 页以下;王岷灿主编:《行政法概要》,法律出版社 1983 年版,第 43 页以下。

③ 参见周佑勇:《行政法基本原则研究》,武汉大学出版社 2005 年版,第 109 页。

理念。

二十世纪八十年代末,我国行政法学界开始接受行政法治原则的理论,并逐步形成了以行政合法性和行政合理性为行政法治原则基本内容的共识。其形成的标志作品是1989年罗豪才教授主编并具有全国性影响的行政法学统编教材《行政法学》,该教材将行政法基本原则概括为行政法治原则,并具体分解为合法性原则和合理性原则。① 尽管后来一些学者对此表述有异议,但在此后相当一段时间,行政合法性原则和合理性原则都为行政法学界所坚持,许多行政学教科书都把二者作为行政法的基本原则。② 此通说在普及依法行政观念,指导我国行政法实践,促进依法行政方面发挥了重要作用。此后,我国行政法学者又从不同的角度对行政法基本原则进行了新的探讨和概括。影响较大的代表性观点有:应松年教授提出行政法的基本原则是依法行政(或称行政法治)原则,主要包括职权法定、法律优先、法律保留、依据法律、职权与职责统一等五项子原则。③ 姜明安教授把行政法基本原则分为实体性基本原则和程序性基本原则,其中实体性基本原则包括依法行政原则、尊重和保障人权原则、越权无效原则、信赖保护原则、比例原则等;程序性基本原则包括正当程序原则、行政公开原则、行政公正原则和行政公平原则等。④ 周佑勇教授对行政法基本原则进行了专门研究,认为行政法的基本原则应当具体确定为三项,即行政法定原则、行政均衡原则和行政正当原则⑤,其中把“行政参与原则”作为了行政正当原则的子原则。⑥

以上关于行政法基本原则的观点,反映了我国行政法基本原则理论的发展与推进。特别是有学者已提出将行政参与作为行政法基本原则的子原则或行政程序法的基本原则,反映了我国社会经济发展的一种新的认识。但是,上述这些行政法基本原则都不是在参与式行政兴起的背景下提炼和

---

① 参见罗豪才主编:《行政法学》,中国政法大学出版社1989年版,第35页。

② 参见王连昌主编:《行政法学》,中国政法大学出版社1997年版,第21页以下;胡建淼:《行政法学》,法律出版社2003年版,第50页以下;柯梅森、李健强主编:《行政法学》,中国检察出版社2003年版,第37页以下;等等。

③ 参见应松年主编:《行政法学新论》,中国方正出版社1998年版,第42页以下。

④ 参见姜明安主编:《行政法与行政诉讼法》,北京大学出版社、高等教育出版社2007年版,第64页以下。

⑤ 参见周佑勇:《行政法基本原则研究》,武汉大学出版社2005年版,第140页。

⑥ 同上书,第248页。

确定的,因此并未充分体现和贯彻当代行政法的民主参与理念,也没有重视行政参与作为行政法基本原则的正当性价值和全局性地位。我们认为,参与式行政的兴起和发展以及由此产生的行政法制度变革,必然要求将行政参与原则作为行政法新的基本原则,以正确指导参与式行政的制度构建和实践。

二、行政参与原则应成为行政法的基本原则

行政参与原则成为行政法的基本原则之一,具有可能性和必要性。

(一)行政参与原则成为行政法基本原则的可能性

一般认为,行政法基本原则应当具备法律性、部门法特性(特殊性)和普遍性等特性[①],这些特性已经是行政法学界普遍认可的确立行政法基本原则的依据和标准。行政参与完全具备作为行政法基本原则要求的这些属性。

首先,行政参与原则具有法律性。其一,我国宪法已对行政参与进行了原则性规定。《宪法》第 2 条规定:"人民依照法律规定,通过各种途径和形式,管理国家事务,管理经济和文化事业,管理社会事务。"在这里,无疑表达了公民有权参与管理国家事务的内涵,这里的"国家事务"显然应包括行政事务。这表明,在我国,行政参与已经确立为一项宪法原则,是我国行政法活动的基本准则。其二,我国行政法已对行政参与作了制度性规定。各项制度都贯穿了行政参与的要求,而且大量行业性、部门性、地方性立法都已经确立了行政参与的原则,为各种具体的行政法活动提供了规范依据。其三,我国立法已经规定了有关公众参与的法定权利。宪法与行政法中行政参与原则以及行政参与权的有关规定,已赋予了行政参与原则法的规范性特征,使之具有了被强制遵守的法律效力,它是公众享有和行使行政参与权的基本法律依据,并要求行政主体必须履行保障实现公众行政参与权的法定义务,否则要承担相应的法律责任。由此,行政参与原则已经以基础性规范的形式来调控社会公众的参与行为以及行政主体的行政行为。

---

① 参见马怀德主编:《行政法与行政诉讼法》,中国法制出版社 2007 年版,第 24—25 页;胡建淼主编:《行政法学》2003 年版,第 45 页;方世荣、石佑启主编:《行政法与行政诉讼法》,北京大学出版社 2005 年版,第 48—49 页;等等。

其次，行政参与原则具有行政法的部门法特性。总体上说行政法的特殊性就在于行政法调整的对象——行政活动的特殊性。行政参与原则主要就是调整规范行政主体行政活动的原则。当今时代语境中的公共行政，是政府与社会共同参与的治理活动，是以公众参与为标志的民主行政，而公众参与必然要求行政公开，要求行政活动的正当程序，要求主体双方的沟通与合作，从而既实现参与者的利益诉求，又促进公共利益目标的实现。因此，行政参与原则蕴含了行政民主、行政公开、程序正当、行政合作等价值要求，这都是当代行政法的基本价值追求，因此，行政参与原则体现了当代行政法的特有品质。

再次，行政参与原则具有普遍适用性。当代行政是民主行政和服务行政，行政的终极目的在于保护和实现公民的合法权益。从各个行政领域上看，行政立法决定了公民权利的设定和确认，行政决策和行政执法则关系到公民法定权利在行政活动中的落实，而监督行政则是矫正违法行政行为、救济有关权利的重要保障。因此，都需要公众参与表达利益诉求，这就要求行政参与原则必须在行政立法、行政决策、行政执法和监督行政等行政活动领域中得以普遍适用，贯穿于行政活动的基本过程。从立法上看，我国现行的大量法律、行政法规和地方立法都初步确立了行政参与原则，如《立法法》《行政处罚法》《行政许可法》《行政监察法》中都已有了行政参与的原则性规定。这表明行政参与原则已经具有了普遍的适用性。

最后，行政参与原则成为行政法的基本原则也具有可操作性。行政参与既是相对人权利行使的形式，又是行政程序的正当要求，亦即对行政主体的程序义务要求，因此，完全可以具体适用于行政法活动中，作为判断行政行为是否有合法性和裁决行政争议的基本依据。

综上分析，行政参与原则已具备了行政法基本原则的规格要求，具有作为行政法基本原则的可能性。

（二）行政参与具有成为行政法基本原则的必要性

行政参与原则除了具备基本原则所要求的特性之外，还深刻反映了当代行政法发展的时代要求，因而具有成为行政法基本原则的必要性。

首先，从理论上而言，当代公共行政的发展，使行政的政治功能日益增强，行政裁量也呈不断扩张趋势，行政法的价值追求已从形式合法性的单一模式转向形式合法性与实质正当性的复合框架①，而公众参与使行政活动因复制类似于代议制机关的民主程序而成为行政正当性的来源与保障。因此，公众参与已经成为求证行政正当性之必要。

其次，从实践上而言，我国近年来兴起了丰富的参与式行政实践，虽然有些也取得了一定的效果，但是总体效果不尽如人意。这样，一方面是蓬勃兴起的参与式行政实践的丰富图景，另一方面是行政法律制度供给的不足和参与式行政效果的不甚理想，说明现行行政法制度已经不能充分满足参与式行政实践的发展要求，需要进行改革。而制度的改革需要确立基本原则加以指引和规范。因此，迫切需要确立行政参与原则以指导行政法制度的改革和完善，引导参与式行政的实践，实现当代参与式行政的目标。

总之，行政参与不但具备了确立为行政法基本原则的可能性，而且更具有必要性和紧迫性，因此，应当将其确定为当代行政法的基本原则。

三、行政参与原则的基本内涵

行政参与原则是指导、规范行政主体吸纳社会公众参与行政活动的基本准则。行政参与原则的具体内涵主要包括以下内容：

（1）行政参与原则首先要求除法律有特别规定外，所有行政活动应当吸纳公众平等参与。行政参与作为行政法的基本原则，首先要求公众参与应当贯穿于行政立法、行政决策、行政执法与监督行政等所有行政领域，亦即除法律另有规定外，社会公众能够参与所有行政活动。行政主体应当提供机会与条件，充分保障社会公众对行政活动的有序参与。凡是享有政治权利，且与行政活动有利益关系的社会公众都具有平等参与行政活动的资格。其中的利益关系既包括个体利益与行政活动有涉，也包括公共利益的关联性，亦即社会公众是公共利益的共同体成员。此外，为了帮助解决专业性和技术性问题，行政主体还应当吸纳有关专家参与。

（2）行政参与原则要求保障公众行政参与权的行使。有学者认为，“参

① 参见王锡锌：《行政正当性的回归——中国新行政法概念的提出、逻辑与制度框架》，载《清华法学》2009 年第 2 期。

与原则意味着对一种公民参与权的尊重”①。这种尊重落到实处就是对行政参与权的保障。行政参与原则的内容集中体现为社会公众在行政活动中的行政参与权能,这些权利包括进入行政程序的权利、提出政务主张的权利、获合理回应的权利、合理意见获采纳的权利、协商决定的权利、协助执行的权利等,而且是相对人的前提性权利,法律应当保障其能在行政活动中有效行使。这就要求确立行政主体履行满足行政参与权行使的前提性义务,若行政主体不履行此义务,则不能合法正当地行使行政权力,也即行政行为构成违法,当然也就不能生效,相对人可以不履行这种违法行政行为要求负担的义务。

(3) 行政参与原则要求行政参与能够约束行政主体的行为,并影响行政决定的形成,亦即公众的行政参与应当具有法律效力。行政参与不仅是公众的程序性参与,而且是实质性参与。公众不能只是形式意义地参加行政活动,而且要能在行政活动中充分表达意志,并能够约束行政权的运行,对行政决定的形成产生实质性影响。例如,具有参与资格的社会公众申请参加行政活动,行政主体必须吸纳其参与;社会公众提出利益诉求和建议,行政主体必须听取与回应;更为重要的是,行政主体作出行政决定必须依据参与主体正当的诉求与合理的意见。

(4) 行政参与原则要求行政主体不履行满足行政参与权的义务要承担法律责任。如上所述,行政参与原则的核心内容是保障公众行政参与权的行使,而行政参与权的行使,需要行政主体履行相应的义务。若行政主体未履行满足行政参与权的义务,也无须承担法律责任,就意味着违反义务的行为得不到追究,义务的履行可能就会落空,行政参与权就会失去保障。因此,追究行政主体侵害行政参与权的法律责任也是行政参与原则的一项基本要求。

四、行政参与原则在行政法基本原则中的地位

行政参与不但应当成为行政法的基本原则,而且在行政法的基本原则体系中具有重要的地位。

---

① 周佑勇:《行政法基本原则研究》,武汉大学出版社 2005 年版,第 258 页。

第一,行政参与原则与行政合法原则、行政合理原则是存在区别的,具有其独立存在的价值。根据现代公共行政的一般要求,行政的正当性要素应当包括形式合法性、科学性、民主性和可接受性。作为行政行为法治化的最基本要求,行政合法原则主要解决的是行政行为的形式合法性问题;行政合理原则是良好行政的基本要求,它主要关注行政行为的妥当性和科学性问题。而行政行为的民主性和可接受性则要通过广大公众的行政参与来获致:首先,公众作为参与主体以国家主人的身份参与行政管理,充分体现了行政的民主性;其次,公众通过行政参与表达利益诉求,并对行政行为的形成产生一定影响,使行政结果符合或接近公众的意愿,从而保证了行政的可接受性。如果缺乏行政参与原则,将难以保障行政的民主性和可接受性,进而导致行政正当性要素的重大缺失。因此,行政参与原则在行政法的基本原则体系中具有其他基本原则所不可取代的作用。

第二,行政参与原则对贯彻行政合法性原则和行政合理性原则具有保障和促进作用。这表现为:一方面行政参与原则赋予了公众充分的了解权、表达权、监督权等,并要求政府信息公开,将行政活动的过程要置于广大社会公众的监督之下,这样就对行政主体的行政活动形成了外部压力,使得行政主体必须严格遵循行政合法性原则和合理性原则;另一方面,行政参与原则蕴含着经过公众参与的正当程序要求,从内部运行过程中加强了对行政权肆意行使的约束,从而也保障了行政的合法性与合理性。此外,在行政参与原则的规范下,行政主体在行政活动中不能单方作出决定,必须吸纳公众参与,听取公众诉求和意见,通过信息汇集、知识荟萃、意见交流,使政府理性与公众理性得到最优的结合,充分尊重民意,从而作出科学可行的行政决定,这样更进一步增强了行政活动的合理性。

因此,行政参与原则不仅是其他基本原则所不能取代的,而且对其他基本原则的贯彻具有保障性,在行政法基本原则体系中具有重要地位。

第二节 关于行政法的主体理论

一、行政法主体的范围

行政法主体，也称行政法律关系主体，是指行政法律关系中享有权利和承担义务的组织或个人。[①] 尽管许多学者对行政法主体所下的定义不同[②]，但都是在行政法律关系的框架中来认识行政法主体及其地位。

我国行政法在目前的行政法主体理论中，主要将行政法主体分为行政主体、行政相对人以及行政法制监督主体等类型。[③] 也有学者认为行政权力的配置主体也是主体类型之一，“我国行政法是调整配置行政权力关系、行政关系及在此基础上产生的监督行政关系的法律规范和原则的总称”，因此，“行政法律关系主体应包括行政法所涉及的所有主体，即行政权力配置主体、行政主体、行政相对人及监督主体”。[④] 各行政法主体以行政主体为圆心，相互之间形成内容丰富、形式多样的行政法律关系。包括：行政主体与行政主体相互之间的权利义务关系、行政主体与行政相对人之间的权利义务关系、行政主体与行政法制监督主体之间的权利义务关系，以及权力机关与行政主体之间的可以依法形成行政权力配置的法律关系等。但这都还

---

① 方世荣主编：《行政法与行政诉讼法学》，中国政法大学出版社 2010 年版，第 35 页。

② 如“行政法主体即指行政法调整的各种行政关系的参加人——组织和个人”（姜明安主编：《行政法与行政诉讼法》，北京大学出版社、高等教育出版社 2007 年版，第 109 页）；“在中国，行政法主体，系指行政法上的主体，即受行政法直接调整的组织和个人”（胡建淼：《比较行政法——20 国行政法评述》，法律出版社 1998 年版，第 9 页）；“行政法律关系主体亦称行政法主体，或行政法律关系当事人，它是指行政法律关系中享有权利和承担义务的组织和个人”（方世荣主编：《行政法与行政诉讼法学》，中国政法大学出版社 2010 年版，第 35 页）；“行政法上之主体，通常即系指于行政法上得享有权利及负担义务之资格者，亦即具有行政法之权利能力者”（翁岳生主编：《行政法》（上册），中国法制出版社 2002 年版，第 267 页）；“行政法主体，也即行政法律关系主体，包括国家行政机关、国家公务员、被授权人、被委托人，以及其他国家机关、社会团体、企事业单位和公民个人。在我国境内，依照我国法律规定享有行政权利、承担行政义务的外国组织和公民、无国籍人也是我国行政法的主体”（许崇德、皮纯协主编：《新中国行政法学研究综述》，法律出版社 1991 年版，第 133 页）。

③ 罗豪才主编：《行政法学》，北京大学出版社 1996 年版，第 19 页。

④ 参见袁曙宏、方世荣、黎军：《行政法律关系研究》，中国法制出版社 1999 年版，第 29 页。

未充分说明参与式行政蓬勃兴起之后行政法主体的变化。参与式行政的实践和参与式行政法律关系的形成，其实已经使行政法主体产生了一个新的类型——行政参与主体。

二、行政参与主体是行政法主体的独立种类

行政参与主体是指以表达意见、阐述利益诉求、协作配合等方式参与到行政过程中，影响行政权力运行以维护自己合法权益的组织或个人。随着参与式行政实践的不断深化，行政参与主体的重要性正在不断凸显。但这种行政法主体，在行政法律关系中的地位如何，目前的行政法主体理论尚未涉及，也不明确。这是需要反思和加以完善的。

我国传统的行政法主体理论中，缺乏行政参与主体这种主体类型的相关理论，更没有认识到行政参与主体所具有的独立身份和地位。行政参与主体不同于行政主体是毫无疑问的，但过去曾有将行政参与主体与行政相对人混为同一主体的认识，并将行政参与主体所享有的参政权利，归纳为是行政相对人的权利。这源于德国法学家G. 叶连内克对私人公权利的划分：他将私人公权利划分成消极地位的自由权、积极地位的受益权和能动地位的参政权。[①] 这是需要重新反思的。

事实上，公民、法人或者其他组织具有了能动的参政权利后，就与行政主体之间基于协同治理，发生了对行政权力运行的直接参与，他们不一定是行政相对人，而是一种具有独立身份的行政参与主体。这也形成了一种新型的参与法律关系。而行政相对人具有了能动的参政权利后，就不再仅仅是行政主体的被管理者和行政权结果的消极承受者，同时也是行政权行使过程的积极参与者。[②] 它表明行政参与主体与行政相对人并不是完全相同的主体身份（即使这两种身份可能同时属于某一个公民或组织）。如前所述，参与式行政法律关系既可以是单一的法律关系，也可以是复合性的法律关系，这种复合性法律关系由前置性法律关系和本体性法律关系组合形成。在单一的法律关系中，法律关系的双方分别是行政主体与行政参与主体；在复合性的法律关系中，前置性法律关系的双方分别是行政主体与行政参与

---

① 方世荣：《论行政相对人》，中国政法大学出版社2000年版，第80页。

② 章剑生：《现代行政法基本理念》，法律出版社2008年版，第89页。

主体;本体性法律关系的双方才分别是行政主体与行政相对人。此时,前置性法律关系中的行政参与主体和本体性法律关系中的行政相对人是同一个公民或组织,只是身份和地位不同。

行政参与主体和行政相对人是有重要差别的:首先,两者的范围有一定的差别,并不能完全重合,行政参与主体在范围上大于行政相对人。行政相对人是与行政主体行政行为有利害关系的人,而行政参与人并不是都与行政行为有利害关系。行政参与主体中包括有行政相对人,但他们不一定都是行政相对人。如专家在参与行政决策时,他们就不是作为行政相对人而具有行政参与权。因此,行政参与主体与行政相对人的范围仅只有部分是重合的。其次,两者在行政法律关系中的地位不同。行政相对人在复合行政法律关系中具有双重地位:既是参与行政法律关系中的主体要素,也是本体性行政法律关系中的主体要素;而行政参与主体只是单一的参与行政法律关系中的主体要素。换句话说,行政相对人在行政法律关系中的身份和地位比单一的行政参与主体更为复杂。再次,也是极重要的一点,两者在法律关系中的目的不同。行政相对人在行政法律关系中行使参与权的目的通常是追求自身的利益,即维护自己的本体性权利,而行政相对人以外的参与主体,如社会公众中的代表,律师等法律工作者,尤其是有关专家等①,行使参与权的目的一般不是追求自身利益,而是为了社会公共利益。他们以其专业知识来配合和监督行政权力的合理行使,或者帮助社会公众维护他们的共同利益。最后,行政参与主体的权利不同于行政相对人的权利。行政参与主体只具有参与的权利,而行政相对人则不仅仅具有参与的权利,还享有本体性的权利。由于各自的法律权利不同,要求行政主体履行的义务也不完全相同。行政主体与行政参与主体之间、行政主体与行政相对人之间有着不同内容权利义务的对应性,因而行政相对人的主体理论是不能代替行政参与主体理论的。

---

① 如《天津市房屋拆迁行政裁决听证办法》第 12 条规定:“区县房屋行政管理部门可以邀请拆迁项目的房地产估价机构、拆迁项目所在地街道居委会、本区县从事法制、信访工作的人员和人大代表、政协委员等参加旁听。”《辽宁省行政机关信访听证暂行办法》第 7 条规定:“听证参加人为信访当事人,信访事项处理当事人以及与信访事项的产生、处理有密切关系的听证第三人。同时,应当邀请部分人大代表、政协委员、法律政策专家、律师等社会知名人士参加,并听取其评议和建议。”《湖南省行政程序规定》第 27 条规定:“公众、专家、咨询机构等依照本规定参与行政程序。”

同时,行政参与主体也不等同于行政法制监督主体,尽管行政参与主体的参与对行政主体行政权力的运行具有监督作用,但参与主体行政参与权的内容和功能却比监督权更为丰富。行政参与权当然具有对行政主体实施监督的权能,如提出批评、意见,但并非只是消极的监督权,其更重要的是对行政主体表达自己的利益诉求,提出积极的建议,实现与行政主体的协作治理,甚至参与行政主体共同作出行政决定等。因此,行政法制监督主体也不能等同于行政参与主体。

根据以上分析,行政参与主体在行政法律关系中应当是独立的主体类型,为此,行政法学需要创建行政法律关系中的行政参与主体理论。

三、行政参与主体与其他行政法主体之间的联系

行政参与主体是突破传统行政法律关系并随着参与式行政法律关系的产生而出现的。一方面,它成为行政法主体的一个新类型,使行政法主体类型增多;另一方面,行政参与主体加入行政法律关系的结构,与原有的各行政法主体发生互动,形成一系列新的联系形态,从而导致行政法律关系的格局发生变化,这都是需要行政法学加以关注和深入研究的。

行政参与主体除了会与行政主体之间构成参与式行政法律关系外,还可能介入其他类型的行政法律关系中并发挥积极作用,如介入到权力机关与行政主体之间的法律关系、行政主体之间的法律关系、行政主体与行政相对人之间的法律关系和行政主体与行政法制监督主体之间的法律关系之中。在这些法律关系中,行政参与主体会与原法律关系中的各方主体发生密切联系,使原两方关系变为实际上的三方关系。

(1) 行政参与主体可以介入权力机关与行政主体之间的行政权力配置法律关系中。行政参与主体介入这种行政权力配置关系,并同关系的主体双方都发生关联,以发挥帮助正确配置行政权力的功能。这主要通过参与的意见、建议来实现。如社会公众通过听证会、公开征求意见等途径向权力机关或行政主体提出建议,并影响权力机关的相关立法和决定,使行政主体的行政职权、职责和运用方式方法得以合理地符合民意的设定,从而参与了权力机关与行政主体之间的行政权力配置法律关系,并使这种法律关系的运行更为开放和民主。

(2) 行政参与主体可以介入行政主体与行政主体相互之间的法律关系。行政主体相互之间的法律关系内容比较复杂,包括上级行政主体对下级行政主体的行政权力配置关系、内部管理关系、监督关系,同级行政主体之间的协作配合关系等等。在参与式行政中,行政主体之间的这些法律关系,也需要行政参与主体通过各种形式参与进来。如上级行政主体对下级行政主体实施权力配置、监督管理的重要依据之一,就是听取社会公众的建议、意见和评价等。行政参与主体介入发挥作用,能够使上级行政主体对下级行政主体正确行使领导职权。

(3) 行政参与主体介入最多、最常见的是行政主体与行政相对人之间的法律关系。在行政主体与行政相对人的法律关系中,行政参与主体介入后同行政主体和行政相对人双方都有直接的关联。这种关联首先是基于行政参与主体、行政主体以及行政主体对行政权力行使的合法性与合理性的共同追求,在此基础上,行政相对人借助于行政参与主体的行政参与权来充分表达利益诉求并影响行政结果,行政主体则借助行政参与主体的行政参与权来帮助行政权力的合法、正确运用,形成合理的行政结果,并充分体现行政权力的运用具有正当性。同时,对行政相对人一方来讲,在特定的行政法律关系中,行政参与主体同行政相对人本身就是重合的,即行政相对人同时具备行政参与主体的身份,如行政处罚、行政许可中的当事人,价格决策听证会中的公众听证代表等等;对行政主体一方来讲,行政参与主体的参与权的行使有时就是行政主体行政权力运用的前提条件,行政主体必须首先满足行政参与权,行政权力的行使才能合法有效。[①] 这些更使得行政主体与行政相对人的行政法律关系同行政参与主体不能分割开。

(4) 行政参与主体可以介入行政法制监督主体对行政主体的监督法律关系之中。在行政法制监督主体与行政主体之间的监督法律关系中,行政参与主体与行政法制监督主体可以共同发挥监督行政主体的作用。此时,行政参与主体与行政法制监督主体之间是一种合作监督的关系,与行政主体之间则是一种监督与被监督关系。参与主体作为行政法制监督主体的合

---

① 如《行政许可法》第46条规定:“法律、法规、规章规定实施行政许可应当听证的事项,或者行政机关认为需要听证的其他涉及公共利益的重大行政许可事项,行政机关应当向社会公告,并举行听证。”

作监督者，通过行政参与权可以启动行政法制监督主体的监督权力，如对行政主体及其工作人员的违法失职行为行使检举和举报的权利，可以启动行政法制监督主体对行政主体行使监督职权的程序。我国《行政监察法》第6条规定，“监察工作应当依靠群众。监察机关建立举报制度，公民、法人或者其他组织对于任何国家行政机关及其公务员和国家行政机关任命的其他人员的违反行政纪律行为，有权向监察机关提出控告或者检举”。在此情况下，行政参与主体的参与监督，能为有权的国家机关启动监督权提供信息、线索和意见。此外，行政参与主体在一定条件下还可以通过行政参与权对行政主体直接发挥监督效力。如社会公众对行政主体及其公务人员履行职责、廉政建设等情况进行评议、投票等，也是一种参与权。而这一来自社会的民主评议、票决，直接决定了对行政主体及其公务人员表现的评定结果，能产生是否予以评优、晋级等奖励或是否予以黄牌警告、责令整改等惩戒的法律后果。

总之，参与式行政的确立，使行政参与主体已成为一种新型的独立行政法主体，这尚需要行政法学加以认真深入研究，以发展和完善现有的行政法主体理论。

第三节　关于行政行为理论

行政行为是行政主体行使行政权力或履行行政义务的具体形式，实际上行政法律关系的内容就是通过行政行为来实现的，因而行政行为理论与行政法律关系有着重要联系。其中，行政行为的特征、合法要件和效力问题，也就是行政权力行使的特征、合法要件和效力问题。随着参与式行政法律关系的出现，原有行政法律关系的内容正在发生变化——行政主体的权力义务和相对人的权利义务呈现出新的结构模式，行政行为作为行政权利行使的方式自然也会发生变化。因此，我们有必要结合参与式行政的时代变化，对目前的行政行为理论加以反思和促其发展。

一、行政行为基本特征的反思与发展

传统行政行为理论通常将行政行为的单方意志性作为其基本特征之一。[①]“单方意志性”是指行政行为可以依行政主体单方意思表示而发生效力,不需要行政相对人的同意。但在参与式行政法律关系中,行政主体作出行政立法、行政决策和行政决定必须广泛听取并吸收参与主体的意见,在特定情况下,参与主体甚至享有直接的决定权,这就在不同程度上体现了行政的结果具有行政主体与行政相对人双方意志在博弈、磨合、协调之后的统一性,换言之,也就形成了一定的合意性。例如,《城乡规划法》第22条规定:“乡、镇人民政府组织编制乡规划、村庄规划,报上一级人民政府审批。村庄规划在报送审批前,应当经村民会议或者村民代表会议讨论同意。”《国有土地上房屋征收与补偿条例》第11条规定:“因旧城区改建需要征收房屋,多数被征收人认为征收补偿方案不符合本条例规定的,市、县级人民政府应当组织由被征收人和公众代表参加的听证会,并根据听证会情况修改方案。”再如,《行政强制法》第42条规定:“实施行政强制执行,行政机关可以在不损害公共利益和他人合法权益的情况下,与当事人达成执行协议。”这就在法律制度层面上,规定了行政结果应当或可以经行政主体和行政相对人的双方合意而形成。据此,行政行为的“单方意志性”理论正在受到参与式行政的冲击。当然,亦有学者注意到这一现象,提出社会公众的行政参与对行政行为“单方意志性”的特征并不构成影响。他们认为:“随着行政民主化的发展,现代社会的行政相对人已能广泛参与行政程序或行政行为的实施,即参与意思表示,但这仍然取决于行政主体的接受和采纳。并且,行政相对人的意志一旦为行政主体所接受和采纳,所形成的最终意志仍然被视为行政主体的意志。因此,行政相对人的行政参与并没有改变行政行为的单方性。”[②]对此观点,是需要细致分析和加以辨别的。

第一,在参与式行政法律关系中,参与主体依法以规定的方式和程序所提出的主张和诉求,如果合法、合理、合情,就必须得到行政主体的尊重和采

---

① 姜明安主编:《行政法与行政诉讼法》,北京大学出版社、高等教育出版社2007年版,第177页。

② 同上书,第178页。

纳，它对行政主体是有法律上的约束力的，行政主体不仅无权取舍，反而有义务接受，不能拒绝。例如，《行政许可法》第48条第2款规定"行政机关应当根据听证笔录，作出行政许可决定"表明，听证笔录中行政相对人符合法定条件的意思表示，不是"取决于"行政主体的接受和采纳，而是行政主体"必须"或"应当"接受和采纳。

第二，"行政相对人的意志一旦为行政主体所接受和采纳，所形成的最终意志仍然被视为行政主体的意志"这一观点，如果从行政行为的主体来理解，它有其合理性，因为，行为主体是单方的——只是行政主体。但行政行为主体的单方性并不等于行政行为内含意志的单方性。既然通过行政民主的方式使行政相对人的意志得以采纳并"被视为"行政主体的意志，正好表明行政相对人和行政主体有了合意，体现了双方意志的共同性，也反映出行政行为中内含的意志并不是行政主体单方的。在这里，我们需要对行政行为的主体名义与行政行为内含的意志加以区分。行政行为是以行政主体的单方名义所作出，在传统的管制行政中，它无论在名义上和内含意志上都只具有行政主体的单方性；而在新型的参与式行政中，它虽然在名义上是行政主体单方作出，但在内含的意志上却是充分吸收行政相对人合法合理诉求的结果，因此，行政行为单方意志性特征是很不确切的。

此外，参与式行政还催生了大量新型的行政行为形式，如行政合同、行政委托、行政强制执行协议等，这类合作型的行政行为形式，更是行政主体与行政相对人双方合意的结果。

在参与式行政法律关系中，参与主体享有充分的政务主张权，合法、合理诉求的被采纳权以及对某种特定行政事务的共同决定权（如协商签订行政合同、参与票决由乡、镇人民政府组织编制的村庄规划等）。这就使行政相对人意志对行政行为的形成具有了法律约束力，使得行政主体不能随意取舍或拒绝，反之必须依法接受和采纳，这就极大地制约了行政主体作出行政行为的"单方意志性"。

综上，行政行为的"单方意志性"理论已不符合目前行政行为的实际状况，需要改进和发展。参与式行政要求行政主体作出行政行为必须充分考虑行政相对人的合法、合理诉求和意愿，因此，行政行为具有的原"单方意志性"特征，应当发展改进为行政行为具有"共同意志性"与"单方名义性"相复合的特征。

二、行政行为的合法要件的反思与发展

行政行为的合法要件是经过理论提炼的合法行政行为的标准模式，只有符合这些要件的行政行为才具有合法性。参与式行政的一个法定要求就是：行政行为的作出，在法定程序上必须让行政相对人进入行政过程，在实体结果上必须听取和吸收行政相对人合法、合理的意见，毫无疑问，这应当作为判断行政行为合法性的一个内容。那么，这一合法性的内容在行政行为的合法要件上该如何体现是需要研究的。目前行政行为的合法要件理论主要包括：(1) 行为主体合法。行政行为必须由具有法定行政主体资格的组织作出。(2) 行为权限合法。行政行为必须是行政主体在法定权限内作出的行为。(3) 行为内容合法。行政行为具有事实根据，意思表示真实、完整和确定，适用法律正确。(4) 行为程序合法。符合行政程序的基本原则和制度。(5) 行为形式合法。即行政行为必须具备法律所要求的形式。[①] 但传统理论在阐述上述各个合法要件的内容时基本都只是从行政主体的角度来认识的，尚未从参与式行政的视角进行观察，需要加以反思和完善。

(一) 关于行为主体合法

传统理论认为，行为主体合法是指行为主体应当具备法定行政主体资格，即具备法定资格的行政主体所作的行政行为才是合法的行政行为。这对于一般的行政行为而言，当然是正确的。但参与式行政形成了许多新型行政行为的形式，如行政委托、行政合同、行政强制执行协议等，这些特定的行政行为实际上是行政主体行政行为和他方主体法律行为相融合的复合形式。缺乏他方主体的法律行为，行政行为不可能形成，更不能成立。因此，它并不是由行政主体单方而是由行政主体和参与主体双方来共同作成的。这在主体要件上，就必然要求行为主体合法不仅针对行政主体，也针对参与主体，行政主体和参与主体都应当具备法定主体资格。缺乏其中任何一种主体的合法性，这种复合形式的行政行为同样是不合法的。例如，在政府采购活动中，不仅要求采购方是合法的行政主体，同时也要求供应商具有合法

---

① 姜明安主编：《行政法与行政诉讼法》，北京大学出版社、高等教育出版社 2007 年版，第 176—178 页。

资格。《政府采购法》第22条规定:"供应商参加政府采购活动应当具备下列条件:(一)具有独立承担民事责任的能力;(二)具有良好的商业信誉和健全的财务会计制度;(三)具有履行合同所必需的设备和专业技术能力;(四)有依法缴纳税收和社会保障资金的良好记录;(五)参加政府采购活动前三年内,在经营活动中没有重大违法记录;(六)法律、行政法规规定的其他条件。"显然,行政主体与不符合第22条之资格条件的供应商签订行政合同,该行政合同是不合法因而是无效或可撤销的,对此《政府采购法》第77条相应规定,供应商提供虚假材料谋取中标、成交的,中标、成交无效。因此,对于参与式行政中所产生的一些特定的行政行为形式,所谓行政行为的主体合法,既要包括行政主体合法,又要包括参与主体合法。

（二）关于行为的内容合法

行政行为的内容合法一般是指:行政行为具有事实根据,意思表示真实、完整和确定,适用法律正确,符合立法目的等。[①] 但参与式行政的兴起对内容合法的合法要件提出了新的要求。

(1) 传统的内容合法要件理论主要是从行政主体依法行政和消极控权的角度来概括的,不能全面体现和诠释参与式行政法律关系中参与主体意志对行政行为内容所形成的必备要素构造。在参与式行政法律关系中,参与主体享有政务主张权、意见获采纳权等权能,这对于行政行为而言,既是程序合法的要求,也是内容合法的要求。也就是说,行政行为的内容除了符合传统的合法要件外,还应当以是否充分听取和采纳参与主体合法、合理的意见诉求为合法性标准。这在我国目前的行政执法行为和行政立法行为中已经有所体现。例如,《行政处罚法》第32条第1款规定:"当事人有权进行陈述和申辩。行政机关必须充分听取当事人的意见,对当事人提出的事实、理由和证据,应当进行复核;当事人提出的事实、理由或者证据成立的,行政机关应当采纳。"这实际上要求行政处罚行为的内容必须采纳行政相对人提出的合理事实、理由和证据,这便属于法律对行政行为内容合法的一项要求。此外,我国在行政立法中充分听取和采纳广大社会公众的意见也已成为一项普遍遵守的良法原则。例如,2010年至2011年《城市房屋拆迁管理

---

① 姜明安主编:《行政法与行政诉讼法》,北京大学出版社、高等教育出版社2007年版,第230页。

条例》的修订过程中，广大社会公众针对强制搬迁这一问题提出了3950条意见，普遍反对行政强制拆迁制度。国务院充分吸收了这些意见，在修订后的《国有土地上房屋征收与补偿条例》中取消了行政强制拆迁，规定由政府申请法院强制执行。[①] 行政行为内容合法要件的这一发展变迁有着深刻的时代背景。

第一，内容正当性之需要。内容合法首先意味着其必须是正当的，传统行政下行政行为的正当性是通过“传送带理论”（transmission belt）来证成的，即：民主主义要求立法必须体现人民意志，人民通过选举控制立法机关，立法机关因代表人民意志而具有正当性。行政机关经过立法机关的授权而成为民意的执行者和实施者，从而使行政因“人民意志”的传递而获得正当性。[②] 为了保证人民意志的准确传递贯彻，这一理论的成立需要遵循一个前提性的原则——行政机关不得僭越立法权，即“禁止授予立法权原则”。然而，随着现代公共行政的发展，福利行政、风险行政等新型行政任务的出现导致不得不给予行政机关广泛的自由裁量权和规范制定权，这在规范和事实上具有了“准立法权”的性质，从而造成“禁止授予立法权原则”的崩解。在这种背景下，行政行为已经无法被视为人民意志的传递和贯彻，其正当性基础面临严重的“民主赤字”。为此，必须通过复制和再现人民意志来补强行政行为的正当性，这就要求行政行为不仅要在过程上广泛参与，而且在内容结果上要体现参与主体的合理意见和诉求，从而通过“自下而上”的方式重新赋予行政行为正当性。

第二，内容科学性之需要。科学性是行政行为内容合法的工具理性之要求，意为行为内容必须符合科学规律和客观实际，对此国务院在法治政府建设中曾多次强调“推进行政决策的科学化、民主化、法治化”、“科学合理细化、量化行政裁量权”等。[③] 20世纪中期以来，人类普遍进入第二现代性时代，行政环境发生了急遽改变，其中最典型特征就是复杂社会和风险社

---

① 参见国务院法制办公室：《关于〈国有土地上房屋征收与补偿条例（第二次公开征求意见稿）〉的说明》，http://www.gov.cn/gzdt/2010-12/15/content-1766386.htm，2012年12月1日访问。

② 参见〔美〕杰瑞·L.马肖：《行政国的正当程序》，沈岿译，高等教育出版社2005年版，第17—18页。

③ 见《国务院关于加强法治政府建设的意见》第11、16条。“科学”一词在该政策文件中出现了9次之多，足见法治政府建设对行政科学性的重视。

会。复杂和风险社会下的行政事项表现出明显的多样性、变化性和不确定性，在治理上，所需的知识和信息在数量、种类上都呈现爆炸式增长。行政主体不可能凭一己之力掌握所有的治理知识和信息，而是需要借助广大参与主体提供的各种知识和信息来作出决定。可见，在复杂社会和风险社会中，参与主体的行政参与并非仅仅是补强行政行为的正当性，还要行政主体据以实施“科学行政”的知识和信息保障，否则就难以确保行政行为内容的科学性。

（2）对于参与主体不合法或不合理的主张，行政主体当然也可以不予采纳，由此会形成否定性内容的行政行为，而这类行政行为也要求内容的合法性。在参与式行政法律关系中，这里的“合法性”要求的是：对参与主体主张的否定必须充分说明理由和根据，以满足其获合理回应权，而不是简单地拒绝。具体言之，参与式行政是参与主体和行政主体以平等的身份进行交流、协商的行政过程，而不是传统行政中由行政主体进行简单的压制服从，这就需要行政主体以充分的理由和依据来加以说服，以得到参与主体的理解和认同。同时，参与式行政是充分尊重参与主体地位和人格的民主行政，通过说明理由才能证明参与主体的主张得到了行政主体的充分尊重——即给予了慎重考虑和认真对待，虽然未予采纳但却有充分的理由并作出了恰当的说明。从这个意义上讲，否定性行政行为如未能充分说明理由和依据，就应属于内容不合法的行政行为。目前，我国在行政许可和行政公开等领域对此均有明确的法律规定。例如，《行政许可法》第 38 条第 2 项规定：“行政机关依法作出不予行政许可的书面决定的，应当说明理由，并告知申请人依法享有申请行政复议或者提起行政诉讼的权利。”《政府信息公开条例》第 21 条第 2 款规定：“属于不予公开范围的，应当告知申请人并说明理由。”

需要讨论的是，目前的通说观点一般只将说明理由视为行政行为的程序合法要件而不是内容合法要件[①]，这在认识上是不全面的。行政主体说明理由就其向对方告知和回复而言，是过程性，属于程序合法的要求；但从理由本身（包括事实、证据、法律依据、法律适用的论证以及对当事人意见合法、合理性的分析判断等）来讲，它却是实体性的，属于内容合法的要求。如

① 姜明安主编：《行政法与行政诉讼法》，北京大学出版社、高等教育出版社 2007 年版，第 230、391 页。

《行政许可法》第38条第2款规定:“行政机关依法作出不予行政许可的书面决定的,应当说明理由,并告知申请人依法享有申请行政复议或者提起行政诉讼的权利。”在此规定中,所谓“应当说明理由”不能简单地将其视为程序要求:从行政主体必须回应当事人提出的行政许可申请角度来讲,它是程序性的环节;但从行政主体论证其构成不予行政许可决定的充分根据来讲,它却是实体性的内容。概言之,对于否定性行政行为中的说明理由,应当“说明”属于“程序合法要件”,而“理由”充分则应归为“内容合法要件”。

三、行政行为法律效力的反思与发展

通说认为,行政行为的效力内容包括公定力、确定力、拘束力、执行力。在传统的管制行政中,行政行为的效力内容强调行政权力对行政相对人具有先验的法律效力;而在参与式行政中,这种传统行政行为的效力理论正面临挑战。以下试作分析。

(一)关于行政行为的公定力

公定力是指行政行为一经成立,不论是否合法,即具有被推定为合法而要求所有机关、组织或个人予以尊重的一种法律效力。[①] 行政行为之所以具有公定力,一旦成立就被推定为合法有效,主要是基于维护公共利益和行政效率的考虑。[②] 随着参与式行政的兴起和发展,公共利益和行政效率的价值取向均出现了不同程度的调整和变化,进而要求传统公定力理论作出相应的变化。

(1)行政管理活动代表的是社会公共利益,当社会公共利益与公民个体利益发生矛盾的时候,“代表公共利益的行政主体在地位和权利上优于个人利益的主体即相对人”[③],正是出于维护社会公共利益的需要,才确定了行政行为一旦作出应就推定其合法有效的效力规则,要求个体利益必须服从公共利益。对此需要研究两个问题:① 行政主体单方能否准确地判断和把握公共利益。② 当个体利益与公共利益相冲突的时候,是否必然要无条

---

① 参见姜明安主编:《行政法与行政诉讼法》,北京大学出版社、高等教育出版社2007年版,第240—241页。

② 杨解君主编:《行政法学》,中国方正出版社2002年版,第202页。

③ 周佑勇:《行政法原论》,中国方正出版社2000年版,第87页。

件地服从公共利益。

对于第一个问题的回答是:在过去传送带理论模式中,由于行政主体执行的法律是立法机关所集合的人民的共同意志,因而可以认为行政主体当然代表了公共利益。但随着传送带理论模式之后行政主体准立法权的产生和行政自由裁量权的扩张,行政主体的单方行政立法以及对法律原则和空间的自由裁量把握,在缺乏民主性的情况下,是难以推定其当然能真正代表公共利益的。因此,必须强调广大社会公众对行政行为过程的参与,行政主体只有广泛、充分听取和吸收了民意,其行政行为才能保证是真正代表了公共利益。广泛听取社会公众的意见和诉求是确定公共利益的民主渠道,因为“公共利益并不是树上的果子,成熟了自己掉下来,或者呆在原处等人采摘,而是决策者与各利益相关方在协商和沟通过程中发现的”。[①] 同时,社会公众的认同本身即是公共利益之一种,“公众的心理认同的重要性、坚持公众的主观幸福感也是公共利益的重要构成部分,它要求决策者将其与公众的协商和沟通继续下去,直至达成某种关于公共利益的共识”。[②] 这导致行政主体不再被视为公共利益的当然代表或可以垄断对公共利益的判断权,据此,缺乏参与的行政行为因存在是否真正代表公共利益的疑问,也就不能推定其一经作出具有公定力。

对于第二个问题的回答是:随着时代的发展,社会结构和社会利益格局已发生了深刻变化,以人为本和人权保障理念的确立使公共利益与个体利益呈现出多元并存的趋势。在此背景下,无论是公共利益还是个体利益,都应当受到法律的保护和尊重,两者不能是单一的零和博弈或此消彼长的关系,而是要根据多样化的情境予以区别对待:① 在公共利益和个体利益存在交叉而能够统筹兼顾时,应当通过争取双方共赢,同步发展。由于当代社会公共治理的复杂性和多元性,这种共赢局面通常不是行政主体的单方力量所能促成的,只有问需于民、问计于民,充分汲取广大社会公众的意见和智慧,才能作出共赢兼顾的最优决定。② 在公共利益与个体利益发生冲突但尚存在妥协余地时,不能片面强调为公共利益而牺牲个体利益,而应广泛

---

① 王锡锌、章永乐:《我国行政决策模式之转型——从管理主义模式到参与式治理模式》,载《法商研究》2010 年第 5 期。

② 同上。

听取和吸收来自社会公众的不同利益诉求,在沟通协商和平等博弈的基础上达成和解,相互作出让步以缓和矛盾冲突。③ 在公共利益与个体利益发生冲突又难以调和的情况下,应当在利益层次上进行衡量:一般的个体利益(如公民的财产权、消费自由权等)应服从公共利益(如紧急情况的下征收征用、为实现节能减排目标限制消费自由等);一般的公共利益(如特定情况下公共场所的一般卫生秩序、交通秩序等)则要让位于重大的个体利益(如公民的生命权、生存权等)。在缺乏明确法律规定的情况下,这一利益衡量过程的正当性显然不是行政主体或行政相对人某一方所能独立证成的,而是需要双方经过理性论辩,根据特定情境下的利益权重共同作出判断。可见,在上述三种情况下,个体利益均不是无条件服从公共利益的,相反,公共利益与个体利益之间的共赢、妥协和衡量都是基于充分参与和对话协商的结果。那么,在行政行为过程未听取或吸收参与主体意见诉求的情况下,就不能以个体利益服从公共利益的理由推定行政行为对行政相对人具有绝对的公定力。

(2) 除了追求公共利益,行政效率亦是行政行为的重要价值取向和所追求的基本目的。传统行政偏向于效率优先,强调管理效率,要求行政主体的行政行为以最迅捷的方式来达成行政目的。因此,行政行为在成立时就被推定为合法有效以便及时稳定权利义务关系。但参与式行政价值取向中的行政效率出现了新的变化,这体现为:① 传统行政主要是从行政效率的角度来考虑行政行为的公定力的,而参与式行政则更强调充分听取和吸收参与主体的意见以实现行政为民的宗旨,保障行政具有正当性。这也就是说,参与式行政的主要价值取向是行政正当,而行政效率是为行政正当服务的。国务院《全面推进依法行政实施纲要》提出了“高效便民”的要求:“行政机关实施行政管理,应当遵守法定时限,积极履行法定职责,提高办事效率,提供优质服务,方便公民、法人和其他组织。”显然,“高效”的目的是“便民”,这就要求充分满足公民一方的利益诉求,而不是片面地追求行政效率,否则“高效”的行政行为就成了高效的“损民”和“扰民”。可见,在参与式行政的语境中,行政的正当性要优先于行政的高效性,单纯以行政效率为目标而不充分满足公民一方利益诉求的行政行为是不具有当然公定力的。② 就行政效率本身而言,传统行政的认识受限于行政决定的作出阶段,强调行政决定一经作出即具有公定力从而保障行政效率。参与式行政是一种民主协商、合作治理的行政管理模式，行政主体的行政行为是建立在双方充分沟通、理性说服与达成共识基础之上的。这在决定形成的阶段虽然耗费了较多的成本和时间，但在实施阶段却比较容易获得行政相对人的协助和配合，换言之，“行政机关以暂时的行政过程中的低效率换来行政行为结束后执行中的高效率，表现在行政相对人对行政行为的认同并自觉履行上”[①]，这就避免了许多潜在的对抗性矛盾和难以预料的社会风险，从而在整体上提高了行政效率，融洽了官民关系，构建了社会和谐。因此，对公定力的行政效率基础应当有新的认识，参与式行政所考量的行政效率，是行政行为从决定到实施以及未来影响的整体行政效率、综合行政效率和长远行政效率。在这个意义上，只有经过双方充分沟通、协商所作出的行政行为方能真正符合行政效率价值取向，进而可以推定其具有公定力。反之，若行政行为的作出未听取行政相对人的意见，就可能由于实施阶段的低效率而不符合整体行政效率、综合行政效率和长远行政效率的考量，也就不必然具备公定力。

综上，在参与式行政中，作为行政行为公定力基础的公共利益和行政效率均已发生变化，这导致行政行为的公定力不能仅从“行政自我证明”或“行政自我确认”[②]的逻辑中推导而出，还应当取决于社会公众充分的行政参与。为此，需要弱化公定力理论中的高权色彩和行政主体意志的先验优越性，将行政行为的过程是否听取或吸收了参与意见作为确定其公定力的重要条件。

（二）关于行政行为的确定力

确定力又称为不可变更力，是指行政行为一经决定，不经法定程序，行政主体和行政相对人双方都不可随意变更其内容的一种效力。行政行为对行政相对人的确定力主要是就行政实施、行政复议等行政争议程序而言的，即超过行政救济期限后，相对人原则上对其不得申请复议或提起诉讼，故又叫做“形式确定力”或“不可争力”；对行政主体的确定力则是指行政主体原则上不得随意更改行政行为，这种意义上的确定力又被称作“实质确定力”。

① 姜明安主编：《行政法与行政诉讼法》，北京大学出版社、高等教育出版社 2007 年版，第 369 页。

② 余凌云：《行政法讲义》，清华大学出版社 2010 年版，第 221 页。

这里分别就参与式行政对两种确定力的影响作出分析：

（1）关于形式确定力。确定力是“公定力的自然延伸”[①]，在参与式行政中，如果一个行政行为的作出完全未听取意见和申辩是不具有公定力的，因而对行政相对人也没有形式确定力，其可以不受时效的限制提出救济要求。

（2）关于实质确定力。按照传统理论，行政行为对于行政主体的实质确定力主要是基于信赖保护原则，除非基于法律规范的修改、废止或公共利益等法定事由，原则上不得随意改变行政行为。例如行政许可决定只有基于客观情况的重大变化或公共的利益需要这些法定事由，才能加以变更或撤回。[②] 这就是说，基于法定事由，准予行政主体不受确定力约束而改变自己作出的行政行为，但由于行政行为的变更往往会直接影响行政相对人的利益，故在参与式行政中，行政主体即使因法定事由而需改变行政行为的，也应当允许利害关系人参与并充分听取和吸收其合理的意见和诉求，行政主体不能单方变更行政行为，这对于实质确定力的效力来讲，是在准予行政主体不受其约束而改变行政行为时，增加了一项新的制约条件，即必须经过参与过程并听取意见。例如，我国城乡规划活动中对行政规划内容的修改就具有听取意见的法定要求，《城乡规划法》第50条第2款规定，“经依法审定的修建性详细规划、建设工程设计方案的总平面图不得随意修改；确需修改的，城乡规划主管部门应当采取听证会等形式，听取利害关系人的意见”。

（三）关于行政行为的拘束力

拘束力是指行政行为成立、生效后，其内容对有关人员和组织所产生的法律上的约束力，有关人员和组织必须遵守服从。拘束力具体表现在两个方面：一是对行政相对人的拘束力，即行政相对人对于已成立、生效的行政行为，必须严格遵守、服从和执行，履行行政行为所设定的义务而不得违反和拒绝。否则要承担相应的法律责任。二是对行政主体的拘束力。即行政行为成立、生效后，行政主体同样要受其拘束，承担自己所应履行的义务。[③] 根据依法行政原则，行政主体自身受到其行政行为的拘束自不待言。但由

---

① 章志远：《行政行为效力论》，人事出版社 2003 年版，第 84 页。

② 见《行政许可法》第 8 条。

③ 参见杨解君主编：《行政法学》，中国方正出版社 2002 年版，第 204 页。

于参与式行政的影响，行政行为对行政相对人的拘束力需要作出调整。

第一，在参与式行政法律关系中的参与主体享有政务主张权，故行政行为的作出过程中必须充分听取或吸收行政相对人的意见（特别是对于课予行政相对人义务的负担行政行为）。这在我国法治政府建设的纲领性文件中有充分体现，例如，国务院《关于加强法治政府建设的意见》第 11 条中规定："要把公众参与、专家论证、风险评估、合法性审查和集体讨论决定作为重大决策的必经程序。作出重大决策前，要广泛听取、充分吸收各方面意见"；又如国务院《全面推进依法行政实施纲要》第 20 条中规定"行政机关作出对行政管理相对人、利害关系人不利的行政决定之前，应当告知行政管理相对人、利害关系人，并给予其陈述和申辩的机会"。《行政处罚法》第 41 条更是明确规定"行政机关及其执法人员在作出行政处罚决定之前，……拒绝听取当事人的陈述、申辩，行政处罚决定不能成立"。按照以上政策和法律文件的精神，行政参与已构成作出行政决策、行政执法等行为的前提性条件。因此，若行政行为过程违背了这一基本要求，所作出的行政行为就不能依法成立和生效，从而不能对行政相对人的行为产生拘束。申言之，行政行为对行政相对人的拘束力并不是绝对和无条件的，对于过程上未经参与而由行政主体单方所作出的行政行为，是不具有对行政相对人之拘束力的。

第二，在参与式行政中，行政相对人在行政主体面前不再只是附属、被动的被管理者，还具有了独立、能动的参与主体身份。基于这种新的法律主体身份，行政相对人就不仅仅只是行政行为消极的遵守者和服从者，还应成为对行政主体依法行政和良好行政的一种积极督促力量。参与式行政法律关系中体现参与主体的监督权的为：首先，行政机关并不必然代表法律，更不能垄断对法律的理解，行政相对人作为平等的法律主体，对法律也存有自己的理解。[①] 对于为其设定权利义务的行政行为，行政相对人可以根据参与式行政的基本要求对其作出法律判断，对于过程上未听取或吸收行政相对人意见的行政行为，行政相对人根据自己的理解就可以判定其不成立或无效，从而无须遵守或服从，这属于对依法行政、良好行政的一种提醒和告诫。

---

① 参见何海波：《公民对行政违法行为的藐视》，载《中国法学》2011 年第 6 期。作者原文表述为："公民作为行政法的主体，也对法律存有自己的理解；行政机关并不必然代表法律，更不能垄断对法律的理解。"

其次，对于行政主体未经过参与过程就作出的无效或不成立的行政行为，特别是在涉及行政相对人重大利益的情形下，这类行为的违法性尤为明显，而单凭行政相对人的法律判断或诉讼复议一类的救济渠道已经不足以及时遏止。对此，行政相对人不但可以对其进行法律判断，而且还有权依法采取不予理睬、不予合作、拒绝服从或直接抵抗等方式来制约其具有的拘束力，这属于对依法行政、良好行政的直接监督。例如，依照《行政处罚法》第41条的法律精神，对于未听取当事人陈述、申辩的行政处罚，行政相对人可以自行判断其不成立，并依法拒绝缴纳罚款。

综上分析，参与式行政下的行政行为拘束力理论应从两个方面加以发展：① 行政行为的作出过程必须听取或吸收行政相对人的意见才能对其具有拘束力。② 对于作出过程未经过参与的行政行为，行政相对人可以判定其不成立或无效而不予遵守，并依法抵抗其执行。

（四）关于行政行为的执行力

执行力是指已经生效的行政行为要求行政主体和行政相对人对其内容予以实现的法律效力。执行力是对行政主体和行政相对人双方而言的一种法律效力，二者对行政行为所设定的内容都具有实现的权利义务。当该行政行为为行政相对人设定义务时，行政主体具有要求行政相对人履行义务的权力，行政相对人负有履行义务的义务；当该行政行为为行政主体设定义务时，行政相对人具有要求行政主体履行义务的权利，行政主体负有履行义务的义务。[①] 在参与式行政的背景下，行政行为的执行力也需要加以改造，这可以从两个层面来认识：

（1）执行力是建立在拘束力之上的，如果一个行政行为没有经过参与就作出决定是没有拘束力的，从而也就不可能具有执行力。对之，行政主体既不能要求行政相对人自觉履行，也不能对其强制执行。这在我国行政强制活动的催告程序中已得到充分体现，按照《行政强制法》的规定，行政机关作出强制执行决定前必须事先经过催告并听取当事人陈述和申辩，不经过催告程序的不能实施行政强制执行。[②] 这实际上是对执行力的一种法律限

---

① 姜明安主编：《行政法与行政诉讼法》，北京大学出版社、高等教育出版社2007年版，第243页。

② 见《行政强制法》第35—36条。

制,即行政行政强制执行决定必须经过“催告”这一参与过程方能对行政相对人产生执行力。

（2）执行力是保证行政行为的内容予以实现的“法律上之力”,它不仅包括“有权要求执行”,还包括“以怎样的方式执行”,前者属于行政行为决定意义上的执行力,后者则属于行政行为实施意义上的执行力——即行政主体或行政相对人履行行政行为所设定义务的方式。在参与式行政法律关系中,由于参与主体具有执行权,行政参与应当是对整个行政行为过程的全面参与,不仅包括行政行为作出决定的过程,还应当渗透至参与行政行为的实施过程。一方面,行政行为决定过程不听取或吸收行政相对人的意见就没有执行力;另一方面,如果行政行为内容有多种实现方式,行政主体和行政相对人可以基于平等协商,在符合法定条件的前提下选择各自履行义务的优化方式。这包括两类情况:① 在为行政相对人设定义务的损益行政行为中,行政相对人可以和行政主体协商决定相对人履行执行或服从之义务的方式(不作为义务除外),在不降低义务规格的前提下,行政主体应基于比例原则充分考虑参与主体意见,尽量使履行义务的方式对其生活的损害和影响程度降到最低。对此,我国《行政强制法》中已经确立了行政强制执行协议的制度,该法第 42 条第 1 款规定:“实施行政强制执行,行政机关可以在不损害公共利益和他人合法权益的情况下,与当事人达成执行协议。执行协议可以约定分阶段履行;当事人采取补救措施的,可以减免加处的罚款或者滞纳金。”通过共同签订的强制执行协议来协商选择行政相对人履行行政义务的方式,既可以尽量提高行政强制的可接受性,还有助于避免行政强制执行对行政相对人不必要的损害。这一做法以后还可以推广到行政处罚等其他行政管理领域,例如行政处罚中相对人可以和行政主体协商决定处罚的种类,对于经济困难的相对人实施处罚,在同一处罚档次上可协商用行政拘留代替罚金或用罚金代替没收生产资料。② 在为行政主体设定义务的授益行政行为中,行政主体应当充分听取和认真参考参与主体的意见来决定履行义务的方式,在法律规定的范围内,尽量保证授益行政行为的实施符合相对人的需求和偏好。例如,在行政补偿中,相对人可以根据生活需要与行政主体协商是给予物质补偿、金钱补偿还是政策性补偿,在法律规定的范围和幅度内,若无正当理由拒绝,行政主体应当接受。《国有土地上房屋征收与补偿条例》第25条第1款规定:“房屋征收部门与被征收人依照本条例的规定,就补偿方式、补偿金额和支付期限、用于产权调换房屋的地点和面积、搬迁费、临时安置费或者周转用房、停产停业损失、搬迁期限、过渡方式和过渡期限等事项,订立补偿协议。”根据该条规定,被征收人可以和政府协商确定征收补偿的方式,比如以金钱补偿还是房屋还建补偿等。又如行政奖励中,行政相对人可根据自己的意愿要求行政主体给予精神奖励、物质奖励或其他政策性奖励。

第四节 关于行政程序理论

行政法学上有关行政程序主要有两种观点:一种为广义说,主张行政程序就是涉及行政的程序,既包括行政诉讼程序,也包括行政活动程序。另一种为狭义的观点,认为行政程序仅是行政主体行政活动的程序,具体包括制定行政规章、实施行政强制或处罚、订立行政合同、提供行政指导等活动的方式与步骤等,而不包括司法程序。在我国,行政法学界大多数学者都持此种观点。这里论及的行政程序仅限于狭义的行政程序。

参与式行政的最基本要求和直观形式就是社会公众参加到行政程序之中,甚至有学者认为,公众的行政参与权就是“参与行政程序的权利”。为此,行政程序制度是最直接体现公众行政参与权及参与式行政法律关系的制度,但是反思我国行政程序制度的有关理论,可以发现存在一些认识误区。这突出表现为对行政程序的内涵和目的理解较片面,也没有厘清行政主体和公众各自在行政程序中的正确地位。由此,在行政程序中对切实保障社会公众的行政参与权还缺乏完善的制度。

一、现有行政程序理论的缺陷

(一)对行政程序的理解

目前,我国无论是在理论界或实务界,绝大多数人对行政程序都只是理解为行政主体进行行政活动的程序,许多经典的行政法学教科书莫不是如此表述:“行政程序是行政主体实施行政行为时所应当遵循的方式、步骤、时限和顺序。”[①]“行政程序是指行政主体实施行政行为时必须遵守的方式、步骤、空间、时限。”[②]“行政程序是指国家行政机关在行使行政权力、实施行政活动过程中，所遵循的方式和步骤。即行政程序不仅包括行政行为的实施过程，也包括行政机关行使其他行政权力的程序，例如行政机关制作某项决定前的调查程序、作出某项决定后的强制程序等等。”[③]“行政程序就是行政主体经历若干步骤、采取一定形式和方法，在法定期限内，按一定顺序完成行政行为的过程。”[④]“所谓行政程序，是指由行政行为的方式、步骤、形式、时限和顺序构成的行政行为的过程，同时也是确保这一过程实化的各种措施和手段在时间和空间上的存续与展开。”[⑤]“行政程序是指行政主体在行使行政职权、实施行政管理活动过程中所应遵循的方式、步骤、次序以及时限的总和。”[⑥]在域外，相同的界定也有许多。如“台湾行政程序法草案（1998）”第2条规定：“本法所称行政程序，系指行政机关作成行政处分、缔结行政契约、订立法规命令与行政规则、确定行政计划、实施行政指导及处理陈情等行为之程序。”[⑦]《德国行政程序法（1997）》第9条规定：“本法所指的行政程序，是行政机关用于对行政行为前提的检查，准备和作出，或者公法合同的订立而采取的具有对外效力的活动。”[⑧]德国行政法学者的学理解释为：“广义的行政程序是指行政机关为了作成决定、采取其他措施或者签订合同而进行的所有活动的总称。如此宽泛的定义包括了特定措施——如法规命令、行政行为、事实行为、选举、私法上的意思表示、合同、内部行政措施、职务协助等”。[⑨] 日本对行政程序的一般定义是：“与作为法院进行审理裁判这一司法程序相对应的，行政机关在进行制定规则、裁决争讼及其他行

---

① 参见姜明安主编：《行政法与行政诉讼法》，北京大学出版社、高等教育出版社2002年版，第260页。

② 参见罗豪才主编：《行政法学》，中国政法大学出版社1996年版，第281页；张正钊主编：《行政法与行政诉讼法学》，中国人民大学出版社1999年版，第180页。

③ 胡建淼主编：《行政法教程》，法律出版社1999年版，第233页。

④ 应松年：《关于行政程序立法的几个问题》，载《行政法学研究》1992年总第4期。

⑤ 关保英主编：《行政法与行政诉讼法》，中国政法大学出版社2004年版，第415页。

⑥ 胡锦光、刘飞宇主编：《行政法与行政诉讼法（第三版）》，中国人民大学出版社2005年版，第134页。

⑦ 应松年主编：《外国行政程序法汇编》，中国法制出版社1999版，第884页。

⑧ 同上书，第165页。

⑨ 〔德〕哈特穆特·毛雷尔：《行政法学总论》，高家伟译，法律出版社2000年版，第451页。

政行为时,必须遵守的程序。”[①]美国《布莱克法律词典》将行政程序解释为:“是由行政机关所作出的方法和步骤,它不同于诉诸法院的司法程序。”[②]如此等等。这些表述明显是单方性的,主要问题在于这都是从行政主体的角度在认识行政程序,几乎不考虑行政程序也是公众即行政相对人的程序。如果从参与式行政的角度来理解行政程序,行政程序在内涵上就不仅仅是行政主体行政活动的程序,而应当包括公众的参与程序,这也就是说,行政程序是一种复合型过程,是行政主体的活动程序与公众活动程序的有机组成。

当然,我国行政法学界也有学者已注意到这一问题,他提出了一个行政程序的上位概念即行政法程序:“行政法程序的直接涵义是指行政法所规定和调整的程序。它是行政法主体必须遵循的行政程序规则,是行政法行为在时间和空间上的存在形式。由于行政法主体可以划分为行政主体和相对主体,行政法程序同理可以划分为行政主体行为(行政行为)必须遵循的行政法程序和相对主体行为(相对行为)必须遵循的行政法程序。前者简称‘行政程序’,后者称‘相对程序’。”[③]在此,他特别注意到了公众的程序活动,这就是与行政程序相配合的“相对程序”。从结论来看,他是将两种程序分列开来,这在理论分析上有一定意义,但事实上程序是不能这样分割的,正如我们不能说诉讼程序分为原告的诉讼程序与被告的诉讼程序一样。原告的诉讼活动及其权利义务与被告的诉讼活动及其权利义务都交织在同一个程序之中。行政程序实际上不能只指是“行政主体的程序”,而应当是指行政主体进行行政活动与行政相对人等社会公众参与行政活动的共同程序,以往对行政程序表达的片面性,关键在于人们只是从行政主体的立场来看待行政程序,而忽略了程序中的其他各方的立场。

严格意义上讲,行政程序是有行政主体之外的社会公众主体参与的,而且这种参与不是消极地接受行政主体的处置,而是积极地发挥对行政行为的干预作用(这种干预在不同的情况下有不同的程度)。因此,行政程序就

---

① 〔日〕我妻荣等编:《新法律学词典》(中译本),董璠舆译校,中国政法大学出版社 1991 年版,第 181 页。

② Bryan A. Garner. *Black's Law Dictionary*, 9th ed., West, 2009, p. 181.

③ 熊文钊:《现代行政法原理》,法律出版社 2000 年版,第 521 页。

不只是“行政主体实施行政行为时所应当遵循的方式、步骤、时限和顺序”，而应当是“行政主体在其他各方主体的参与下，形成和实施行政行为时所共同遵循的方式、步骤、时限和顺序”。在这里，对行政程序的理解须强调三个方面的变化：一是程序活动的主体不仅仅只是行政主体，也包括行政相对人、第三人等其他主体；二是行政程序不仅仅只是指行政主体实施行政行为的过程，也包括行政行为形成的过程，更重要的是这个“形成”不是由行政主体单方面决定的过程，而是由行政主体与行政相对人、第三人等各方主体共同协商、博弈而形成的过程；三是行政程序不仅仅只是指行政主体应当遵循的方式、步骤、时限和顺序，也包括行政相对人、第三人等其他主体应当遵循的方式、步骤、时限和顺序。

正是以往人们对行政程序只是“行政主体的程序”这样一种片面理解，进而导致了行政程序在目的、制度设计等方面的一系列片面性。

（二）行政程序的目的

构造行政程序的目的何在？一般而言，程序的对立面便是恣意，程序参加者在角色就位之后各司其职，互相之间既配合又牵制，恣意的余地自然便受到压缩。[①] 这是已形成共识的主流观点。为此，可以说行政程序的根本目的是保证过程和结果的公正与理性。这一点对置身于程序之中的行政主体与行政相对人来说，属于共同的目标追求。但是，我们不能就此判断行政主体、行政相对人以及第三人等各方在程序目标上只有共性而没有区别。对于行政主体来讲，行政程序不仅是防范和约束行政的专横、恣意，还可以保障行政的效率，以最有效的途径达成预定的行政目标，而这通常是行政主体单方的程序目的。科学的程序安排是具有效率功能的。行政主体要获得行政行为所代表的国家利益、公共利益的最大化和自身成本的最小化，对此，行政程序的一个重要作用就在于能提供一种科学合理的工作流程，使得复杂的工作在方法、步骤上明晰化、条理化，防止混乱，减少盲目性。而行政主体的这种程序目的与行政相对人、第三人等各方参与程序的目的是不完全相同的。行政相对人、第三人等各方参与行政程序的具体目的并不就是行政效率，从根本上讲他们是要通过行政程序来保障自身利益，获得个体利益

① 季卫东：《程序比较论》，载《比较法研究》1993 年第 1 期。

的最大化。如在给付行政中,它表现为获得最大的利益;在秩序行政中,它表现为尽可能地减少受到损害。换言之,他们并不是为了实现行政主体的效率目的而只是为了实现自己的利益目的参与行政程序。即使他们有时希望行政活动更富有效率(主要反映在授益行政、给付行政中,而不是在秩序行政、损益行政中),但这最终也是为了使自己由此尽快受益。上述行政主体与行政相对人、第三人等社会公众各自的程序目标有时是相去甚远的,如果我们仅仅认为行政程序只是行政主体的程序,那么,在程序的设计上,就会只考虑或只注重考虑有利于行政主体实现程序目标的方法、步骤,不考虑或不注重考虑有利于社会公众实现程序目标的方法、步骤。程序规则是由程序理念决定的,而程序理念体现了程序的价值取向。行政主体与行政相对人、第三人等各方对行政程序有不同的价值判断和取向,行政程序如果定位于行政主体及社会公众参与主体的共同程序,在规则设计上便应当兼顾各方的价值追求,或者能使各方不同的价值追求具有最大的张力以构成某个利益平衡的结点,最终产生程序理性的结果。但我们现有的行政程序规则在许多方面并非如此,其是以行政主体为核心地位来构造设计的,因而结果通常是为了更方便行政主体实现其行政目标。

(三)社会公众的程序主体地位

对行政程序的理解决定了对程序主体地位的认识。基于行政程序是行政主体的活动程序这种理念,行政主体在行政程序中无疑处于主导者和决定者的地位,社会公众的程序主体地位在许多情况下被弱化,有时成为行政主体点缀行政民主的附属物,甚至是受支配的对象。这反映在程序制度的设计上,就是其较大程度地基于行政主体的立场和需要,而不是基于社会公众的立场和需要。具体表现如下:

(1)我国法律、法规对社会公众参与行政立法、行政决策等程序虽有原则性的规定,但是,是否让社会公众参与这些程序实际上由行政主体视情况来决定,保障公众参与并未成为统一的强制性规定,违反者也没有法律责任的要求。由此,是否满足公众参与取决于行政主体的需要和选择,而不是由一种稳定的法律关系保障。这表明公众缺乏有保障的程序参与资格权。

(2)在行政主体决定吸收社会公众参与程序的情况下,通常在参与的方法、参与者的范围、选择具体的参与人等方面，都由行政主体决定。行政主体所决定的方法等无论是否方便于参与者，参与者的范围及人员选择是否合适、是否真正能代表民意，社会公众都无可选择，也难以改变。这使得在参与途径上做到真正方便社会公众方面还远远不够，如在满足基层群众就近参与、简便参与方面，我们还缺乏有效的方式和途径。

（3）社会公众参与后，其参与的意见、建议是否被采纳，采纳哪些部分并吸收进入行政行为的内容，未采纳的部分是否应给予解释、回复等，仍都由行政主体来决定。这些都是随意性较大的做法。

（4）即使采纳了社会公众的参与意见、建议，从行政主体的立场上讲，在许多情况下只是将参与意见当成智库使用，并不是将其作为决定行政行为的有机组成部分。这正如有学者所指出的："公众最多只是被咨询的对象，并不是治理过程的有机组成部分。"[①]这涉及对社会公众程序地位的认识问题。如果在行政程序中将社会公众作为行政主体的附属，那么，他们参与行政程序只是服务于行政主体的决策；如果在行政程序中将社会公众作为独立的、与行政主体具有合作关系的主体，那么，他们参与行政程序就具有与行政主体共同决策的地位。因而对他们意见、建议的采纳标准，就不是行政主体的主观随意性决定，而必须是类似票决方式的客观性、制度化标准。从量的角度来分析，如果社会公众参与行政主体拟定的一项行政决策，社会公众持反对意见达到某个固定的比例，行政主体就必须放弃或修改这一项行政决策。从质的角度来分析，如果社会公众的建议、意见具有合理性和正当性，则行政主体必须接受。而这种建议、意见的合理性和正当性也不能只由行政主体来决断，而应当是通过双方的协商、说服甚至辩论来确立，必要时还可以由专家集团或第三方中立机构来判断。

二、建立和完善参与式的行政程序

反思我国行政程序中的上述情况，应当说，我国社会公众已有了参与行政程序的法律依据和法定权利，但还缺乏完善的制度化保证，在落实方面很多情况下取决于行政机关领导和工作人员的个人素质，稳定性和法制化水

---

① 王锡锌、章永乐：《我国行政决策模式之转型——从管理主义模式到参与式治理模式》，载《法商研究》2010年第5期。

平较低。因而在行政程序制度上,公众参与的形式意义往往大于实质意义。

参与式行政模式的确立,必须有效地改进行政程序中的这些状况,其重点是要正确地认识并确立社会公众在行政程序中的主体地位,由此综合考虑行政程序各方主体的立场和目的,以构造、完善行政程序制度,特别是应当强化行政主体保障社会公众有效参与行政程序的法定义务和责任,这包括:告知社会公众参与的义务;提供方便条件和途径落实社会公众参与权的义务;符合某种客观条件,就必须采纳社会公众建议、意见的义务;对不予采纳的建议、意见有说明理由的义务;对没有履行这些法定义务的行政主体及其责任人员,应当追究相应的法律责任。

在社会生活中,政府与公众关系实际上具有三种存在形态:现实层面的政府公众关系、理论层面的政府公众关系和制度层面的政府公众关系。[①] 通常情况下三者并不是完全同一的。从历史唯物主义的角度看,现实、理论与制度并不同步,但却又彼此影响、相互促进,不断共同发展推进。社会条件和现实生活的存在、变迁,形成和不断创新着现实层面的政府公众关系,这是一种社会存在;行政法理论对现实层面的政府公众关系进行抽象和反思,总结其规律性,运用法律理性构建出政府与公众关系的理论系统,这是理论层面的政府公众关系;理论层面的政府公众关系指导并通过法定程序制定形成相应的法律制度,以全面规范调整现实层面的政府公众关系,就是制度层面的政府公众关系,它是一个模式性的、应然的范畴。制度层面的政府公众关系源于现实层面的政府公众关系,但却是经过理论总结和提炼、去粗取精优化而形成,用以规范现实层面的政府公众关系。需要强调的是,

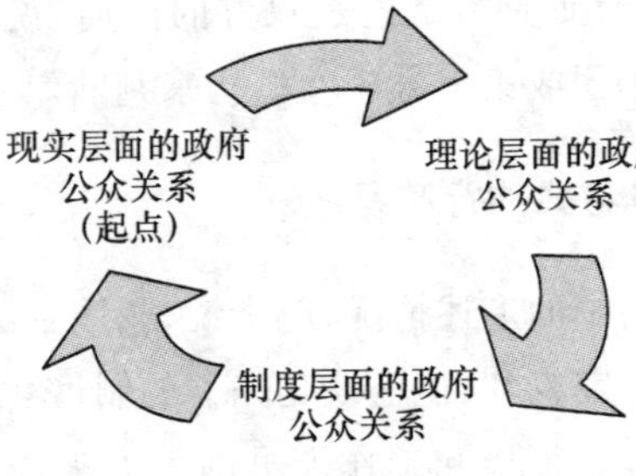

① 根据这种论述,本书若非特别指代其他两个层面的政府公众关系,则一般是指现实层面的政府公众关系。

三种形态的互动并非单线性的过程，而是一个反复作用的循环系统。（如上图）

在此，行政法理论是衔接现实和制度两个层面上政府与公众关系的连接点。为此，对传统行政法理论进行反思和突破，更新和发展行政法理论是有十分重要的意义的。

第七章　参与式行政法律关系与行政法制度的发展

从一般意义上讲,制度是指在一定历史条件下形成的,体现一定价值、规范和程序的社会关系体系,是人们进行社会活动的行动规范。法律制度则是指"为了明确合法的权利和义务,解决社会矛盾和利益冲突,实现法律的基本理念和价值,以系统的法律规范体现出来的操作程序,是法律规范的有机组合"。①

具体到行政领域,行政法制度是以行政法的基本理念和价值为指导,以实现行政管理活动中各方主体的合法权利(权力)义务为目的,通过系统的行政法律规范表现出来的规则体系。实现行政管理活动中各方主体的合法权利(权力)义务也就是落实行政法律关系的具体内容。由此,行政法制度的具体安排就是以科学的行政法律关系理论为指导,明确配置行政法主体各方的权利(权力)义务。

参与式行政实践的兴起和探索,导致形成新的政府与公众关系——参与式行政法律关系,它突破了传统的行政法律关系模式,也催生了新的行政法律关系理论——即参与式行政法律关系理论,行政法的制度设计则要根据参与式行政法律关系的理论进行相应的变革、

---

① 郭冬梅:《应对气候变化法律制度研究》,法律出版社 2010 年版,第 16 页。

发展和完善。

第一节　参与式行政法律关系与完善行政立法制度

一、行政立法中的公众参与

（一）行政立法的内涵

在二十世纪以前，在奉行“三权分立”的国家，立法权本是议会的专属权，行政机关没有立法权，其职能只是执行法律，亦即“无法律则无行政”。但是，随着现代社会的发展，行政管理日益呈现复杂性、多变性和专门化、技术化，需要及时提供相应的专业性和技术性的治理规则，而议会立法因受制于议员结构、素质和复杂的议事程序，无法满足现代公共行政发展对立法技术、立法数量和立法时限的新要求，因此，客观上需要赋予有着专门技术人才，且议事程序相对便捷的行政机关以立法权，以及时制定所需的治理规范。于是，议会授权行政机关立法得以产生。英国行政法学家韦德曾总结指出，仅从数量上看，大部分法律规范是由行政机关而不是由立法机关制定的。[①] 在我国，根据国家权力的分工，行使立法权的国家机关是人民代表大会及其常委会，亦即国家权力机关。但是二十世纪八十年代以来，随着改革开放的进行，社会管理领域里的新问题和新变化不断涌现，权力机关的立法工作不能完全适应这些新情况和新变化。1982 年宪法授予了国务院及国务院部门的行政立法权[②]，后来，修改的地方各级人民政府组织法授予了特定政府的行政立法权。[③] 从此以后，我国行政立法进入迅猛发展的时代。我国行政立法的范围包括国务院制定（修改、废除）行政法规、国务院部门制定（修改、废除）规章和有权的地方政府制定（修改、废除）规章的活动，而不包括行政机关制定其他行政规范性文件的活动。

---

① 参见〔英〕威廉·韦德：《行政法》，徐炳译，中国大百科全书出版社 1997 年版，第 557 页。

② 参见《中华人民共和国宪法》第 89、90 条。

③ 参见《中华人民共和国地方各级人民代表大会和地方各级人民政府组织法》第 60 条。据此条规定，省级政府、省级政府所在地的市政府和经过国务院批准的较大的市的人民政府可以制定规章。

(二)公众参与行政立法的意义

公众参与行政立法过程具有重要的作用与意义,能够促进行政立法的正当性,并保障行政立法的科学性与可行性。

1. 是求证行政立法正当性之所需

立法是利益分配的活动,“在民主法治社会中,立法的基本功能与核心价值在于实现‘分配正义’”。[①] 权力机关立法通过代议制民主,亦即人民选举代表参与立法来实现“分配正义”并获得正当性。如上所述,行政立法是为适应现代社会的发展而获得代议制机关的授权进行的立法活动,是议会或人大的授权立法,亦即其立法权非直接来源于人民的授权,而是权力机关的转委托。而且,由于行政机关本是执行法则的机关,转而又自己制定法则,这种“逻辑悖论”可能导致行政机关“假公济私”而有违“分配正义”之嫌,因此,行政立法因其民意欠缺和程序上的逻辑悖论难以获得正当性。

为了实现行政立法的正当性,起初,西方学者通过“传送带理论”(transmission belt)[②]来解释和保障行政立法的正当性。但是这种理论需要一些最重要的前提条件:第一,代议机构制定的规则能够提供行政活动据以进行的明确无误的标准;第二,行政机关在执行这些标准时没有自由裁量空间;第三,司法审查是普遍可获得的。[③] 如上所述,条件一和条件二在现代行政专业性、技术性和复杂性语境下是不可能实现的,而司法审查的可得性和有效性客观上也很难满足。而且这种典型的控权行政模式下的消极行政也是与现代积极行政的需求相悖的。因此,西方传统的“传送带”模式无法使行政立法获得正当性。

“专家理性理论”(expertise)是对传送带理论的一种补充,该理论认为行政立法之所以具有正当性,不仅因有立法机关授权,而且行政立法者都是

① 李林主编:《立法过程中的公共参与》,中国社会科学出版社 2009 年版,第 3 页。

② 其基本内容包括:(1) 行政机关决定的给予私人的制裁,必须得到立法机关的授权,授权的方式是制定控制行政行为的规则;(2) 行政机关所依循的决定程序必须有助于确保行政机关遵循上述要求;(3) 行政机关的决定程序必须使司法审查的行为更为便利,从而确保行政机关遵从上述两项要求;(4) 为确保行政机关遵从上述第一条和第二条要求,司法审查必须是可得的。参见〔美〕理查德 · B. 斯图尔特:《美国行政法的重构》,沈岿译,商务印书馆 2003 年版,第 6—9 页。

③ 王锡锌:《行政正当性的回归》,载《清华法学》2009 年第 2 期。

具有知识和技术的管理"专家",专家的理性赋予了立法以正当性。[①] 但这种理论的缺陷在于:"专家"作为个人有特定的利益,其利益需要仍可以致使他们滥用权力;同时,在很多情况下,专家的技术理性并不一定"科学",更不用说"民主"了。

针对行政立法正当性难以求证和实现的问题,美国的斯图尔特教授提出了"利益代表理论"(representation),并成为现代行政法解释行政立法正当性的主要依据。其核心机理是通过法院扩展各种利益代表参与行政立法的权利,即通过司法审查保障各种利益都能得到行政立法者的考虑,从而实现"分配正义",以获得行政立法的正当性。因此,利益代表模式已经蕴含"公众参与"的理念与要求,但是由于仍是通过司法审查来发展和实现行政立法的公众参与,而没有把重心落实到行政立法过程中的公众参与,因而"对行政过程的整体影响可能是非常有限的"。[②]

利益代表模式给了我们一种求证行政立法正当性的逻辑思路,即在利益多元化时代,在已经承担利益分配职能的行政立法中,通过各种利益的参与,实现利益的公平分配,从而获得行政立法的正当性。当然,我们不应只是诉诸行政过程之外的司法审查来实现利益的公平代表,而应该建构行政过程中的公众参与机制,通过各种利益代表在行政立法过程中的表达、沟通、交涉、博弈与协商,实现利益分配的均衡与正义。这一过程由于有广泛的利益代表的参与,外观上如同"复制"权力机关立法的模式因而具有民主性,各种利益的表达与博弈也充分体现了民意,因此,公众参与行政立法过程使行政立法获得了正当性。

2. 是保障行政立法科学性与可行性之所求

行政立法是行政机关通过制定法律规范分配利益(当然也要设定相应的义务)的活动。传统的行政立法模式中,行政立法往往是由少数行政领导和专家完成,由于精英理性的片面、狭隘甚至专断与偏私,所以很难保障行政立法的科学性与合理性。行政立法要做到利益分配权衡,权利义务配置

---

① 参见〔美〕杰瑞·L.马肖:《行政国的正当程序》,沈岿译,高等教育出版社2005年版,第20—23页。

② 〔美〕理查德·B.斯图尔特:《美国行政法的重构》,沈岿译,商务印书馆2003年版,第168页。

合理,同时保障其必要性与可行性,必须有充分的事实根据和民意支持。因此,行政机关必须了解各种与立法事项相关的社会因素,掌握大量社会信息,了解各种社会主体利益需求,然后系统分析各种因素,过滤各种信息,平衡各种利益,拟定分配方案,并最后选择最佳方案。行政领导与专家因掣肘于自身认知的局限性、主观性和片面性,很难单方达成这一目标,因为它需要了解各种社会因素和利益相关者的各种信息分布、各种利益诉求和各种价值倾向等多种行政立法的参考变量。若在行政立法过程中吸纳利益相关者参与其中,保证各利益相关方基于自身的利益诉求参与利益分配的过程,使其针对行政立法问题合理地表达自己的意见和利益诉求,以及提供相关信息。这样,行政机关通过与公众对话、交流、协商,识别公众偏好,了解信息分布和利益需求等行政立法的各种参考变量,去伪存真、取长补短、全面衡量、公正选择,从而保障行政立法事实根据和民意表达的全面、准确和真实,为科学合理的行政立法提供依据。因此,行政机关在行政立法过程中发扬民主、充分考量利益相关人的意见与主张,集思广益,可以有效弥补行政领导和专家认识理性的有限性,实现行政立法的科学性和合理性。正如有学者所言,公众参与是行政立法科学化、理性化的重要源泉与制度保障。①

公众参与行政立法使行政立法不仅获得了结果的科学性和合理性,从而奠定了可行性基础,同时参与本身还体现了正当程序价值,从而获得参与主体的内心认同,进一步增强了行政立法的可行性。“因为各方一旦能参与到程序中,就更易于接受裁决结果,尽管他们有可能不赞成判断的内容,但他们却有可能服从它们。”②“通过以一种公众认为公平的方式作出决定,当政者可以获得对这些决定的更大认可,就使得决定涉及的各方更容易服从。”③行政立法通过纳入公众参与程序,行政机关与行政相对人进行平等对话、交涉与沟通,公众充分表达了自己的意见和要求,彰显了公众的主体地位,增加其对政府机关的了解和信任,促进了双方合作,通过参与,使公众意志在行政立法的结果中得到反映,增强对行政立法的内心认同感,由此产

---

① 参见刘莘:《行政立法研究》,法律出版社 2003 年版,第 49—50 页。

② Michael D. Bayles, *Principles of Law*, Reidel Publishing Company, 1987, p. 32.

③ 〔日〕谷口安平:《程序的正义与诉讼》,王亚新、刘荣军译,中国政法大学出版社 1996 年版,第 376 页。

生的决定更容易得到公众的认可与接受，减少了行政立法执行的阻力，从而使行政立法能够得到有效的实施，保障行政立法的可行性。

（三）公众参与行政立法的主要环节

公众参与是行政立法获得正当性所必需，也是保障行政立法科学性与可行性之所求。因此，我们必须加强行政立法中的公众参与。但是，行政立法既是立法行为，具有立法性，要实现分配正义，同时行政立法又是抽象行政行为，具有行政性，要实现效率价值。因此，行政立法中的公众参与不可能完全复制人大立法的代议制程序。虽然公众参与应渗透行政立法的全过程，但是由于行政立法的每个环节对公民权益影响程度不同，价值取向有所不同——有的侧重效率，有的侧重公平，因此，每个环节公众参与的广度、深度和强度是不同的。基本原则是对公众利益影响越大的环节，越要追求公平，越要强调参与的广度、深度和强度。根据这一原则，合理设计行政立法各个环节的公众参与，既要避免不必要的公众参与，以免增加立法成本，影响行政立法的效率；又要突出重点环节的公众参与，保障行政立法的正当性、科学性和可行性，实现行政立法的分配正义。

（1）立项阶段。行政立法中的立项是指确定哪些社会事务需要制定行政法规或规章。它是行政立法的入口，亦即行政立法的开始，关乎社会公众哪些权利能得到行政法规范的保护，哪些义务会以行政法规范的形式予以确定，也关乎赋予行政主体哪些行政权力，应当履行哪些义务。因此，行政立法的立项与公众利益有重要的利害关系，关系公众权益能否得到行政法规或规章的保护。而我国现行行政立法制度中，立项是行政机关专有的权力，行政机关由于利益分配的自利性，对义务承担的被动性，信息掌握的有限性，以及认知的局限性，可能会使一些必须以行政法规或规章予以保障和实现的公民权益的事项无法进入政府的立法规划中，从而影响“分配正义”的实现。而且，从行政立法的必要性而言，作为行政法规范权利义务的主要承担者的社会公众是最有发言权的，而社会公众的需要是立法的基础。因此，行政立法的立项阶段需要赋予公众参与权。

首先，应当赋予公众立项程序的进入权，这是公众参与立项活动的前提。其次，应当允许社会公众向行政立法机关提出行政立法议案，赋予社会公众行政立法的动议权，亦即立项阶段提出政务主张的权利。在国外的行政立法程序中，不少国家已经在行政立法程序中确立了社会公众行政立法的动议权[①]，可见，在国外，公众行政立法的动议权已有先例可循。在我国，一些地方政府也已确立了公众的行政立法的动议权。[②] 遗憾的是，我国国家层面的《立法法》《行政法规制定程序条例》《规章制定程序条例》都没有确立公众的动议权，这也是我国行政立法公众参与制度的一个缺陷，今后必须修改和完善。当然，为了降低立法成本、提高行政立法的效率，需要对公众行政立法的动议权加以一定限制，包括主体资格、事项范围、提起程序和方式等。再次，公众应享有立项动议的获回应权，行政立法机关必须履行受理和回应的义务。最后，公众还应享有对行政立法机关确定的立项事项的建议权。行政立法机关的立项计划应当向社会公开，就必要性和可行性问题征求和听取公众意见，尤其是权益受影响的利益相关人的意见。立项阶段的公众参与主要侧重于参与的广度，需要保障绝大多数利益相关人的行政参与权，以实现行政立法的公平价值。

(2) 起草阶段。起草是一个非常复杂而精细的工作环节。起草者需要明确立法意图，需要把握立法方向，需要了解各种利益诉求，需要调查与立法事项有关的各种问题和事实，需要掌握与立法相关的各种信息，然后在此基础上，确定调整对象，明确适用范围，拟定法律框架，确立法律内容，设定法律条文。因此，起草是行政立法的关键环节，立法目的的确定，立法内容的确立，权利义务关系的配置等都在起草阶段基本完成。因此，在起草阶段，立法基调和内容框架已基本确立，后续的审查和表决一般只是局部性修改和变通。于是，起草对利益分配会产生非常重要的影响，不管任何事项立法的起草环节，都会直接影响相关主体权益的分配与实现，如何实现利益分配的正义，就成为起草环节的主要价值目标。而获取民意是实现分配正义的最佳方式，同时，起草环节信息量的需求和立法技术的支持也离不开公众

---

① 如《美国联邦行政程序法》第553条5款规定：“各机关应给予利害关系当事人申请发布或者废除某项法规的权利。”《葡萄牙行政程序法》第115条规定：“一、利害关系人可向有权限机关提出请愿，要求制定、修改或废止规章。为方便行政机关了解其内容，该请愿须说明理由。二、有权限制定规章的机关应对提出上款请愿的利害关系人提供资讯，以及其对请愿所持立场的理由。”我国台湾地区的“行政程序法”第152条规定：“法规命令之订定，除由行政机关自行草拟者外，并得由人民或团体提议为之”等等。

② 如《上海市政府规章制定程序规定》第5条和第6条；《南京市政府规章制定程序规定》第7条等。

（包括专家）的积极配合。因此，行政立法的起草环节必须有公众参与，而且这种参与是广泛的参与，亦即需要突出参与的广度，所有行政立法的起草都应该要有公众参与。行政立法的起草需要各利益相关人提供信息、表达利益诉求，提供立法建议，论证专门性问题；同时，利益相关人也需要了解立法信息，表达利益诉求和要求考虑其利益诉求等。因而，起草阶段需要赋予公众程序进入权、提出意见与诉求的权利、获合理回应的权利、合理意见与诉求获采纳的权利等，行政立法机关应当履行满足这些行政参与权的义务。

（3）审查阶段。行政立法的审查是法制机构对起草部门的送审稿的立法目的、内容、程序、技术等进行审核和检查，对发现的主要问题进行进一步修改和完善，并形成送交政府常务会议决定的草案的过程。这一过程如果是在起草环节比较充分有效的参与基础上进行的，法制机构一般只是技术性审查，其程序意义大于实质意义，效率价值优于公平价值。但是由于审查机构具有对送审稿的修改权，若发现送审稿有重要问题，可以修改和变更，这无疑会影响到公众权益的分配与义务的承担，因此，也需吸纳公众参与其中。当然，这一环节公众参与主要是对审查机关修改草案发表意见。审查机关认为确实有涉及重大问题的条款需要修改的，应向社会公告，并听取公众的意见，直接涉及利害关系人重大利益的条款需要修改的，应当举行听证。但是为了保障行政立法的效率，这一阶段公众参与的重心在深度，而不在广度，亦即参与审查机构对草案送审稿审查的不是所有利益相关人，而是从中选出的代表，审查机构修改法案时举行听证也应限于直接涉及公众重大利益的条款，而参与的目的主要是保障草案修改的正当性。因此，审查阶段主要赋予利益代表程序进入权、对草案修改的建议权、合理意见获采纳权等。

（4）决定阶段。行政立法的决定阶段是对审查后形成的行政法规或规章草案由政府常务会议进行审查表决的活动。此环节是行政立法的结果。行政立法决定的结果会有三种情况：一是通过；二是修改通过；三是不通过。假定表决已经是在此前各环节已经充分参与的基础上进行的，那么其结果一般会是通过。或许正因为如此，现行行政立法中的决定环节一般没有规定公众参与。但是，决定环节也还存在修改通过，甚至被否决的可能。因此，对公民、法人或其他组织的权益和义务仍会产生影响，从公平价值出发，决定环节仍然应当有公众参与。但是由于此前环节充分保障了公众参与，后两种可能出现的几率应该较小，此环节的程序意义仍然大于实质意义。而且，决定环节政府的主导性也不再允许公众无休止的争议，否则容易陷入过度参与，这无疑增加了立法成本，影响立法的效率。因此，这一环节的参与的广度要有所限制，参与的重心在于深度，参与的目的主要是进一步增强行政立法的民主性。因此，对于一般性事项立法的表决，只需推选代表列席政府常务会议进行监督旁听；需要修改或增设涉及公众重大利益的条款，则应当推选代表参与表决。因此，决定阶段主要赋予利益代表程序进入权和一定的参与表决权。

（5）实施阶段。广义的行政立法不仅是指制定行政法规和规章，还包括修改和废除行政法规和规章。而修改和废除是需在实施中检验才能确定其必要性的。而行政立法对效率价值目标的追求，加之其时代语境性和应急性，决定即使其制定过程中保障了公众参与，在实施过程中也难免出现不合法、不合理和不可行的问题。而对这些问题，作为行政法规范权利义务的主要践行者的相对人应当具有话语权。因此，需要赋予公众对行政立法实施中是否合法、合理和可行的评估权，亦即实施阶段的政务主张权，以检验行政法规和规章的实施效果，推动政府及时对行政法规和规章进行立、改、废。因此，行政立法实施中的公众参与的重心也在于广度，应当赋予所有利害关系人对行政立法实施程序的进入权、对实施效果的评估权、评估意见获合理回应权以及合理的评估意见获采纳权，政府应当对公众的评估意见进行受理，并及时处理与回应，合理的意见要采纳，并对需要纠错的行政立法及时进行修改或废除。

二、行政立法中公众参与制度的不足及其完善

我国现行的行政立法制度主要由《立法法》《行政法规制定程序条例》与《规章制定程序条例》等构成，综观这些法律、法规对于行政立法的规定，基本上还是“行政权中心主义模式”，无论是《立法法》中有关行政立法的规定，还是《行政法规制定程序条例》或《规章制定程序条例》，主要是围绕行政立法权的配置、运行与内部监督来建构，基本上还是传统的行政法制模式。虽然也包含一些公众参与的条款，但核心还是行政权绝对主导的制度模式与运行机制，无论行政法规的制定，还是规章的制定，基本上是政府机

关的内部流程和行政权的单向作用,公众参与的广度、深度、强度和效度明显不足。因此,已不能适应参与式行政兴起对行政立法的要求,需要进行改进①,并建立完善的参与式行政法律制度模式。

制度建构是对法律关系权利义务的具体落实,参与式行政立法制度就是参与式行政立法关系模式的具体落实。如前所述,参与式行政立法关系是由前提性法律关系与本体性法律关系构成,而前提性法律关系就是参与式法律关系模式,是与传统行政法律关系的主要区别所在,也是现行行政法律制度需要重点改进与完善之处。因此,参与式行政立法制度建构的核心就是配置前提性法律关系中的权利义务,其核心就是配置"公众的参与权/行政立法机关满足参与权的义务"。另外,由于行政立法是由各个不同的程序阶段组成,各个阶段公众参与的具体要求有所不同,公众参与权与行政立法机关相应义务的配置也有区别,因此,需要我们根据参与式行政立法法律关系模式的总要求,以及各个不同参与层次的法律关系模式的具体要求,对行政立法各个阶段的公众参与制度进行改进与完善。

（一）立项阶段公众参与的权利义务配置

1. 现行行政立法制度中立项阶段公众参与权的不足

行政立法的立项,是特定政府机关将一定的公共管理事项纳入一定时期的行政立法计划的行为。立项是行政立法的发端,只有纳入行政立法计划的事项,才有可能制定成行政法规和规章,因此,立项是行政立法的"源头"。在我国行政立法制度中,《立法法》第 57 条、《行政法规制定程序条例》第 6—9 条、《规章制定程序条例》第 9—12 条等对立项作了较详细的规定。分析这些行政法规和规章的立法立项的相关规定,我们不难看出,在我国行政法规制定的立项中,提出行政法规立项的主体是国务院有关部门,审批的主体是国务院,制定立法工作计划的主体是国务院,立项工作的具体执行者是国务院法制机构,但要接受国务院的领导。因此,整个行政法规的立项工作流程完全是在国务院机构内部范围内进行。同样,在行政规章制定的立项中,提出部门规章立项的主体是国务院部门内设机构或者其他机构,

① 以下对现行行政立法制度参与的不足与改进的论述中,主要是行政立法在公众参与上存在的共性问题,以及整体上需要改进的问题。当然,在行政法规与行政规章参与程序的具体设计上应当有一定的区别。

提出地方政府规章立项的主体是省、自治区、直辖市、较大的市的人民政府所属工作部门或者下级人民政府等,审批的主体是国务院各部门、省级人民政府和较大的市政府,规章立项的具体执行者是国务院法制机构或省级政府和较大市政府的法制机构,同时强调国务院部门、省、自治区、直辖市和较大的市的人民政府的领导。

可见,我国行政立法立项过程完全是政府的单方、封闭的内部流程,强调对行政立法立项权的内部分工和规制,是否需要立项,哪些公共事项应该立项,如何立项等,基本上属于政府裁量权范围,似乎与社会公众无关,几乎没有对公众参与权作出任何规定,当然也就没有规定政府的相关义务。因此,社会公众没有进入立项程序的权利,没有就某一社会公共事务提出行政立法的动议权、立项动议的合理回应权以及合理动议的获采纳权,也没有对政府已拟立的行政立法计划的建议权和合理意见获采纳权。这样,行政立法计划就会缺乏广泛的民意基础,可能导致该立项的未立,而不该立项的又立了,从而可能进一步导致有些已经立项的社会事项因欠缺合理性、必要性和可行性而在审议过程中被否决。或者虽然获得通过,制定成了行政法规和规章,但行政立法的质量很难保障,在实施过程中产生了执行性障碍,甚至侵害社会公众的合法权益,因而又可能被修改或废止,从而增加了立法成本和管理成本,影响了行政管理的效率。因此,为保障行政立法的质量,充分实现行政立法的正当性、科学性和可行性,在行政立法立项环节必须规定公众参与,赋予公众行政参与权。

2. 立项阶段公众参与的权利义务的合理配置

社会公众既是行政立法的受益主体,同时也是行政立法的义务主体,对于哪些社会事务政府应该立法,公众身临其境,晓其事理,知其利害,理应最有发言权,作为行政立法活动发起环节的立法计划是离不开社会公众的参与的。据此,不仅政府是行政立法立项的主体,公众也应该是行政立法立项的主体。因而,在行政立法立项过程中,应该建立公众参与的程序制度,以弥补我国现行行政立法制度中立法规划未确立公众参与程序的空白。根据参与式行政立法关系模式以及不同参与层次的权利义务配置的要求,我们应当从以下方面建构参与式的行政立法立项制度。

(1) 建立公众提起行政立法立项意见及对意见的反馈制度,明确行政立法机关的受理、回应与采纳义务，保障公众对行政立法立项程序的进入权、动议权、获合理回应权和合理动议获采纳权。行政立法制度中应该明确规定公众可以就某一社会事务向行政立法机关提起行政立法立项的建议。当然，公众应该依法按要求提起行政立法的立项建议，立项事项应属于行政立法的范畴，且以书面形式提出，立项的社会问题要具有公共性和代表性，要陈述需要解决的主要社会问题和拟采取的主要措施，并重点要论证立法的必要性和可行性。政府机关应该在相应法制机构网站上建立并公布专门接受公众行政立法提案的信函地址、电子邮件地址以及传真电话等。而且，政府还应当在法定期限内受理，并及时公布公众提出行政立法立项的建议和意见，并确定专门的机关和其他相关部门对公众意见进行研究和论证，论证过程必须有相关专家和利益相关人参与。必要时，可以邀请提出意见的公众和其他利益相关人进行座谈。对于具有行政立法的必要性和可行性的提案，政府应当纳入当年的行政立法计划；对于认为不宜纳入行政立法计划的，要通知提出意见的公众，并说明理由。提出议案的公众要求举行听证会公开论证的，应当举行听证。政府机关应该在合理期限内将处理意见通过权威网站向社会公开。对于已经采纳的公众提起的行政立法立项项目，应该在法定期限内优先启动其立法程序。

（2）建立政府拟定行政立法计划的公众意见征集、反馈与采纳制度，明确行政立法机关的信息公开与意见答复义务，保障公众对行政立法计划的建议权和合理意见获采纳权。政府依职权主动拟订的行政立法计划在上报审批机关讨论前，应该在政府权威网站或其他权威媒体向社会公开，并通过各种形式和渠道向社会公众征求意见，并将征集意见的方式和途径在政府法制机构的网站上公布。社会公众有权对政府拟定的行政立法计划所涉及的立项事项的必要性和可行性发布意见、提出看法，可以提出修改计划的建议，可以请求政府撤销缺乏立法必要性和可行性的立项，也可请求政府增加立项。当然，无论公众是提出修改意见，撤销意见，还是增加立项建议，都应该附上论证的理由。政府必须及时公布公众的全部意见，并在法定期限内组织专家、相关部门和利益相关人等对公众的意见进行研究和论证，并作出是否采纳的决定。合理的意见应当采纳，采纳的意见要及时公布，不采纳的意见要说明理由，并告知提出意见的公众。提出意见的公众不服，要求公开质证的，政府必须举行听证，并根据听证情况作出最后决定。

表 7-1 改进后的行政立法立项阶段公众参与的权利义务配置图表

	立项程序介入权	立项动议权	对立项计划的建议权	获合理回应权	合理意见获采纳权
公众的参与权利	利益相关人有权进入立项程序	利益相关人可以就某一社会事务向行政立法机关提起行政立法的立项建议	利益相关人有权对政府拟定的行政立法计划中立项事项的必要性和可行性发表意见，可以提出修改计划的建议	利益相关人可以对提出的立项建议和对行政立法计划提出的建议请求行政立法机关进行回应	利益相关人和利益代表人合理的立项建议和对政府拟定的立项计划提出修改的合理建议，有权要求有关部门采纳
行政立法机关的义务	确认、通知与接受参加	应当倾听、受理和处理	公开立项计划，倾听、受理与处理	及时作出回应与反馈，不采纳的意见要说明理由	有关部门对公众的合理意见应当采纳，采纳的意见要及时公布

（二）起草阶段公众参与的权利义务配置

1. 现行行政立法制度中起草阶段公众参与权的不足

行政立法的起草是解决对纳入立项计划的社会事务如何进行行政立法以及制定怎样的行政法规范和规章的问题。“起草法律草案是立法过程中一个必经的、极为重要的基础性阶段，直接表现立法意图、实现立法愿望、保证立法质量的关键环节。”①“行政法规、规章的起草工作是十分重要的，它直接决定最终规则的质量，后来的审查和决定很大程度上只是对草案的修改完善，而很难有颠覆性的改变。”②可见，行政立法的起草对于行政立法非常重要，而且，起草实际上就是对某一社会领域设定分配利益和分担义务的规则活动，亦即为政府与社会公众设定具体的权利义务规则，这一环节无疑是行政立法的核心环节，它决定政府与社会公众的权利义务模式的具体内容，影响着立法目的的正当性，内容的科学性、合理性和可行性等。因此，需

① 苗连营、李培才：《论法案的起草》，载《河南广播电视大学学报》2002 年第 2 期。
② 姜明安主编：《行政程序研究》，北京大学出版社 2006 年版，第 66 页。

要加强起草过程的公众参与，保障立法质量。

应该说，与现行行政立法规划制度中几乎没有规定公众参与程序不同的是，我国现行行政立法制度对起草过程设置了一种政府机关听取公众意见的公众参与模式，赋予公众部分参与权，并确立了一些政府满足公众参与权的义务。如《立法法》第56、57条，《行政法规制定程序条例》第12、16条，《规章制定程序条例》第14、15、17条等都对此作出了规定。

分析这些规定，可以发现我国现行行政立法制度的起草过程中的公众参与制度的主要内容涉及以下三个方面：一是确立了政府机关在起草过程中听取公众意见的义务，二是听取意见的方式由政府机关选择，三是规定了起草单位在行政法规、规章的送审稿中对有关方面的意见等情况作出说明的义务。但是这些规定仍然存在以下不足：首先，公众对起草程序的进入权未明确。没有确立公众参与起草过程的主体地位，谁参与、是否能主动参与都没有明确规定。其次，没有确立政府对公众意见的回应与采纳义务。如何对待公众意见、如何采纳公众意见、不采纳意见应当说明理由等，都没有相应的规定，政府机关完全可能对意见“只听不取”。在行政法规、规章的送审稿中，也只规定了要说明有关方面的意见等情况，至于如何说明，说明哪些方面的情况，都没有具体规定，而且说明的对象也是政府法制机构，而不是针对有关公众。再次，听证会等没有成为起草过程的必经程序。由于规定的不是“应当”听证，而是“可以”听证，这种非强制性规定导致举行听证并非政府机关的当然义务，而是政府机关的自由裁量。规章起草虽然规定了听证，但听证义务履行的前提是行政立法者认为立法内容涉及相关社会主体的“切身利益”等情况。而这种由不确定法律概念所表述的情况，其构成要件是由行政立法者根据自主判断而设定的，因此，最终是否举行听证完全由义务履行主体的行政裁量决定。最后，没有规定起草过程政府机关未履行满足公众参与权的义务的法律责任。

由上观之，行政立法起草过程“听取意见”等程序环节明显具有单向的行政收集信息的功能，无论表达意见还是吸收信息，都是被限制在行政立法者的可自由裁量的范围之内。有学者甚至认为，被听取意见的公众所居的地位属于“被邀请”或“被选择”的意见表达者，显而易见，并非该行政立法程序中的权利主体，不享有向行政立法者请求参与至该立法程序中的权利。[①] 这样，政府机关完全可能不听取意见，因此，从严格意义上说，起草过程的公众参与制度设计，并没有在本质上改变行政立法程序制度中政府机关单方行为和行政权单向作用的性质，其实效也很难得到保障，必须对其进行改造和重构。

2. 起草阶段公众参与的权利义务的合理配置

（1）明确赋予公众起草程序的进入权，确立政府的确认义务和接受参加义务，保障公众参与起草过程。对于起草过程中的网络公开征求意见，应当确认并赋予所有利益相关人以程序进入权，而通过座谈会、论证会、听证会等方式征求意见，政府应当通过公选方式确定利益代表人的程序进入权，并及时通知其参加。

（2）完善起草过程中公众意见和诉求的表达制度，明确政府为公众表达意见创造条件和认真倾听公众意见的义务，保障公众对起草工作的政务主张权。我国现行行政立法制度中，无论是制定行政法规，还是制定规章，都规定了听取公众意见的制度。但是如上所述，现有的制度设计中，公众意见是否能够表达，表达后是否能够被听取，完全取决于政府机关的自由裁量。因此，公众的政务主张很难得到有效保障，需要进一步完善。首先，政府要确定起草过程中公众意见表达的固定的网站、电子信箱、电话和传真，并向社会公众公开；其次，政府机关起草每一草案时必须采取开放式意见征求方式，保障每一个利害关系人有机会提出利益诉求、意见和建议，若起草内容涉及重大公共利益，或者影响公众重大利益且相关公众有重大意见分歧的，不管是制定行政法规还是规章，起草部门必须举行听证；再次，政府将公众意见进行整理、归类后，必须在相应政府机关的权威媒体上向社会公开。

（3）建立起草过程中公众意见的反馈与处理制度，明确政府及时回应意见和采纳公众合理意见的义务，保障起草过程公众的获合理回应权与合理意见获采纳权。现行行政立法的起草制度中，虽然规定了起草部门要对有关意见进行说明，但是“这种说明”并没有明确是对公众意见的具体处理，

① 参见朱芒：《行政立法程序调整对象重考——关于外部效果规范与程序性装置关系的考察》，载《中国法学》2008 年第 6 期。

对于政府机关如何对待公众意见并没有具体规定。因此,为保障公众意见能得到及时回应和合理的意见能被政府机关采纳,确保公众参与的实效,必须建立公众意见的反馈与处理制度。首先,起草部门必须在法定期限内,组织专门机构、相关部门和专家进行研究和论证,决定是否采取公众意见。有重大意见分歧的,应通知意见提出者、利害关系人参加,决定采取的,及时通知意见提出人;决定不采取的,要说明理由,并及时通知意见提出人,意见提出者有异议,要求举行公开听证的,应举行听证。其次,起草部门应该将所有意见处理结果及时公布,并形成公众参与起草情况的说明,在报送送审稿时必须附具。

(4) 鉴于起草阶段公众参与的重要性,应当建立起草过程中相关行政机关不满足公众参与权之义务的法律责任制度,督促政府机关履行满足公众参与权的义务。行政立法制度应该作出如下规定:政府机关在行政立法起草过程中有以下行为的应该承担法律责任:① 应该公开的信息不公开;② 起草时未征求公众意见;③ 应该举行听证的未举行听证;④ 应该采取的意见不采纳;⑤ 不采取意见未说明理由;⑥ 未履行告知提出意见的公众的义务。承担责任的形式包括责令改正,重新起草,情节严重的,要给予行政处分。

表 7-2　改进后的行政立法起草阶段公众参与的权利义务配置图表

	起草程序的进入权	提出诉求与意见的权利(政务主张权)	获合理回应权	合理意见获采纳权
公众的参与权利	利益相关人、利益代表人有权进入起草程序	利益相关人可以提出利益诉求和意见	利益相关人可以就自己提出的意见和诉求请求起草部门予以回应与反馈	利益相关人和利益代表人有权要求起草部门采纳合理意见
行政立法机关的义务	确认、通知和接受参加	对于起草涉及的一般事项应当广泛听取意见,并公开意见,可以采取公开召开座谈会、论证会、听证会等形式。对于起草涉及公众重大利益的事项应当举行听证	及时回应与处理,采纳的要告知,未采纳的说明理由	起草部门应当采纳公众合理的意见,举行听证的,起草部门应当根据听证笔录就有关内容进行起草

(三)审查阶段公众参与的权利义务配置

1. 现行行政立法制度中审查阶段公众参与权的不足

行政立法起草工作完成后,形成行政法规或规章的送审稿,报送相应政府机关的法制机构审查,并形成行政法规或规章的草案。审查过程中法制机构有权将送审稿缓办或退回起草部门[①],有权对送审稿进行修改,形成行政法规或规章草案。[②] 可见,在行政立法的审查阶段,法制机构可以改变或否定起草的送审稿的权利义务规则,亦即可以改变公众的权利义务。因此,这一过程,也必须有公众的参与。我国现行行政立法制度对公众参与审查阶段作了一些规定,主要包括以下几方面内容:首先,起草部门是否正确处理有关机关、组织和公民对送审稿主要问题的意见[③];其次,规定了征求和听取公众意见的程序[④];再次,规定了应当研究各方面意见,与起草部门协商后,对起草的送审稿进行修改。[⑤]

现行行政立法制度在审查阶段对征求和听取公众意见作了进一步的规定。但在公众参与权的确立中存在两处明显的不足。其一,在规定政府法制机构可以把送审稿缓办或者退回起草部门的情形中,未把“在起草过程中,起草部门未履行满足公众参与起草过程的义务”纳入其中,且未规定公众可以对此提出意见;其二,在规定政府法制机构对送审稿进行修改时,只是规定要认真研究各方面意见,并与起草单位协商,而没有确立公众可以参与这一关键的修改环节,这样,政府法制机构有可能作出不利于公众的修改决定。因此,我们认为,在起草过程已充分保障公众行政参与权的基础上,审查过程中,最重要的是保障公众对政府法制机构缓办、退回送审稿和修改送审稿的政务主张权。

2. 审查阶段的公众参与的权利义务的合理配置

由于审查阶段是在起草的基础上对起草部门送审稿的审查与完善,而起草部门起草法案时已经满足了公众的参与权,那么,审查阶段主要是技术性和程序性审查,审查的重点应该是起草阶段起草部门是否严格履行了满

① 见《行政法规制定程序条例》第 18 条,《规章制定程序条例》第 19 条。
② 见《行政法规制定程序条例》第 24 条,《规章制定程序条例》第 25 条。
③ 参见《行政法规制定程序条例》第 17 条,《规章制定程序条例》第 18 条。
④ 参见《行政法规制定程序条例》第 19—22 条,《规章制定程序条例》第 20—23 条。
⑤ 参见《行政法规制定程序条例》第 24 条,《规章制定程序条例》第 25 条。

足公众参与权的义务，对于实体问题则主要是查漏补缺，只有发现涉及公众重大利益的问题需要修改，而且起草阶段未经过公开征求意见时，才要求公开征求意见，否则就是重复的公众参与，影响行政立法的效率。因此，在修改现行行政立法制度时，主要从以下两方面重构审查阶段的公众参与制度。首先，起草阶段公众参与的情况，尤其公众意见的处理情况，应该成为政府法制机构审查的重点内容，政府机关未满足公众参与起草工作的义务，应该把送审稿退回起草部门重新起草，并告知利益相关人，相关利益代表人有权参与这一审查工作，并可以提出退回未履行满足公众参与权义务的送审稿的意见。其次，政府法制机构认为应该修改送审稿的，必须重新向利益相关人征求意见，直接涉及公众重大利益的需要修改的，应当举行听证。听证会由起草部门、相关部门、专家以及利益代表人参加，修改决定必须根据听证笔录作出。当然，政府法制机构为了弄清和解决送审稿中的重要问题需要向公众调查和了解相关信息时，公众也有配合的义务。

表 7-3　改进后的行政立法审查阶段公众参与的权利义务配置图表

	审查程序的进入权	政务主张权	获合理回应权	合理意见获采纳权
公众的参与权利	利益相关人、利益代表人有权进入审查程序	利益代表人可以对起草阶段未履行满足公众参与权义务的送审稿提出退回重新起草的意见，利益相关人可以对送审稿修改的一般事项发表意见，利益代表人可以参加送审稿需要修改的直接涉及公众重大利益的事项的听证会	请求对退回送审稿重新起草的意见和修改送审稿的建议的合理回应与反馈	要求采纳合理的退回送审稿重新起草的意见，以及合理的修改送审稿意见
行政立法机关的义务	确认、通知和接受参加	需要修改的一般事项，审查部门应征求意见，对于需要修改的直接涉及公众重大利益的事项，应当举行听证	及时回复与处理，采纳的要通知，未采纳的说明理由	审查部门应采纳公众合理的意见，退回未履行公众参与义务的送审稿，责令重新起草，根据征集的意见或根据听证笔录作出修改决定

(四) 决定阶段公众参与的权利义务配置

1. 现行行政立法制度中决定阶段公众参与权的不足

在我国现行行政立法制度中,行政法规草案由国务院常务会议审议,或者由国务院审批。国务院法制机构应当根据国务院对行政法规草案的审议意见,对行政法规草案进行修改,形成草案修改稿,报请总理签署国务院令公布施行。[①] 部门规章应当经部务会议或者委员会会议决定。地方政府规章应当经政府常务会议或者全体会议决定。法制机构应当根据有关会议审议意见对规章草案进行修改,形成草案修改稿,报请本部门首长或者省长、自治区主席、市长签署命令予以公布。[②] 从以上规定可以看出,在行政法规和规章的决定程序中,现行行政立法制度规定不够具体,如何决定没有明确的规定,更没有涉及公众参与。因此,我国现行行政立法制度中的公众参与权是不完整的,公众既没有行政立法事项启动的动议权,又没有行政立法决定阶段的参与权。这种掐头去尾的参与权当然是不健全、不充分的,也很难保障参与的实效。因此,正如应该赋予公众行政立法立项阶段的程序进入权、动议权和合理意见获采纳权一样,也要赋予公众行政立法决定阶段的程序进入权、政务主张权以及合理意见获采纳权(包含一定的参与表决权)。

2. 决定阶段公众参与的权利义务的合理配置

行政立法的决定主要包括决定机关的审议和表决通过两个环节,这两个环节应当都要确立公众参与的程序。首先,决定机关对草案的审议过程应该公开,而且要利益相关者的代表参与,参与的方式应当有利益相关人的代表列席政府常务会议旁听,并发表意见。决定机关应当公开审议和表决过程,听取利益代表人意见,并采纳其合理意见。其次,直接涉及公众重大利益的行政立法事项,最后的审批应当建立利益代表人参与表决的程序,表决通过采取参与表决人数的二分之一以上多数决。

---

① 见《行政法规制定程序条例》第26、27条。

② 见《规章制定程序条例》第27、29条。

表 7-4　改进后的行政立法决定阶段公众参与的权利义务配置图表

	决定程序的进入权	政务主张权	合理意见获采纳（含一定的参与表决权）
公众的参与权利	利益代表人有权进入决定程序	利益代表人列席政府常务会议或全体会议旁听，并发表意见	利益代表人有权要求决定机关采纳合理意见，可以参与表决涉及其公众重大利益的事项
行政立法机关的义务	确认、通知和接受参加	公开审议过程，听取利益代表人意见	公开表决程序，采纳合理意见，遵从表决结果

（五）实施阶段中公众参与的权利义务配置

1．现行行政立法制度中实施阶段公众参与权的不足

对于行政立法实施程序中公众的参与权，现行行政立法有一定体现。《规章制定程序条例》规定了公众对规章违法请求国务院或省级政府进行审查的请求权。[①]《立法法》规定了公民和组织对同宪法或法律相抵触的行政法规可以向全国人大常委会书面提出进行审查的要求。[②] 这些公众享有的对违法行政法规和规章的审查请求权的行使大多可能发生在行政立法的实施过程中，因此，可以视为赋予了公众对行政立法实施效果一定的评估权。但是这些规定存在明显的不足：首先，没有明确规定公众可以对行政立法实施效果进行评估并请求纠错；其次，也没有规定政府机关对公众评估意见进行回应与反馈；再次，更没有规定对公众合理的评估意见必须采纳并及时纠错。这无疑不利于充分监督行政立法的实施，不利于保障行政立法的质量。因此，在行政立法实施阶段应当完善和增强公众的行政参与权，包括确立公众的程序进入权、赋予公众对行政立法实施效果的评估权、获合理回应权和合理意见获采纳权等。

2．实施阶段公众参与的权利义务的合理配置

行政立法的实施应当建立定期的公众评估制度，明确公众有权进入行政法规与规章的实施程序，对行政立法的实施效果进行评估，保障社会公众对行政法规、规章实施的政务主张权。政府部门应当对公众的评估意见及

① 见《规章制定程序条例》第 35 条。

② 见《立法法》第 90 条。

时进行回应与反馈，合理的意见应当采纳。具体而言，行政法规、规章颁布实施后，政府应该建立并公布接受公众评估的网站、电子信箱或其他通讯方式，接受公众对行政法规、规章实施后效果的评价。其次，定期公开公众评估的意见。再次，组织相关机关和专家进行研究和论证，反馈处理意见，且向社会公布，公众合理的修改与纠错意见应当接受，应当修改或废止的行政法规、规章，要及时修改或废止。

表 7-5 改进后的行政立法实施阶段公众参与的权利义务配置图表

公众的参与权利	实施程序的进入权	评估权	获合理回应权	合理意见获采纳权
	利益关系人有权进入实施程序	对行政法规、规章实施效果进行评价，提出修改或废止意见	请求对评估意见的回应和反馈	请求采纳合理的评估意见和纠错建议
行政立法机关的义务	确认和接受参加	建立行政立法的定期公众评估制度，倾听和受理意见	及时反馈与回复，通知是否采纳，并说明理由	采纳合理的评估意见，及时进行修改或废止

第二节 参与式行政法律关系与完善行政决策制度

一、行政决策中的公众参与

（一）行政决策的内涵

“行政决策”是一个行政法学中经常使用的词语，但对其内涵的认识却有分歧。杨海坤教授认为，“行政决策其实就是针对不同的利益主体的诉求作出行政机关的决定”[①]，李迎春博士则认为：“行政决策是行使公权力的行为。行政决策的主体是行政机关。行政决策的对象是国家、社会和地方的公共事务，主要是基于公共利益的考量作出的决定，具有公共的特性。”[②]显

① 杨海坤、李兵：《建立健全科学民主行政决策的法律机制》，载《政治与法律》2006 年第 3 期。
② 李迎春：《行政法视角下的行政决策》，载《行政法学研究》2007 年第 4 期。

然，前者对行政决策的理解倾向广义，把它等同于行政决定；后者认为行政决策是行政机关运用公权力对公共事务作出的决定，乃是一种狭义的理解。根据行政决策在行政法学上的一般使用，它通常是与行政立法、行政执法相并列的。因此，这里从狭义上进行界定：行政决策是指除行政主体的行政立法、行政执法之外，针对具有一定公共性的行政事项所作出的直接或间接影响相对人权益的行政行为，包括抽象意义的行政政策和具体的行政决定。这可以从三个方面理解：首先，在抽象行政行为层面，行政决策排除了行政立法中的制定行政法规、规章的活动等；其次，在具体行政行为层面，行政决策排除了行政执法活动中的具体处理决定，如行政处罚决定、行政许可决定等。再次，行政决策既包括抽象行政行为，如宏观性的行政政策，也包括具体行政行为，如对某一行政事务的决定。

需要说明的是，目前中央尚未出台统一规范行政决策的法律或行政法规，而地方层面已经颁布了一批专门立法。据笔者统计，这包括：《江西省县级以上人民政府重大行政决策程序规定》等 30 余部政府规章和《东莞市重大行政决策程序规定》等 70 多部其他政府规范性文件（为表述方便，以下重复提及的地方立法均简称为“某地《规定》或《规则》”，如“江西《规定》”）。[①] 也就是说，我国目前的行政决策制度主要是由地方立法构成的。鉴于此，本章主要以地方立法为分析标本。

鉴于国家层面之统一行政决策立法的缺位，行政决策的公众参与范围，国家目前尚无统一规定。这里可以综合地方立法的一般规定情况，将社会公众可以参与的行政决策范围大致归纳为：(1) 城市区域规划或其他专业规划。(2) 拟定或修改房屋拆迁、土地征用的补偿方式和标准。(3) 对居民生活环境质量可能造成重大影响的建设项目的环境影响评价。(4) 调整公共事业收费标准。例如水、电、气、公共交通、公共卫生、电视、网络、通讯等收费或定价的调整。(5) 制定有关公共安全或对公众利益具有直接影响的重大行政措施或者规范性文件。这主要是指制定相关的公共政策、改革方案等，如土地管理、卫生安全、生态环境保护等方面的政策和措施。

---

① 检索工具为“北大法宝”法律数据库：http://vip.chinalawinfo.com/，检索关键词为“行政决策”、“决策”，检索时间 2012 年 7 月 4 日。笔者对其中的规章进行了甄别，剔除了不相关者，对于其他规范性文件则只进行了名称检索。

(6) 公共财政预算的提案、拟定和审核。[①]

同时,对于突发性事件的处理决策是否属于公众可以参与的行政决策范围,各地的做法并不统一。例如苏州、杭州等地的规定将其纳入了公众参与的范围[②],广州等地的规定则明确将其排除在公众参与的决策范围之外[③]。基于以下理由,我们认为突发性事件的处理决策有必要纳入公众参与范围:一是突发性事件的处理决策与公众的切身利益和生活安全关系密切,甚至还可能涉及对公民基本权利的限制。例如突发性事件的处理决策可能涉及对公众财产的征收或对公众人身自由的限制,因而十分有必要让公众以各种形式和渠道参与决定或影响决策的作出。二是突发性事件的处理通常面临着较为复杂和迫切的决策环境,单靠行政主体或领导人难以作出科学决策,这就需要借助相关领域专家和广大社会公众的“智力”,共同作出正确的决策。

(二) 公众参与行政决策的意义

公众参与行政决策活动对参与式行政的建设具有重要意义,它可以保证行政决策的正当性和合理性,促进决策的透明化、民主化、科学化。要言之,其意义主要体现在两个方面:

1. 风险治理之意义——提高行政决策的正当性

二十世纪七八十年代,面对工业现代化进程中日益加剧的核扩散、食品健康、生态灾难、化学污染等公共风险,西方学术界兴起了对风险问题的研究。最具代表性的是德国社会学家贝克提出的“风险社会”理论。[④] 他认为,虽然风险在人类社会诞生之时就已出现了,但是,与前工业社会的瘟疫、饥荒、自然灾害等相比,工业社会的风险在相当程度上是现代科学技术之负

---

① 此处关于行政决策范围的归纳综合参照了下列地方立法中对“行政决策”范围的列举式规定:《江西省县级以上人民政府重大行政决策程序规定》第 3 条;《广州市重大行政决策程序规定》第 6 条;《重庆市行政决策听证暂行办法》第 3 条;《大连市重大行政决策听证办法》第 4 条。

② 《苏州市人民政府重大行政决策程序规定》第 5 条,“本规定所指的重大行政决策事项主要包括:……(七) 全市突发公共事件总体应急预案、重大突发公共事件处置和保障方案”;《杭州市人民政府重大行政事项实施开放式决策程序规定》第 3 条,“市政府实施开放式决策的重大行政事项(以下简称开放式决策事项)包括:……(六) 涉及人民群众生产生活的重大公共活动、重大突发事件应对方案”。

③ 《广州市重大行政决策程序规定》第 7 条规定:“以下事项不适用本规定:……(四) 突发事件的应急处理;(五) 法律、法规和规章已对决策程序作出规定的其他事项。”

④ 〔德〕乌尔里希·贝克:《风险社会》,何博闻译,译林出版社 2003 年版。

面造成的。在这些技术发展以及行动决策的背后,潜伏着不确定的人为制造的风险。伴随着技术能力增长的是它们的后果的不可计算性。风险本身的产生,恰恰是控制风险或使风险最小化的科学和政治行为的后果。[①] 根据风险社会理论,现代风险可分为:(1) 技术性风险。即科技发展带来的客观的物质性的风险。(2) 制度性风险。任何制度都是人为设计并通过人来执行的,以"人为不确定性"(manufactured uncertainty)[②]为特征的现代风险来自制度、政策或决策本身的缺陷和疏忽,以及执行者的不忠诚行为。(3) 主观性风险。在人类学、文化学意义上,风险是一个群体对危险的认知。由于知识本身是不断变化的,风险也是通过社会过程形成的。[③] 因此风险具有社会建构性,它来源于公众对某种社会事件的社会心理学认知,是一种对风险的恐慌。

行政决策的对象一般是较大型的公共项目。行政决策之所以需要公众参与,是因为这些大型公共项目一般都具有重大或长期的公共影响,而这些影响通常都包含即使当前最先进的科技手段也不能严格确定的社会风险。从风险社会的角度观之,这无疑是一个亟待治理的高风险领域。而公众参与行政决策的意义恰恰在于其符合风险社会的特征和风险治理的需要:

首先,风险治理具有优先次序。风险无处不在,但并非平均分布,而是有轻重缓急之分。因此,对于不同的风险,应当按照一定原则拟定治理的优先次序。[④] 其中最容易被人理解的原则就是"最糟糕的最先原则"(worst things first),即最严重的问题优先治理。[⑤] 公众作为社会生活的最直接经验者,公众的意见最能从微观层面反映行政管理中最迫切需要解决的问题。在这个意义上,公众参与行政决策能够帮助政府结合宏观和微观两种视角来综合排定公共行政中风险治理的优先次序,从而最优化地配置决策资源。

其次,公众参与有利于主观性风险的治理。主观性风险来自于社会群

① 〔德〕乌尔里希·贝克:《风险社会》,何博闻译,译林出版社 2003 年版,第 20 页。

② 参见袁越:《厦门 PX 事件》,http://news.sina.com.cn/c/2007-09-27/165713986641.shtml,2011 年 1 月 20 日访问;另见维基百科:"厦门 PX 项目",zh.wikipedia.org/zh/厦门 PX 项目,2011 年 1 月 20 日访问。

③ 参见杨雪冬:《全球化、风险社会与复合治理》,载《马克思主义与现实》2004 年第 4 期。

④ 参见沈岿:《公法变迁与合法性》,法律出版社 2010 年版,第 379 页。

⑤ See, Sven Ove Hansson, A Descriptive Framework of Risk Management, *Risk Management*, Vol.3, No.3, 2001.

体对危险的认知,它体现为公众对特定社会风险形成的具有普遍性的、盖然性的社会心理(尽管有时这种对危险的忧虑并不能马上得到证实),实质上是一种风险恐慌。例如厦门 PX 事件中,公众普遍担忧 PX 是一种高风险的有害物质,因而都有一种对生态风险的恐惧心理。[①] 因此,在民主社会中,风险治理的行政决策应当引入公众参与,以公众的感知和担忧作为认定决策风险的重要依据并设法治理,从主观建构的意义上保障公众的内心安宁。

再次,公众参与有利于制度性风险的治理。行政决策制度是人为设计的,最终需要人来运行,以“人为不确定性”为特征的制度性风险自然也存在于行政决策中,如封闭性的决策过程是否兼顾到了多元利益主体的诉求;决策是否考虑到了对脆弱性群体的辐射效应(如兴建机场对周围居民的噪声污染);政府垄断的决策过程是否存在权利寻租和“管制俘获”[②],等等。对此,公众参与可以在公众与政府之间搭建一个理性论辩的平台,有利于收集全面、准确的风险信息和不同的公众偏好,较充分地评估决策结果对不同受众可能造成的影响,并通过公众的介入来监督决策权的运用。这都有利于防范制度性风险。

最后,公众参与符合风险治理的分散、复合体系。面对无所不在的风险阴影,面对风险转化为巨大灾难的随机性、突发性,国家、企业、非政府组织、个人等都不可能独立地去承担和处理。一个主体多元、合作互补的、复合的风险治理机制,也就成为必然选择。[③] 王锡锌教授曾把行政决策的正当性要素归纳为形式合法性、科学性、民主性[④],而这些要素一方面要求政府依法行政,一方面还要求专家和社会公众的积极参与。从风险社会的角度分析,若一项决策缺乏科学性就会面临自然风险或技术性风险,缺乏形式合法性和

---

① 尽管当时厦门大学化工教授、工程院院士袁东星和厦门市政府对此持不同说法,许多后果也是现在说不清楚因而也是不可预测的。参见张千帆:《让公众参与大型项目》,载《中国经济时报》2008 年 4 月 4 日。

② “管制俘获”是指:受管制企业为寻求垄断,而采取各种行为,在政府管制高层上所产生的效用。与假定政府管制当局致力于追求社会公共利益目标的理论相反,政府管制实际上是为了满足产业对管制的需要而产生的,即所谓的立法者为产业所俘获;而管制当局最终会被产业所控制,即所谓的执法者为产业所俘获。在当前,管制俘获理论已经成为对政府管制最具挑战性的诘难。

③ 参见杨雪冬:《全球化、风险社会与复合治理》,载《马克思主义与现实》2004 年第 4 期。

④ 参见王锡锌:《行政决策正当性要素的个案解读——以北京市机动车“尾号限行”政策为个案的分析》,载《行政法学研究》2009 年第 1 期。

民主性则意味着制度性风险或主观性风险，在这个意义上，任何一方主体的缺场都会使行政决策处于风险之中。这就要求社会公众、专家和政府共同承担起风险治理的任务，使行政决策形成一个分散、复合的公共治理体系。换一个角度思考，在行政决策中引入公众参与也避免了责任承担的过分集中化。通过充分有效的参与，使多方主体共同承担决策之权责，分散了政府在事后可能面临的问责风险。倘若决策出现瑕疵，政府亦可凭此缓解外界的责难——行政决策并非出于政府单方意志，而是充分参考了社会公众的意见。总之，行政决策制度中的公众参与对风险治理的优先次序、主观性风险、制度性风险以及治理的分散、复合体系都给予了充分的关照。正是在这个意义上，公众参与为风险社会中的行政决策赋予了充分的正当性。

2. 权力制约之意义——规范行政决策活动

行政决策通常涉及重大公共资源的处置和运用，具有高度的公共性。如果说行政执法权力的不当行使只是对个体相对人的权益造成不利影响，那么一个不当的行政决策就好比坠入水面的石头一样，将激起层层波浪，影响大范围公众的利益和社会公共利益。对此，曾有官员直言行政决策的不当为行政十弊之一——“决策的腐败是最大的腐败，一个决策失误就可能造成1亿甚至10个亿的损失”。[①] 因此对行政决策活动的规范和完善十分重要。但不同于行政执法的是，不当行政决策对公众造成的不良影响往往是间接性、非即时性和长期性的，短期内不易引起人们的注意，故实务和理论上一般都更注意对行政执法的规制，而忽视了对行政决策的制约问题。

公众参与权是对行政决策活动的一种有效制约：在参与过程中，公众通过行使知情权促进了行政决策的透明化，在一定程度上削弱了决策过程的封闭性；行使表达权则有利于决策者较全面地收集社会信息和公众偏好，促进了行政决策的科学化；通过行使参与决定权和参与实施权，则从实效上保证了公众的意见和诉求得到充分的考虑和认真的对待，这就促进了行政决策的民主化，提高了决策结果的可接受性；而贯穿于行政决策全过程的监督权则从事前和事中出发形成了对决策的公正性和廉洁性的一种制约。因此，在参与式行政下，公众参与可以贯穿行政决策的各个环节，以公众的行

① 参见杨宝琦、台建林：《一个副市长眼中的基层行政十弊：有人依法搞腐败》，载《法制日报》2006年1月19日。

政参与权对行政决策活动形成有效制约,从而弥补权力制约的不足,更好地规制行政决策活动。

（三）行政决策的基本环节与公众行政参与权的具体配置

根据行政过程理论,“每一个实际存在的行政行为,都呈现为一种时间上的持续过程;都包含若干的程序环节和发展阶段”[①]。行政学则将行政运行的过程细分为“行政目标的确立”、“就目标的有关情况进行调查研究”、“拟订方案”、“可行性分析”、“选择最佳方案”、“制定具体的执行计划”、“监督执行情况”、“反馈信息来调整或实施方案”等具体步骤。[②]

行政决策作为一种典型行政活动类型无疑也具有过程性的特征,也就是说,公众对行政决策的参与实际上都是在决策过程的各个环节或阶段中进行的。由于行政决策各环节在功能性质及其运行机制的殊异,公众参与每一环节中的目的和方式也不尽一致,进而产生不同的权利需求。加拿大学者尼基曾对能源和自然资源开发决策的发展过程进行过实证考察,发现在政策和规划阶段、矿权和地表权分配阶段、项目批准阶段等几个决策发展阶段中,“公众参与的类型(type)和可获得性(availability)是随着决策发展阶段的不同而变化的”。[③] 这是颇具启发意义的,它意味着应当根据行政决策各环节的功能定位和运作方式来具体配置行政参与权的各项主要权能,以从行政过程上保证公众参与的利益分配和制度能力。这首先要解构行政决策过程的基本环节。

关于行政决策过程的基本环节,目前学界尚无专门研究,但地方立法对此却有比较清楚的规定。譬如,《天津市人民政府重大事项决策程序规则》设置了“重大事项决策建议的提出”、“重大事项决策方案的拟订”、“重大事项决策的决定”、“重大事项决策决定的执行和调整”等专章,构成四个环节,《青海省人民政府重大行政决策程序规定》则分“决策建议”、“决策准备”、“决策审定”、“决策的执行和监督” 等五个环节。尽管各地立法中设置的行政决策基本环节从文字表述上看并不统一,它们在性质、功能和发展

---

① 朱维究、胡卫列:《行政行为过程性论纲》,载《中国法学》1998年第4期。

② 李盛平主编:《公务员百科辞典》,光明日报出版社1989年版,第243页。

③ Nickie Vlavianos. The Issues and Challenges with Public Participation in Energy and Natural Resources Development in Alberta. *RESOURCES*, 2010, No. 108.

顺序上却存在许多共同点，据此可以将行政决策的基本环节提炼为五个：

一是启动环节。该环节的任务是为决策启动准备各种程序条件，因而有的地方又称之为“决策准备”环节。具体内容包括：(1) 确定参加主体的范围；(2) 提出决策的立项建议和备选方案；(3) 发布相关的决策信息。如青海《规定》第三章“决策建议”。

二是风险评估环节。该环节的任务是论证决策的必要性、可行性、科学性。主要内容是对立项或备选方案在财政经济、社会稳定、环境生态或者法律纠纷等方面的风险作出评估。评估结果将作为决策的重要参考或依据，未经评估不得进入下一环节。其具体内容包括合法性审查、咨询论证等。如《广西壮族自治区行政机关重大决策程序暂行规定》第三章“咨询论证”。

三是草拟环节。该环节的任务是形成决策草案。主要内容为收集社会各界的意见信息，对备选方案进行修改、完善以拟定决策草案。如《重庆市政府重大决策程序规定》第 17 条：“……充分听取社会公众对政府重大决策备选方案的意见，并将意见及采纳情况形成报告。”

四是审定环节。该环节的任务是经过审议程序对提交的决策草案作出决定。具体内容包括：(1) 提交审议材料，如论证报告、征求意见及处理情况等；(2) 集体审议，并作出通过、不予通过、修改、搁置等决定；(3) 公布决策结果。如青海《规定》第五章“决策审定”。

五是实施与评价环节。该环节的主要任务是将决策付诸执行，对其效果进行评价、监督，并根据问题作出调整。具体内容包括：(1) 组织有关部门执行决策；(2) 根据调查、评估和反馈及时发现执行中存在的问题；(3) 调整决策内容。如天津《规则》第五章“重大事项决策决定的执行和调整”。

下面以行政决策过程作为分析视角，具体分析公众参与权在各个基本环节配置需求。

（四）行政决策中行政参与权需求

法律的生命在于经验而不是逻辑，行政决策各环节究竟需要为公众配置哪些参与权利，亦当从现实法律生活中寻找答案。近年来，我国发生了大量公众参与行政决策的案例，由于种种原因，个案中的公众参与几乎都是零散发生在行政决策的某一个环节而非整个过程，因而难免存在时空上的断裂或破碎。但也应认识到，现实法律生活不可能或很难出现“线索环环相扣、毫无分叉、毫无断裂、毫无波折”①的规整样态，故我们只能以“一种解散性目光”②，根据第三章所提炼的基本权能体系从过程上不那么连续或完整的行政决策个案中勾勒行政决策中行政参与权的具体图式。

1. 启动环节

[案例1] 2006年厦门市欲启动一项PX化工项目(*p*-Xylene，属有毒化学品，对胎儿有一定的致畸率)，选址中只征询了少数专家的意见，并对社会封锁消息，民众在很长时间内都不知情。2007年5月20日左右，项目选址泄露，市民通过短信互相传递项目选址离居民区过近、可能危害人体健康的消息，引起社会恐慌。5月30日，政府召开简短的新闻发布会解释该项目，由于未公布PX化学属性、环评等详细信息，市民仍充满疑惑，随后通过网络搜寻、讨论相关信息。6月1日，大批市民发动以集体“散步”为名的游行，反对PX项目。市民这一系列行动促使政府重新解释项目情况，并邀请市民代表参加座谈会。最终在12月16日决定迁址。③

[案例2] 近年来，各地根据《价格法》的要求推出不少价格听证会，但听证议程一般集中在“怎么涨、涨多少”之上。如某大桥收费听证会上的两个备选方案中，一个是维持目前的试行收费标准不变，另一个是在现行收费标准的基础上提价，压根就没有“降价”的议程设置。这导致许多公众选择“用脚投票”的方式拒绝继续参加这样的“听涨会”。④

[案例3] 2006年3月，浙江温岭泽国镇举行了“城镇建设预选项目协商民主恳谈会”，邀请居民代表采取“两轮分组式”讨论程序和填写调查问卷的方式，得出城镇建设预选项目从最重要到最不重要的排列顺序。政府据此制作了建设预选项目方案，并将预选方案提交随后召开的人代会进行审议和表决，决议结果获得群众的广泛好评。⑤

---

① 汪民安：《福柯的界限》，中国社会科学出版社2002年版，第63页。

② 杜小真编：《福柯集》，上海远东出版社1998年版，第156页。

③ 参见王锡锌、章永乐：《从“管理主义模式”到“参与式治理模式”：两种公共决策的经验模型、理论框架及制度分析》，载江必新主编：《行政规制论丛》(第1卷)，法律出版社2009年版。

④ 参见吴博：《听证会的程序更须“听证”》，载《广州日报》2009年9月24日。

⑤ 参见陈剩勇、吴兴智：《公民参与与地方公共政策的制定——以浙江省温岭市民主恳谈会为例》，载《学术界》2007年第5期。

（1）案例1反映了启动环节的公众参与对程序进入权的现实需求：

项目选址完全是一种行政机关与专家的封闭式决策方式，公众在事实上丧失了进入决策程序的法律资格，无奈之下只得以“散步”表示抗议和传达诉求。有资格进入决策过程是公众参与的大前提，如果连进入决策程序的权利都不具有，那么参与根本无从谈起。尤其是在当前利益格局发生深刻变化和矛盾高发这一更大的社会转型背景下，基本参与资格的缺失不可能造成行政决策过程中的“社会矛盾和纠纷往往很难通过体制化的框架得以消化吸收，其结果是矛盾‘溢出体制’，构成体制外行动，有时甚至成为破坏性力量”①。事实上，案例1中的“散步”从某种程度上讲已经是矛盾激化的前兆。可见，有资格进入决策过程是公众参与启动环节的首要需求，这就取决于参与资格权的配置，如专门的资格条款，关于公众参与的法律原则或规则等。同时，考虑到“决策受到技术、财政和时间等资源条件的限制，并不是在任何事情上，都有可能进行公众参与”②，表现在规范层面，行政决策中的程序进入权一般应限于一个明确的事项范围。

（2）案例2和案例3生动揭示了启动环节的公众参与对动议权（政务主张权）的现实需求：

设置决策议程是启动环节的重要内容。案例2中，由于议程设置一开始就是公众难以接受的方案（“怎么涨、涨多少”），导致其丧失了参与的兴趣和动力；相反，案例3中的议程设置充分考虑了公众意见（根据公众的排序制作预选项目方案），从而使决议的结果较符合公众期待，受到好评。二者指向同一个结论——在启动环节，有权影响决策议程的设置对于公众参与有着极重要的意义。对此王绍光教授曾强调，“能否影响决策过程固然是权力的一面，能否影响议事日程的设置则是权力更重要的另一面”③，原因就在于，“议程如何设置，很大程度上已经事先限定了讨论的开展方式”④。

① 王锡锌：《参与式治理与根本政治制度的生活化——“一体多元”与国家微观民主的建设》，载《法学杂志》2012年第6期。

② 王锡锌、章永乐：《我国行政决策模式之转型——从管理主义模式到参与式治理模式》，载《法商研究》2010年第5期。

③ 王绍光：《中国公共政策议程设置的模式》，载《开放时代》2008年第2期。

④ 参见王锡锌、章永乐：《从“管理主义模式”到“参与式治理模式”：两种公共决策的经验模型、理论框架及制度分析》，载江必新主编：《行政规制论丛》（第1卷），法律出版社2009年版。

申言之，如果决策议题的设置在一开始就与公众参与的目的南辕北辙，其结果自然很难符合公众的意愿，后续的公众参与可能就是“无用功”。因此，在启动环节需要为公众配置影响议程设置的动议权，允许公众就决策的立项事项或备选方案提出自己的建议。

2. 风险评估环节

[**案例4**] 2002年底，深港西部通道接线工程开始进行环境影响评价。期间，由于担心废气排放危害自身健康，沿线居民在收集大量相关信息的基础上自行进行了计算，结果显示空气污染超标19.64倍，该结论得到了清华大学环境工程系专家的验算认可。而根据政府的环评报告，工程的污染规格完全符合国家二级排放标准。差距如此之大，加之认为专家是政府请的，必然会尊重政府的意思，沿线居民就空气污染是否超标与政府进行了历时两年的争议。2004年1月，经双方当面计算，政府方面的专家有保留地承认计算程序有误。后环评重新进行。①

案例4反映了论证环节的公众参与对质询权(监督权)的现实需求：

环境影响评价属于风险评估范畴。上例中，公众发现环评报告与自行计算的结果相差甚巨，加之认为专家是政府请的，会遵从政府的意思，由此展开了争论。这一过程表明，为了降低决策风险对自身的影响，公众希望对风险评估进行监督。这可以归为公众对风险评估的质询权。可能有人觉得风险评估是专家的禁脔，因而认为赋予公众质询权是不实际的。其实不然。在现代社会中，专家也存在局限，这体现在两个方面：一是价值中立的局限性。专家的作用是凭借专业知识进行独立的事实判断，但“如果缺乏有效的机制阻止专家知识越出事实领域，专家可能会以自己的价值判断代替大众的价值判断”。②尤其在当前我国行政主导的大背景下，“专家咨询系统并没有市场化。从实践来看，专家咨询主要是内部咨询为主，外部咨询较少。专家与政府有着千丝万缕的联系，有些咨询机构实际上就是政府的‘后花园’。”③这更使得专家的价值中立受到极大挑战。二是个体知识的局限性。

① 参见陈善哲、金城：《“深港西部通道接线工程”环评事件调查》，载《21世纪经济报道》2005年5月14日。

② 王锡锌、章永乐：《专家、大众与知识的运用——行政规则制定过程的一个分析框架》，载《中国社会科学》2003年第3期。

③ 徐文星：《专家、利益集团与公共参与》，载《法律科学》2012年第3期。

专家作为个体的知识单元,其本身存在知识盲点,并非在所有方面都是专家。[①] 而且对于某一问题可能并不存在一致的认识,这就涉及竞争和评价。对于前者,公众可以从评估程序上予以监督,以确保专家的价值中立;对于后者,信息社会的到来削弱了专家的知识和信息优势,专业知识和各类信息的散布变得更为便利,公众能够利用自己所获得的知识信息作出独立于专家的判断,在一定条件下允许公众以其独立判断质疑评估结果,可以对专家知识的局限形成有益补充。这里还必须认识到,风险评估的基础主要还是专家理性,不能因为专家存在局限就堕入科学虚无主义。[②] 故公众的质询权只能作为风险评估的辅助,其行使应有必要的条件限制,比如质询范围主要应限于程序方面,涉及专业内容的质询必须有充分的依据。

3. 草拟环节

［**案例5**］　在目前的价格管理、城市规划、重大工程建设等决策领域,通过听证等方式征求公众意见已成为必经程序。但一项来自广州社情民意研究中心的调查结果显示,听证会的形象正在市民的心目中滑落,认为听证会对于决策“没有作用”、“作用不大”和“是形式主义”的受访者三项合计竟有62.5%,其中15.5%的人认为是“形式主义”或“听令”的摆设。[③] 另据报道,2003年的民航机票价格听证会只有7个消费者代表报名,报名者自称对听证会信心不足。[④]

案例5凸显了草拟环节的公众参与对表达权(政务主张权)法律效果的现实需求:

在草拟环节,公众参与在很大程度上就是要表达对决策草案的看法和见解,这就需要表达权。从目前地方立法的制度规定和实践情况来看,征求公众意见已经成为必经程序,这说明公众的表达权已普遍确立。但公众认为听证会“没有作用”、“是形式主义”,并表示“信心不足”,一个主要原因恐怕在于,参与行政决策的公众意见与决策结果毫无关联,从而造成其主体感

① 参见王宇飞:《“参与式行政与中国行政法制模式变革”研讨会综述——参与式行政:一种新的行政法制理念和模式》,http://www.calaw.cn/article/default.asp? id=7486,2012年9月20日访问。

② 同上。

③ 参见赵燕华等:《听而不证流于形式》,载《报刊文摘》2002年10月27日。

④ 郑红、裘寅:《机票价格听证“选秀”为何遇冷场》,载《解放日报》2003年4月9日。

的失落。可见,在草拟环节中,孤立的表达权是不够的,还需要相应的法律效果作为支撑,否则不仅公众的意见难以发挥实际作用,在主观上还会给公众造成“作秀”的感觉,影响其对参与的积极性和信任度。

4. 审定环节

[案例6] 江苏省启东市于2012年批准了日本王子纸业集团设厂及排污设施项目。7月28日,由于担心造纸污水致癌和污染渔场,数千名市民进行了大规模的示威和抗议,要求政府停止该项目。期间,市民采取了冲击政府大楼等一些过激行为并与政府发生了一些摩擦。当天上午,政府妥协,宣布项目暂停,但市民仍不满意,继续抗议;直到下午,政府发公告称表示“如果广大市民不同意,将停止在启东实施”,抗议活动才基本平息。①

案例6显示了审定环节的公众参与对协商决定权(合理意见获采纳权)的现实需求:

上例中政府在公众介入之前已经单方面作出了决定(批准纸厂及排污项目),公众只能通过事后的示威和抗议以试图改变。从事件的发展可以看出,公众并不满足于“暂停项目”,直到政府表示“如果广大市民不同意,将停止在启东实施”后,抗议才得以平息。显然,市民的同意与否决定了决策的结果。对这一现象可以借助美国学者托马斯提出的“公众参与有效决策模型”来加以分析。该模型认为:“界定公众参与的适宜度主要取决于决策中的政策质量要求(quality)和政策可接受性要求(acceptability)之间的相互限制”,“对政策可接受性期望越高的决策,对吸纳公众参与和分享决策权力的需求程度就越大”。② 上例中的纸厂排污项目可能对公众的身体健康和生产经营造成直接且严重的影响(致癌和污染渔场),若不深度吸纳公众的利益诉求和价值偏好,就很容易引起强烈抵制而导致决策难以执行。这意味着公众对决策可接受性的期望值极高,以致政府必须通过“公共决策”(public decision)与公众分享决策权力,为公众配置一定的协商决定权。

与此同时,还应当思考,上例中公众采取非理性甚至过激的行为来逼迫政府改变决定是否具有合法性?怎样才能让公众以一种理性、有序的方式

---

① 参见维基百科:http://zh.wikipedia.org/wiki/啟東事件,2012年8月30日访问。

② 〔美〕约翰·克莱顿·托马斯:《公共决策中的公民参与》,孙柏瑛等译,中国人民大学出版社2010年版,第25页。

来参与决定？因此，参与决定权的行使应当遵循法定方式，不能出现“暴民政治”。一般来讲，参与决定权的行使方式有两种：① 直接参与决定。即公众通过法定途径进入审议程序和政府共同作出决定。如《城乡规划法》第22条规定“村庄规划在报送审批前，应当经村民会议或者村民代表会议讨论同意”。② 间接参与决定。即公众不直接进入审议程序，但审议中以其效果意思作为依据或标准。如《行政许可法》第48条第2款中规定：“行政机关应当根据听证笔录，作出行政许可决定。”

5. 实施与评价环节

[**案例7**]　2012年4月，青岛市决定启动耗资数亿元的“植树增绿行动”，工程实施期间，“耗资过巨”、“毁草种树”、“种植过密”、“植树侵占公交车站”等问题引发了市民的广泛质疑，许多市民致电相关部门询问，更有热心市民根据实地调查提出了整改建议。但一开始政府没有进行任何实质性的回应。随着媒体报道和微博上的扩散，在舆论压力下，政府终于在4月18日公开解释、道歉，然而此举并未取得市民谅解；直至4月20日政府宣布项目暂停并承诺作出整改后，事件才逐渐平复。①

案例7充分展示了实施与评价环节的公众参与对监督权的现实需求：

首先，市民就施工中的各种问题提出了广泛质疑和改进建议，表明公众希望对决策的实施效果进行监督，以防止自身合法权益或社会公共利益受到侵害。

其次，政府不予回应的态度引起公众指责，但单以解释、道歉尚不能得到公众的谅解，直到政府真正付诸行动（宣布暂停种树并承诺作出整改）才使公众满意，表明公众期待监督活动能够产生一定的效果——得到政府回应、合理建议受到采纳，并及时对决策作出相应的调整。这反映的是公众对决策实施的监督权。决策在执行过程中可能会由于本身的瑕疵、客观情势的变化或不依法执行等原因出现实施效果不理想的情况，对此公众作为直接受影响的主体，最有资格和动力进行监督。由此，在实施环节为公众配置一定的监督权，允许公众对决策的实施效果提出意见、建议并产生相应的法律后果，是十分必要的。

---

① 参见高原：《青岛植树风波凸显公民理性问政》，载《法制周末》2012年5月24日。

二、行政决策制度中公众参与权的不足及其完善

通过实践情况分析，公众参与行政决策需要配置程序进入权、质询权、政务主张权、参与决定权和监督权等内容。但它们在现行法律制度中是否以及在多大程度上得以配置，又如何加以改进和完善，还有待从各环节中逐一检视。

（一）启动环节的公众参与权配置

1. 启动环节公众参与权配置的不足

在行政决策的启动环节，公众的参与权主要表现为程序进入权和动议权。现行立法对二者的制度规定还有一些不足。

（1）关于进入决策的程序进入权（进入行政程序的权利）。我国《宪法》第 2 条第 3 款确立了人民的参政资格：“人民依照法律规定，通过各种途径和形式，管理国家事务，管理经济和文化事业，管理社会事务。”但该条“其实是一条宣示性条款，不宜单独适用”[①]，“人民”是一个抽象的政治概念，作为主权者，人民的参政资格是集体意义上的，并不能直接推衍出个体公民在行政决策中的参与资格，而只有“依照法律规定”才能实现二者之间的具体转化。也就是说，参与资格权取决于法律、法规和规章的具体规定。[②] 尽管现有的 100 余部地方行政决策立法均规定了公众参与的内容，但从全国范围来看，这也反映出公众参与行政决策在其余很多地方尚未入法，参与资格权也就无法可依。可见，公众的参与资格权还没有得到普遍的配置。

此外，现有地方立法的规制对象基本都限定为“重大行政决策”，如《南京市重大行政决策程序规则》第 1 条：“为了规范重大决策行为……制定本规则。”这意味着只有对于“重大行政决策”公众才具有参与资格权。这其中固然有着行政效率和行政成本方面的合理性，但“重大行政决策”属于不确定的法律概念，往往难以量化，对此目前立法采取了肯定式列举的方式。譬如，《广州市重大行政决策程序规定》第 6 条：“本规定所称重大行政决策

① 参见张千帆：《论宪法的选择适用》，载《中外法学》2012 年第 5 期。

② 根据宪法学者的研究，《宪法》第 2 条中的“法律”指的是实质性法律，即宪法以外的人大制定法、行政法规、地方性法规和规章。参见韩大元、王贵松：《中国宪法文本中“法律”的涵义》，载《法学》2005 年第 2 期。

包括以下事项:(一) 制定经济和社会发展重大政策措施;(二) 编制和修改各类经济、社会、文化发展和公共服务总体规划;……(七) 其他需要政府决定的重大行政管理事项。”但倘若某事项不在列举范围内,政府便获得了相当可观的解释权,若不予以限制,恐难避免其通过不当作出限缩解释从而阻滞公众的参与资格。这是肯定式列举的一大缺陷。

(2) 关于动议权。各地的制度规定呈现出两种情况:① 只规定由政府及其职能部门设置决策议程,公众无权提出决策的立项建议或备选方案。如武汉、东莞等地。② 虽规定了公众的动议权,但内容和规则上并不完善。这表现为:其一,动议的内容仅局限于提出决策事项的建议,而不及于提出决策备选方案(如江西《规定》第 6—8 条)。这是比较片面的,因为议程设置应包括提出立项建议和备选方案两类;加之各地普遍要求“拟订两个以上决策备选方案”,完全可以让公众提出的比较系统、可行的备选方案进入议程,达到集思广益的效果。其二,动议权的法律规则过于笼统,对于动议怎样提出、由谁受理、如何分析和审查等重要内容均无细化规定,缺乏可操作性。譬如,《湖南省行政程序规定》中关于公众动议权的规定仅有第 32 条:“公民、法人或者其他组织认为重大事项需要提请政府决策的,可以提出决策建议。”

2. 启动环节公众的参与权合理配置

(1) 对于程序进入权。首先,要使公众参与行政决策统一入法。《行政程序法》《重大行政决策程序条例》目前已纳入中央立法规划,建议立法时对公众参与作统一规定,以为参与资格权提供法律依照。当然,在此之前各地方可以先出台本地的相关立法。其次,重大行政决策的事项范围应增加否定列举条款,排除一些暂时不适合公众参与的事项,如国防和外交事项、政府内部管理措施、行政应急处理等。当某一事项不属于肯定列举时,只要其未被否定列举排除,就可以判定公众有资格参与。这种方法便于明确框定公众参与的事项范围,防止行政解释对参与资格权的侵蚀。

(2) 对于动议权。首先,要统一确立公众的动议权,其中不仅包括有权提出决策的事项建议,还包括提出备选方案。其次,要配套相应的程序规则。这大致可从三方面着手:① 确定动议的受理主体,如由政府法制部门统一受理。② 明确提交动议的途径和方式,如书面或电子邮件形式等。

③ 动议的处理。受理机构必须在法定期限内进行审查,立项建议合理的应当提交政府立项;对于公众提出的科学、可行的方案应当和政府或专家所提出的方案平等对待,择优采用。

（二）风险评估环节的公众参与权配置

1. 风险评估环节公众参与权配置的不足

应当说各地对于风险评估总体上是比较重视的,但制度设计中基本都没有引入公众参与。目前风险评估一般是由政府或决策承办机关委托专家或者专业研究机构进行,实际上是一种内部程序(如广州《规定》9-11条)。制度规定上对于评估报告是否公开、公众能否以及如何对评估结果提出异议等均未涉及。这表明公众的质询权的配置上在总体上仍处于空白。

2. 风险评估环节公众参与权的合理配置

建议把公众的质询权分解为程序质询权和实体质询权,前者主要针对专家价值中立的局限性,后者则是对专家个体知识局限的一种补充。以下分述:

(1)程序质询权制度。主要让公众监督评估程序的公正性。首先,要公开专家或评估机构相关信息,如资质条件和无利害关系证明等,以便于公众了解和提出异议。其次,评估专家或机构确定后,要设置一定的异议期,允许公众对其评估资质、与评估事项是否具有利害关系等提出异议。异议成立的,政府必须另行确定评估者。

(2)实体质询权制度。评估结论公布后允许公众提出质疑,质疑可以是公众自行计算得出的不同结论,也可以是公众委托其他专家或专业机构得出的不同结论,但都应具备充分的科学依据并得到同行评议的认可。否则至多具有的程序质询的效力,而不能构成对评估结果的有效反驳。如经过科学验算证明质疑成立的,则要予以采信或重新组织风险评估。

（三）草拟环节的公众参与权配置

1. 草拟环节公众参与权配置的不足

在各地的制度规定中,表达权一般有正式听证(听证会)和非正式听证(座谈会、论证会、民意调查等)两种行使途径,但各地在制度设计中还没有充分保障表达权的法律效果。首先,对于正式听证,除江西《规定》等少数立法规定了“听证笔录应当作为决策的参考依据之一”外,大部分鲜有规定听证笔录的法律效力。其次,对于非正式听证,许多地方既未规定对公众的意见如何答复,也未明确意见征求情况对草案形成的作用。譬如,广州《规定》第 17 条:"以民意调查方式征求公众意见的,应当委托独立调查研究机构进行,并作出书面调查报告。"至于调查报告有什么作用,后面没有提到。

2. 草拟环节公众参与权的合理配置

(1) 对于正式听证。可以借鉴行政许可听证的做法,确立行政决策听证报告的"案卷排他效力",使听证报告中的结论成为调整决策草案内容的法律依据。

(2) 对于非正式听证。应当将公众意见分类进行整理归纳,然后作出不同的回应:① 对于内容科学、可行或具有代表性的意见应当积极采纳。此外,对于反映弱势群体利益的意见还应给予倾斜和照顾。② 对于不予采纳的意见,应当说明理由。理由内容应充分合理,包括考虑了哪些因素、没有考虑哪些因素、对公众提出的不同意见是如何考虑的。[①] 对直接利益关系人的意见还可以一对一方式予以回复。这既是对公众主体地位的尊重,也表明政府慎重考虑了公众的意见,从而为草案的形成提供正当性基础。

(四) 审定环节的公众参与权配置

1. 审定环节公众参与权配置的不足

现行制度中,公众在审定环节完全没有参与决定的制度空间,这表现为两点:

(1) 无法直接参与决定。地方立法对决策的审议程序一般为"决策草案在集体审议的基础上由行政首长作出决定"(见湖南《规定》第 39 条)或"经政府全体会议或者常务会议审议决定"(见重庆《规定》第 19 条)。这说明目前的审议程序是封闭式的,公众不具有直接参与的法定途径和方式。

(2) 无法间接参与决定。地方立法规定决策经审议后作出"通过、不予通过、修改、再次讨论或者搁置"等决定,却未规定作出决定的依据或标准是什么、公众参与的效果意思(如公众意见的整理和采纳情况)对于决定结果有何制约或影响。部分地方规定了提交审议的决策草案必须提供"征求意见及处理情况"、"调研报告及风险评估"等材料(见青海《规定》第 17 条),

---

① 参见赵银翠:《论行政沦为说明理由——以行政过程为视角》,载《法学杂志》2010 年第 1 期。

进而在形式上把公众参与的效果意思纳入了审议标准,这是值得赞许的。但遗憾的是,它们没有进一步明确这些材料在审议中的法律约束力。这说明公众亦无法以其效果意思间接参与决定。

2. 审定环节公众参与权的合理配置

由于审定环节公众参与权配置的严重缺陷,必须对相关法律制度予以完善或重构,但决定阶段的特点和现实经验又告诫我们改革必须是审慎的,避免决定阶段的泛参与,保证公众参与权的同时还要保障行政效率和管理秩序。基于此,可以考虑引入一定的“公共决策”机制,保证决策的可接受性。具体而言,可根据参与决定权的行使方式建立以下两项制度:

(1) 间接参与决定制度。建立决策审议的法定标准,将风险评估报告、听证笔录、征求意见情况等公众参与的效果意思纳入到审议标准中。在决策本身的可接受性要求较高,但社会争议不大、公众效果意思比较一致的情况下,可以直接适用相关审议标准作出决定而无需再让公众进入审议程序,以节约行政资源。具体而言,对于决策草案与公众效果意思存在明显不一致或重大遗漏的,决策草案不能通过或必须退回修改,这方面可以引入行政许可听证的案卷排他制度,并对草案内容是否尊重或吸纳了公众的效果意思进行审查。如果决策草案与公众效果意思基本符合,则可以结合其他标准径行作出审议决定。

(2) 直接参与决定制度。对一些社会争议较大、公众各方的效果意思分歧也比较明显的决策,可遴选公众代表以列席、参加政府常务会议或全体会议等方式直接进入审议程序,通过票决或民主协商对决策草案作出决定,以最大限度地关照决策的可接受性。其中,若采取票决方式的应注意代表比例的适当分配,不能使公众代表过少而成为走过场;如果用民主协商的方式,则须在平等的前提下通过合法、正当的理由来制约决定。最后,如果两种方式都无法作出决定的,可以报上级政府或人大常委会决定,不可久拖不决。

(五) 实施与评估环节的公众参与权配置

1. 实施与评估环节公众参与权配置的不足

公众监督权的配置在目前大体有两种情形:一是完全没有规定公众的监督权,比如西安等少部分地方。二是原则上规定了公众享有监督权,但缺乏配套的制度保障。比较典型的是天津《规则》第 31 条:“公民、法人和其他组织认为省政府有关决策应当停止执行或者修改的,可以向决策执行机构提出建议。决策执行机构应当认真研究,认为省政府有关决策确需停止执行或者修改的,报省政府审查。”其中的问题十分明显:(1) 由政府自身来分析审查公众的监督意见或建议,不仅存在“既当运动员又当裁判员”之嫌疑,在科学性、客观性上亦缺乏说服力。(2) 未规定监督权的法律后果及对应的政府义务,包括:对公众提出的监督意见或建议不予采纳的,是否要解释和说明理由? 公众建议被采纳的,政府是否有义务据此对决策作出调整?

2. 实施与评估环节公众参与权的合理配置

(1) 建立公正、科学的审查机制。对于公众提出的监督意见或建议,政府受理后应当委托给专业研究机构进行审查,避免出现政府“自己监督自己”的情况。审查的考量因素应涵盖监督内容的合理性、利益诉求的代表性和急迫性等。该机构就审查结果提出具体建议,政府若无充分理由应当接受。广州《规定》的决策管理章中就设置了这类制度,值得推广。

(2) 建立必要的效力机制和政府义务机制。第一,经评估为合理的监督意见或建议,具有法律约束力,政府必须采纳,并及时停止决策执行或进行修改。第二,对于不合理的监督意见或建议不予采纳的,政府也负有回应义务,应进行解释和说明理由。

第三节　参与式行政法律关系与完善行政执法制度

一、行政执法制度中的公众参与

(一) 行政执法的内涵

行政执法,又称行政执法行为,通常是指具有执法权的行政主体实施法律、法规和规章的活动。有学者曾对人们使用“行政执法”这一概念的三种情形进行过概括:其一是说明现代行政的性质和功能,意指执行法律,依法作出影响行政相对人权利义务的行为,是从属于法律的行政管理活动;其二是为了区别行政的不同内容,在行政法学研究中采用了两分法或三分法,前者将行政执法与行政立法相区别,后者则进一步把行政司法从行政执法中分出来，形成行政立法、行政执法、行政司法三者并列的行政活动类型；其三是将行政执法特定化为具体行政行为，如行政处罚、行政许可、行政强制等。[①] 这说明目前对行政执法的界定尚无统一标准。本书讨论的行政执法，指行政机关除行政立法、行政决策以及监督行政之外，依法对特定对象适用法律并影响其权利义务的所有具体行政行为。

行政执法行为应当具备以下基本要素：(1) 执法主体。行政执法的主体主要包括依照法律、法规规定享有行政执法权的行政机关、事业单位以及公用企业等社会组织。其中公用企业作为行政执法主体最典型的是邮政行业管理部门。如《浙江省邮政专营管理办法》第 15 条规定，邮政行业管理部门的执法人员(以下简称邮政执法人员)有权依法进入邮政企业和其他经营寄递业务、邮资票品的场所，对经营者的经营行为进行执法检查。其他省市的邮政条例中也有关于邮政执法的相关规定。(2) 执法对象。行政执法的对象是行政相对人，包括自然人、法人和其他组织。这与其他行政行为无异，在此不再赘述。(3) 执法主体的意思表示。这是行政执法成立的主观性要件，要求执法主体有凭借执法权力产生、变更或消灭某种行政关系的意图，即追求行政执法效果的实现。(4) 法律效果的存在。法律效果是指执法主体通过意志所设定、变更或消灭某种权利义务关系及所期望取得的法律保护。[②] 只有当执法主体的意思表示通过其客观行为达成了对行政相对人设定、变更或者消灭权利义务关系的效果时，才实现了执法。同时，也只有具备了法律效果，行政执法行为才是法律行为，进而接受法律、法规的价值评判。

(二) 公众参与行政执法的意义

行政执法是实施法律、法规和规章的活动，通过具体的执法行为，可以使法律的文本规范变为人们的现实行为规范，使国家和社会的公共利益得以具体实现，让公民的应然权利义务落实为现实具有的权利义务。在参与式行政中，行政执法不再只是行政执法主体单方的行为，而是在社会公众参与下以提出申辩、阐述利益诉求和建议等方式，与行政主体相互沟通、回应

① 姜明安主编：《行政执法研究》，北京大学出版社 2004 年版，第 6—9 页。

② 姜明安主编：《行政法与行政诉讼法》，北京大学出版社、高等教育出版社 2007 年版，第 227 页。

和协作,使行政主体在考虑社会公众合理意见的基础上作出行政执法。

执法要正确适用法律规范,要通过正当程序形成理性的结果,妥当处理公共利益与公民个体权利的关系,防止行政主体单方面的专横武断。因此,需要公众的参与。具体而言,公众参与行政执法的意义有以下几个方面。

(1) 公众参与利于提高行政执法的合理性。行政执法的法律效果是直接影响相对人的权利义务。作为权利义务受影响的一方,依据自然正义原则,应当有申辩和表达自己意见的权利。执法主体要克服执法的主观性和片面性,还应充分重视相对人的意见,予以合理的回复或采纳,达成相对人的利益诉求与执法主体意志的结合,以形成最佳结果的执法决定。这一过程也就是公众参与行政执法的过程,它能有效地提高行政执法的合理性。

(2) 公众参与能防止行政执法权的异化。公众参与行政执法是对行政主体行使执法权的外部监督和制约。在执法过程中,公众通过行使参与权可以合法有序地抵抗执法权力的错误行使,这在一定程度上就阻止了执法权力的滥用,防止了执法权的异化。

(3) 公众参与有利于提高行政执法的效率。通过公众充分参与后的执法决定,是融合了行政执法主体和相对方意愿,形成共识的执法结果,在很大程度上已化解了矛盾冲突,这就对顺利执行或履行行政执法的决定提供了充分条件,执行时能得到公众的积极协作配合,因而也就减少了行政成本,使行政执法更有效率。

行政执法主要由调查、决定环节和执行环节两个部分构成,其中执法调查、决定是首要也是最实质的环节。因此,也是公众参与的重点环节。目前许多法律、法规都对执法决定过程中的公众参与作了规定,较为完善的制度就是听证制度。这一制度已广泛运用于行政许可、行政处罚、行政强制等行政执法领域。

二、行政执法中公众参与制度的不足及其完善

基于行政执法决定阶段的重要性,它应当是公众参与的重点环节。从严格意义上的参与法律制度而言,行政执法决定阶段目前主要有正式听证和非正式听证两种制度,二者分别运用于不同的执法场合,已涵盖了许多行政执法领域。但其中公众行政参与权运用的范围和效果仍值得反思和

讨论。

（一）正式听证制度中的公众参与

正式听证，也称为狭义听证，是行政机关在作出行政决定前以举行听证会的形式听取行政相对人意见的一种程序制度。[①] 正式听证是所有听证程序中内容最完整、方式最严格、效力最明确的，但这种制度的适用范围却较为有限。在我国，现阶段规定有听证会制度的执法主要有行政处罚、行政强制、行政许可、行政信访、行政合同以及行政指导等。但在上述执法领域，并非所有情形都适用听证会，相关法律法规都对听证会的适用范围作出了限定。如在行政处罚中，适用听证会的只是责令停产停业、吊销许可证或者执照以及较大数额罚款这三类行政处罚。综观我国行政执法听证会制度的立法，存在以下问题需要进一步改进。

（1）听证会适用的范围有限。这种有限性是两个方面的：一是我国并非所有的行政执法都规定了听证会制度。从现有的立法来看，规定有听证会制度的执法主要有行政处罚、行政强制、行政许可、行政信访、行政合同以及行政指导。其他的执法如行政给付、行政奖励等没有明确规定听证会制度。二是在规定了听证会制度的执法领域，也有限定范围过小的情形。除上述行政处罚中对听证会的范围限定外，还有如行政信访领域中《信访条例》第31条对适用听证会事项的限定，即只是“对重大、复杂、疑难的信访事项，可以举行听证”等等。目前对于行政执法听证会的范围，立法上主要是两种确定方式：一种如《行政处罚法》的规定，以肯定式列举来规定范围，范围之内的事项适用听证会，范围之外的则都不适用。另一种如《行政许可法》的规定，作出原则上的概括，在此原则下，由执法主体依其自由裁量权确定适用听证会的事项。如果比较其他国家和地区行政程序中关于听证会适用范围的规定，则可以发现适用听证会的范围更大。如《美国行政程序法》第554条只规定六项排除适用正式听证的情形。台湾“行政程序法”未对适用听证会的范围作出具体的限定，其107条规定行政机关遇有下列各项情形之一者，举行听证会：一是法规明文规定应举行听证者；二是行政机关认为有举行听证之必要者。上述这种规定方式所确定的适用听证会的范围当

① 章剑生：《行政听证制度研究》，浙江大学出版社2010年版，第17页。

然会更为宽泛。

很明显，我国许多立法采用了肯定式列举的方式，这种较封闭的听证会适用范围是不符合日益发展的参与式执法实践的。例如在行政处罚中，虽列举规定了三项可适用听证会的处罚，却将限制人身自由的行政拘留排除在听证会的适用范围之外。行政拘留作为一种限制人身自由的处罚，是一种较重的治安管理处罚，通常在使用警告、罚款处罚不足以惩戒违法者时才适用。[①] 其严厉性是大于罚款处罚的，但较高的罚款可以适用听证会，而行政拘留却排除在听证会适用范围之外，这就是肯定式列举的一大缺陷。此外，还有劳动教养、没收等涉及公民重大人身、财产权益的执法也未规定适用听证会制度。由于听证会适用范围的局限，在很大程度上影响了行政相对人程序进入权的行使，在适用范围之外的事项中，行政相对人实际上是不具有程序进入权的。

（2）听证会笔录的效力未得到统一的确定，影响了行政相对人合理意见获采纳权的享有。听证会笔录是指由听证主持人或记录人代表行政机关在正式听证过程中对听证活动内容所作的客观记载，其效力则是笔录形成后对执法决定产生的约束力。我国在行政执法听证会的现行规定中，对于听证会笔录效力的规定目前主要有以下不同情形：在行政许可和行政信访中，听证会笔录的效力得以明确认定。如《行政许可法》第 48 条规定："行政机关应当根据听证笔录，作出行政许可决定。"《重庆市信访听证暂行办法》第 21 条规定："听证结论意见为本级处理该信访事项的终结意见。必要时，听证结论意见可向社会公示。"而在行政处罚等领域则没有规定听证会笔录的效力，《行政处罚法》就未将听证会笔录作为行政机关作出行政处罚决定的依据；在行政强制拆迁领域，听证会意见和笔录只是作为房屋行政管理部门申请行政强制拆迁的参考，同样没有明确其决定性地位。

听证会笔录是整个听证会的真实记录，也是行政相对人的合理意见获采纳权的主要行使依据。而听证会笔录的效力如何，不仅关系到此次听证会的公正，还关系到合理意见获采纳权是否能得到真正的落实。具体来讲，听证会笔录的效力可以从两方面理解：

---

① 姜明安主编：《行政法与行政诉讼法》，北京大学出版社、高等教育出版社 2007 年版，第 311 页。

从程序意义上看,听证会笔录标志着一个完整的听证会程序的终结。因而,为了从程序上保证听证笔录的真实客观,法律法规中通常规定了听证笔录的内容。在听证会结束后,规定制作的听证会笔录应当交听证参加人确认无误后签字或盖章。如果申请人、利害关系人对听证笔录记载内容有异议的,可以进行修改,但应当告知其他听证参加人,文字错误的除外。在程序设计上,现有的规定旨在保证笔录的真实性、有效性和关联性。

在实体意义上,听证会笔录的效力即是其在形成后所能发挥的作用和约束力。主要应有三项内容:证明力、决定力和约束力。证明力是指经合法有效程序产生的听证会笔录对听证参加人而言具有证明听证相关事项真实准确的效力。这些事项包括听证所涉及的案件的具体情况,执法主体拟制决定的法律法规依据和证据,参与主体提供的证据,以及参与人的陈述和申辩等内容。同时还能证明听证会程序的完整、合法和有效。决定力是指听证会笔录对执法主体的行为具有决定性作用,执法主体作出的执法行为必须依据听证会笔录作出,否则行政决定无效。当然这并非听证会笔录的固有效力,只有在采用案卷排他原则的行政程序制度中,听证会笔录才具有此种效力。在我国,基于法律法规的相关规定,并非所有执法听证会的笔录都具有此效力。约束力是指合法有效的听证会笔录所具有的约束和限制执法主体和参与主体的法律效力。约束力是一种要求遵守的法律效力,虽然并非所有的听证会笔录都具有决定力,但约束力却是普遍具备的。这种约束力表现为两个方面,一是对执法主体作出的行政行为的约束力。另一方面,听证会笔录对司法审查以及行政机关内部审查行为的合法性具有约束力。

因而,听证笔录的效力不仅只体现程序正义,还具有重要的实体决定依据的意义。我国行政执法对听证会笔录的效力规定不一致也不统一,表明在部分行政执法领域仅重视听证笔录的证明力而忽视其决定力和约束力,这造成了行政相对人合理意见获采纳权的先天缺陷。

(3)确定听证会主持人缺乏充分的公正性。听证会主持人是指在行政系统内部负责听证组织工作的调节和控制并具有相对独立性的人员,是听证会中不可或缺的重要参加人,主持人对整个听证会过程具有组织、指挥和协调的重要职能。我国有关法律、法规通常规定,由执法机关的负责人指定本机关内部的非本案调查人员担任主持人,也有规定由本机关法制机构人员或专职法制人员担任主持人的。此外，还规定了回避制度以保证主持人与听证事项无利害关系。但是，大量的听证规则都没有跳出主持人仅来源于本执法机关的局限。当然，听证主持人由行政机关指定的非本案调查人员担任，在一定程度上符合听证的审裁分离原则，将审查案件职能和对案件裁决的职能分别由其内部不同机构或人员来行使[①]，以保障结果的公正性。但这种听证会主持人的确定仍缺乏充分的公正性，因为这只是行政执法机关内部的审裁分离，即在同一行政机关内部由不同的机构或人员分别行使案件调查、审查权和裁决权。这种制度仍不完全符合自然公正原则。由于没有更大范围的主持人遴选规则作支撑，听证主持人仍是执法主体中的一员，与调查人员间存在着一定的职务关系和同事间的亲近关系，他们之间易于形成某种隐秘的利益联系。听证主持人不能独立于行政执法机关之外，这就对听证会的充分公正性带来了挑战，进而最终影响到行政相对人参与权利的公正实现。

（二）非正式听证中的公众参与

非正式听证程序，又称听证的简易程序，是指不采用司法审判式的正式听证程序来听取意见，且不依笔录作为裁决唯一依据的一种程序模式。[②] 在我国，非正式听证程序主要体现为法律法规中明确规定的陈述和申辩制度。非正式听证程序的制度设计，其目的是为受到执法行为影响的公众提供一个陈述和申辩的机会，执法主体在行政执法过程中得到有效的信息输入，提高行政执法行为的合理和有效程度。而之所以不对形式作严格限定，则是出于尽可能地提高执法效率的考虑。在维护公平正义的基础上追求效率，节约时间、人员、财务等方面的成本。简易程序应当遵循便民、灵活和低耗的原则。在便民原则下，执法主体在执法活动中应为公众陈述权和申辩权的实现提供尽可能多的便利条件，以保证其目的的实现。另一方面，公众也可以用相对灵活、成本低廉且有效力保证的方式进行陈述和申辩，表达他们的意见。灵活原则允许执法主体在执法活动中不必拘泥于具体、正式的听证程序，赋予执法主体选择听证方式、决定听证程序、确定听证效率的自由裁量权。实践中，执法主体应当在执法活动中告知公众有陈述和申辩的权

---

① 章剑生：《行政听证制度研究》，浙江大学出版社 2010 年版，第 26 页。

② 同上书，第 19 页。

利。而是否启动陈述和申辩程序的决定权由公众所有。因而,在非正式听证中,执法主体除不能启动程序之外,有权中止和结束程序,有权控制程序的进行方式和步骤,有权决定是否制作听证笔录以及是否吸收公众的意见作为形成行政执法决定的参考。但这种自由裁量权不得与公众参与的价值目标和法律法规的相关规定相背离。低耗原则是指行政机关在非正式听证的正式操作过程中,在保证非正式听证结果合法和有效的前提下,要尽可能将成本降低到最低限度,包括行政主体和公众两方面的成本。

我国行政执法制度中的非正式听证制度已得到广泛运用,但在公众行政参与权的保障方面还存在有以下不足:

(1) 适用范围不明确。在我国,非正式听证的运用主要存在着两种情形,即与正式听证并存运用的非正式听证和单一运用的非正式听证。在前一种情形下,执法中既设定了听证会这种正式参与方式,也辅之有非正式听证,两种共存于行政执法的过程。行政处罚、行政强制和行政许可等就属于此种情况。后一种情况是执法中只有非正式听证,如在征收征用、行政给付以及行政奖励等领域就属于此种情况。

在听证会和非正式听证共存的情况下,立法通常有两种区分运用的规定,一是只规定适用正式听证会的执法事项,而正式听证适用范围之外的则都适用非正式听证,这是较为明确清晰的确定方式。二是对听证会的适用范围作有较强弹性的规定,是适用听证会还是适用非正式听证主要取决于执法主体的自由裁量。但是,自由裁量的判定标准却又很原则和模糊,使得自由裁量很随意。由于听证会和非正式听证的并存,执法主体很容易将本应举行正式听证会的事项变为适用非正式听证,这样是不利于严格保护公众的程序进入权的。

(2) 非正式听证参与主体的限定范围过小。目前对非正式听证参与主体的范围只限定于当事人和利害关系人的范围,未充分吸收当事人和利害关系人以外的公众。非正式听证无需举行正式的听证会,参与主体应无需受到法定听证会参加人范围的限制,但我国立法中非正式听证参与主体与听证会参与主体是完全相同的,并没有扩展范围。即没有规定当事人和利害关系人以外的社会公众的程序进入权。

(3) 非正式听证的效力不明确。在正式听证制度中,有部分行政执法领域要求执法主体应依据听证会笔录作出执法决定。但在非正式听证的相关规定中,却鲜有对非正式听证的效力的明确规定。在具体制度上,执法主体听取公众陈述和申辩之后作出的执法决定,是否要依据公众的意见,多大程度上、以何标准吸收公众意见等,法律、行政法规都缺乏较明确规定。在我国的地方行政立法中,只有《湖南省行政程序规定》有明确规定和具体要求。如第71条规定:"作为行政执法决定依据的证据应当查证属实。当事人有权对作为定案依据的证据发表意见,提出异议。未经当事人发表意见的证据不能作为行政执法决定的依据。"第73条规定:"行政机关在作出行政执法决定之前,应当告知当事人、利害关系人享有陈述意见、申辩的权利,并听取其陈述和申辩。对于当事人、利害关系人的陈述和申辩,行政机关应予以记录并归入案卷。对当事人、利害关系人提出的事实、理由和证据,行政机关应当进行审查,并采纳其合理的意见;不予采纳的,应当说明理由。"

(三)行政执法中公众参与制度的完善

上述行政执法中公众参与制度的一些不足,从根本上讲,所反映的实际上是行政执法中公众参与权配置不够充分,也缺乏行政主体相应义务的有效保障,即是参与式行政法律关系的设计还不够完整。其中,有的属于程序进入权能赋予的还不够全面、广泛,有的属于合理意见获采纳的权能的内容缺失,有的则属于行政参与权在获得公平、公正对待上缺乏科学、合理的设计。为此,需要再从制度上进行完善。就框架性制度而言,我国应加快《行政程序法》的立法进程,以统一的《行政程序法》将行政执法中的公众参与制度作出统一的规定,明确行政相对人在行政执法过程中的基本参与权利和行政主体的基本保障义务。择其要者,需要重点完善以下制度:

(1)确定正式听证制度和非正式听证制度的严格适用范围。凡涉及决定行政相对人的人身权、较大数额的财产权、平等权、劳动权、社会福利权以及其他重要基本权利的事项,都应明确规定适用正式听证制度,赋予行政相对人较充分的参与权来保障这类本体性权利,不能随意以非正式听证制度取代。

(2)扩大行政参与主体的范围。行政执法中的参与主体按照其与听证事项的利益关系紧密程度,可以分为主要参与主体和其他参与主体。主要参与主体是执法行为的当事人或利害关系人,其他参与主体则可以是当事人和利害关系人之外的其他社会公众，如有关专家和其他无利害关系但热心关注该执法问题的公众代表等。在正式听证中，因有依据听证笔录作出执法决定这一客观标准加以约束，作为听证参加人的参与主体在范围上主要可确定为是当事人和利害关系人，但也可以赋予其他参与主体的旁听权利和知情权，以加强社会对行政执法的监督。

而非正式听证制度在程序上比正式听证灵活，应赋予更广范围内的公众参与的权利。首先，非正式听证的参与成本低廉，无需像参加听证会那样正式严格，这解除了参与物质条件上的限制，因而可以吸收更多的公众参与到行政执法活动的过程中，尤其对一些弱势群体而言，他们可以较小的参与成本而实现对行政执法活动的影响。其次，非正式听证由公众启动，启动的方式就是向执法主体陈述意见，启动权是非限制性的权利，任何公众都可以向执法主体陈述意见，或双方进行辩论。应当说，非正式听证是更具开放性的参与制度。再次，非正式听证在效力上与正式的听证会比相对较弱，正因为如此，才要更为公开，在更广的范围上听取公众意见，集中民意、民智以防止行政执法决定的失误。基于此，在非正式听证中，参与主体的范围可以超出当事人或利害关系人的严格限制，在条件允许的情况下，除了充分听取当事人或利害关系人的陈述、申辩外，还应尽可能广泛地听取其他社会公众的意见和建议，并综合这些意见、建议后作出判断决定。

以上属于从参与事项、参与主体范围两个维度上拓展和完善公众在行政执法中的程序进入权。

(3) 完善两种听证制度中的法律效力制度，确保行政相对人的合理意见获采纳权真正得到实现。对于正式听证而言，完整的程序主要包括通知、听证会以及形成决定，其中在前两个程序中，目前有关法律和地方性法规对行政相对人参与的程序进入权、政务主张权都已有规定，但在其合理意见获采纳权——即听证笔录的效力问题上，还不统一。我国在十多年来制定的法律、法规中，大都明确了执法主体在听证之后应当依据听证笔录作出执法决定。听证笔录的案卷排他性原则日益被重视，但仍有一些没有明确听证笔录的决定性效力，因而还需要全面、明确地加以规定，以充分配置行政相对人合理意见获采纳权和行政主体的保障义务。就非正式听证而言，虽然无需像正式听证那样的严格要求依照听证笔录作出决定，但仍然要受到行政相对人合理、合法、合情的意见的拘束，对事实、理由和证据成立的，应当采纳并据此作出行政执法决定。

（4）完善听证主持人的遴选、基本职权和职责以及违法责任追究制度。这是行政执法中行政相对人参与权利得到公正实现的外部保障，是行政执法公众参与的制度理性之体现。具体而言，主持人的遴选要保障其科学性、独立性和公平性，要赋予行政相对人和其他社会公众的参与权，不能仅仅由执法机关指定，而应当改进为经执法机关提出多个人选后，由行政相对人选择决定，或者双方共同协商后确定。在人选条件上，应遵循职能分离原则，从执法机关中非本案调查人员的专职法制人员、或执法机关之外的法律工作者中产生。在主持人的职权和职责上需要作出明确的法律规定，包括：决定举行听证的时间、地点和方式；决定中止、终止或者延期听证；决定听证员、书记员是否回避；决定是否需要证人当场作证；负责将听证通知按时送达听证参加人；对将要作出的行政处罚决定的事实、理由和依据进行询问；要求有关听证参加人提供或者补充证据；制止违反听证纪律的行为，维持听证场所秩序；审阅听证笔录，提出审核意见和处理建议等职权职责。[1] 同时还应当全面规定主持人在听证主持中的违法责任承担问题。

第四节　参与式行政法律关系与完善监督行政制度

一、监督行政制度中的公众参与

（一）监督行政的内涵

监督行政，又称行政法制监督，是指国家权力机关、国家司法机关、专门行政监督机关、上级行政机关及国家机关系统外的个人、组织依法对行政主体及国家公务员、其他行政执法组织和执法人员行使行政职权行为和遵纪守法行为的监督。[2] 从本质上讲，监督行政的目的是通过制约行政权力达致

① 见《四川省行政处罚听证程序暂行规定》第9条，《浙江省行政处罚听证程序实施办法》第8条。

② 参见姜明安主编：《行政法与行政诉讼法》，北京大学出版社、高等教育出版社2007年版，第169页。

依法行政的行政法治状态的。

在监督行政法律关系的构造中:(1) 监督行政的主体是国家权力机关、司法机关、专门行政监督机关、上级行政机关以及国家机关系统外部的行政相对人。(2) 监督行政的对象是行政主体及其国家公务员、其他行政执法组织和执法人员。但这里要指出的是,虽然国家公务员在行政管理法律关系中只是行政主体的代表,在行政管理中代表行政主体行使行政职权。但在监督行政法律关系中,国家公务员却可以和行政主体并列而成为独立的监督对象,而且是最主要的监督对象。(3) 监督行政的主要内容是行使行政职权的行为和国家公务员的遵纪守法情况。对行政主体依法行使职权行为的监督主要是行政行为合法性的监督,合理性监督和效率监督不是监督行政的主要任务。对国家公务员的监督包括“纪”和“法”两个方面,在现代社会,公务员的“纪”通常也都是由《公务员法》加以明确规定的。[①] 因此,对公务员的监督本质上仍然是对其守法的监督;整个监督行政则可以归结为对行政主体及国家公务员依法、守法的监督。

(二) 现有监督行政制度的分类及其内容

1. 国家权力机关的监督

国家权力机关对行政的监督主要有如下方式:(1) 全国人大常委会对行政立法的监督,包括对行政法规备案、裁决法律冲突、审查和撤销同宪法和法律相抵触的行政法规等。[②] (2) 省、自治区、直辖市人大常委会对地方政府规章的监督,主要通过备案、审查和撤销其认为不适当的规章的方式来实施监督。(3) 其他地方人大常委会对相应地方人民政府规范性文件的监督。如有地方人民政府规范性文件同有关法律、法规相抵触的,可以撤销。(4) 国家权力机关对各级人民政府组成人员的监督。国家权力机关发现政府组成人员有渎职、失职行为的,可以通过法定程序罢免之。[③]

2. 国家司法机关的监督

这主要是指人民法院的审判监督和人民检察院的法律监督。

(1) 人民法院的监督主要是通过受理行政诉讼对具体行政行为的合法

---

① 同上书,第 170 页。
② 见《立法法》第 86、89 条。
③ 见《宪法》第 63、101、104 条和《地方政府组织法》第 10、44 条。

性进行审查，撤销违法的具体行政行为、变更显失公正的行政处罚行为，以实现其监督职能。此外，人民法院还可以通过司法建议的方式，建议行政机关纠正不属于人民法院撤销范围的违法行政行为和建议处分在违法行政行为中负有责任的国家公务员。

（2）人民检察院的监督主要限于对严重违法乱纪，可能构成犯罪的国家公务员的监督，方式是对涉嫌职务犯罪的公务员进行审查和提起公诉，要求法院追究其刑事责任。

3．专门行政监督机关的监督

专门行政监督主要是指行政监察机关和国家审计机关的监督。

（1）行政监察机关作为监督行政主体，主要是对公务员的遵守法律和遵守党纪政规的情况实施监督。它通过职权性调查和接受相对人的申诉、控告、检举发现国家公务员的违法乱纪行为，并通过直接行政或党纪处分、建议主管行政机关进行处分的方式对国家公务员实施监督。

（2）审计机关的监督主要是针对国务院各部门和地方各级政府及其职能部门的财政收支行为进行的监督。审计机关通过审计，发现监督对象违法或违反国家有关规定的财政收支行为，依法处理、处罚或提请有权机关处理，以保证财政领域的行政法治。

4．上级行政机关的监督

这属于上下级的层级监督，包括行政复议制度和行政信访制度两种类型。主要是相对人通过向上级行政机关或专门的复议、信访机构提起复议和信访，有权机关通过书面审理和内部调查的方式进行裁决，然后据此作出处理意见，包括维持、改变、撤销、内部建议或命令、申戒、给予行政处分或追究政治责任等。

5．外部行政相对人的监督

在现行制度下，个人、组织等外部行政相对人作为监督行政主体，不能直接对监督对象采取具有法律效力的监督措施或监督行为，而只能通过向有权机关提出批评、建议、申诉、控告、检举、复议、信访、行政诉讼或通过媒体舆论工具对违法行政行为予以揭露、曝光等方式，为有权机关的监督提供信息，作为其启动具有法律效力的监督措施的机制。

（三）公众参与监督行政的意义

就目前几种主要的监督行政类型来看，均存在一定缺陷。（1）权力监督不具有经常性,至今没有哪一级人大撤销过同宪法和法律相抵触的法律、法规、规章、其他规范性文件或在未经同级或上级党组织授意的情况下罢免过任何政府组成人员;且在实践中,很多人大常委是政府退休官员,往往站在政府的立场上考虑问题。这都使得人大这块“橡皮图章”的作用在实践中大打折扣。(2)层级监督也存在不少问题,首先是上级对下级的监督很难落实,至少存在包庇的嫌疑;其次行政诉讼法关于确定被告的规定导致“维持就不用做被告”①,上级机关在行政复议中往往选择维持原行政决定;再次,目前的信访工作中“截访、堵访、劝返”问题严重②,使得信访这条“特别通道”也荆棘丛生。可见层级监督的作用也是十分有限的。(3)专门机关的监督其启动程序较为繁琐,加之监察和审计系统均实行双重领导体制,监督工作多受地方掣肘且存在执法动力不足的问题。(4)司法监督虽然相对而言更具经常性和刚性,但“既无财权又无利剑”(汉米尔顿语)的法院很难真正独立于行政,且由于不告不理的原则,司法审查在很大程度上是被动的。

监督权虽然不是行政参与权的权能,但属于公众在参与式行政过程中经常行使的一项权利,公众运用监督权参与监督行政活动,可以有效弥补以上传统监督行政机制的不足,使参与式行政法律关系的“疆域”进一步拓展到监督行政法律关系中去。首先,公众参与监督行政具有经常性和开放性,可以弥补权力监督在监督密度和监督广度上的不足。其次,公众是行政行为的直接关系者,公众最有动力监督违法行政行为,因而可以主动提供信息,启动监察和审计程序。再次,公众参与监督行政具有主动性,可以督促行政监督机关和司法机关更好地履行监察、审计、复议、公诉、审判等监督职

---

① 《行政诉讼法》第25条规定,“经复议的案件,复议机关决定维持原具体行政行为的,作出原具体行政行为的行政机关是被告;复议机关改变原具体行政行为的,复议机关是被告”。

② 《瞭望》曾发文狠批“黑监狱”,引述了一份权威的调查报告:相关省市在京设立临时劝返场所73处,其中地(市)级设立的分流场所57处,占78%。其中46处为非经营性场所,例如农民的出租屋等;27处为经营的宾馆、旅店、招待所。“十七大”期间,为了保证所谓“零进京”,2007年9月28日—10月25日期间,河北省某个上访问题并不严重的县,组建了驻京工作组进行截访和劝返,人员包括主管信访工作的县委副书记、县政法委书记,信访局、法院、检察院、公安局等部门的主要领导和工作人员共25人。这个县4个有上访人员的乡镇,还分别派出2至3人到北京值班,全县到京截访的人达36人。http://news.ifeng.com/opinion/meiti/ph/200807/0728_1901_679010.shtml,2011年3月25日访问。

责。最后,公众参与监督行政还可以对行政主体保障行政参与权的各项主要权能发挥形成外部压力,促进参与式行政法律关系的落实。

二、监督行政制度中公众参与权的不足及其完善

(一) 监督行政制度中公众参与权的不足

(1) 从监督行政制度的宏观安排上看,目前我国的监督行政本质上仍是一种"权力制约权力"模式:主要是通过权力机关监督、司法机关监督、专门机关监督和层级监督来完成,行政相对人的监督只是作为信息来源渠道和启动机制。前面四类主体的监督权具有刚性法律效力,而相对人的监督权则属于间接的监督,不直接产生法律效力。换言之,在目前的监督行政制度中,起主导作用的是立法权、司法权和行政权等国家权力,而相对人的行政参与权(以监督权的权能形式表现)则处于辅助地位,甚至被虚置。监督行政主要是通过立法权、司法权和行政监察权来制约行政权力,而相对人的行政参与权则不是制约行政权力的有效力量。在行政法的发展历程中,权力制约权力的模式一直发挥着重要作用,即事前通过立法权的运用配置行政权力运用并预先设定其运行规范,事后再由专门司法机关和行政监察机关运用司法权和行政检察权对违法行政行为进行补救和问责。然而,随着参与式行政实践的丰富和发展,这种模式也越来越显得捉襟见肘:

"权力制约权力"模式只能从行政活动外部,事前和事后发挥作用。然而,有行政活动可依之"良法"不等于行政管理必依其法;有事后对行政违反行为的纠正和追惩制度也不等于行政违法行为及其侵害后果在事中不会发生,甚至有些后果是无法弥补的。为此,从根源上考虑,监督行政的最佳状态是依法行政,即从行政过程上保证行政机关的活动是依法进行的,尽可能避免和减少违法行政行为的发生。显然,"权力制约权力"模式尚不足以实现这一点,其原因在于立法权、司法权、监察权都是从行政权力运行的外部发挥监督作用,不能深入行政活动的具体过程。事实上,贯穿于行政活动过程的主要是两类主体:行政主体和行政相对人。其中行政主体对于实现依法行政的重要作用自不待言,但仅靠行政主体的自制绝难从根本上保证依法行政。行政相对人作为管理对象的同时,也直接深入了行政活动的具体过程,可以作为一支重要的监督力量以其监督权为"武器"从事中督促行政

机关依法行政。对此，中外学者通过对权力运作的精细分析，早已认识到权力制约模式的局限性，主张利用多种因素、从多角度来制约权力。托克维尔在《论美国的民主》一书中就曾论道，美国之所以能持久地保持民主，除了三权分立的权力制约外，公民权利是起了很大作用的①。美国著名政治学家罗伯特·达尔也认为，民主政治的最核心因素不是权力对权力的制约，而是权力的社会制约，即政党、舆论、社会团体、企业、公民个人等因素对权力的制约。这些因素中，发挥关键作用的是社会团体、企业和公民个人。② 我国学者郭道晖教授也曾提出过著名的“以权利制约权力”的理论，他指出：“（一）广泛分配权力——扩大权利的广度，以抗衡权力的强度（二）集体行使权利——把分散行使的公民权利，集中为人民的权利（三）优化权利结构——建立与健全同权力结构相平衡的权利体系（四）强化权利救济——发挥抵抗权与监督权的作用（五）提高全民权利意识——释放权利的‘动能’，以抗衡权力的‘势能’（六）掌握制衡的度——以不妨碍合法权力正当行使为度”。③ 这些理论无疑都有一个共同的指向——公众权利是督促行政机关依法行政的重要力量，有利于克服和弥补权力制约模式的局限。但目前“权力制约权力”模式主导的监督行政制度忽视了这支重要力量。

（2）从监督行政制度的微观运行来看，目前公众监督权的内容主要表现为控告和检举，法定方式和途径包括对行政机关及其公务员提出批评、建议、申诉、控告、检举或者借助媒体舆论的影响力予以披露等等。在传媒高度发达的当代社会，控告和检举的确对制约行政权起到了一定效果。但如果仅仅依靠这些内容，则公众监督权的行使只停留在对行政活动的外部和表面，不能真正深入到行政管理的内部运行过程中去。从法律制度的角度看，目前监督权的不足主要有如下几个方面：

其一，不符合公众监督权的运行逻辑：

首先，公众作为行政法律关系的一方主体——行政相对人，行政法律关系的产生、变更和消灭都是在行政相对人和行政主体之间直接进行的，行政

① 参见〔法〕托克维尔：《论美国的民主》，董果良译，商务印书馆 1997 年版，第 360 页。

② 顾昕：《以社会制约权力——托克维尔、达尔的理论与公民社会》，载《公共论丛》1995 年第一卷，第 148—167 页。

③ 郭道晖：《法的时代精神》，湖南人民出版社 1997 年版，第 295—299 页。

相对人和行政主体之间的权力(权利)义务关系贯穿行政法律关系的始终。因此公众最了解行政法律关系内部各方主体的权力行使、义务履行和权利保障情况,也最适合从行政活动的内部过程中监督行政权力的运用。而目前制度中公众行使监督权主要通过批评、建议、申诉、控告、检举等方式行使,这无异于把公众的监督权阻隔在行政活动外部,若如此,则其他监督主体就更加不可能深入行政活动内部实施监督了。

其次,行政相对人是依法行政的最大受益者,同时也是行政违法的最大受害者,监督行政与相对人的利益密切相关。如果不保证相对人在行政活动内部过程中的监督权,则不符合其利益诉求——维护相对人利益的最佳状态是尽量不受到违法行政行为的侵害。倘若都等到违法结果行政行为发生后再实施监督,则可能导致"迟到的正义非正义",甚至造成难以弥补的后果。因此,从利益角度看,行政相对人是最有动力行使监督权来促进依法行政的主体。监督行政制度应当充分利用相对人的这种动力保证其行政活动过程中的监督权。

再次,对违法行政行为的责任追究通常发生在行政主体内部,例如行政监察、层级监督等,具有很大的封闭性,如果不让行政相对人参与这个过程,不仅相对人会对问责结果产生质疑,而且问责过程也可能由于缺乏透明性而导致内部的袒护和包庇,致使责任追究落不到实处。

其二,监督权的法制化程度较低。目前公众的控告和检举权主要是由《行政监察法》和《行政监察法实施条例》规定的。前者第 6 条规定"监察工作应当依靠群众。监察机关建立举报制度,公民对于任何国家行政机关、国家公务员和国家行政机关任命的其他人员的违法失职行为,有权向监察机关提出控告或者检举",但目前立法中没有专门规定正式的举报法律制度,举报的受理主体、受理程序、奖励标准等缺乏法律依据。后者第 3 条规定"监察机关建立举报保密制度,对举报人的有关情况予以保密,严禁泄露举报人身份或者将举报材料、举报人情况透露给被举报单位、被举报人。监察机关对控告、检举重大违法违纪行为的有功人员可以给予奖励。奖励的条件、标准,由监察机关会同同级人民政府财政部门制定"。但《行政监察法》的"法律责任"一章中没有规定泄露举报信息的相关法律责任,其他相关立法中也缺乏专门的保密法律制度。可见在目前的监督行政制度中,公众的控告和检举权基本上处于无法可循、缺乏保障的状态，法制化程度很低。这在实践中产生了一系列不良后果，导致监督权的行使出现许多混乱的、非法制的现象，例如目前监督行政中出现的“情妇反腐”、“越级信访”、“网上举报”等社会现象都是法制化欠缺的表现。

其三，监督权缺乏必要的法律效力。这主要表现在两个方面：

一是缺乏对行政主体本身的法律效力。目前公众的监督权主要是对违法行政控告和检举权，但这类监督权只能借助其他监督机关的权力对行政主体发生强制执行力，对于行政主体本身则没有任何直接法律效力。这使得公众的监督权不能从行政活动的过程中阻止违法行政行为的发生。

二是缺乏对其他监督行政主体的法律效力。《行政监察法》第 6 条规定了公众有控告和检举权，《行政监察法》及其实施细则中泛泛规定了监察机关对此负有建立举报制度和保密的义务制度的义务，但却没有规定该权利对监督行政主体的法律效力：如监督主体对控告检举的合理回应义务、启动监督行政程序的义务、告知控告坚决人调查及处理结果的义务等。

（二）监督行政制度中公众参与权的配置与完善

1. 公众的抵抗权：公众对违法行政行为的刚性监督

虽然我国的依法行政和法治政府建设水平正在不断提高，但由于官僚主义思想根深蒂固、监督体系不完善等原因，各种行政违法现象屡有发生，严重侵害了公众的合法权益。因此，为了使公众能够直接从事前和事中监督行政管理中的违法行政行为，让行政相对人享有抵抗权很有必要。目前立法中关于行政相对人抵抗权的规定只针对行政行为程序的严重违法，而未扩展到行政主体权限、行为内容的严重违法；程序违法也仅仅限于行政处罚中“不出具省级财政部门统一制发的罚款收据”这一相当具体的情形。可见，我国对行政相对人形式抵抗权的法律规定是相当有限的，不利于抵抗权的行使和保障。考虑到违法行政行为对相对人权益的巨大侵害，以及我国行政执法法制化水平较低的现状，应扩大行政相对人行使抵抗权的范围，保证相对人对严重违法行政行为的刚性监督权。但考虑到公共利益和政令畅通的需要，抵抗权的范围也不宜过宽。因此我们认为抵抗权应限于严重违法行政行为，重点就在于对“严重违法行政行为”的解释和界定。

由于我国不是判例法国家，不宜采取日本等国以判例界定无效行政行为的做法，但其判例中采用的“重大且明显的瑕疵”标准可供参考。德国则是通过立法来界定和列举无效行政行为，这种做法更适合我国借鉴。[①] 效仿德国的做法，我国可以通过专门的行政程序法或者其他单行法律，在相关的程序制度中规定行政相对人的抵抗权制度。在立法技术上，可先以概括方式界定“严重违法行政行为”的内涵和构成，再具体列举几类严重违法行政行为。其好处有二：首先，概括性规定有利于从总体上把握严重违法行政行为的法律概念，且当社会条件变迁时，通过法律解释或能动司法等方式，可以容纳更多的行为种类，发展抵抗权的权利范围；其次，列举性规定增强了法律的参照性和适用性，便于抵抗权的具体操作。

关于概括式规定，可以表述为：“根据一般常识，对于严重违法的行政行为或无效行政行为，行政相对人可以行使抵抗权。严重违法的行政行为是指根据一般法律常识即可判断出的具有重大而明显瑕疵的行政行为。”

关于列举性规定，可以表述为：“在以下几种情况下，行政相对人可以直接行使抵抗权：行政机关不表明身份或不说明理由的；明显越权的；违反直接针对相对人的法定行政程序的；对相对人实施人身伤害和人格侮辱的；行政行为的内容不可能或将导致犯罪的。”

2. 公众的参与管理权：让公众参与对行政公务员的管理

公务员在行政管理活动中的法律身份是行政机关的代表，揭开“行政主体”的面纱，公务员才是行政权力的实际运用者，行政主体对权力的运用最终都可以归结为公务员对行政权力的运用。而且，任何一个行政违法行为的发生，都可以最终追寻到个体公务员的错误和责任。因此，行政主体是否能依法行政，关键在于对公务员的管理。

然而，目前对公务员的内部管理制度存在很大的封闭性：

第一，在内部的人事管理中，对公务员的绩效评估、奖惩、对行政赔偿的追偿等处理决定都是在行政主体内部进行的，行政主体是否处理、处理是否公正恰当，处理结果是否令公众满意等，公众都无从得知，也缺少监督的渠道。对此公众几乎没有任何实质性的参与权。

---

① 参见方世荣、戚建刚：《权力制约机制及其法制化研究》，中国财政经济出版社 2001 年版，第 255 页。

第二,在内部的行政问责中,由于责任追究过程缺乏透明性和公开性,出于情谊、关系、部门声誉、部门利益等动因,行政主体拥有充分的操作空间包庇公务员的违法行为,怠于追究或放弃追究其违法责任。这既不利于维护政府的形象和公信力,也不能及时纠正公务员的违法违纪行为,甚至导致重复违法或犯罪等后果。

由于这种封闭性,单靠行政主体的内部自制很难有效地对公务员进行管理,因此有必要借助社会公众的力量,让他们参与对公务员的管理,形成内部和外部相互配合的管理机制。根据管理的不同性质和阶段,可以考虑建立以下法律制度,赋予公众对公务员的各种管理权:

(1) 对公务员的评定权。公众对行政公务人员的评定,是指广大行政相对人常规性、普遍性地对公务人员的日常工作进行具有一定决定力的评定。但这里所说的评定并非选任公务人员,而是对行政公务人员工作的一种社会性民主评定。评定结果与公务人员个人利益密切相关。但这种评定权又不同于一般的表达权,它来自法定的特别规定或授权,具有一定的直接法律效力,行政主体不能自主决定接受或不接受。这种评定可以是对公务人员有利的评定,也可以是对公务人员不利的评定,评定结果与公务人员的工资、奖金、升迁等挂钩。

对于公众的直接评选权,我国的行政管理实践中已经有了一些很好的尝试。这里可以举出一例:

河北省沧州市公安局制定了全市派出所为民服务“四满意标准”,即:社会安全感满意、便民利民满意、接警处警满意、民警形象满意。实施近一年后,组织 20 万群众大规模评议派出所及其民警,参加评议者包括 5714 名人大代表、4309 名政协委员、1 万多名党政干部、8438 名行业单位负责人、7291 名暂住人员、16 万居民群众。评议方法是:委托当地乡镇(办事处)党委、政府和人大组织社会各界进行问卷评议,从社会安全感、便民利民、接警处警、民警形象 4 个方面,分满意、基本满意、不满意 3 个档次进行问卷调查。评议结果是,评出了 20 个市级优秀派出所、50 个优秀责任区民警,由市公安局分别给予一定的物质奖励,记功;评出了 5 个最差派出所、10 个最差责任区民警,由市公安局分别给予通报、黄牌警告、离岗培训、调离等处理。[1]

暂不论这类评议活动的组织是否已经非常科学、结果是否能完全反映真实情况,这种方法已对公务员管理制度的改革作出了重要提示:公众有一定途径和方法参与对行政公务人员的管理,而且可以有一定的评议决定权。

(2) 对公务员的职权性监督权。公众对公务人员的职权性监督,是指行政主体特邀社会公众的有关代表并赋予特定的监督权,随机性、广泛性地对公务员的违法行为实施具有一定约束力的检查监督。这种监督已明显不同于一般的批评和控告,它具有一定的职权性,这种职权来自行政主体的承诺或特定法律规范的授予。实质上将行政主体将自身对公务人员的内部监督检查权与相对人来分享,直接对违法违纪行为进行监督。

特邀行政相对人实施这种职权性监督,是我国行政机关在监督行政实践中的一个创造。它把对公务人员的部分监督权力交给社会公众,和公众协作配合实施监督。目前,我国已有公安机关采取了从群众中聘请特邀监督员的制度。1998 年 7 月 22 日,公安部发布了《公安部聘请特邀监督员办法》,并公布了一批特邀监督员名单。该办法全文共 11 条,规定了特邀监督员的职权及其活动方式。包括:根据工作需要了解公安工作及其队伍建设的有关情况;可以向公安机关及民警了解群众检举、控告、建议、意见等的办理情况;特邀监督员实施现场监督时出示证件,有权要求公安机关和民警予以协助,答复质询的问题,对各级公安机关民警遵纪守法实施检查;转递群众反映他们违法、违纪情况的检举、控告,反映人民群众的建议、意见和要求;与公安机关进行经常性的联系与参加公安机关的有关会议,定期或不定期召开座谈会,通报情况,等等。凡对特邀监督员实施监督予以阻挠、打击报复的,则要依照法律、纪律予以处分。[2] 许多地方公安机关也已开始实施这种制度。如武汉市公安局于 1999 年 2 月,就聘请了一批特邀执法监督员,并向社会公布特邀监督员名单。让他们明察暗访,了解并监督公安干警的执法情况。[3]

---

① 见杨志通、赵宗厚、张长军:《满意不满意群众来评说》,载《法制日报》1998 年 12 月 24 日。

② 参见公安部法制局编:《公安机关执法需知》,警官教育出版社 1998 年版,第 150—154 页。

③ 见《武汉市公安局特邀执行监督员明察暗访》,载《长江日报》1999 年 2 月 4 日。

(3) 对公务员违法行为的责任追究权。在现行监督制度的框架内,公务员违法或不当行使行政权对相对人造成侵害后,相对人可以通过行政复议、行政诉讼、向权力机关和行政监察机关提出检举控告等方式纠正违法行政行为,追究公务人员的法律责任。就通常结果而言,行政主体的违法或不当行政行为将被撤销或变更,行政相对人所受的损害能得到行政赔偿。但是,行政主体内部对负有个人责任的公务人员是否追究法律责任、如何追究法律责任等,受侵害的相对人却没有任何发言权,甚至也是没有知情权的。可见,行政主体内部对公务人员法律责任的追求基本上是处于一种全封闭的状态。这种状态非常不利于依法行政的实现:首先是不利于落实责任,及时纠正公务员的错误;其次是不利于相对人对行政主体产生信任感。基于此,应当允许具有利害关系的行政相对人参与对公务人员责任追究,赋予其一定的责任追究权。当然,享有责任追究权并不是指由相对人代替行政主体来作出处理决定,而是让相对人参与进来,监督内部责任追究是否进行,监督内部责任追究是否公正、合理。形式责任追求权的方式包括:

第一,行政主体对公务人员违法问题的调查工作,应当及时向行政相对人通报,以防范不负责任、久拖不决、不了了之等行政不作为现象发生。

第二,行政主体对公务人员违法情况的调查结论和拟处理意见,应当告知行政相对人,并说明理由,征求其意见和看法,必要时须进行调整和修改,以保证处理结果的公正性。

第三,对于最后形成的处理决定,应通知行政相对人,并向全社会公开。

3. 公众的行政监察权:建立人民监察专员制度

根据《行政监察法》,公众在行政监察中享有控告和检举权,但其行使的渠道和方式过于单一,且缺乏必要的法律效力,这可能导致控告和检举权在实际运行中难以发挥实质性的监督作用:首先,检举控告仅限于向监察机关提出,其行使渠道和途径过于单一,监督效果不理想。其次,在政府信息公开水平不尽人意的现实条件下[①],公众获得一般的政务信息尚且不易,又岂

---

① 中国社会科学院吕滟滨研究员所撰写的《中国政府透明度年度报告(2010)》指出:公民申请政府信息公开的难度与阻力依然很大,而且申请信息公开的成本增加问题很突出。报告显示:“信息公开目录”考核5家得零分,并指出“及时回复不到三分之一、回复内容空洞答非所问、牵强附加各种条件限制、设置技术障碍增加难度、申请成本加大问题突出、说明申请用途几成常态”等问题。载李林主编:《中国法治发展报告 No.9(2010)》,社会科学文献出版社2011年版。

能轻易知悉行政违法违纪的相关线索并控告、检举？再次，由于普通公众具有高度的分散性，这种泛泛的控告检举的方式很难形成稳定性、经常性的监督，对行政机关及其公务员的威慑力不够。为了在行政监察中贯彻依靠人民群众的法律原则，保障公众的监督权，我们认为可以适当借鉴英国这方面的行政监察专员制度。

英国的行政监察制度中最能体现公众参与权的当属行政监察专员制度。该制度始于1967年的颁布的《议会行政专员法》。行政监察专员不隶属行政机关，但有权对其行为进行监督。在监督行政机关依法行政方面，专员既不同于行政机关内部采取的行政复议制度，也不同于由司法机关施行的司法审查制度，更不是议会本身对行政机关所进行的监督，它是一种由议会产生的，并独立开展活动、独特的行政监督制度：行政监察专员的监察对象包括国防部、内政部、贸易和工业部、交通部等100个政府部门和公共事务部门及其部门的所有大臣和政府官员。为了保证专员排除干扰，独立地开展工作，法律在免职方面作出了严格规定，与高等法院法官和总审计长相同，其任免由议会两院提出建议，女王签署。任何个人或团体受到行政机关实施的或别人代他实施的行政行为侵害时，都可以向行政专员提出申诉，并要求补偿。申诉不需要任何费用，也不必请律师。对于被申诉行为，专员有权采取自己认为适当的各种调查方式，在收集证据方面，专员拥有高等法院法官的特权，能够要求任何人提供证据，如有人以阻挠、拒绝、伪证、疏漏等行为妨碍调查，专员可以向高等法院出示证明，法庭查实后将处以蔑视法庭罪的制裁。当专员发现违法或不良行政行为时，他不能命令有关部门停止、延缓或加快其活动，不能强迫改变任何决定，给予任何经济补偿，以及采取其他强制措施，但可以就调查结果向议员、有关的部门负责人及其工作人员提出书面报告，必要时，专员可就该申诉案件的前因后果和补救的建议向议会两院提供一个特别的报告。专员通常是先建议行政机关在法律规定以外补偿申诉人的损失，或者修正已作出的行政行为。在某些部门对建议置之不理或故意拖延不办的情况下，专员或是借助议会中的专门委员会和有关议员向行政机关施加影响；或是将调查报告公开发表，寻求社会、舆论的支持；或是将调查报告提交行政监察委员会。虽然专员在处理申诉案件时只能提出不具有法律约束力的建议，但这种监督形式能比较好地为行政机关所接受,达到了维护法治原则及保障公民权利的目的。①

归结起来,英国行政监察专员制度的特点在于:一是任职有保障,独立性强,可以经常性的进行专业性监督;二是监督方式灵活,兼有正式与非正式等多种方式。例如向行政机关提出建议、舆论曝光、向议会提出调查报告等;三是享有充分的调查权,信息来源有保障。这些正是我国目前的“控告检举”制度所缺乏和亟待完善的。

当然,由于政治制度和法律体系的巨大差异,我们不可能照搬英国的做法。且由于我们欲建立的是行政监察中的公众参与制度而非专门机关的行政监察,故二者在制度设计上必然存在一定的差异。但我们可以借鉴英国行政专员制度的优点,建立适合我国监督行政体制的人民监察专员制度:

根据法律规定和群众推举,行政监察机关可以指定相关的法律专家和公众代表担任行政监察专员。人民监察专员独立于行政机关和司法机关,只对同级人大负责。人民监察专员可受理社会公众的检举和控告,享有调查权和建议权。调查权是指,专员可以根据公众的检举和控告进行调查、取证,行政机关必须配合;建议权是指,经调查、取证认定相关行政行为违法的,专员应当先向作出机关提出纠正建议,建议对行政机关没有法律约束力;行政机关不接受建议的,专员可将调查结果提交给行政监察部门或其上级主管机关;还可以借助媒体将调查结果公开发表。必要时,可以将调查结果和建议以书面形式提交给人大常委会处理。

人民监察专员制度的优点在于:第一,人民监察专员在身份上仍属于普通公众而非公务员,较容易获得公众信任。第二,人民监察专员具有一定的调查权和建议权,行政机关及其工作人员处于一种随时被监督的状态,这就对其形成潜在的威慑,督促其转变作风,自觉依法行政。第三,人民监察专员可采取多种正式和非正式的监督方式,具有很大的灵活性;且事先提出修正建议的柔性监督方式对行政机关负面影响较小,容易得到行政机关的接受和配合。

4. 公众的司法参与权:通过司法参与的间接监督

为了使“权利制约模式”和“权力制约模式”顺畅的衔接,有必要赋予和

① 参见杨曙光:《行政专员——人民的“钦差大臣”》,载《中国改革》2007 年第 11 期。

完善公众的司法参与权，督促和协助司法机关积极履行监督职责。目前，公众的司法参与权主要体现在人民陪审员制度和人民监督员制度中。以下分述。

（1）人民陪审员制度在行政诉讼中的完善与运用。

2005 年的《全国人民代表大会常务委员会关于完善人民陪审员制度的决定》（以下简称《决定》）规定了人民陪审员制度，对人民陪审员的选任条件、选任程序、任期、参与庭审的方式及职务免除等都作了明确的规定。在司法监督中，该制度主要表现为授权基层法院选择人民陪审员进入合议庭参与案件审理。

但目前的人民陪审员制度尚存在一些缺陷，需要进一步完善：

第一，《决定》没有明确规定法官应告知当事人有权申请人民陪审员参审，在没有律师的情况下，很多原告并不知道可以提出这种申请，也不清楚申请的程序，加之法官在行政审判中也可能由于怕惹麻烦、不信任来自基层的人民陪审员的法律素质等原因不主动告知，这不利于发挥人民陪审员的作用。对此可规定，在行政诉讼中法官应当依职权主动提示原告可以以及如何申请人民陪审员参审。

第二，关于人民陪审员的权利范围。《决定》第 2 条规定人民法院审判下列第一审案件，由人民陪审员和法官组成合议庭进行，但又特别规定"社会影响较大的刑事、民事、行政案件"不接受人民陪审员组成合议庭。问题在于，什么是"社会影响较大的行政案件"、谁有权解释。从字面上看，《决定》是十分抽象和模糊的，在实践中可能成为行政机关和法院拒绝人民陪审员参加行政审判的借口，反而为人民陪审员参加行政诉讼增设了障碍。这就间接削弱了人民陪审员的权利范围。对此我们建议，只要是法院已经受理的行政诉讼案件，人民陪审员均有权参与审理。

第三，关于人民陪审员权利的权利效果。《决定》中把人民陪审员的参审权限于一审程序，这对于行政诉讼的实际情况来说是不合理的，使得人民陪审员的司法参与权的很难在最终判决中产生效果。我国行政诉讼案件的上诉率很高，根据有关统计，行政诉讼的上诉率在 2006 年就达到了

30.46%，在三类诉讼中居首位。[①] 若将人民陪审员制度限定在一审，由于二审合议庭没有人民陪审员参加，一审判决可能被轻易推翻，加之行政诉讼极高的上诉率，这很可能导致人民陪审员的权利在三分之一的行政诉讼中无法真正发挥效力。因此我们主张，人民陪审员既可以参加行政诉讼的一审，也可以参加二审甚至再审。

（2）人民监督员制度在检察监督中的完善与运用。

2003年最高人民检察院颁布了《关于人民检察院直接受理侦查案件实行人民监督员制度的规定（试行）》（以下简称《规定》），自此人民监督员制度开始在检察机关中试行。根据《规定》，人民监督员的主要职责是对检察机关查办职务犯罪案件中犯罪嫌疑人不服逮捕决定的、拟撤销案件的或拟不起诉的案件实施监督。除此之外，人民监督员发现人民检察院在查办职务犯罪案件中应当立案而不立案或者不应当立案而立案的；超期羁押的；违法搜查、扣押、冻结的；应当给予刑事赔偿而不依法予以确认或者不执行刑事赔偿决定的；检察人员在办案中有徇私舞弊、贪赃枉法、刑讯逼供、暴力取证等违法违纪情况的皆可以提监督意见。人民监督员还可以应邀参加人民检察院查办职务犯罪案件工作的其他执法检查活动，并对于发现的违法违纪问题，可以提出处理建议和意见。[②] 概括起来，这些规定赋予了人民监督员两种权利：立案监督权和公诉建议权。若能充分利用这两种权利，将十分有利于社会公众借助检察权参与监督行政，实现“权力制约模式”和“权利制约模式”的衔接配合。

从实践情况来看，至2003年，人民监督员的试点工作已在全国86%的检察院开展。到2006年全年共有5191件拟定作撤销案件、不起诉处理和犯罪嫌疑人不服逮捕决定的职务犯罪案件进人监督程序，其中人民监督员不同意办案部门原拟定意见的252件，检察机关采纳178件，对未采纳的依据事实和法律向人民监督员作出了说明。[③] 这些资料和数据表明，人民监督员制度在督促和配合检察机关处理渎职犯罪上取得了一定成效，促进了检

---

① 资料来源于程琥：《行政诉讼与国家赔偿的发展》，http://www.china.com.cn/law/zhuanti/fzbg/2007-11/14/content_9226496.htm，2011年12月20日访问。

② 参见《关于人民检察院直接受理侦查案件实行人民监督员制度的规定（试行）》。

③ 参见2007年《最高人民检察院工作报告》。

察机关有效地履行其监督行政职能。因此,我们认为这种试行的人民监督员是很有价值的,完全可以总结形成一种间接的参与式监督制度。

但人民监督员制度实行时间较短,尚无法积累丰富的实践经验,也存在不少缺陷,这表现为:第一,人民监督员由机关、团体、企业事业单位和基层组织经民主推荐,存在来源范围狭小、代表性不充分的问题。第二,人民监督员由人民检察院聘任、解职,独立性较差,难免受到检察机关的掣肘。第三,人民监督员的意见和建议只是检察长及检察委员会作出决定的参考,缺乏必需的法律约束力和强制力。

为了改进目前的人民监督员制度,日本的检察审查会制度可供借鉴。为了防止检察院滥用职权,日本于 1948 年 7 月颁布实施《检查审查会法》,检查审查会制度正式确立。日本的检察审查会是一个独立性的机构,在每个地方法院的辖区内均有设立。检查审查会由 11 名检查审查员组成。检查审查员从各辖区内具有众议院议员选举权的国民中产生,任期为六个月,主要审查检察官的不起诉决定是否妥当,并对检察事务的改进提出建议和劝告。检查审查员通过检查审查会会议行使其职权,凡经过会议审议和讨论所形成的检查审查会决议必须以书面形式向作出不起诉决定的检察官的上级提出。但该决议对检察官的行为并没有法定的约束力,仅供其参考。尽管如此,事实上,日本的检察官大都会认真考虑检察审查会的意见。并且,近年来日本已经导入了赋予检查审查会决议一定的约束力的制度。①

借鉴日本检察审查会制度的相关经验,可对我国的人民监督员制度作如下改进:

第一,修改《刑事诉讼法》《人民检察院组织法》,将人民监督员制度上升为一项正式的法律制度,拓宽公众监督权的实现渠道。

第二,改变选任机制,把单位推荐和公众申请结合起来,适当考虑其职业和地域的代表性。此外,还应明确规定人民监督员的名额,并缩短监督员的任期,增强人民监督员的流动性,使更多公众获得参与监督的机会。

第三,提高人民监督员的独立性,例如可将人民监督员的聘任权、解职权交给同级人大及其常委会,经费由财政统一拨付。

---

①　参见〔日〕谷口安平:《程序的正义与诉讼》,王亚新、刘荣军译,中国政法大学出版社 1996 年版。

第四,增强人民监督员权利的法律效力,使人民监督员的监督权对检察机关具有一定的约束力。例如在相关立法中规定,监督员的意见和建议经审查符合法律规定的,应当作为检察长和检察委员会决策的重要依据,不采纳的应当说明理由。在今后条件成熟时,还可以考虑赋予人民监督员的表决决议以一定的法律约束力。例如对于立案监督,可规定,对于人民监督员集体表决的立案决议,检察机关必须接受并及时立案。

余论　保障参与式行政法律关系与行政参与权的救济

参与式行政法律关系的保障，是指保障参与式行政法律关系中权利和义务的稳定性、有效实现以及被扭曲后获得补救。参与式行政法律关系的核心是行政参与权，因此，保障参与式行政法律关系的稳定性及有效实现，其重点是保障行政参与权。行政参与权的保障总体上讲，有权利的赋予配置保障，权利的行使运用保障和权利受侵害后的救济保障等三个方面，这三个方面从保护过程看分别属于事前保障、事中保障和事后保障。

事前保障是指通过法律确认公众行政参与权，主要包括赋予公众各项行政参与权权能，赋予行政参与权对行政活动的效力，明确行政主体满足公众行政参与权的义务，建立相应的法律责任制度等。事中保障主要是指建立行政参与权行使的支持性制度和操作性制度，如政府信息公开制度、参与主体的代表制度、公众参与的知识与方法的培训制度、公众参与的利益表达机制与反馈制度等等。事后保障则是指行政参与权受到行政主体侵害后如何得到恢复与补救，亦即对行政参与权受侵害后的救济，主要应包括行政调解、行政复议与行政诉讼制度等。有关事前和事中保障的内容，本书在前述内容中已有阐述，这里主要讨论行政参与权受侵害后的法律救济问题。从我国现行法律救济制度看，行政参与权受侵害之后的法律救济制度缺失仍是一个较突出的问题，需要加以改进和完善。

一、行政参与权事后救济制度的缺失

无法律救济就无权利的保障。“凡权利受到侵害时应有法律救济之方法,此为权利本质。”[①]保障行政参与权,必须完善相关的法律救济制度。在我国,由于行政参与权尚属是一项新型的权利,现行立法还未对其设置有效的法律救济途径,如行政相对人还不能因行政参与权受侵犯而提起行政复议或行政诉讼。同时,我国行政复议和行政诉讼的受案范围都设定为只针对行政主体的“具体行政行为”,行政立法和绝大多数行政决策[②]等抽象行政行为都不属于行政复议和行政诉讼受案范围,而公众行政参与主要都是发生于行政立法和行政决策领域,因此,如果行政立法和行政决策行为使行政相对人的行政参与权受到侵害,行政相对人实际上是难以直接提起行政复议或行政诉讼的。此外,现有的行政调解制度只适用于对民事争议和特定的行政赔偿争议的解决,政府与公众之间因未满足行政参与权发生的行政争议,也无法通过行政调解加以解决。这无疑都表明,行政参与权目前仍是非常缺乏救济制度保障的。

二、建立行政参与权救济的行政调解制度

公众行政参与权的行使与政府行政权的运行有着过程的交涉性和结果的合意性,这与行政调解的原则和机理相契合,使公众与政府有关行政参与权的纠纷有了调解的可能。而且,行政机关与公众之间有关行政参与权的纠纷通常比较简单,也应当运用调解方式及时加以解决。行政参与权救济的行政调解是指在上级行政机关或专门的行政调解机构的主持下,以行政参与权争议双方自愿为原则,依法促进当事人双方进行沟通与协商,促使双方达成协议解决因行政参与权产生的纠纷。

涉及行政参与权的行政案件可能有多种争议内容,如确认参与资格的纠纷,未满足行政参与权各项权能行使的纠纷,因剥夺、限制行政参与权导

---

① 〔英〕威廉·韦德:《行政法》,徐炳译,中国大百科全书出版社 1997 年版,第 95 页。

② 我们界定的行政决策基本相当于行政主体制定其他行政规范性文件的行为,这样,行政立法、行政决策与行政执法的分类才能基本周延所有行政行为。

致其他本体性权益受损害的纠纷等。

行政调解应考虑适用于以下涉及行政参与权的行政纠纷案件:(1) 涉及群体性行政参与权的纠纷案件。社会公众参与行政立法、行政决策往往具有群体性,因而易于引发普遍性的侵害行政参与权的争议。如政府在价格、重大建设项目等方面的决策未经听证便决策,就可能侵害社会利益群体的行政参与权。这类案件通常涉及面广,容易激发大范围的社会矛盾,产生社会不稳定因素。为了消除社会矛盾,通过行政调解这种较温和的方式来处理是比较适宜的。(2) 对于满足行政参与权行政主体有自由裁量余地的纠纷案件。行政参与是一种新的现象,行政参与权也是一种新型权利,尤其是在社会转型时期,我国法律、法规对其规定有时并不够明确、具体,或者规定之间也不完全统一,此时行政主体往往有自由裁量多种选择的余地。在这种情况下如发生了行政参与权的纠纷,便适合采取调解解决的处理方式来化解。(3) 行政主体违法侵害行政参与权的纠纷案件。对这类行政纠纷进行调解,促使行政主体认识错误,主动及时停止侵害,采取措施满足和实现公民的行政参与权,可以简便、节省地解决纠纷。(4) 行政主体不履行法定职责,怠于履行满足行政参与权的义务的纠纷案件。对于行政主体不履行保障行政参与权的法定职责而产生的行政纠纷,也可通过调解使之切实履行职责,以节约成本、提高效率,及时保障实现行政相对人的行政参与权利。

当然,调解必须以纠纷双方的自愿为前提,如果不能达成调解协议或者行政机关不履行调解协议,相对人应当有权提起行政复议或行政诉讼。

三、完善行政参与权救济的行政复议和行政诉讼制度

我国虽建立了行政复议和行政诉讼制度,但是对行政参与权的救济保障并无针对性,需要以下几个方面加以完善。

第一,将行政参与权争议纳入行政复议与行政诉讼制度的受案范围。首先,行政参与权是公民的一种新型权利,应当受到行政复议和行政诉讼制度的保护。其次,我国行政复议和行政诉讼制度的受案范围只限于具体行政行为争议(行政复议仅附带审查部分抽象行政行为),而行政主体不履行满足公众行政参与权的义务通常发生在行政立法与行政决策中,从而会使

这些侵害行政参与权的抽象行政行为排除在行政复议和行政诉讼的监督审查之外。因此,应当将规章及规章以下的抽象行政行为也列为行政复议和行政诉讼的审查对象。

第二,在程序设计上加以完善。如前所述,涉及行政参与权的纠纷通常比较简单,争议的焦点主要是行政主体是否履行了满足公众参与权的义务,如是否通知利益相关人参与了行政活动,作出行政决定是否应举行听证会,行政决定是否听取与采纳了公众的意见与建议等等。因此,一般事实比较清楚,争议的内容比较简单,如果是单纯的行政参与权侵害争议,可以调解处理,也可以适用简易程序。但如果是因行政参与权受侵害进而造成了本体性权益的损失,则应当适用普通程序。因此,我国的行政复议和行政诉讼制度应当建立简易程序和调解制度。

第三,根据行政参与权的受侵害状况灵活运用复议决定与诉讼判决种类。对于行政复议而言,复议机关可以根据具体情况分别作出维持决定、撤销决定、确认决定、变更决定与履行决定等。但当行政主体未履行满足行政参与权的义务已经导致公众本体性权利的损害时,复议机关应当作出相应的赔偿决定。对于行政诉讼而言,行政诉讼的维持判决、驳回诉讼请求、确认判决、撤销判决、履行判决等也都可适用于侵害行政参与权的案件。但是有两种情况应当分别处理:一是当行政主体仅仅只是侵害公民一方的行政参与权但并没有造成其本体性权益的侵害时,法院应当在确认行政行为违法或撤销行政行为的同时,责令行政主体履行保障公众行政参与权的义务;二是行政主体因侵害行政参与权受进而造成了公民一方本体性权益的损失时,法院除了确认行政行为违法或撤销行政行为外,还应当作出相应的赔偿判决,以充分实现行政参与权本身及其对本体性权利的保护功能。

第四,建立侵害行政参与权的公益诉讼。由于行政立法与大量的行政决策并没有特定的利益侵害对象,法律通常规定了广泛而不特定的参与主体,当这些行政立法与行政决策没有保障公众的行政参与权时,为了维护社会公共利益,促进行政民主,保障广大公众的行政参与权,应当赋予公众提起行政公益诉讼的权利。这种公益诉讼的主体可以是有关专家、公众推选的代表或者有关社会团体等。

主要参考文献

一、著作

（一）中文著作

1. 郭道晖:《论法的时代精神》,湖南人民出版社 1997 年版。

2. 郭道晖:《社会权力与公民社会》,译林出版社 2009 年版。

3. 张文显:《二十世纪西方法哲学思潮研究》,法律出版社 1996 年版。

4. 张文显:《法哲学范畴研究》,中国政法大学出版社 2001 年版。

5. 夏勇:《人权概念起源》,中国政法大学出版社 2001 年修订版。

6. 夏勇:《中国民权哲学》,三联书店 2005 年版。

7. 夏勇:《依法治国——国家与社会》,社会科学文献出版社 2004 年版。

8. 夏勇主编:《走向权利的时代》,中国政法大学出版社 1995 年版。

9. 李林主编:《中国法治发展报告 No.9(2011)》,社会科学文献出版社 2011 年版。

10. 吕世伦:《西方法律思想潮流论》,中国人民公安大学出版社 1993 年版。

11. 武步云:《人本法学的哲学探究》,法律出版社 2008 年版。

12. 李龙主编:《法理学》,武汉大学出版社 1996 年版。

13. 方世荣主编:《行政法与行政诉讼法学》,中国政法大学出版社 2010 年版。

14. 方世荣、戚建刚:《权力制约机制及其法制化研究》,中国财政经济出版社 2001 年版。

15. 方世荣:《论行政相对人》,中国政法大学出版社 2000 年版。

16. 方世荣:《论具体行政行为》,武汉大学出版社 1996 年版。

17. 方世荣、石佑启主编:《行政法与行政诉讼法》,北京大学出版社 2005 年版。

18. 方世荣主编:《行政法与行政诉讼法学》,中国政法大学出版社 2010 年版。

19. 姜明安主编:《行政法与行政诉讼法》,北京大学出版社、高等教育出版社 2007 年版。

20. 姜明安主编:《行政执法研究》,北京大学出版社 2004 年版。
21. 姜明安:《行政程序研究》,北京大学出版社 2006 年版。
22. 罗豪才主编:《行政法学》,中国政法大学出版社 1996 年版。
23. 罗豪才:《现代行政法的平衡理论》,北京大学出版社,1997 年版。
24. 罗豪才:《行政法学》,北京大学出版社 2001 年版。
25. 罗豪才主编:《行政法论丛》(第 4 卷),法律出版社 2001 年版。
26. 罗豪才主编:《现代行政法的平衡论》(第二辑),北京大学出版社 2003 年版。
27. 张正钊主编:《行政法与行政诉讼法学》,中国人民大学出版社 1999 年版。
28. 关保英主编:《行政法与行政诉讼法》,中国政法大学出版社 2004 年版。
29. 关保英主编:《行政法思想史》,中国政法大学出版社 2008 年版。
30. 熊文钊:《现代行政法原理》,法律出版社 2000 年版。
31. 余凌云:《行政法讲义》,清华大学出版社 2010 年版。
32. 王名扬:《法国行政法》,北京大学出版社 2007 年版。
33. 王名扬:《美国行政法》,中国法制出版社 2005 年版。
34. 王名扬:《英国行政法》,北京大学出版社 2007 年版。
35. 杨惠基:《行政执法概论》,上海大学出版社 1998 年版。
36. 苏力:《制度是如何形成的》,北京大学出版社 2007 年版。
37. 蔡定剑主编:《公众参与——风险社会的制度建设》,法律出版社 2009 年版。
38. 蔡定剑主编:《公众参与——欧洲的制度和经验》,法律出版社 2009 年版。
39. 应松年主编:《外国行政程序法汇编》,中国法制出版社 2004 年版。
40. 应松年:《行政程序立法研究》,中国法制出版社 2001 年版。
41. 应松年、朱维究主编:《行政法与行政诉讼法教程》,中国政法大学出版社 1989 年版。
42. 应松年主编:《行政法学新论》,中国方正出版社 1999 年版。
43. 湖南省人民政府主编:《湖南省行政程序规定释义》,法律出版社 2008 年版。
44. 陈振宇:《城市规划中的公众参与程序研究》,法律出版社 2009 年版。
45. 章剑生:《行政听证程序研究》,浙江大学出版社 2010 年版。
46. 章剑生:《行政程序法基本理论》,法律出版社 2003 年版。
47. 章剑生:《行政程序法学原理》,中国政法大学出版社 1994 年版。
48. 李广宇:《政府信息公开诉讼》,法律出版社 2009 年版。
49. 张龙:《行政知情权的法理研究》,北京大学出版社 2010 年版。
50. 林爱珺:《知情权的法律保障》,复旦大学出版社 2010 年版。
51. 王锡锌主编:《行政过程中公众参与的制度实践》,中国法制出版社 2008 年版。

52. 王锡锌主编:《公众参与和中国新公共运动的兴起》,中国法制出版社 2008 年版。

53. 叶必丰:《行政行为的效力研究》,中国人民大学出版社 2002 年版。

54. 叶必丰:《行政法与行政诉讼法》,高等教育出版社 2007 年版。

55. 叶必丰:《行政法的人文精神》,北京大学出版社,2005 年版。

56. 沈岿:《公法变迁与合法性》,法律出版社 2010 年版。

57. 胡建淼、金伟峰:《行政法与行政诉讼法》,高等教育出版社 2005 年版。

58. 胡建淼:《十国行政法》,中国政法大学出版社 1993 年版。

59. 胡建淼:《行政法学》,法律出版社 2003 年版。

60. 胡建淼主编:《行政法教程》,杭州大学出版社 1990 年版。

61. 周佑勇:《行政法原论》,中国方正出版社 2005 年版。

62. 周佑勇主编:《行政法专论》,中国人民大学出版社 2010 年版。

63. 周佑勇:《行政法基本原则研究》,武汉大学出版社 2005 年版。

64. 胡锦光、刘飞宇:《行政法与行政诉讼法》,中国人民大学出版社 2005 年版。

65. 闫国智:《行政法与行政诉讼法》,山东大学出版社 2002 年版。

66. 曾坚:《行政法与行政诉讼法》,格致出版社、上海人民出版社 2008 年版。

67. 朱新力:《行政法学》,清华大学出版社 2005 年版。

68. 孙笑侠:《法律对行政的控制——现代行政法的法理解释》,山东人民出版社 1999 年版。

69. 王和雄:《论行政不作为之权利保护》,台湾三民书局股份有限公司 1994 年版。

70. 蔡志方:《行政法三十六讲》,台湾成功大学法律学研究所法学丛书编辑委员会编辑,1997 年版。

71 王连昌、马怀德主编:《行政法学》,中国政法大学出版社 2002 年版。

72. 杨海坤、章志远:《中国行政法基本理论研究》,北京大学出版社 2004 年版。

73. 侯洵直主编:《中国行政法》,河南人民出版社 1987 年版。

74. 王万华:《行政程序法研究》,中国法制出版社 2000 年版。

75. 翁岳生:《行政法》,中国法制出版社 2002 年版。

76. 王岷灿主编:《行政法概要》,法律出版社 1987 年版。

77. 刘莘:《行政立法研究》,法律出版社 2003 年版。

78. 杨建顺:《日本行政法通论》,中国法制出版社 1998 年版。

79. 郑永流主编:《商谈的再思:哈贝马斯〈在事实与规范之间〉导读》,法律出版社 2010 年版。

80.《马克思恩格斯选集》(第一卷),人民出版社 1969 年版。

81. 公安部法制局编:《公安机关执法需知》,警官教育出版社 1998 年版。

82. 刘文富:《网络政治——网络社会与国家治理》,商务印书馆 2002 年版。

83. 邱永文:《当代中国政治参与研究》,中共中央党校出版社 2009 年版。

84. 魏星河:《当代中国公民有序政治参与研究》,人民出版社 2007 年版。

85. 王维国编著:《公民有序政治参与的途径》,人民出版社 2007 年版。

86. 彭慧青:《城市社区居民参与研究》,华中科技大学出版社 2009 年版。

87. 赵宏:《法治国下的行政行为存续力》,法律出版社 2007 年版。

88. 顾昕:《以社会制约权力——托克维尔、达尔的理论与公民社会》,《公共论丛》(第一卷),生活·读书·新知三联书店 1998 年版。

89. 〔日〕我妻荣等编:《新法律学词典》,董璠舆译校,中国政法大学出版社 1991 年版。

80. 陈小文:《行政法的哲学基础》,北京大学出版社 2009 年版。

91. 贾西津主编:《中国公众参与案例与模式》,社会科学文献出版社 2008 年版。

92. 李图强:《现代公共行政中的公民参与》,经济管理出版社 2004 年版。

93. 陈里程主编:《广州市公众参与行政立法实践探索》,中国法制出版 2006 年版。

94. 刘平、〔德〕鲁道夫·特劳普·梅茨主编:《地方决策中的公众参与:中国与德国》,上海社会科学院出版社 2009 年版。

95. 吴浩主编:《国外行政立法的公众参与制度》,中国法制出版社 2008 年版。

96. 王绍光:《民主四讲》,三联书店 2008 年版。

97. 《毛泽东著作选读》(下册),人民出版社 1986 年版。

98. 《邓小平文选》(第 2 卷),人民出版社 1994 年版。

99. 胡泳、范海燕:《网络为王》,海南出版社 1997 年版。

100. 俞可平:《增量民主与善治》,社会科学文献出版社 2003 年版。

101. 吴浩主编:《国外行政立法的公众参与制度》,中国法制出版社 2008 年版。

102. 李林主编:《立法过程中中的公共参与》,中国社会科学出版社 2009 年版。

103. 李图强:《现代公共行政中的公民参与》,经济管理出版社 2004 年版。

104. 王国维编著:《公民有序政治参与的途径》,人民出版社 2007 年版。

105. 钟瑞添等:《政府治理变革与公法发展》,人民出版社 2007 年版。

106. 张利华:《中国法治民主建设之路》,中国社会科学出版社 2006 年版。

107. 赵刚印:《现代化进程中的公民政治参与——一项对中国与印度的比较研究》,上海人民出版社 2010 年版。

108. 王惠岩:《政治学原理》,高等教育出版社 1999 年版。

109. 詹伟主编:《公共行政学教程》,中国人民公安大学出版社 2003 年版。

110. 胡伟:《政府过程》,浙江人民出版社 1998 年版。

(二)中文译著

1. 〔法〕托克维尔:《论美国的民主》,董果良译,商务印书馆 1997 年版。

2. 〔日〕谷口安平:《程序的正义与诉讼》,王亚新、刘荣军译,中国政法大学 1996 年版。

3. 〔德〕乌尔里希·贝克:《风险社会》,何博闻译,译林出版社 2003 年版。

4. 〔英〕安东尼·吉登斯:《第三条道路:社会民主主义的复兴》,郑戈译,北京大学出版社 2000 年版。

5. 〔美〕迈克尔·罗斯金等:《政治科学》,林震译,华夏出版社 2001 年版。

6. 〔英〕R. 科斯等主编:《财产权利与制度变迁》,刘守英译,上海人民出版社 2004 年版。

7. 〔法〕孟德斯鸠:《论法的精神》,张雁深译,商务印书馆 1963 年版。

8. 〔美〕萨拜因:《政治学说史》,盛葵阳,崔妙因译,商务印书馆 1986 年版。

9. 〔法〕卢梭:《社会契约论》,何兆武译,商务印书馆 2003 年版。

10. 〔德〕马克斯·韦伯:《经济与社会(上卷)》,林荣远译,商务印书馆 1998 年版。

11. 〔德〕凯尔森:《法与国家的一般理论》,沈宗灵译,中国大百科全书出版社 1996 年版。

12. 〔苏联〕B. M. 马诺辛等:《苏维埃行政法》,黄道秀译,群众出版社 1983 年版。

13. 〔英〕威廉. 韦德著:《行政法》,徐炳等译,中国大百科出版社 1997 年版。

14. 〔德〕哈特穆特·毛雷尔:《行政法学总论》,高家伟译,法律出版社 2000 年版。

15. 〔法〕卢梭:《社会契约论》,何兆武译,商务印书馆 2003 年版。

16. 〔日〕室井力主编:《日本现代行政法》,吴微译,中国政法大学出版社 1995 年版。

17. 〔美〕施瓦茨:《行政法》,徐炳译,群众出版社 1986 年版。

18. 〔美〕理查德 B. 斯图尔特:《美国行政法的重构》,沈岿译,商务印书馆 2003 年版。

19. 〔英〕道格拉斯·柯尔:《社会学说》,李平沤译,商务印书馆 1959 年版。

20. 〔日〕盐野宏:《行政法》,杨建顺译,法律出版社 1999 年版。

21. 〔日〕美浓部达吉:《公法与私法》,黄冯明译,中国政法法大学出版社 2003 年版。

22. 〔英〕恩斯·伊辛、布雷恩·特纳主编:《公民权研究手册》,王小章译,浙江人民出版社 2007 年版。

23. 〔德〕文德尔班:《哲学史教程》(上卷),商务印书馆 1989 年版。

24.《马克思恩格斯选集》(第3卷),人民出版社1995年版。

25.《列宁选集》(第3卷),人民出版社1995年版。

26.《列宁全集》(第29卷),人民出版社1985年版。

27.〔美〕约翰·克莱顿·托马斯:《公共决策中的公民参与》,孙柏瑛等译,中国人民大学出版社2010年版。

28.〔美〕卡罗尔·佩特曼:《参与和民主理论》,陈尧译,上海世纪出版集团2006年版。

29.〔日〕铃木义男等:《行政法学方法论之变迁》,陈汝德等译,中国政法大学出版社2004年版。

30.〔英〕约翰·洛克:《政府论》,丰俊功译,光明日报出版社2009年版。

31.〔美〕古德诺:《政治与行政》,王元译.华夏出版社1987年版。

32.〔美〕卡尔·科恩:《论民主》,聂崇信、朱秀贤译,商务印书馆1988年版。

33.〔日〕盐野宏:《行政法总论》,杨建顺译,北京大学出版社2008年版。

34.〔日〕盐野宏:《行政救济法》,杨建顺译,北京大学出版社2008年版。

(三)外文著作

1. Kneenth Culp Davis, *Administrative Law*, west Publishing 1977.

2. H. W. R. Wade, *Adiministrative Law*, Oxford University Press, 2004.

3. E. Gellhorn & B. B. Boyer, *Administrative Law and Process*, West Publishing Co. 1981.

4. Michael D. Bayles, *Principles of Law*, Reidel Publishing Company, 1987.

5. M. A. Herry Campbell, *Black's Law Dictionary*. St. paul Mann West Publishing Co. 1979.

6. Creighton, J. J. , *The Public Participation Hand Book: Making Better Decisions Through Citizen Involvement*, Jossey-Bass, 2005.

7. Peter Strauss, *Administrative Justice in the United States*, Caroline Academic Press, 2002.

8. Bryan A. Garner. *Black's Law Dictionary*, 9th ed. , West, 2009.

二、论文

(一)中文论文

1. 罗豪才、宋功德:《行政法的失衡与平衡》,载《中国法学》2001年第2期。

2. 罗豪才、崔卓兰:《论行政权、行政相对方权利及其相互关系》,载《中国法学》1998年第3期。

3. 罗豪才:《现代行政法的理论基础——论行政机关与相对一方的权利义务平衡》,载《中国法学》1993 年第 1 期。

4. 应松年:《规范行政处罚的基本法律》,载《政法论坛》1996 年 2 期。

5. 应松年:《关于行政程序立法的几个问题》,载《行政法学研究》1992 年总第 4 期。

6. 姜明安:《公众参与与行政法治》,载《中国法学》2004 年第 2 期。

7. 姜明安:《信息化、全球化背景下的公众参与》,载《法商研究》2004 年第 3 期。

8. 江必新、李春燕:《公众参与趋势对行政法和行政法学的挑战》,载《中国法学》2005 年第 6 期。

9. 王锡锌:《行政正当性的回归——中国新行政法概念的提出、逻辑与制度框架》,载《清华法学》2009 年第 2 期。

10. 王锡锌:《利益组织化、公众参与和个体权利保障》,载《东方法学》2008 年第 4 期。

11. 王锡锌:《专家、大众与知识的运用——行政规则制定过程的一个分析框架》,载《中国社会科学》2003 年第 3 期。

12. 王锡锌:《公共决策中的大众、专家与政府》,载《中外法学》2006 年第 4 期。

13. 王锡锌:《行政程序法价值的定位》,载《政法论坛》1995 年第 3 期。

14. 王锡锌:《行政过程中相对人程序性权利研究》,载《中国法学》2001 年第 4 期。

15. 王锡锌:《中国行政执法困境的个案解析》,载《法学研究》2005 年第 3 期。

16. 王锡锌:《中国行政程序立法——主义与问题》,载《湛江师范学院学报》2005 年第 2 期。

17. 王锡锌:《利益组织化、公众参与和个体权利保障》,载《东方法学》2008 年第 4 期。

18. 王锡锌:《政府信息公开语境中的"国家秘密"探讨》,载《政治与法律》2009 年第 3 期。

19. 王锡锌:《参与失衡与管制俘获的解决:分散利益组织化》,载《广东行政学院学报》2008 年第 6 期。

20. 王锡锌:《论法律程序的内在价值》,载《政治与法律》2000 年第 3 期。

21. 王成栋:《"正当法律程序"适用的基本问题》,载《法治论丛》2008 年第 6 期。

22. 王成栋:《行政法律关系基本问题研究研究》,载《政法论坛》2001 年第 6 期。

23. 章剑生:《论行政相对人在行政程序中的参与权》,载浙江大学公法与比较法研究所编:《公法研究》(第二辑),商务印书馆 2004 年版。

24. 胡肖华、徐靖:《创新与突破:社会转型期中国行政法治原则嬗变》,载《政治与法律》2006 年第 4 期。

25. 杨建顺:《政务公开和参与型行政》,载杨解君主编:《2001 年海峡两岸行政法学学术研讨会实录》,东南大学出版社 2002 年版。

26. 周佑勇:《行政法基本原则的反思和重构》,载《中国法学》2003 年第 4 期。

27. 武步云:《行政法的理论基础——公共权力论》,载《法律科学》1994 年第 3 期。

28. 杨海坤:《政府法治论是我国行政法学的理论基础》,载《北京社会科学》1989 年第 1 期。

29. 陈泉生:《论现代行政法学的理论基础》,载《法制与社会发展》1995 年第 5 期。

30. 石佑启:《公共行政改革与行政法学范式的转变》,载罗豪才主编:《行政法论丛》(第 4 卷),法律出版社 2001 年版。

31. 黄学贤,齐建东:《试论公民参与权的法律保障》,载《甘肃行政学院学报》2009 年第 5 期。

32. 杨海坤:《论行政法律关系》,载《苏州大学学报(哲学社会科学版)》1990 年第 4 期。

33. 朱芒:《行政立法程序调整对象重考——关于外部效果规范与程序性装置关系的考察》,载《中国法学》2008 年第 6 期。

34. 朱芒:《行政处罚听证制度的功能》,载《法学研究》2003 年第 5 期。

35. 陈映芳、朱芒:《市民的法意识——关于上海市行政处罚听证制度》,载《社会科学》2005 年第 3 期。

36. 关保英:《在论行政相对人的行政创意权》,载《华东师范大学报(哲学社会科学版)》2005 年第 3 期。

37. 崔卓兰、蔡立东:《非强制性行政行为——现代行政法学的新范畴》,载罗豪才主编:《行政法论丛》(第 4 卷),法律出版社 2001 年版。

38. 张春莉:《论公民行政参与》,载《学海》2003 年第 6 期。

39. 徐增辉:《民主行政浅析》,载《行政论坛》2002 年第 1 期。

40. 杨光斌:《民主的社会主义之维》,载《中国社会科学》2009 年 3 期。

41. 鲁鹏宇:《论行政法学的阿基米德支点——以德国行政法律关系论为核心的考察》,载《当代法学》2009 年第 5 期。

42. 赵华帼:《互联网对我国政治社会发展的影响》,载《中国经济与社会管理科学》2009 年第 6 期。

43. 李凌波:《公众有效参与:行政法权利(力)结构趋向平衡之路径》,载罗豪才等:《现代行政法的平衡理论》(第二辑),北京大学出版社 2003 年版。

44. 林华:《因参与、透明而进步:互联网时代下的公众参与和政府信息公开》,载《行政法学研究》2009 年第 2 期。

45. 谭宗泽:《可持续发展的实施与公众的行政参与》,载《河北法学》2007 年第 6 期。

46. 王振宇:《行政法核心理念与制度变迁》,载《吉林大学社会科学学报》1995 年第 5 期。

47. 李卫华:《行政参与主体研究》,山东大学 2008 年博士学位论文。

48. 梁军峰:《中国参与式民主发展研究》,中央党校 2006 年博士学位论文。

49. 李志强:《试论行政决策公众参与制度的具体建构》,载《福建法学》2009 年第 4 期。

50. 苗连营、李培才:《论法案的起草》,载《河南广播电视大学学报》2002 年第 2 期。

51. 王传玲:《从人的主体性内涵看践行科学发展观的真实意义》,载《科学社会主义》2010 年第 2 期。

52. 叶必丰:《人权、参政权与国家主权》,载《法学》2005 年第 3 期。

53. 施雪华:《"服务型政府"的基本涵义、理论基础和建构条件》,载《社会科学》2010 年第 2 期。

54. 陈家刚:《协商民主:概念、要素与价值》,《中共天津市委党校学报》2005 年第 3 期。

55. 金安平、姚传明:《协商民主:在中国的误读、偶合以及创造性转换的可能》,载《新视野》2007 年第 5 期。

56. 周保松:《稳定性与正当性》,载《开放时代》2008 年第 6 期。

57. 刘茂林、王从峰:《论宪法的正当性》,载《法学评论》2010 年第 5 期。

58. 柳砚涛:《行政相对人行为法治化问题研究》,载《法学论坛》2008 年第 3 期。

59. 柳砚涛:《行政相对人行为效力研究》,载《济南大学学报(社会科学版)》2008 年第 6 期。

60. 李宝奇:《行政相对人的权利系统重塑》,载《延边大学学报(社会科学版)》2004 年第 4 期。

61. 章志远:《价格听证困境的解决之道》,载《法商研究》2005 年第 2 期。

62. 王周户、柯阳友:《行政听证制度的功能探析》,载《甘肃政法学院学报》1997 年第 2 期。

63. 王周户、李大勇:《行政许可:技术支持与归责制度的创新》,载《行政法学研究》2010 年第 2 期。

64. 王士如、郭倩:《城市拆迁中公众参与机制的功能与立法建议》,载《行政法学研究》2010 年第 2 期。

65. 方世荣:《论行政相对人行为及其效力》,载《法商研究》2000 年第 1 期。

66. 徐文星、刘晓琴:《21世纪行政法背景下的公众参与》,载《法律科学》2007年第1期。

67. 吕尚敏:《行政许可利害关系人权益保护模式之重建》,载《云南行政学院学报》2009年第3期。

68. 杨光斌:《制度范式:一种研究中国政治变迁的途径》,载《中国人民大学学报》2003年第3期。

69. 陈剩勇、赵光勇:《“参与式治理”研究述评》,载《教学与研究》2009年第8期。

70. 杜运巧、郑曙村:《中西方“行政三分制”改革比较》,载《行政管理改革》2011年第3期。

71. 黄维:《我国行政处罚听证程序的立法缺陷及完善》,载《云南行政学院学报》2007年第5期。

72. 曲珍英:《也谈行政处罚当事人的基本权利》,载《工会论坛》2005年第3期。

73. 杨雪冬:《全球化、风险社会与复合治理》,载《马克思主义与现实》2004年第4期。

74. 季卫东:《程序比较论》,载《比较法研究》1993年第1期。

75. 杨曙光:《行政专员——人民的“钦差大臣”》,载《中国改革》2007年第11期。

76. 胡弘弘、邓晓静:《公民的司法参与权研究》,载《现代法学》2007年第6期。

（二）外文论文

1. Langton S., What is Citizen Participation? in Stuart Langton ed., *Citizen Participation in American*, *Lexington Books*(1978).

2. Stewart R. B., The Reform of American Administrative Law, *Harvard Law Review*, Vol. 88, No. 8(1975).

3. Smith L. G, Public Participation in Policy Making : The state of the art in Canada, *Geoforum*, Vol. No. 4(1985).

4. Soray, F. J., The Public Interest Reconsidered, *The Journal of Politics*, Vol. 19, No. 4 (1957).

5. Arnstein S. R., A Ladder of Citizen Participation, *Journal of American Isitute of Planners*, Vol. 35, No. 4 (1969).

后　　记

“参与式行政”源于参与式民主。“参与式民主”这一概念首先由阿诺德·考夫曼提出，后由卡罗尔·佩特曼在其著作《参与和民主理论》中进行了系统的论述。参与式民主是对古典民主理论的重新认识，它吸收了古希腊民主中公民直接参与政治生活的民主模式，以社会公众直接参与国家管理和社会公共管理为基本特征，是一种新型的民主形式。“参与式行政”是参与式民主的重要组成部分，它是指社会公众通过各种形式和途径直接参与管理国家行政事务，实现民主行政，使行政活动体现人民的意愿和利益，保障国家行政管理具有正当性基础。

近年来在党和政府大力倡导下，我国社会公众参与国家行政管理的热情空前高涨，行政立法、行政决策以及行政执法等各个领域的公众参与实践丰富多彩，大量法律法规都对公众参与制度作出了规定，由此正在构建形成一种新型的政府与公众关系。在行政法学上，这应当是一种有别于传统行政法律关系的“参与式行政法律关系”，但行政法学界对它的理论研究几乎还是一个空白。我多年前曾专门研究过行政相对人和行政法律关系问题，出版了《论行政相对人》（中国政法大学出版社 2000 年版）和《行政法律关系研究》（中国法制出版社 1999 年版，与袁曙宏教授、黎军教授合著），并一直关注我国行政法律关系和公民行政法地位的发展变化，因而对“参与式行政法律关系”这一新问题有着很大兴趣和研究欲望。2008 年我和北京大学王锡锌教授共同申报并主持了教育部人文社会科学重点基地重大项目《“参与式行政”和中国行政法治模式变革》的课题，从而获得了专门研究这一问题的有利条件，本书就是该课题的研究成果之一。

本书的研究思路、内容、结构和主要观点由我进行总体设计，经与邓佑文、谭冰霖讨论确定。我们分工执笔撰写了全文初稿，其中邓佑文和谭冰霖承担了大部分章节内容的起草，刘淼做了全书的资料收集和整理工作，最后由我统一修改定稿。王锡锌教授参加了审定并就修改工作提出了许多宝贵的意见。在此要特别向他表示感谢。

探索并建立当代中国参与式行政中的行政法律关系理论，在我国行政法学上算是一项新的研究，也是一件有意义的工作。我们希望本书提出的相关理论探索能有益于学科理论发展和相关制度建设。当然，结果如何要由广大读者来评判。

北京大学出版社白丽丽和王琳琳二位编辑为本书的出版付出了辛勤的劳动，张昕主任给予了大力支持，在此一并致谢！

方世荣

2013 年元月